世界海洋强国·海军强国战略译丛

史常勇 陈炎 主编

〔英〕赫伯特·里奇蒙德 /著
BY Herbert Richmond

政治家与海权

Statesmen and Sea Power

世 界 海 军 战 略 经 典 著 作

陈 炎 /译

山东城市出版传媒集团·济南出版社

图书在版编目(CIP)数据

政治家与海权／(英)赫伯特·里奇蒙德著;陈炎译.
—济南:济南出版社,2021.1(2022.3 重印)
（世界海洋强国·海军强国战略译丛／史常勇,陈炎主编）
ISBN 978 – 7 – 5488 – 4472 – 3

Ⅰ.①政… Ⅱ.①赫… ②陈… Ⅲ.①制海权 – 军事
思想 – 研究 – 英国 Ⅳ.①E815

中国版本图书馆 CIP 数据核字(2020)第 271350 号

出 版 人　崔　刚
责任编辑　丁洪玉
装帧设计　侯文英

出版发行　济南出版社
地　　址　山东省济南市二环南路 1 号(250002)
编辑热线　0531 – 82803191
发行热线　0531 – 86922073　67817923
　　　　　　　　86131701　86131704
印　　刷　山东新华印务有限公司
版　　次　2021 年 1 月第 1 版
印　　次　2022 年 3 月第 2 次印刷
成品尺寸　170mm×240mm　16 开
印　　张　21.25
字　　数　328 千字
定　　价　89.00 元

(济南版图书,如有印装错误,请与出版社联系调换。联系电话:0531 – 86131736)

译丛总序

21 世纪是海洋的世纪。 海洋在国家安全战略中的地位，从未像今天这样凸显；海洋对于国家的可持续发展，从未像今天这样重要；海洋方向的大国竞争，也从未像今天这样激烈；经略海洋、发展海权、建设强大海军的历史重任，从未像今天这样紧迫。 2012 年，党的十八大报告首提〝建设海洋强国〞，为我国海洋事业发展定准航向。 2017 年，党的十九大报告强调〝要坚持陆海统筹，加快建设海洋强国〞，深化了海洋强国战略目标的重点和方向。 2018 年，习近平主席发出了〝全面建成世界一流海军〞的伟大号召，为人民海军现代化建设确定了目标。

中华民族是最早开发利用海洋的民族之一。 春秋名相管仲在回答齐桓公关于如何治理国家的问题时，提出〝唯官山海为可耳〞的主张，即国家应统筹开发陆地和海洋资源，才能实现富强。 连通中西方的〝海上丝绸之路〞延续了上千年，通过海上贸易和文化交流促进了人类社会的共同发展。 明朝初年郑和七下西洋，更是人类航海史上的壮举。 因此，中国不是一个天然的封闭的大陆国家，我们曾经创造过灿烂的海洋文化，曾经驰骋、笑傲于远海大洋。 但我们在明朝中叶海权独步天下之际，主动告别海洋、走向闭关锁国，直至近代饱受列强欺凌，逐步沦为半殖民地半封建国家。 而与此同时，西方世界刚刚走出中世纪的漫长黑暗，就开始扬帆启航，在〝谁控制了海洋，谁就控制了世界贸易，谁就控制了世界财富，谁就最终控制了世界本身〞的海权理论指导下，不断走向远海、走向强大。这段历史令无数志士扼腕叹息！

为什么拥有强大海上力量的大明帝国，却没有像葡萄牙、荷兰和英国那样走上海洋强国的道路？ 为什么在郑和之后不足百年，嘉靖帝却为东南沿海的一小撮倭寇伤透了脑筋？ 为什么在第一次鸦片战争中，面对万里迢迢而来的数千英军，清政府举全国之力迎战却一败再败？ 为什么位居世界前列、亚洲第一的北洋海军，成军仅仅六年就在"一夜之间"烟消云散？ 为什么国力远不如中、俄的日本，能够先在黄海打败中国、再在对马战胜俄国？

这数百年的历史进程反复向我们昭示：大国的发展与海洋息息相关。 一个国家在从海洋大国迈向海洋强国的过程中，离不开科学的理论支撑。 欲建成海洋强国和一流海军，就必须挺立于时代潮头，善于借鉴全世界的先进理论成果，加速构建起具有中国特色的海权理论和海军理论，用科学的理论武装头脑、指导实践。

在汲取百家之长、学习外国先进思想理论时，读者一般会遇到两大难题：一是不清楚哪些书值得看，以致浪费了许多宝贵时间；二是阅读原著时存在一定的语言障碍。 作为理论研究人员，我们对此感触颇深。 早在十年之前，我们就曾计划翻译一批此类著作，无奈因种种条件限制而未能实现。 万幸的是，几经周折，在济南出版社的大力支持下，我们搁置已久的计划得以启动。

我们精心挑选了五本具有广泛代表性的海权、海军和海战方面的经典著作，进行翻译，编成这套丛书，以飨广大读者。 这些著作具有很高的学术价值，其理论观点经受住了历史的检验，也被众多关心海洋事务的人士所认可。 这些著作的作者，既有阿尔弗雷德·塞耶·马汉、赫伯特·里奇蒙德等古典大家，也有杰弗里·蒂尔、米兰·维戈等现代学者；有的来自美、英等老牌海洋强国，有的来自印度等发展中国家；有的是职业军人出身，有的则是纯粹的学者。 阅读这些不同时代、不同国家和不同流派的著作，对于我们完整把握海权、海军和海战理论的发展脉络，深入理解和思考当代中国面临的海上问题，具有很好的参考、借鉴作用。

为了把经典著作原汁原味地呈现给大家，我们在翻译过程中未做删改，但这并不代表我们认同作者的所有观点，也希望大家在阅读时，能够辩证地看待一些观点，在批判的基础上加以吸收、借鉴。 由于我们的水平有限，书稿难免存在一些不准确、不传神之处，敬请大家批评指正。

史常勇于南京半山园

2020 年 8 月 19 日

翻 译 说 明

　　赫伯特·里奇蒙德（Herbert Richmond，1871—1946）是英国海军历史学家，在西方有"英国的马汉"之称。 他的祖父和父亲都是知名画家，绘画也是里奇蒙德一生的爱好之一。 他在十岁时曾参观了英国著名的朴茨茅斯军港，由此萌生了加入海军的志向。 1885 年，年仅十四岁的里奇蒙德便开始在海军训练舰上接受训练，1891 年通过军官考试，开始了长达四十年的职业军官生涯。

　　1897 年，里奇蒙德从水文调查部队转入作战部队任职，开始对海军史产生了浓厚兴趣。 1906 年至 1908 年，他在英国海军部担任海军大臣助理期间，结识了著名的海军历史学家科贝特，在后者影响和指导下走上了学术研究的道路。 作为一名青年军官，里奇蒙德个性十足又富有主见，同时喜欢对英国的海军政策和战略问题提出自己的主张甚至是批评意见。 在晋升为海军上校并成为最年轻的战列舰舰长之后，他因未能收敛个性而被"贬"到老旧巡洋舰任舰长。

　　职业生涯受挫后，里奇蒙德更加醉心于海军史研究。 他在皇家海军战争学院兼任讲师，开设了一系列海军史讲座。 1912 年，里奇蒙德发起成立"海军学会"，并一手创办了《海军评论》作为会刊。 这本季刊成为"少壮派"针砭时弊的阵地，里奇蒙德则成为不受待见的异类。 一战之前，里奇蒙德再次到海军部任职，因为提供了"过多"的个人意见而被时任海军大臣丘吉尔认为轻慢无礼。 里奇蒙德被"赶"出了海军部，他的职业生涯再次遇挫。 1917 年，比奇上将出任大舰队司令，得到其赏识的里奇蒙德得以回到战列舰舰长的岗位。 在比奇支持下，里奇蒙德又一次到海军部任职并筹划改革海军的训练体制与参谋系统，但是由于他的方案过于超前而被全盘否决，数月后他再次离开海军部担任舰长。

　　1920 年，里奇蒙德晋升为海军少将并出任皇家海军战争学院院长。 1923 年，他被任命为东印度舰队司令，两年之后晋升为海军中将。 1926 年，里奇蒙德获封为爵士，同年出任帝国防务学院首任院长。1929 年，他晋升为海军上将，出任 "国际海上人命安全会议" 主席。身处职业生涯顶峰的里奇蒙德本色依旧，在 1930 年伦敦海军会议前公开撰文批评英国的海军政策，导致他在 1931 年被迫退休。

退休之后，里奇蒙德在短短四年内连续出版了五部著作，完成了从军官到学者的彻底转型。1934 年，他被剑桥大学聘为唐宁学院院长，在这个岗位上一直工作到去世。1943 年，里奇蒙德受邀在牛津大学开设 "福特讲座"。1946 年，他以福特讲座的内容为基础，出版了《政治家与海权》这部代表作，同年年底走完了跌宕起伏的一生。

里奇蒙德著述颇丰，有八部著作存世，另有数百篇文章见诸报刊，《政治家与海权》则是他最重要的学术遗产。这本书着重检讨英国历代政治家在发展和运用海权方面的功过得失，旨在从历史中总结教益。里奇蒙德的这部著作，在西方学术界的影响稍逊于马汉和科贝特，但是在海洋学派战略思想史上自有重要的一席之地。在中国，《政治家与海权》则是一颗学术 "遗珠"。至于其价值几何，则请有识之士评判。

引 言

伟大的军事历史学家约翰·福特斯鸠爵士①是 1911 年的福特讲座教授,他的第三次讲座以这样一番话开场:"战争通常被认为是属于将军们的事业,他们或身处兵营,或驱驰海上。 我们有理由认为手枪和利剑存在两面性。 率领军团的陆军将领和指挥舰队的海军将领都不过是政治家手中挥舞的兵器,政治家才能决定何时、何地和以何种方式发动打击。"他进而指出,政治家有权决定希望达成何种目标,在决定目标之后,又有权决定达成目标的理想方式。

这些话揭示了整个历史背后隐藏的永恒而深刻的真理,既是经验之谈,又是智慧结晶。 从政治家们的行为中、从征战者的观念中、从思想家的著述中,我们可以清晰地发现这条真理——无论这些人是文人还是军人。 马汉②表达过类似的观点:"政治家的职责是决定并让军事当局明白有哪些至关重要的国家利益需要得到保卫,以及征服或者摧毁哪些目标可以给敌人造成最大的损失。"他观察指出,除非打击点准确无误,否则重击并无用处,在过去若干年中有足够多的例证来说明这样的事实。 如果政治家错误理解了国防的本质或者战争的最终目的,又或者没有做好必要的准备,如果在战时没能正确做出达成目标的战略指导,因而造成的损害远比小战略或者战术失误导致的损害更严重,这是因为此类过失的影响更为深远。 它们将使战术上的胜利变得遥不可期并终将走向失败的道路,它们可能使得在海上、在陆上和在空中战斗的人所掌握的技能与拥有的勇气变得毫无

---

① 译者注:即约翰·威廉·福特斯鸠(John William Fortescue,1859—1933),英国著名历史学家,著有多卷本《英国陆军史》(*A History of the British Army*),1911 年在牛津大学三一学院开设福特讲座(Ford Lectures),1913 年在剑桥大学三一学院讲授军事史。

② 译者注:即阿尔弗雷德·塞耶·马汉(Alfred Thayer Mahan,1840—1914),美国海军历史学家。

价值。哪怕最终免于遭受失败，胜利也会大打折扣。惠灵顿公爵①曾经说过：
"我们的战争总是旷日持久而又代价高昂，因为我们没能做好打仗的准备，导致
战争在爆发若干年后方能结束。"姑且不论胜利条件的达成是不是取决于国家力
量相对于目标而言是否足够，是不是取决于武器装备能否满足需求并且维护得
当，是不是取决于保持高度的戒备或者因错误的政策、放弃领土、放弃利益或者
使用力量的权利而失去锋芒，战争胜负主要取决于战争指导者能否有效而又充分
地利用所有类型的国家资源，从而妥当安排所有可用的力量，在决定性的节点和
决定性的行动中形成作战上的优势。

可以从德国政治家低估英国的海权实力当中找到这方面的最新例证，尽管英
国的海权实力的确在 19 世纪受到限制，保有的实力也要依赖于从全世界得到的资
源供应。1904 年，战时国家粮食供应专门委员会②指出："我们主要依赖海军以
策安全，我们较少依赖商船队及其实力来进行贸易以及到达任何可能的资源来源
地。"然而，贝提曼·赫尔维格③先生却无视这一点。比洛亲王④在回忆录中引
用了（德国）总理在 1914 年 8 月说过的话："这会是一场暴风雨，但是会很短
暂。我估计战争只会持续三个月，并且我按照这种假定来制定所有政策。"如果
德国总理所言确如亲王的回忆，那么他肯定是严重低估了在过去发生过的大规模
战争中海上力量介入所造成的结果，这种错误估计造成的代价十分惨重。在被敌
人剥夺通过海上贸易获取的经济利益方面，以及在被敌人剥夺从海外获得对满足
国民生活和军事需要至关重要的各类物资方面，德国总理可能认为所有种类的食
品、原材料和制成品供应都相当充足，完全可以满足德国在被孤立期间的需要，
而其被孤立的时间将会相当短暂，同时，英国海上力量的牙齿已经因为《巴黎宣
言》和《伦敦宣言》而被拔除了或者变得没那么锋利了，这两个宣言中止了不列
颠的政治家们从伊丽莎白女王时代到 19 世纪中叶坚持保有和使用的交战权。因
为有了"自由的船舶、自由的商品"这种观念，因为有了对实施封锁做出的限

---

① 译者注：应是指第一个获封惠灵顿公爵（the Duke of Wellington）头衔的阿瑟·韦尔斯利（Arthur Welles-ley，1769—1852），拿破仑战争时期的英国陆军将领，先后有八个国家授予其元帅军衔，曾两次出任英国首相。

② 译者注：英文名为"the Commissioners on the Nation's Food Supplies in War"。

③ 译者注：全名特奥巴登·冯·贝提曼－赫尔维格（Theobald von Bethman－Hollweg，1856—1921），德国政治家，1909 年至 1917 年任德国总理（也译为宰相或首相）。

④ 译者注：比洛亲王（Prince Bülow，1849—1929），德国著名政治家，曾任德国总理，全名为伯恩哈德·海因里希·卡尔·马丁·冯·比洛（Bernhard Heinrich Karl Martin von Bülow）。

制，因为有了通过发展铁路、道路、河流和运河运输而增加的设施，所以做出德国的所有需要都能通过中立渠道、通过中立港口获得满足这种估计并不是那么想当然，况且又限制某些商品可被宣布为禁运品，金属矿石、棉花和飞机均属受限之列。 在延宕了许久之后，那些能够通过海洋以围困为方式对轴心国有效施加压力的种种限制还是被解除了。 这种延宕拖长了战争，也加重了世界的苦难，并且让实现真正的和平变得更加困难——在凡尔赛做出的安排被证明不过是一个停战协议。 因此，德国总理的信念确有体面的理由，然而这种理由无论有多么体面，对德国而言误判都极为严重，德国政治家的另外两个误判同样十分严重，这就是入侵比利时和无限制潜艇战。

我的想法是对过去三个半世纪到四个世纪的时间里这个国家的政治家处理海权问题的模式做出描述，必须承认这只可能是粗线条的描述。 那么，何为海权？海权是国家实力的一种表现形式，使其拥有者得以让陆军和贸易跨越分隔本国或其盟国的辽阔海洋，在战时进出那些需要进出的领土，并且能够阻止敌人这么做。 谁又是政治家？ 政治家是对在和平时期保持这种实力和在战争时期将其加以有效运用负责的政府当局。 在和平时期保持海权这种国家实力，涉及：决定国防政策以及海权在其中的地位作用；决定与其他强国相关联的海军实力标准；根据所需的数量与质量提供并维持作战力量、能够满足作战力量使用需要的基地、可供运输陆军部队和贸易物资的船队及船员。

海权由三种物质性的要素构成。 还有其他一些精神性的要素，如禀赋、个性和勇气，其影响在当前战争中清晰可见，但是有些要素超出了政治家的权力范围，在这里我不想提及。 这三种物质性要素分别是：第一，能够粉碎敌方任何抵抗的作战力量，可以让地面部队或者贸易得以跨越海洋以及敌国附近海域；第二，能够持续维持作战力量并使其随时可以进入作战海域的位置，可以让作战力量按照达成意图的需要长期驻留，而又不会在保持实力方面承担过高成本；第三，可以装载地面部队和贸易品的运输手段。 今天，那些作战力量和运输手段活动于水面之上、水面之下和水面上空，从最大吨位的战舰到潜艇、再到摩托艇和飞机，不一而足。 所有这些都是海权的工具。

政治家的职责是为满足所有这些需求创造必要条件。 没有用于建造的原材料，舰艇和飞机就没法被生产出来，离开了推进手段，就无法移动。 如果国内这

3

两个方面的条件都不充分，那么无论在平时还是在战时都必须确保其来源可靠。如果造船工业所需的船坞、船排、机械和熟练的产业工人群体极其匮乏，那么舰艇就无法被建造出来，因此就海权而言，促进这一产业的发展是政治家的一项关键职责。所有类型舰艇所需要的位置——也就是基地，离开了守备部队就无法维持，同时没有野战部队就无法获取新的基地或者剥夺敌人的基地。

最后，海权国家通过左右和控制海洋给敌人造成的经济压力，会因为容许其持续通过中立渠道获得无法自己生产的贸易品而化为无形。因此，从伊丽莎白女王时代直到我们所处的时代，除了在 19 世纪有过短暂的例外，英国政治家一贯致力于应对敌人为摆脱英国控制海洋带来的后果及开辟新的贸易渠道而采取的措施。关于交战地位与中立地位的争议因而经久不息，在过去三个半世纪中始终影响着外交政策和战略。

有过这样的一些时期，大不列颠的政治家采取了必要的步骤，于平时在各方面发展和保持国家的海权实力，准确认识海上力量的需求，超前发展和使用新式武器；于战时把掌握制海权作为首要的战略目标并采取最合理的方式来达成这一目标，使国家得以免受致命伤害并向盟国提供有效的援助。也有过另外的一些时期，或者海权的这个或那个要素于平时受到忽视，或者举国的努力于战时受到错误引导，不幸的后果于是不可避免。那么，在这几个世纪的岁月当中，大不列颠的政治家又是如何投身于这些事务的呢？

目录

第一章

伊丽莎白时代

尽管我从伊丽莎白时代①开始讲起，但是不消说英国政治家早在16世纪之前就对海上力量孜孜以求了若干个世纪。一代代统治者在海上采取防御措施，以避免国家受到入侵。旨在促进海权、海运和海员发展的"航海条例"②早在查理二世③时期就得以颁布，伊丽莎白治下的英格兰海军——海军既包括统治者个人拥有的那部分舰艇（即皇家海军），也包括整个国家的海运力量——则是数个世纪累积起来的结果。这支海军之所以能够存在，在作战舰艇和国家海运两个方面都首先要归功于女王的父亲和祖父。海军得以生根发芽的物质基础是海运业和造船业，而亨利七世④提出了促进造船业发展的政策。他为建造大型船舶提供赏金，这些船舶既能更好地满足对外贸易的需要，也更加适合作战；他通过执行更为严格的航海条例来刺激船舶和船员数量的增长，在进口渠道方面的限制比之前任何时候都更为严格，例如葡萄酒只能由英国船舶运输进口，而且船员中英国水手必须占多数。他采取措施来扩大作为"水兵苗圃"的捕捞业。然而，他并没有让自己着手创建特别设计用于战斗的大规模舰队，而是与在他之前的统治者一样，选择在战事来临时雇用私有船舶用于战争目的，在作战船舶和航运船舶的风帆类型相差不大的条件下，这种办法完全可行。为了巩固自己的统治地位，他需要在国内确保和平，让自己置身于其他国家发生的争吵之外，而他之所以能够做到这一点，是因为他既没有海外领土野心需要得到满足，也没有海外位置需要防卫，同时在本土附近即英吉利海峡或北海沿岸又没有敌国存在。但是法国在1491年吞并布列塔尼⑤开启了一个新的历史阶段，这使得法国通过获取布列塔尼的重要港口以及该海洋省份的船舶和强壮水手为己所用，有了成为海权国家的机会。

亨利八世⑥走上王位后有两件事情引发了关注。法国国王明显有意在英吉

---

① 译者注：伊丽莎白一世（Elizabeth Ⅰ，1533—1603）是都铎王朝的最后一位君主，1558年继承王位成为英格兰女王，同时也是爱尔兰的女王。伊丽莎白时代即指英国历史上从1558年到1603年伊丽莎白统治下这一个时期。

② 译者注：又译为"航海法案"。1651年和1660年英国两度颁布"航海条例"（Navigation Acts），旨在保护英国对殖民地航海贸易的垄断地位，1663年、1673年和1696年进行过修改。

③ 译者注：查理二世（Charles Ⅱ，1630—1685）是斯图亚特王朝的国王，1660—1685年在位。

④ 译者注：亨利七世（Henry Ⅶ，1457—1509）是都铎王朝的第一位君主，1485—1509年在位。

⑤ 译者注：布列塔尼（Brittany）现为法国的一个大区，位于英吉利海峡和比斯开湾之间。

⑥ 译者注：亨利八世（Henry Ⅷ，1491—1547）是都铎王朝的第二位君主，1509—1547年在位。

利海峡扩充法国的海军实力，他把驻地中海的作战舰只调动至英吉利海峡，并开始建设勒阿弗尔港①。一个安全系于海洋的国家，对在海岸附近出现一支强大或者很可能强大起来的海军不可能无动于衷，这个 16 世纪的英国人将对岸这个崛起的新兴海权国家视为对自身安全的极大威胁。同样的道理，他的后代子孙在 19 世纪和 20 世纪也将他们在南非和太平洋的家门口出现了外国殖民地视为安全威胁。这是引起对本国海权问题加以关注的原因之一，另外一个原因是对大陆事务的态度有所转变。与他的父亲听任那些事务的发展而置身事外的态度正好相反，亨利八世加入了神圣同盟②并采取了实力均衡政策。他十分清楚，立国之本在于海权和对海洋的热爱。他本人就可谓一个实干的水兵，他改进了作战舰艇的设计，使其首先作为一个装备有重型火炮的作战平台，因而也改变了海上作战的特征。之前的舰艇并未装备火炮，此后火炮则成为一个决定性因素。他通过成立领港公会③完善了对这个国家航运业的管理，他父亲建立的小规模舰队原本只有十几艘舰艇，在他执政时发展到了八十艘。他在 1540 年颁布了在位期间最重要的一部航海条例，在序言部分一开头就强调海洋是英格兰的立国之本："王国的海军或者为数众多的船舶是强大的防卫力量，在战时是有力的安全保证，既可用于进攻又可用于防御。保有众多的水手长、水手和水兵并使他们熟练掌握作为船员以及航海的科学与艺术，具有同样重要的意义。"

同金雀花王朝④时期一样，这个国家的主要进攻力量仍然是陆军。当亨利八世于 1512 年、1522 年和 1544 年同法国人交战时，部分陆军不得不参加战争，以使得陆军抵达大陆战场同国王的盟国并肩作战。海军是抵御入侵的主要力量，海军参加跨越英吉利海峡的袭掠行动，这在当时仍然是海上战争的一大特色。但是施加经济压力没有被作为战略考虑，因为这对作为敌国的法

---

① 译者注：勒阿弗尔（LeHavre）现为法国上诺曼底大区的一个城市，濒临英吉利海峡，勒阿弗尔港现为法国第二大港。

② 译者注：指 16 世纪初为反对法国入侵意大利而建立的所谓"神圣同盟"（the Holy League）。

③ 译者注：领港公会（the Trinity House）成立于 1514 年，也译为引港公会，作为港务机构负责管理英国各港口设施。

④ 译者注：金雀花王朝（House of Plantagenet）从 12 世纪起统治英格兰，直至 1485 年亨利七世称王开创都铎王朝，在法国又名安茹王朝（House of Anjou）。

国来说并不构成压力，因此影响不大。玛丽女王①也是如此，她在对法战争中同西班牙结盟，派遣一支陆军部队到荷兰协助西班牙进行防御。加来②被攻陷，不仅意味着女王的心脏刻上了这个海军基地的名字③，还意味着英格兰失去了入侵法国的桥头堡。

伊丽莎白不但继承了一支海军，也继承了一个传统的战略。她和她的政治家又会如何保持国家的海权呢？在和平时期如何促进其发展，在战争时期如何加以利用和运用海权，又会怎样应对敌人为免受海权这种实力造成的压力而采取的抵消措施呢？

仅就皇家海军这部分而言，伊丽莎白并没有使其实力有大的增长。她淘汰了老旧的战舰，但是仅在她执政之初已有22艘战舰的基础上又增加了7艘，尽管这个国家在将近20年时间里战事不断。然而，正如朱利安·科贝特爵士④指出的那样，通过在1583年指定成立的委员会，同西班牙的战争即将来临之际，从国防角度看海军获得的重要地位多有体现。委员会负责报告海军的状况，根据章程，委员会成员包括财政大臣、海军大臣⑤、宫务大臣、国库总管和弗郎西斯·沃尔辛厄姆爵士⑥。在约翰·霍金斯⑦的有力领导下，战舰设计得到重大改进，但是在战争期间曾经有过一段时间战舰保养受到忽视，更糟糕的是水兵受尽慢待，尽管伊丽莎白认为他们至关重要。

就"国家"海运的情况来看，其发展受到了航海条例这种立法行为的持续促进。在她执政第一年通过的条例，限制通往英格兰的沿海航运，其后又有类似条例鼓励建造适合用于对外贸易的船舶，并建立了一系列特许公

① 译者注：玛丽女王（Queen Mary，1542—1587）为苏格兰君主，1543—1558年在位。
② 译者注：加来（Calais）位于法国北部，与英国隔海相望。
③ 译者注：加来失守后，玛丽女王说在她死去之后，如果剖开她的心脏，人们会发现加来的名字刻在她的心上。
④ 译者注：朱利安·科贝特爵士（Sir Julian Corbett，1854—1922），英国著名海军历史学家。
⑤ 译者注：海军大臣一职在英国并不专指海军最高领导人，"Lord Admiral""First Lord of the Admiralty"和"the First Sea Lord of the Admiralty"（简称"the First Lord"）等称谓则在不同时期特指海军最高领导人。"Lord of the Admiralty"则泛指在海军部任职的所有将领，也可被认为是海军大臣。为避免烦琐，本书将上述这些称谓统一译为海军大臣。
⑥ 译者注：弗郎西斯·沃尔辛厄姆爵士（Sir Francis Walsingham，1532—1590），英格兰政治家，时任伊丽莎白一世的首席秘书。
⑦ 译者注：约翰·霍金斯（John Hawkins，1532—1595），英国著名航海家、奴隶贩子，伊丽莎白时代重要的海军将领。

司——俄罗斯公司①、黎凡特公司②、伊斯特兰公司③和几内亚公司④以及商业投机公司，所有这些公司都与加强国家的海权实力存在明确联系。这些公司之所以受到统治者的青睐，不仅是因为可以从中获得商业利益，还因为其活动被恰当地视为关系国家安全的重要因素。例如，伯利⑤高度赞扬黎凡特公司取得的发展成就，因为其扩大了国家航运业的体量，枢密院感谢公司的每一位创办人为"王国的利益"做出的贡献，因其建造的大型贸易船舶——其中100吨以上者——可能用作战舰。伊丽莎白时代的其他航海条例则极力促进水手数量的增长，为达此目的采取了诸多不同措施。女王睿智地指出："船舶的数量多了几倍却缺少船员，无异于把铠甲挂在海岸边的桩子上而没有派人来穿着，或者建起了城堡却没有驻扎士兵来守卫。"船员的主要来源有三个——贸易业、捕捞业和海盗业。尽管第三个来源是一个值得尊敬的职业，但是并不能确保充足而持久地提供人力，除了为冒险者提供释放精力的渠道以及作为获取实践经验的学校，对国家其实益处不大。反观贸易业和捕捞业，既能持久提供人员又能创造利润。因此，在其他各项措施之外，女王于1562年又在日历上把星期三增列为第三个吃鱼的日子⑥，明确说明其目的是"保持英格兰海军的活力"，以便可能"蒙神庇佑，使王国得以抵御任何外国势力的入侵"。有位作家在1577年指出，食鱼日的设立，部分是为了增加牛只的存栏量，部分是"为了维持海军以及方便保持船员的数量，如果不能找到让二者数量增长的措施，那么它们的数量就会急剧下降"。⑦ 在同一个条例中，亨利八世定下的规章得以恢复，也就是为保证帆布和绳索的供应而强制播种亚麻和大麻。

除了帆布和绳索，建造船舶还需要许多其他物资。这些物资大体上有三

---

① 译者注：俄罗斯公司（Russian Company）又称莫斯科公司（Muscovy Company）。

② 译者注：黎凡特（Levant）是一个历史地名，今天位于该地区的国家有叙利亚、黎巴嫩、约旦、以色列和巴勒斯坦。

③ 译者注：伊斯特兰公司（Eastland）又译东陆公司，主要在波罗的海地区开展贸易活动。

④ 译者注：几内亚（Guinea）公司成立于1588年，专门从事由非洲输出黄金和向美洲贩卖黑奴的业务。

⑤ 译者注：应是指威廉·塞西尔·伯利（William Cecil Burleigh, 1520—1598），英国著名政治家，1572—1598年担任财政大臣。

⑥ 译者注：伊丽莎白时期英国重立国教并与天主教决裂，因天主教规定星期五不能吃肉只能吃鱼，英国曾规定星期五不得吃鱼。为发展海军需要增加海洋人口，伊丽莎白重新建立起在斋戒期间吃鱼的传统。

⑦ Tawney and Power, *Tudor Economic Documents*, vol. ii, quoting S. P. D. Elizabeth, vol. xxii, no. 71.

类：用于船体的栋木、用于桅杆和帆桁的圆材以及用于船舶保养与装备的一系列大宗物品，特别是钢铁、沥青、铜料和焦油。因为船体需要用到英国栎作为栋木，女王的首届议会通过了一项法案，封存所有适于造船的栋木，而且封存地点要方便将其运输至船坞。即便在与西班牙的战争爆发之前已经出现了栋木供不应求的迹象，1570 年还是通过了另外一项更为严格的法案来保护本土生产的栋木。至于说桅杆和帆桁（用到的圆材），英国无法做到自给自足。挪威和波罗的海地区的森林是这些关键物资的主要来源，离开了这些圆材，船体只是一堆漂浮的木头而无法移动。创建于 1569 年的伊斯特兰公司，为开发这一资源做出了卓有成效的努力。在"大臣"号[1]开辟了北部航线后，贸易在阿尔汉格尔[2]开启，但是这项贸易还是不幸落入了荷兰人之手，荷兰人造船和航行的成本都更低廉，而且在做生意方面比英国人更精明、更用心，因此可以以更便宜的运费提供更优质的服务，这样就夺占了英国人的载货贸易。其后果是国家安全所依赖的物资供应面临风险，英格兰发展海军的冲动因而受制于其主要的海军对手。波罗的海地区的贸易还有其他两个方面的重要之处，它是一个"水兵苗圃"，而在英格兰歉收之年又是谷物的来源，使其人民免受饥馑之苦。

　　连同英国政治家采取的其他措施，这些措施促进了这个国家海权的发展。那么，海上力量在战时又是怎样得到使用的呢？从国家间暴力性报复行为的角度看，同西班牙的战争正式开始于 1585 年，也就是在西班牙国王为入侵英格兰进行准备之际。西班牙当时在荷兰驻有一支强大的陆军，镇压七个北方省份为反对西班牙统治而发起的暴动。荷兰的抵抗力量已经在苟延残喘，他们曾经请求（英国）女王提供援助，但是未果，充其量可以说只是得到了象征性的反应并且算是私人的反应。现在，他们的请求更加急切。女王一直以来都极力想避免同西班牙彻底翻脸，为此她采取了今天被称为"绥靖"的政策，期望战争可以避免，因为她并不同情反叛者。但是出于两个方面的特别利益，她想阻止低地国家被西班牙完全掌控。如果西班牙完全掌控了低地国

　　——————————————

　　① 译者注："大臣"号（Chancellor）为船名。
　　② 译者注：阿尔汉格尔（Archangel）位于东欧，近北极圈，现属俄罗斯。

家，那么西班牙就会有足够的实力切断（英格兰）同荷兰的悠久且可贵的贸易——西班牙大臣格兰维利大主教①就建议通过这种手段向英格兰施加压力。西班牙会在"狭窄海域"②对岸的港口兴建海军基地，从而使英格兰有受到接二连三的入侵之虞。女王指出，"如果西班牙这个国家征服了那些低地国家，那么我们自身、我们的国家和人民很快也就会面临险境"。因此，在她看来，阻止"西班牙人在我们国家附近扎根并培植起强大的力量"成为紧要之事。因为如果那些港口尽在手中，西班牙就能够集中其航运并且在其选择的时机跨过并不辽阔的海洋发动入侵，这使得需要长期在那些几乎成为陆上前沿的地区进行防卫准备。当然，这并非陆军入侵的唯一机动通道，还存在从西班牙直接发动入侵的海上通道。如果西班牙不能利用荷兰港口的设施，那么更大规模的兵力只能在南部集结以满足入侵需要。然而，只要西班牙在海上称雄，就会构成严重威胁。单纯防御的战略根本不能确保安全。西班牙将掌握主动权，确保安全最可靠的办法是使其遭受重创从而迫使其放弃侵略政策。

英国入侵西班牙根本不可想象，但是西班牙面对经济压力却很脆弱。早在伊丽莎白时代一个多世纪之前，人们就已经认识到了经济武器的威力。写成于 1436 年的《谤英国政策》③就已经指出了经济武器在对佛兰德斯④施加压力方面的价值，向佛兰德斯出口英国羊毛对纺织业至关重要。

如果英格兰不卖给佛兰德斯羊毛，

接下来发生的事情不会相差分毫。

佛兰德斯必须同我们和平相处，

否则会被无情毁灭，后果会很糟糕。

西班牙面对外部压力之所以会脆弱不堪，是因为其对海外进口存在依赖。西班牙的财政收入约有 20%（不同年份数据会有所不同）来自从西部帝国⑤

---

① 译者注：格兰维利大主教（Cardinal Granvelle），全名安东尼·佩勒诺·格兰维利（Antoine Perrenot de Granvelle，1517—1586），著名政治家和艺术品收藏家，1561 年获封为大主教。

② 译者注："狭窄海域"（the Narrow Seas）在英国特指英吉利海峡和爱尔兰海海域。

③ 译者注：《谤英国政策》（Libel of English Policy）是一部著名的政治诗歌选。

④ 译者注：佛兰德斯（Flanders）为欧洲古代地名，泛指古代尼德兰南部地区。

⑤ 译者注：指位于西半球的西班牙领地。

和东印度①领地获取的金银。西班牙需要支付金钱来供养陆军，需要支付金钱购买物资来建设和装备海军，需要支付金钱来维持在欧洲分布广泛的利益。西班牙所需要的造船物资同英格兰一样来自波罗的海地区，而其舰队和大帆船跨越大西洋装运的财富则是西班牙的生命线。这并不是英国人的新发现。早在六十多年前，法国的胡格诺派教徒②就已经认识到这一事实，派出他们的海盗船劫掠亚速尔群岛③外海和西印度群岛④海域的西班牙航运船只。尽管因为缺少基地而只是零星为之，但这种游击战令西班牙在贸易上损失惨重。西班牙人的应对措施是在 1564 年至 1566 年建立起了护航体系。同南美洲和中美洲的各项贸易成果被集中于哈瓦那，那里城坚守固，在哈瓦那大舰队装备精良的战舰护航下，70 条甚至更多的帆船从那里出发跨越大西洋。在接近亚速尔和西班牙港口时，护航力量得到进一步加强，从加的斯⑤和里斯本出发的强大分舰队会前出接应。英国其后在同法国进行的战争中采取了同样的组织模式，受到轻型兵力保护的远洋护航船队在西部通道会得到西部分舰队重型战舰的加强或者掩护。在当代，为保护运输船队免受水面舰艇、潜艇和飞机等新型作战装备的袭扰，不再由战列舰队的战舰提供保护，而是由驱逐舰、护卫舰、小型护航舰和飞机从本土基地出发提供保护，或者在亚速尔海域提供保护。

由于通往西班牙的贸易意义重大，将其摧毁成为海上战争的首要目标。攻击不仅限于海军的行动，还包括为严重破坏其购买力或者削弱甚至阻断其从中立渠道获得物资而采取的各种措施。1586 年的一项法令禁止与佛兰德斯⑥的银行发生任何生意往来，禁止向东鲁昂⑦港口运输任何粮食和造船物资。但是其最终的目标却是摧毁舰队本身。英格兰出于自身安全能够采取的最有效措施是摧毁（西班牙的）珍宝船队或者阻止其航行，或许最好的办法

---

① 译者注：东印度（East Indian）泛指印度和马来群岛，尤指马来群岛。

② 译者注：即法国信奉基督教新教的加尔文派教徒。

③ 译者注：亚速尔群岛（Azores）位于北大西洋东中部，由 9 个火山岛组成，现为葡萄牙领土。

④ 译者注：西印度群岛（the West Indies）是北美洲岛群，位于大西洋及属海加勒比海与墨西哥湾之间。

⑤ 译者注：加的斯（Cadiz）为西班牙西南沿海港口，临大西洋。

⑥ 译者注：佛兰德斯（Flemish）是西欧的一个历史地名，泛指古代尼德兰南部地区，包括今比利时的东佛兰德省和西佛兰德省、法国的加来海峡省和北方省、荷兰的泽兰省。

⑦ 译者注：鲁昂（Rouen）现为法国塞纳省省会，中世纪欧洲最大的城市之一。

是将其俘获。威尼斯①的一个英国人在给伯利的信中写道，"如果女王陛下允许任由处置或者拦截它们（这些珍宝船队），毫无疑问西班牙将被迫做出合理妥协"。霍金斯则写道，"一旦我们对它们发动打击，则和平会伴随着荣耀、安全和利润而来"。埃塞克斯②几天后表达了同样的观点："我国应该寻求对其造成的伤害是阻截其财富，这样我们就能切断其力量之源，并且用他们的钱来对他们发动战争。"威尼斯大使则指出，如果英国人能够俘获（西班牙的）印度船队，则将会表明他们是极端危险的敌人。事实上这种观点在当代作品中反复出现，而把德雷克③及其同伴的活动称为"海盗行为"则是完全不知战略为何物。他们发起的攻击是以西班牙的交通线为目标的军事攻击。

财富通道不仅是西班牙赖以生存的海上交通线，其在低地国家驻扎的陆军也要通过比斯开湾④和英吉利海峡以北的海上通道获得补给，其舰队则依赖在波罗的海地区的海军必需品，其国民经济和军事经济则完全依赖大西洋沿岸的捕鱼业和沿海贸易。尽管所有这些在重要性上不一而足，从目标上看却都具有"长远"的特征。除非在荷兰的西班牙陆军急迫需要人员或资金，临时性的阻断并不能阻止西班牙人粉碎荷兰人的抵抗并且在那些被认为至关重要的港口站稳脚跟。如果在荷兰的事务眼看着岌岌可危，那么需要的援助就会直接而紧迫，驻扎在海港之外和堡垒之内的荷兰陆军必须得到增援。因此，1585 年发生的事件——包括英国谷物船在西班牙港口被扣押及往来船舶被拿捕——清楚表明腓力国王⑤准备入侵英格兰，（英国的）4000 名步兵和 400 匹战马被派往荷兰协助守卫安特卫普，并占领"英国海岸对面的某些沿岸城镇"；载有地面部队的一支舰队被派往西印度群岛去攻打西班牙贸易体系的三个重要节点，也就是圣多明哥⑥、卡塔赫纳⑦和巴拿马；另有一支分舰队奔赴

---

① 译者注：威尼斯（Venice）当时为欧洲的一个城邦国家。

② 译者注：应是指第二代埃塞克斯伯爵（2nd Earl of Essex）罗伯特·德弗罗（Robert Devereux, 1567—1601），英国政治家，军事将领。

③ 译者注：即弗朗西斯·德雷克（Francis Drake, 1540—1596），英国著名的私掠船船长、航海家，也是伊丽莎白时代的政治家。

④ 译者注：比斯开湾（Bay of Biscay）为北大西洋东部海湾，位于法国西海岸和西班牙北海岸之间。

⑤ 译者注：即西班牙国王腓力二世（King Philip Ⅱ, 1527—1598）。

⑥ 译者注：圣多明哥（Santo Domingo）为今多米尼加首都、全国最大深水良港。

⑦ 译者注：卡塔赫纳（Cartagena）为哥伦比亚地名，濒临加勒比海。另：西班牙南部也有一个地方名叫卡塔赫纳。

西班牙海岸以中断其捕鱼业，捕鱼业的重要性不仅在于可为西班牙海军提供水兵，还因为其提供的咸鱼可以作为战舰上的食品储备。沿海贸易则在这个国家商品流通的链条中至关重要。

对加勒比港口的远征给当地城镇造成了严重破坏，对财富的破坏程度稍轻，但是物资损失并不是打击的主要成果。其主要成果在于对西班牙和欧洲民众心理的影响，西班牙的信誉被削弱了，其财富和实力的来源看起来要任由英格兰摆布了，西班牙巨人并非无懈可击。在佛兰德斯的军事行动也产生了影响，由于珍宝船队的航行被拖延，驻扎在帕尔马①的陆军没有办法采购粮草，只能停在原地不动。然而，尽管打击很沉重，却并不具有决定性。临时性的损害可以被修复，舰队可以重新扬帆启航，信誉迟早也会恢复。腓力并没有无视这种打击如果成功会造成严重后果这一事实，他认识到英格兰是他蚕食荷兰的主要障碍，必须中止这种旷日持久的军事行动造成的损害。他必须迅速将其了结，最直接的方式是一劳永逸地粉碎英格兰。因此，入侵英格兰的准备从 1586 年就开始了。1587 年德雷克在西班牙沿海的成功行动迟滞了这种准备，但很不幸女王在 1588 年春天否决了他重复以攻为守的行动建议，西班牙的无敌舰队最终在未受干扰的情况下组建完成。无敌舰队于夏天启航，在英吉利海峡和北海将命运交予英国海军之手。

如何利用这场伟大的胜利则是政治家需要去考虑的问题，三种方案被提出来进行讨论。女王一向不喜欢规模宏大的事情，仍然期望战争可以避免，因此希望向西印度群岛派出劫掠舰队。换言之，时不时地袭扰其海运，不去与敌人的作战主力对抗。约翰·霍金斯爵士希望使用有足够实力的巡洋舰队打击西班牙的护航船队和增援舰队（增援舰队在位于亚速尔和加的斯或圣卢卡②之间的本土目的地与护航船队会合），通过接替保持巡洋舰队实力不变。他特别主张要避免陆上作战。德雷克则希望对西班牙海上力量实施决定性打击。西班牙海上力量的中心在里斯本，那里驻扎着大批葡萄牙战舰，那是西班牙舰队的精锐，同时可对反抗西班牙的力量提供援助。若能对西班牙海上

---

① 译者注：帕尔马（Parma）为西班牙地名，位于地中海的马略卡岛。
② 译者注：圣卢卡（San Lucar）为西班牙的一个港口。

力量完成决定性打击，则可在葡萄牙人的协助下夺取亚速尔和葡萄牙的港口，葡萄牙反叛力量若干年前曾经向女王提出过这样的建议，但是被拒绝了。如果手中握有里斯本和亚速尔，英国人就能掌握海权的第二个关键要素——基地，舰队或分舰队可以在那里永久驻扎并从那里持续监视珍宝船队的活动，形同封锁。

德雷克的方案获得了认可。德雷克率领的一支舰队，装载着由经验丰富的诺里斯①指挥的一支陆军，被派往里斯本。这次远征失败了，而失败的根源在伦敦。陆军装备很差、补给不足、军纪松懈，女王的指令则让整个作战行动偏离了正轨。意图的唯一性、力量的集中性、行动的突然性，这些都是基本的军事常识，女王的指令却忽视了所有这些常识。远征部队没有被直接派往目的地，没有以全部力量在毫无预警的情况下直接打击里斯本，而是被指派了其他任务——在途中赶往西班牙北部港口打击可能停留在那里的任何兵力。远征部队的确这样做了，而这样做的结果就是丧失了达成突然性的任何可能性。敌人受到北部兵力活动的警示，因而没有放松警惕，再加上疾病、无援、战损和失序，导致远征彻底失败。德雷克被指应为失败负责，因而不再受到青睐。应该受到指责的是女王和她的那些政治家，他们没能做好充分的军事准备，并且对战役计划做出了错误指导。

在伊丽莎白战争中第一次被提到的一件麻烦事情，或许可以称其为麻烦的开端，也是英国政治家其后在使用海上力量时经常要面对的困扰，就是如何处理中立国反对中止与敌对国的商业往来。英国政治家非常清楚西班牙要依赖从波罗的海获取的物资建设并装备海军，因此阻止这些物资运往西班牙事关重大。1589年7月的一项法令指出，"如果不能得到伊斯特兰的某些汉萨②城镇的供应，西班牙就难以建立起强大海军并发挥出如此的作用"。女王宣称她有权阻止这种供应。她颁布了一项法令，告知中立国家哪些商品将被视为禁运品，这些商品和装运这些商品的船只将被没收。交战国与中立国之间无休止的斗争随即开始。汉萨、波兰和丹麦地区的抗议接踵而来，伊丽莎

---

① 译者注：即约翰·诺里斯（John Norris，1547—1597），英国著名陆军将领。
② 译者注：指德意志北部沿海城市结成的商业同盟，即汉萨同盟（The Hanse）。

白态度坚决，不容许她的海权武器变钝或者失去威力。她在回复汉萨同盟时指出，交战国拥有阻止敌对国获取不能自给商品的固有权利，以防止敌国获得繁荣并发展作战力量，她引用先例为自己的行动辩护，一如她后来的许多继承者引用她的做法为先例。她提醒他们注意，在不久前发生的波兰与俄国的战争中，波兰针对英国扣押了战争必需品，而在瑞典与丹麦的战争中，波罗的海中立贸易渠道被阻断。她进而指出，这样做很公平。"无论何时发生了向敌国提供任何粮食、装甲或任何种类的弹药以帮助其得以继续战争的行为，（英格兰）都可以合法地切断其供应。"就这样，在 1589 年，她定下了这项被后来的继承者接受并坚持了近三个世纪之久的基本原则，这项原则在 19 世纪中叶才被首次突破，而在 1914—1918 年的战争中，因为形势急需，这项原则又被重新付诸实践。

1589 年列出的禁运品清单涵盖与建设和装备海军相关的所有物资，诸如缆绳、桅杆、船锚、索具、帆布、板材和撑杆、火药、子弹、铅、铜、火炮、火枪和甲具，等等，还有作为舰队必需品的食品，如咸肉、玉米、小麦、黑麦、大麦和谷粉。尽管女王坚定捍卫阻截这些战备品的权利，但她还是准备做出一些妥协以免承受不可预期的风险，出现新的敌人来反对自己。因此，她同丹麦达成了一项协议，不同于 1914—1918 年战争中与特定中立国达成的那些协议，这项协议规定，如果丹麦国王禁止向西班牙装运某些特定的物资，那么丹麦船舶的航行将不会受到阻拦。至于波兰，由于英格兰在歉收时要依赖其谷物供应，而波兰可能在必要时切断供应作为报复，因此女王做出让步，允许装载谷物的船只航行。她警告将领们小心处置法国人、托斯卡纳①人和威尼斯人的海上运输。但是，她对海军物资和弹药的态度则异常坚决。她面临的难题之一来自一直接受她援助的那个国家——荷兰。尽管英格兰始终在为荷兰的解放以及自身的安全而战斗——这二者在她看来密不可分——荷兰人却坚持同共同的敌人做生意，甚至把贸易拓展到了由西班牙实际占领的港口

---

① 译者注：托斯卡纳（Tuscany）为 1569 年建立起来的公国，位于意大利中部。

以及被荷兰军队封锁的港口。在 1585 年莱斯特①被派往尼德兰②的时候，这个问题首次出现了。莱斯特发现荷兰人同敌人的贸易相当广泛，并且主要是西班牙陆军极端需要的谷物和战备物资，于是发布声明阻断交通。他从没有在此项商业中获益的"内陆"省份那里得到了某些支持，但是"海上"省份的商人们从中获得的财务收益相当之大，不但坚持开展贸易的权利，并且坚持认为这项贸易为国家所必需。他们宣称，没有了这项贸易，荷兰将会被剥夺继续斗争的手段。莱斯特的命令因此形同废纸。1596 年，女王重新发布了禁令，尽管"海上"省份闷闷不乐地表示同意，但是实际上却系统性地避免执行禁令，同此前的禁令一样，这项禁令也是形同虚设。荷兰人的信念是"自由的船舶、自由的商品"，这在当时是国际法上的创新，1580 年首次由荷兰人引入与西班牙的条约中。当这一创新企图被付诸实践时，在英格兰没有引起任何反响。后来，伊丽莎白麾下的海军上将蒙森③在他的"小册子"中表达了自己的看法。根据他的记载，1591 年坎伯兰④在去往西班牙海岸的途中，遇到了许多载有敌方商品的荷兰船只。"荷兰民众似乎在伤害我们，尽管他们在对西班牙的战争中率先与我们并肩作战，但我们在整整十八年的时间里一直冲锋在前，然而他们却奸诈地维持着他们的贸易并通过向西班牙人提供弹药、食品和情报来对付我们。"

为了强化 1589 年法令的效力，一支分舰队被派驻在多佛海峡⑤，受命抓捕装载有被认为属于禁运品驶往西班牙的所有船只。为了避开抓捕，汉萨同盟令其船只向北绕过苏格兰，女王因为兵力有限而对此无能为力。然而，所

---

① 译者注：应是指第一代莱斯特伯爵（1st Earl of Leicester）罗伯特·达德利（Robert Dudley, 1532—1588），英国政治家。

② 译者注：尼德兰（Netherlands）本义为低地，历史上的尼德兰地区含现比利时、卢森堡和荷兰及法国一部。尼德兰地区曾先后受西班牙和法国统治，法属尼德兰独立时分裂为两部分，其中一部分仍称尼德兰，因其所辖荷兰省面积最大、人口最多，所以通称荷兰。

③ 译者注：即威廉·蒙森爵士（Sir William Monson, 1569—1643），英国海军将领，留有"海军小册子"（the naval tracts），对 1585 年至 1603 年期间进行的海战进行了梳理研究，后由迈克尔·奥本海姆（Michael Oppenheim）编辑整理成《威廉·蒙森爵士的海军小册子》（The Naval Tracts of Sir William Monson）。

④ 译者注：应是指第三代坎伯兰伯爵（3rd Earl of Cumberland）乔治·克利福德爵士（Sir George Clifford, 1558—1605），英国海军将领。

⑤ 译者注：多佛海峡（the Straits of Dover）位于英法两国之间，连接英吉利海峡和北海，法国称加来海峡。

有船只都没能抵达终点。尽管远征里斯本并不成功，但是在此过程中有一项胜果却很引人注目，德雷克的战舰在塔霍河①口外拦截了一支由 75 艘船只组成的汉萨同盟船队，俘获了其中的 60 艘。尽管中立方提出了各种抗议，但是这一措施在整个战争期间都得到贯彻，其目的是阻止敌方获得其舰队和陆军所需的给养。1596 年，所有相关国家都得到了明确的暗示，各国收到了一份用英语、法语、德语、意大利语和西班牙语写成的声明，女王希望与除西班牙之外的各国保持友好关系，她将捕获所有"显然对西班牙人为侵犯女王陛下所需的船只、火炮、食物和其他战备给养有所帮助"的船只。

大臣们没有让他们采取的行动局限在海上或者仅限于商业背景，同时还展开了寻求盟国的行动。土耳其宫廷收到一个提议，苏丹应该向西班牙、意大利和非洲沿岸派出桨帆船舰队，以对来自佛兰德斯的西班牙兵力进行牵制。给他的建议指出，在反对西班牙人的共同事业中做出贡献颇为值得，因为一旦腓力征服了欧洲，他将率领整个基督教世界的力量来对付土耳其帝国。苏丹认真考虑了这个建议，他向法国国王请求使用土伦港作为基地。但是，由于当时他正在同波斯②苦战，因此该提议并没有取得实质性成果。这是英国政治家第一次企图通过海上力量在地中海进行牵制，但不会是最后一次。

这些出色的策划意在给西班牙造成更大的压力，同时使其面对新的敌人。尽管这些策划都得以启动，但是却没有采取措施来强化法令的推行，也没有采取措施确保潜在的盟国站到胜利者一边。简言之，需要采取的措施是加强英格兰的海上力量。显而易见，珍宝船队是西班牙的命脉，西班牙持续的入侵行动取决于珍宝船队能否抵达塞维利亚③和加的斯。同样显而易见，西班牙确保珍宝船队能够抵达的能力全在海军，因此，摧毁其海军就能够直接而又切实地使其无法从外部获得资源供应。然而，并没有针对这样的目标而采取协调和坚决的战略。英国海上作战兵力的规模，不但没有扩大，反而有所削减。海军支出从 1590 年的 6.6 万英镑，降为 1594 年的 4 万英镑。没有持续集

①译者注：塔霍河（Tagus）也称塔古斯河，是伊比亚半岛最大的河流。
②译者注：波斯（Persia）为 1935 年之前欧洲人习惯使用的地名，即今伊朗地区。
③译者注：塞维利亚（Sevilla）位于伊比亚半岛南部、瓜达尔基维尔河下游谷地，南距加的斯湾约 120 公里。

中兵力打击西班牙海军和珍宝船队，战事断断续续、时松时紧地进行着。投入的分舰队实力太弱，无法应对得到加强的护航兵力，西班牙人现在用这些兵力来保护其大规模的大洋船队，更不足以应对从加的斯和里斯本出发的增援舰队。尽管德雷克在 1587 年进行的战役就已经表明，如果在海上对敌人采取有效而连续的行动，毫无疑问需要一个海外基地，尽管亚速尔恰好能够满足这样一个基地的需要——堂·安东尼奥①在 1580 年已经提出过强烈要求，当时他邀请女王合作征服这些岛屿——但是英国并没有采取在那个关键海域占据一个位置的任何行动。能够采取的决定性行动方案只能是迫使西班牙到海上进行决战。在有利的决战条件下——也就是说远离西班牙的港口——达成这一目的的最佳途径就是威胁攻击珍宝船队，并且动用的兵力相比大洋护航的西班牙大帆船要占有优势。这种威胁必须足以令西班牙舰队离开母港以保护其至关重要的护航船队，就此而论，"必须"这个词或许可以用于不确定性的战争游戏。我们将会看到，这个针对依赖海外交通的敌人所采取的措施旨在迫使敌人采取行动，在其后与荷兰的两场战争中，英国政治家萌生了同样的想法。事实上，1591 年一支分舰队在霍金斯率领下出现在亚速尔外海就产生了类似的效果，为保护驶向本土的珍宝船队，当时有一支西班牙舰队在堂·阿隆索·德·巴赞②率领下前出接护，只是由于天气恶劣，西班牙人被迫返回了港口，因此双方没有接触，决战才得以避免。当然，珍宝船队不止一次受到威胁，但通常都是来自小规模私掠船队的威胁，哪怕有机会也由于实力太弱而不能发起决战，并且只能短时间交战而无法连续长久作战。

因此，在长达六年的时间里，英国的海上行动都表现为居于次要地位的游击战。坎伯兰、霍金斯、弗罗比舍③、霍华德④和其他人，率领相对弱小的兵力在西印度群岛海域、亚速尔群岛外海和西班牙沿海作战。他们对西班牙

---

① 译者注：堂·安东尼奥（Don Antonio，1531—1595）当时在与腓力二世争夺葡萄牙的王位继承权，西班牙国王腓力二世是葡萄牙国王曼努埃尔一世的外孙，安东尼奥是曼努埃尔一世的孙子，1580 年葡萄牙国王恩里克一世去世后，安东尼奥被拥戴为葡萄牙国王，后被腓力二世驱逐并逃亡英格兰。

② 译者注：堂·阿隆索·德·巴赞（Don Alonzo de Bazan，1530—1596），西班牙海军将领。

③ 译者注：应是指马丁·弗罗比舍（Martin Frobisher，1535—1594），英国航海家、探险家。

④ 译者注：应是指第二代艾芬汉霍华德男爵（2nd Baron Howard of Effingham）查尔斯·霍华德（Charles Howard，1536—1624），英国海军将领。

的贸易造成了不算轻微的损害，迟滞了不止一批珍宝船队，加快了西班牙国王的破产。他们为英格兰海军史增添了新的光辉篇章，格伦威尔①率领"复仇"号在弗洛雷斯②外海展开了可歌可泣的战斗，这是一场在极端不利条件下的战斗，一场战斗者取得极大荣光的战斗，又是一场令派出弱小兵力而非强大兵力的政治家脸上无光的战斗。③ 在正确的时间和决定性的地点集中优势兵力，这是政治家的职责。英国分舰队从来没有在正确的地点、正确的时间，以足够的兵力来达成决定性的结果。女王和大臣们在实行这种含糊不清的战略，西班牙则忙于弥补在大规模舰队交战中遭受的损失以及其战舰在设计上存在的缺陷，正是这些缺陷使其损失惨重。腓力国王对他遭受的失败有正确的认识，从物质条件方面来看，原因在于英国战舰比西班牙战舰在舰型上要有优势。他着手仿照英国的经验来重建海军。他源源不断地获得了需要的物资，尽管法令禁止中立方提供这些物资，但是在海上没有战舰来加以执行，法令根本就没有效力。一支崭新的西班牙海军呼之欲出，不列颠诸岛在1589年之后数度面临入侵威胁，现在威胁再次出现了。出于加强防御的需要，英国的攻势行动要么被取消了，要么被推迟了。

在运用英国海权实力的战略性失误方面，与欧洲形势造成的干扰当然不无关系，尽管这些国家并没有表示任何歉意。尽管尼德兰所面临的危险因1588年的胜利而显著降低了，但是并没有完全消除，因为驻在佛兰德斯的西班牙陆军仍然强大，不可能不派遣增援兵力守卫沿岸城镇。1590年，那个挥之不去的麻烦再次出现了，即对受到入侵威胁的盟国提供增援的最佳方式到底是陆上行动还是海上行动。法国国王亨利三世④遇刺身亡后，法国爆发内战，新教教徒和纳瓦拉的亨利⑤是一方，神圣联盟⑥是另一方。西班牙的腓力

---

① 译者注：应是指理查德·格伦威尔（Richard Grenville，1541—1591），英国海军军官。

② 译者注：弗洛雷斯（Flores）是亚速尔群岛中最西部的岛屿。

③ 译者注：在这次战斗中，西班牙舰队15艘战舰围攻落单的英国海军"复仇"号，孤军奋战的"复仇"号最终被俘，格伦威尔同时被俘并于数天后伤重不治身亡。

④ 译者注：亨利三世（Henry Ⅲ，1551—1589），法国国王，1574—1589年在位。

⑤ 译者注：即亨利四世（Henry Ⅳ，1553—1610），当时为纳瓦拉国王，1594年加冕为法国国王，即波旁王朝首位国王。

⑥ 译者注：神圣同盟（the Holy League）是罗马天主教于1576年组成的联盟，反对在法国执政的基督教新教集团。

马上借机主宰了这个四分五裂的国家。荷兰出于迫在眉睫的危险请求女王伸出援手，亨利也提出了同样的请求，为求自保的伊丽莎白不得已中断了对荷兰的支援，出于同样的原因不得已又向法国提供援助。如果法国沦为西班牙的一个省，如果法国在布列塔尼的大型港口成为西班牙海军的基地，如果其在海上讨生活的人成了西班牙海军战舰上的水兵，那么西班牙在进攻英格兰方面就有了远比之前更为有利的条件，之前西班牙必须从低地国家的浅滩潮道港口装载步兵才能将陆军运至英吉利海峡。伊丽莎白指出，"法国的末日何时到来，何时就是英格兰被毁灭的前夜"。佩德罗·瓦尔德兹①所言不虚，他稍后告诉他的国王，"我们的敌人害怕如果布雷斯特为陛下所用，将会给他们带来严重损害"。

因此，英格兰有充分的理由应该向纳瓦拉的亨利伸出援手。而问题在于，在那个时候提供所需的帮助，最有效的可行方式是什么。现在，如同过去在荷兰发生的情形一样，决定性的因素看起来是时间。亨利需要马上得到援助，因为神圣同盟的军队正把他逼回诺曼底，攻击西班牙海上交通线的"长期"政策不可能使他的军队免于被击败，也不可能避免西班牙在布雷斯特建立海军基地。西班牙拥有海上军事交通线——1590年有3500名西班牙步兵从科伦纳②经海上抵达法国西部——然而，尽管海上行动可能阻止更多部队抵达，但是已经抵达那里的部队数量之大已经不容忽视，因此必须立即加以应对。因此，经过有些艰难的商讨，女王决定给予亨利四世军事援助。她派遣3000名步兵到迪耶普③。他们的装备水平和食物保障同在佛兰德斯的英国士兵一样糟糕，他们在多大程度上推迟了法国的失败难以确定，可以确定的是他们中有四分之三付出了生命的代价，正当他们在皮卡第④战斗的时候，一支西班牙陆军在帕尔马⑤率领下从尼德兰入侵了法国。这次入侵因无钱支付给陆军而停了

---

① 译者注：佩德罗·瓦尔德兹（don Pedro de Valdez，1544—1615），西班牙海军将领。
② 译者注：科伦纳（Corunna）位于西班牙最西北部，是大西洋沿岸的繁忙港口。
③ 译者注：迪耶普（Dieppe）位于法国北部，濒临英吉利海峡。
④ 译者注：皮卡第（Picardy）旧时为法国北部的一个省。
⑤ 译者注：应是指帕尔马公爵亚历山大·法尔内塞（Alexander Farnese，1545—1592），他被认为是西班牙全盛时期最伟大的将领之一。

下来，之所以缺钱是因为英国在海上的行动起了作用。来自印度群岛①的珍宝船队因为巡洋舰队的活动而推迟抵达，马德里非常担心它们已经被俘获了。"如果那支船队损失了，"一名记者写道，"国王陛下将遭受损失，而他的整个王国也将毁灭。"然而，由于拦截珍宝船队的措施并不充分，它们还是得以摆脱，在 11 月下旬抵达圣卢卡，西班牙人极为振奋。巡洋舰队的活动的确造成了迟滞和妨碍，但是并没有取得更多成效。

现在——1590 年——对于许多身处英格兰的人来说已经非常明显了，陆上力量与海上力量之间以及海上力量内部的这种相互损耗不会有任何成果，只能是一种徒劳无功的战略。曾在法国负责指挥作战的老兵罗杰·威廉姆斯爵士②写下的一段话堪称至理名言："相信我，我们能够做到的要么是沉重打击印度舰队③，要么是沉重打击作为珍宝来源的那些国家，或者是其训练有素的陆军，我的意思是说帕尔马公爵的军队或者在西班牙或葡萄牙的主力，其他所有的努力注定只是杯水车薪。"对于将军来说这一点显而易见，然而对于女王却并非如此。因为吝惜花费，所以她继续"杯水车薪"。吝惜花费当然有理由，因为她已经穷到债台高筑，但是这种政策并不便宜。陆军在布列塔尼收效甚微，并且损失了许多人员，每年却要花费 6 万英镑。另外，给法国国王的补贴、维持在荷兰的另外一支陆军以及给荷兰的贷款——从来没有归还的贷款——加起来总共约有 80 万英镑。1588 年至 1589 年在爱尔兰的军事行动耗资高达 350 万英镑。从这些钱中拿出一个零头用以装备和维持海军，不仅可以阻止（西班牙）那支陆军向皮卡第开进以令马德里为珍宝船队感到焦虑，并且可以让西班牙整体结构坍塌的消息充斥国王的耳朵。如果在亚速尔建立一个基地并派驻一支强大的舰队在那里游弋，那么珍宝船队就不可能畅通无阻。如果在西班牙港口之外有足够多的分舰队存在，那么来自波罗的海的物资供应就会中断，西班牙新舰建造哪怕不被中止，也会被拖慢。根本就不是什么便宜的战争之道，女王选择的恰恰是代价最昂贵的方式，同时又不

---

① 译者注：印度群岛（The Indies）通常指西印度群岛。

② 译者注：罗杰·威廉姆斯爵士（Sir Roger Williams, 1539—1595），著有《战争简史》（A Briefe Discourse of Warre）一书（1590），绰号"威尔士疯子"（Mad Welshman）。

③ 译者注：应当是指西班牙位于印度群岛的舰队。

可避免地带来损耗。

尽管亨利与神圣同盟在 1593 年夏天达成了停战协议，但是西班牙军队还是留在了布列塔尼。布雷斯特被围困，一支小规模的大帆船兵力位于布拉韦河①，对英国海岸构成威胁。伊丽莎白不可能对布雷斯特的基地无动于衷。约翰·诺里斯爵士指出，"布雷斯特落在西班牙手中，对英格兰造成的不利相当于他们占领了爱尔兰"。于是，女王又派遣 4000 名后续远征部队来赶走西班牙人，他们在 2000 名法国援军协助下拯救布雷斯特。

然而，所有这些都只是防御战，可以防止西班牙的打击，却不足以迫使西班牙放弃入侵。在法国和佛兰德斯遇到的抵抗加上商业上遭受的损失，迫使西班牙不断付出开支，并且使其获得开支的某些手段失灵，但是消耗战见效缓慢，而且这种消耗战很难产生决定性效果。这一点对政治家来说变得越来越明显了。1595 年，认识到了重新回到攻势行动上来的需要，已经退休的德雷克被召回，同霍金斯共同指挥一次远征行动，打击西班牙位于巴拿马的珍宝船队装载港。但是此次远征的准备工作被耽搁了，行动意图也暴露无遗，西班牙人及时得到了警告，得以采取措施来预先阻止攻击，远征终告失败。不过，采取攻势战略的愿望最终重占上风，这一点从 1596 年对加的斯的大规模远征中可见一斑。这一次，地面部队充足而又装备精良，准备期间做到了保密，并且采取了误导敌人的措施以防舰队在向目的地航渡途中被发现，因而彻底达成了突然性。加的斯被占领了，西班牙人自己焚毁了港内的船队，以防落入英国手中，港内的大量航运和仓库设施被破坏，同印度群岛的贸易被实质性瓦解。作为一次突袭，远征加的斯取得了重大胜利，但是作为宏观战略下的行动却不足以改善整个战略态势，因为尽管西班牙的航运遭受了可观损失，却没有被完全摧毁，或者严重削弱西班牙的海上作战实力，也没能让其在财政上陷于瘫痪。西班牙的护航船队仍能回到本土。损失虽然巨大，但是并非不可恢复，战争进程并没有显著改变。事实上，最根本的原因在于这次打击针对的是海运及城市，而非海上的作战力量。受到刺激的西班牙国

① 译者注：布拉韦河（Blavet）是法国境内的一条河流，发源自布列塔尼半岛中部，在洛里昂附近注入大西洋。

王想竭尽可能回击英格兰，而且他既拥有海军又有能力扩大海军规模以发起回击。同年10月，一支由100艘帆船组成的西班牙舰队从费罗尔①启航入侵英格兰，英格兰再次被迫处于防御地位。这支舰队差不多被狂风吹毁了，另一支舰队也遭受了同样的命运。第二支舰队由136艘战舰组成，载有9000名步兵，试图在第二年秋天实施入侵。然而，在1599年准备进行的入侵规模甚至大到可怕，这次入侵几乎是在最后一分钟被放弃了，以便应对荷兰对珍宝船队及亚速尔的威胁。最终，一支西班牙陆军在1601年成功入侵了爱尔兰，先是被陆军包围，后被舰队断了后路，被迫投降了。这个国家之所以会接二连三地面临被入侵的危险，主要是因为其政治家在经历了十二年的战争之后，既没有集中精力维持其海权，也没有统筹使用其军事力量粉碎强大敌人的海权，为1597年精心制定的进攻方案所遭受的命运就是一个例证。当时已经得知一支西班牙舰队将在费罗尔集结以入侵英格兰，摧毁这支舰队最适合的力量是一支英国联合部队，如果能够有这样一支力量，则可前去亚速尔拦截珍宝船队并夺取在那里最需要的基地。这个方案极为出色，但是除非拥有将其付诸实施的手段，否则再出色的方案也只是白日梦。然而，无论是在人力上还是在物资上，这些手段都并不存在。船员们对王室提供的待遇不满意，不会招之即来；战舰也受到忽视，因为漏水而不适宜出海。主要是由于这两个原因，远征的准备被耽误了许久，而就在被耽误期间又出现了新的威胁。西班牙军队从布拉韦出发突袭英格兰南部海岸，导致远征部队有六分之五下船去守卫海岸。就这样，对费罗尔的进攻被迫放弃了。舰队在缺乏经验的指挥官率领下奔赴亚速尔，在那里一事无成。在舰队返回本土之前，来自费罗尔的入侵开始了。恶劣天气以及西班牙人不佳的船艺，而不是英国政治家对海上实力做出的安排和使用，在这个危急关头拯救了国家。

　　1599年女王试图发动欧洲"抵制"西班牙，1601年她重新进行了尝试，目的是切断西班牙建设和装备海军所需要的物资供应。她颁布了一项法令，指出没有中立国的帮助西班牙不可能装备起一支海军，如果能够中止这些帮助，那么全世界都会从中获得更多好处。她号召文明世界联合起来，拒绝向

---

①　译者注：费罗尔（Ferrol）位于大西洋岸边，是西班牙西北端一座海湾港口城市。

强大的压迫者提供任何帮助。"中止、阻碍和反对同他在他的西班牙领土上和所有港口内发生的商业往来，将会快速并有最大可能结束这些血腥和荒唐的战争，这些战争打破了基督教世界所有地方的总体和平。"因此，她再一次禁止"任何国家或者地方在任何条件下，没有任何例外，同西班牙领地发生贸易往来，运送、运出或者转运任何船用零件、配件，无论是直接还是间接行为，也无论悬挂哪国旗帜或者宣称为哪国船舶"。作为一个意向性的声明，这份法令同此前在 1589 年颁布的那份法令一样无懈可击；但是也同那份法令一样，缺乏实施禁运的海军以真正施行这项法令，这是一种无效的战争工具。中立方贸易商不会愿意放弃眼前可得的丰厚利润来换取远期利润，尽管"结束这些血腥和荒唐的战争"可能产生更大利润。

不过，战争还是正在接近尾声。1601 年西班牙陆上力量和海上力量对爱尔兰的入侵彻底失败，政府随即对国家为什么会暴露在紧迫危险面前的原因进行了检讨。1601 年的入侵虽然被击败了，但是敌人有一支强大的陆军登陆，让英国军队付出了沉重代价，从开始到结束共有 6000 多名将士阵亡。之所以不得不在陆上进行防御，代价和风险又如此之大，原因在于大臣们没能很好地维持和使用海军。尽管在 7 月已经获悉由 38 艘帆船组成的强大舰队和人数为 5000 人的陆军正在加的斯和圣卢卡集结，但是根本就没有准备一支舰队来应对这一威胁。1597 年的情形再次重现，战舰状况不佳，船员人手不足，而且在没有来得及采取在其出发地攻击敌人的明显措施之前，西班牙的无敌舰队就已经扬帆启航了。出发地是唯一可以确定的拦截点，因为无法猜测敌人企图在奥斯坦德①至晴空角②之间的哪一点登陆。实施攻势防御已无可能，英国舰队不得不处于守势，以待敌人出现。然而，直到敌人在爱尔兰登陆的报告发出五周之后，舰队甚至还没有从东部港口赶往西部，只是险险地击败了入侵者，并且为击败敌人付出了极大的代价。国家竟被置于如此真实的危险之中，这令政府认识到了没有及时准备好一支舰队的疏失，以及实行守势战略的错误。政府现在意识到需要一支强大的舰队，并且绝对不能用于漫无目

---

① 译者注：奥斯坦德（Ostend）现为比利时西北部城市，在北海沿岸中部，历史上曾被荷兰控制。
② 译者注：晴空角（Cape Clear）是爱尔兰最南端的一个岛，也称晴空岛（Clear Island）。

的的防守，而是必须用于目的明确的攻势，以调动敌人并摧毁其作战舰只为目标。能够充分调动敌人的最佳方式是威胁其庞大的贸易及珍宝船队，这样便能使其进退维谷，要么损失至关重要的物资，要么使用舰队到海上来守卫，能够达成这一点的地点是通往西班牙的海上通道。不可能把这个更合理的设想马上变成现实，船员得到的待遇太差，许多人想方设法避免为王室效力，为了应急，政府甚至不得不令人不齿地雇用了 200 名荷兰水手充当水兵。这支舰队终于做好了准备并且驶向西班牙，在 1602 年的两次巡航行动中取得了重要战果，彻底消除了西班牙攻击英国本土的危险。

为 1603 年制订的计划体现出了更大的进步，海军经过这么久之后终于得到了恰当的使用。计划将对西班牙海岸进行封锁，由两支实力强大的分舰队从 2 月至 11 月不间断实施，每支分舰队都有能力与敌人的主力交战，两支分舰队轮流接替——基本上就是霍金斯在 1589 年提出的建议。目标与 1602 年相似，即迫使敌人决战，若敌人不出战，则通过切断其至关重要的贸易与财富来源扼杀之。阻断敌人重新装备和建造海军战舰的物资供应，取代了法令的地位。位于"狭窄海域"的一支分舰队，将会拦截来自波罗的海的航运船只。最后，为了保护英国的航运——西班牙的私掠船从敦刻尔克和比斯开湾的港口出发，无所不用其极地攻击英国的船队——将会组建由轻型舰只组成的辅助舰队提供护航。终于有了一个全面而又合理的战略，唯独缺少了一样东西：获取一个海外基地。无论怎么说，获取海外基地的手段仍然欠缺，即缺少一支训练有素、装备精良且规模足够的远征陆军。

计划中的战役并没有得到实战检验。1603 年 3 月，女王去世了，登基的继任者满脑子都是和平，战争也就结束了。

这场战争正式开始于 1585 年——此前在印度群岛的作战行动不过是报复性的行动——持续了 18 年之久。在战争进行到第三年的时候，西班牙海军遭受失败而英格兰掌握了制海权这种说法已经不绝于耳。英格兰的海上力量何以未能给西班牙造成足够压力使其海上商业被中断呢？腓力二世临死之前躺在床上还说，海上商业是"西班牙实力和威力"的源泉。

斗争之所以变得旷日持久，原因在于有权指导国家所作所为的政治家从来没有真正理解国家海权能够干什么，或者应该怎样得到使用。女王就是这个"政治家"。她的顾问非常清楚，海上交通攸关西班牙的生死存亡，切断这些交通腓力必将束手就擒，顾问们想集中力量打击海上交通。他们希望采取能够体现这种观点的有力政策，但女王否决了他们的建议。她选择主要针对敌人的最强大之处——陆上。从 1585 年到 1603 年，她在陆上战场耗费的资金总额达到 450 万英镑，却没有收到任何攻势上的回报；仅仅有大约 100 万英镑花费在海上力量方面，而海上力量有能力对西班牙的生命线给予沉重打击。[1] 她把海上打击的目标直接指向航运，而不是保护航运的作战力量，而后者同时也是对她的王国的威胁之一。她所运用的兵力相对弱小，这些兵力的作为时断时续而又零零星星——用雷利[2]的话讲，她"总想事半功倍"。尽管缺乏海外基地——海权的第二个关键要素——她却没有采取措施来获取任何基地，唯一的例外是 1589 年对里斯本的远征意图，她也没有发展获取海外基地的必要手段，也就是派出一支装备精良而又能够机动的陆军。科贝特所言极是，这场斗争终于"陷入最无望的敌对状态，一种并不充分的商业封锁和一场针对海上贸易的战争。西班牙尽管在资源方面受到阻碍，还是从容不迫地建起了一支海军，英格兰失去了德雷克凭杰出才智为其赢得的有效制海权"。[3] 在经年累月的巡洋作战中，英国分舰队竟然没能俘获哪怕一支西班牙珍宝船队。

---

① Oppenheim，"Monson's Tracts"，vol. Ⅰ，p. 10.
② 译者注：应是指沃尔特·雷利（Walter Raleigh，1552—1618），英国政治家、探险家和航海家。
③ Corbett，*The Successors of Drake*，p. 409.

第二章

斯图亚特王朝和共和国时期的海权

　　詹姆斯一世①国王即位后迅速与西班牙达成和平，海军伴随着和平快速衰落了。国王继承了一支舰队，有 29 艘精良的战舰、一批经验丰富的水兵和富有冒险精神的舰长。他立即大幅削减了海军经费。在女王当政的 19 年时间里，每年平均经费为 5 万至 6 万英镑，1605 年至 1606 年下降到了 3 万英镑。伴随着这种削减的却是宫廷开支增长了 14.4 万英镑。造船和维修都停了下来，在海上的所有战舰都被召回，富有冒险精神的年轻人试图加入外国海军并增长经验，但是却被禁止。那个敏锐的观察者——威尼斯大使，注意到了这些事情并在几年后告诉他的政府，英格兰再也派不出一支伊丽莎白时代那种舰队了，这个国家的年轻人想在岸上享受安逸，而不想去海上冒险。伊丽莎白时代治理海军的人也都离开了，现在掌权的人既无能又腐败。其结果是英国海权一落千丈，以至于海盗在英吉利海峡横行，甚至有海盗船从北非伊斯兰地区港口来到这里捕猎英国船只。从 1609 年到 1616 年，至少有 466 艘商船落入虎口。国王没有提供任何护佑，船东们只能凭一己之力守卫他们自己的船只。

　　到了 1616 年，海军几乎已经不复存在，航运损失以及治理上的无能显露无遗，在这种情形下，政府指定了一个委员会来评估海军的实力与状况，并就"提供一支足够的海军及私人船只，在不借助外国援助的情况下能与任何王室的海上力量相匹敌"所需要采取的措施提出建议。在这个命令中，有两点值得注意：第一，雇用的船只也被计算在海军实力之内；第二，在这个与国家安全息息相关的事务上，没有把对外结盟这个不确定因素作为可以仰仗的基础。委员会在 1618 年提交了报告，认为形势令人十分失望。海军名录中有 53 艘或大或小的战舰，但是有一半只是存在于纸面上。委员会提出的建议之一是重建一支由 30 艘威力强大的战舰组成的舰队，我们今天应该称之为"战列舰队"。为商业提供保护仍然被认为应该另当别论，也就是由被雇佣的船只或者武装商船来承担。然而，尽管皇家战舰意在组成战列舰队的主体，但这个主体并不能限于皇家战舰，由它们构成的核心要由武装商船队予以加

---

　　① 译者注：詹姆斯一世（James Ⅰ，1566—1625）原名詹姆斯·斯图亚特（James Stuart），英格兰及爱尔兰斯图亚特王朝首位国王，1603—1625 年在位，自封为大不列颠王国国王。

强。因此，1620 年首次在地中海亮相的英国舰队由 6 艘皇家战舰和 12 艘私有船只组成，武装商船在其后的半个世纪中仍然被计算在作战序列之内，尽管比重变得越来越小。三十年之后，共和国的政治家为国家提供了一支强大的舰队，布莱克①期望雇佣的战舰不要超过五分之二，而雇佣战舰在斯图亚特王朝末期已经退出了战斗序列。

尽管英格兰的海权衰落了，但是并没有完全消亡。大陆强国争相要得到英格兰的帮助。当时，由于奥地利和西班牙两个哈布斯堡王朝分支合并在了一起，欧洲面临着哈布斯堡霸权的威胁。继而，威尼斯、热那亚、荷兰和德意志②的几个新教王室认识到各自的独立自主甚至生存都处于危险之中，在黎塞留③的领导下，这些国家组成了一个联盟，标志着哈布斯堡王朝—波旁王朝的长期斗争拉开了帷幕。投身于宗教和商业的对抗当中，他们站在了对抗奥地利—西班牙统治的阵营一边，出于这个目的，他们寻求英格兰伸出援手。

基于西班牙、尼德兰和奥地利被海洋分隔开来的事实，海上力量能够影响这一大陆形势。除了以跨越法国的漫长进军为代价，部队和金钱只能取道比斯开湾和上英吉利海峡，通过它们之间的唯一通道，而在那里将会遇到荷兰海军的拦截，或者从西班牙到达奥地利，穿过利翁湾④，从西班牙港口到达热那亚（当时与西班牙结盟），从那里取道米兰和瓦尔特兰山谷⑤抵达（神圣罗马）帝国⑥。在地中海，与其为敌的一支舰队就会因此成为这一交通线上的障碍。此外，还有那个珍宝船队的老问题。西班牙和（神圣罗马）帝国都需要金钱，财富的来源则是西班牙同印度群岛的海上贸易，而这容易受到英国

---

① 译者注：应是指罗伯特·布莱克（Robert Blake，1599—1657），曾任英国海军舰队司令。

② 译者注：德意志（Germany）是一个历史地理区域，包括今天的德国、奥地利、波兰、捷克、意大利一部分等地。

③ 译者注：应是指第一代黎塞留公爵阿尔芒·让·迪·普莱西（Armand Jean du Plessis，1585—1642），法国政治家。

④ 译者注：利翁湾（the Gulf of Lion）是地中海的一个宽阔海湾，在法国南部海岸，西起西班牙，东至土伦，亦译为里昂湾。

⑤ 译者注：瓦尔特兰山谷（Valtelline）位于今意大利境内。

⑥ 译者注：神圣罗马帝国（Holy Roman Empire of the German Nation）全称德意志民族神圣罗马帝国或日耳曼民族神圣罗马帝国。神圣罗马帝国是 962 年至 1806 年地跨西欧和中欧的封建君主制帝国，版图以日耳曼尼亚为核心，包括一些周边地区，在巅峰时期包括了意大利北部和中部（原属中法兰克王国）和勃艮第及弗里西亚（今低地国家）。

人的海上攻击。

伊丽莎白在世时，曾经不得不就她给予荷兰和法国帮助的方式做出抉择。我们已经看到了，她的选择有两个，要么派遣部队增援他们在陆上的陆军而使用她的舰队阻截敌人陆军通过海上进行的机动，要么切断其实施战争所需要的金银及物资的全国性供应。詹姆斯国王在欧洲战争中的利益，主要是让他的女婿夺回普法尔茨领地①的王位，他面临着同样的选择。但是靠他自己将一事无成，他必须同那些联合起来反对哈布斯堡同盟的政权一道努力，而这些政权对于英国应该采取哪些援助方式各有主张。某些北方的新教王室希望英国陆军被派往德意志；法国希望英国陆军驻在瓦尔特兰山谷，同时一支英国分舰队驻守地中海切断西班牙与热那亚之间的军事交通线，或者夺占热那亚。詹姆斯灾难性地随便做出了第一种选择，向大陆派出了一支参差不齐的乌合之众，很快就损失殆尽。

詹姆斯死后，查理一世②采取了一种"海军的"政策。这种政策不是控制地中海交通线的法国政策，查理把打击的目标直接指向西班牙的海上力量。1626年，他派出一支舰队和一支陆军去夺取加的斯，摧毁西班牙舰队，然后占领该港口作为舰队的基地。这支舰队将精心部署以拦截珍宝船队，其商业港口正是加的斯和圣卢卡。给指挥官的指令描述了此次远征的目标，"此次出航的主要目的是削弱其海军、切断其贸易，手段是俘获或摧毁其战舰、桨帆船、护卫舰和所有类型的船只，破坏其弹药供应和港口城市，驱散其海员和炮手……以及夺占其许多领地上的某个或者某些地点，为我们克敌制胜的舰队提供保障与支持"。通过这次远征，有望产生三种结果，有利于国王实现他的最终目标，也就是收复普法尔茨领地。摧毁西班牙舰队将取得制海权，有了制海权就可能通过占领或者封锁加的斯和圣卢卡来有效封锁西班牙，西班牙和（神圣罗马）帝国都需要的战争财政将变得严峻。与此同时，英格兰将通过摧毁敌人的舰队来确保免受入侵。最后，持续占领加的斯可能迫使西班牙陆军从意大利分出兵力，这对大陆盟国非常有利。

---

① 译者注：普法尔茨（德语：Pfalz；英语：Palatinate）是德国历史上一种特殊领地的名字。这种领地的领主称为普法尔茨伯爵，在普法尔茨领地内，普法尔茨伯爵拥有行使王权的权力。

② 译者注：查理一世（Charles Ⅰ，1600—1649）也译作查尔斯一世，1625—1649年在位。

这是对海上实力真正的全面使用，体现了德雷克开创的真正传统。陆上兵力和海上兵力联合起来打击敌人在海上的主要作战力量，在敌人至关重要的贸易通道所在地区夺取一个基地，然后以最有效的方式打击其贸易。对盟国形成的帮助包括使敌人失去支撑其军事行动需要的东西——金钱，与此同时，敌人失去了作为主要海军兵火库的基地，将必然促使其企图夺回，而这样就需要从其与英国盟国交战的战区撤出部队。不幸地，无论是准备还是实施都远远未能按照计划来。提供的补给并不充足，新组建的部队在训练和纪律两个方面都有欠缺，海上和陆上指挥员都缺乏这种作战方式的经验。准备未能按时就绪导致远征推迟发起，尽管造成了严重破坏，但是这次精心筹划的行动最终不过是变成了一场袭击。事实表明，无论是管理还是指挥都需要进行全面改革。

与此同时，有其他事情表明，需要加强海军的物质基础。法国再次把目光投向海洋，正在开发商业和殖民地。至于荷兰，自从主要因为英格兰的努力而免遭西班牙的威胁以来，在四分之一个世纪的时间里稳步发展其两个方面的海权要素，即作战舰只和海运船只。英国政治家对这两个海军强国的发展不可能无动于衷，两国都有靠近英格兰海岸的基地，对抗西班牙的共同利益又让他们走在了一起。尽管在当时西班牙可能是他们的敌人，但是在明天英格兰可能会成为他们的敌人，因为不存在永久的政治联盟。在英格兰和联合省①之间也存在着松散的联盟关系。在东方的海洋，荷兰追求的政策目标是把其他国家排挤在贸易之外，格劳秀斯②在 1609 年对西班牙采取的类似垄断政策提出了强烈抗议。在北海，存在着捕鱼权的争议。在英吉利海峡，查理国王重新提起他父亲的主张，被称为"海洋主权论"。詹姆斯国王曾经宣称他自己是"狭窄海域"的秩序守护者，在"我们的王主宰的和平之下"，贸易者和老实人航经这里时可以不用恐惧。但是在那时，这种和平并不可多得。由于海军弱小，来自佛兰德斯港口、大西洋的西班牙港口甚至阿尔及尔的海盗，正在无情地猎捕"老实人"。

---

① 译者注：联合省（the United Provinces）即荷兰共和国（Dutch Republic），由尼德兰北部七省组成。
② 译者注：应是指雨果·格劳秀斯（Hugo Grotius, 1583—1645），生于荷兰，近代国际法及海洋法的重要奠基人。

正是许多类似的事件与期望，体现出了扩大英国海军的必要性。其结果是"船舶税舰队"①的出现，无论船舶税在法理上是多么站不住脚，却真实地反映出这个国家对海权的渴求。1635 年，首支"船舶税舰队"出海，受命"在那些海域维持和平，哪怕是处于敌对状态的国家也不得有任何交战或者抓捕行为"。然而，皇家海军的"船舶税舰队"主力战舰数量有限，完全没有可能阻止大量又小又快的海盗船进行劫掠，海盗船分布范围极广，集中在一起的强大战舰拿它们没有办法，除非偶然遭遇。在履行这些警察职能方面无能为力的同时，这些舰队也没有强大到可以在敌对国家之间维持秩序。1621 年之后，西班牙与联合省陷入战争状态，荷兰战舰在战争期间根本不理会英国人自诩的所谓主权，不断地在英吉利海峡活动，临检过往商船，封锁敦刻尔克港。这种假装的主权最终在 1639 年被彻底击碎，当时有一支荷兰舰队在特龙普②率领下追赶一支庞大的西班牙舰队及运输船队进入了多佛水道，驶入了锚地，并在那里，在英国的领水和弱小的英国分舰队眼皮底下，彻底摧毁了西班牙舰队和运输船队。

在荷兰人这样大摇大摆地对待国王的声明时，由于禁运力量不足，法国海军造成的威胁也在增长。在精力充沛的黎塞留领导下，一支舰队正在建设之中。"武装起来的实力，"他说道，"要求国王不仅在陆上强大，也要在海上强大。"法国海军在他的强力推动下发展壮大，在 1626 年到 1631 年的五年间发展成为一支拥有 39 艘战舰的海上力量，这个数字仅仅略低于英格兰海军的实力。当时有一位名叫哈伍德的陆军上校③这样评价这支新兴的海上力量："如果法国国王在海上的实力同国王陛下一样强甚至更强，那么法国将会是一个比西班牙更危险和更强大的邻国，在以后的年月里我们这个王国有理由对其心生畏惧。"

船舶税舰队被用来作为一种手段提供必要的安全。除了其在建立方面存在法律难题之外，还有两个原因导致了其失败的结局。除了不足以实现其本

---

① 译者注：即国王通过征收船舶税取得资金建成的舰队，船舶税的征收不需要通过议会立法。

② 译者注：应是指马顿·特龙普（Maarten Tromp，1598—1653），荷兰共和国伟大的海军将领之一。

③ 译者注：哈伍德上校（Colonel Harwood）应是指爱德华·哈伍德爵士（Sir Edward Harwood，1586—1632），英国陆军军官，曾任驻尼德兰英军军团长。

来的意图，它们还反映出国防观念正在变得过时，如果说当时的确还不算已经过时的话。中世纪的那种小型皇家海军，作为当政君王的财产，这时已经难以满足国防需求了。国家的防务呼唤国家的海军。在荷兰和法国海军崛起的新形势下，由数量相对较少的常备作战舰只构成核心，出现事态时以数量不受限制并且不确定的雇佣船只及未经训练的船员加以补充，已经不能满足海上安全的需要，这些需要既来自商业的增长，也来自殖民地的扩张。

在内战①当中，海军宣布支持议会。议会派陆军从查尔格罗夫菲尔德②到伍斯特③所取得的胜利已经成为我们熟悉的历史话题，但是鲜有人会关注议会派取得的制海权在战争中所起的作用。然而，这正是取得那些胜利的决定性因素。国王缺乏陆军需要的金钱、火药、兵器和所有装备，尽管他在欧洲大陆的法国、荷兰和其他地方的朋友愿意向他提供这些东西，甚至为他的陆军提供增援，但是他们却有心无力。沃里克④率领的议会派海军挡住了路。克拉伦登⑤认为，"失去了全部海军"简直令人无语，"他的敌人极大地增加了实力"。为从国外获取军需品供皇家陆军使用，他们进行了许多次努力，但这些努力皆告失败。1646 年，库尔兰的大公⑥被请求派出一支分舰队护送一支法国部队去英格兰，他拥有一支小型但是高效的海军，约有 25 艘战舰。他回答说虽然很愿意以这种方式帮助国王，但是恐怕无能为力，因为他派不出一支强大的舰队，足以挑战封锁通往英格兰港口的海上通道的议会派兵力。某些船只会穿越封锁抵达国王军队控制的港口，但是"更多的则会在海上被捕获或者被拦截，未能抵达陛下控制下的任何港口"。在 1861 年至 1866 年的美国内战期间，可以看到联邦海军掌握的制海权产生了几乎同样的效果，在海上完全封锁了邦联，以显著的方式促成了邦联的失败。同样的事情也发生在我

① 译者注：1642 年至 1651 年，英国议会派与保皇派之间发生了一系列武装冲突及政治斗争，即英国资产阶级革命。
② 译者注：指 1643 年 6 月 18 日发生的查尔格罗夫菲尔德（Chalgrove Field）之战。
③ 译者注：指 1651 年 9 月 3 日发生的伍斯特（Worcester）战役，英格兰通过此战平定了苏格兰王党叛乱。1654 年 4 月，苏格兰并入英国。
④ 译者注：应是指第二代沃里克伯爵（2nd Earl of Warwick）罗伯特·里奇（Robert Rich, 1587—1658），英国海军将领。
⑤ 译者注：应是指第一代克拉伦登伯爵（1st Earl of Clarendon）爱德华·海德（Edward Hyde, 1609—1674），英国政治家和历史学家。
⑥ 译者注：库尔兰（Courland）为欧洲古代地名，位于波罗的海沿岸，1562—1791 年为公国。

们所属的时代，尽管在范围上更大。如果轴心国海军掌握了制海权，那么取道波斯湾和摩尔曼斯克①的军火就根本到不了目的地，海上盟国正是靠这些军火让俄国坚持了下来。

共和国的政治家成倍地扩大了海军。在和平时期由于受到议会的反对，查理一世没能建造一艘战舰，共和国尽管付出了许多战争代价，却在利用武装船只之外又建造了数十艘或者更多的战舰。皇家海军变成了国家的海军。共和国的舰队由善战的军官们来指挥，他们既有陆上经验又有海上经验，取代了侍臣的位置，那些使加的斯远征以失败告终的侍臣。他们的水兵不再被忽视并且士气低落，而是比历史上任何时候薪饷更高、待遇更好。因此，在战舰和水兵这两个要素上，共和国的政治家不可估量地壮大了这个国家的海权。在海运这个要素上，他们在1650年、1651年和1652年通过了航海条例，目的是壮大海上实力并打破荷兰在海上运输方面的垄断地位。尽管那些条例声明其意图是扩大贸易，但是这种意图本身是达成目标的途径，而目标则是国家的海上作战实力。1651年航海条例的前言说得非常清楚，颁布条例的目的是"为了扩大国家的海运规模并鼓励航海事业的发展，承蒙上帝的护佑，海运和航海得以成为共和国富强与巩固之本"。这个航海条例，使得殖民地的海运事业得到了最初的鼓励。

若干年后，这些航海条例得到了亚当·斯密②的称赞。"大不列颠的国防对水手和商船的数量存在高度依赖。航海条例非常正当地给予了水手和商船在其国家贸易中的垄断地位。尽管某些条款出于对荷兰的国恨家仇"，他接着说道，但这些条例"充满了智慧，似乎所有条款都经过了最聪明的人字斟句酌"。他不认为这些条例对商业有利。"航海条例对于对外贸易或者从中获得财富的增长并没有什么好处……然而，国防远比财富重要得多，航海条例在英格兰所有商业法规中最为明智。"渔业条例也是如此。给予渔业的优惠并没能刺激国家财富的增长，但是"扩大水手和船只的数量，或许可以被认为于国防有利"。今天的我们离开了商船队和渔船队的贡献根本无法生存，更能够

---

① 译者注：摩尔曼斯克（Murmansk）是北冰洋沿岸最大港市，位于科拉半岛东北，临巴伦支海。

② 译者注：亚当·斯密（Adam Smith，1723—1790）是英国著名经济学家和哲学家，著有《国富论》（*An Inquiry into the Nature and Causes of the Wealth of Nations*）（1776）。

深切地认同这些词句蕴含的智慧。亚当·斯密对殖民地的价值做出的评价不太富有远见，他认为，应该采用的衡量标准是它们能够供养用于国防的军事力量和它们能够提供用于安全目的的财政收入。由于它们既不能贡献人力又不能贡献财力，而它们本身又需要军事上的防卫，同时又是争端之源，因此殖民地就是包袱。他无法看到不久之后发生的事情，那时"殖民地"将不仅能够自我提供防卫，并且派出大批军队越过海洋，参加的战役从亚洲东部到欧洲西部再到非洲南部。或许，这一点也没有那么不理所当然。但是，他的确未能认识到殖民地还能够提供船只和船员，提供建造和装备船舶的原材料，并且提供作为海权第三大要素的海外基地，离开了海外基地，海军的活动将局限于战舰的海上自持力所能达到的极限。

海军实力的急剧增长使得伊丽莎白时代经历过的难题再次浮现出来——也就是造船物资的供应问题。我们已经看到，伊丽莎白出于保证造船木材的供应而颁布有法令。现在，海军的需求超出了本土木材的产量，因此波罗的海的供应就成为重中之重的事情。在 1652 年至 1654 年对荷兰战争的最初几年中，政府就深切地体会到了这一点，当时英格兰的运气似乎正处在特龙普取得"狭窄海域"胜利之后的低潮期，丹麦国王在松德海峡①掌握着制海权，捕获了装运海军物资和木材的英国船只。与此同时，荷兰过去曾经自诩为在交战国之间运输货物属于中立权的强烈支持者，经常对英国把海军必需品列为合法禁运品的声明做出强烈抗议，这时却声称这些货物为禁运品并捕获装运这些货物前往里斯本的中立国船舶，目的是阻止这些货物最终抵达英格兰。一国对国际法的解释，真的会表现得如同一只变色龙。

在丹麦这么干的时候，共和国正忙得焦头烂额，无暇采取针对丹麦的行动。他们派出一支分舰队为波罗的海贸易护航，但是被风暴吹得七零八落，打开波罗的海的企图只能放弃。幸运的是，海上的风水轮流转，但是干预却

---

① 译者注：松德海峡（the Sound）即厄勒海峡（Oresund），位于瑞典南部同丹麦西兰岛之间，接通波罗的海和卡特加特海峡。作为连接波罗的海和北海的主要通道，历史上该海峡是世界上最繁忙的海上通道之一。1429—1657 年，丹麦占据海峡两岸，向一切过往船只收取通行费。

阻碍建设。克伦威尔①逼迫丹麦国王达成了和平，为避免此类事件再次发生，他又设法与瑞典签订了一个条约，规定瑞典有义务开放松德海峡。不过这个插曲让共和国的政治家感受到了危险，英格兰这样的国家，安全完全系于海权，很容易被切断某种重要资源的供应，比如当战争突然来临的时候，或者当某个外国认为有机可乘的时候，或者当占据垄断地位的国家抑或集团选择囤积居奇的时候，都可能会如此。因此，他们把目光转向北美的殖民地，开始与新英格兰进行圆材贸易。首艘载有圆材的货船在 1653 年抵港。这一创新受到了抵制，正如所有损害既有利益的创新都会受到抵制一样，抵制来自那些从波罗的海市场及其商品贸易中获益的人，新物资的出现和竞争性供应渠道的开放令他们受到损害。无论如何，这项贸易还是开始了。塞缪尔·佩皮斯②是这项贸易的支持者之一，他这样描述这件事情："我们已经让自己受够了建造和装备战舰的任何东西都增长乏力的状态……而作为一个海军国家，理应鼓励所有事情都尽在掌握。"在其后一个半世纪的时间里，海上发生了许多次战争，英格兰不得不搜刮全世界的木材以满足自己的需要，因为要么是这一处要么是那一处的资源在敌人控制之下，使得英格兰无法获得。这个难题今天以另外一种形式存在，也就是石油的供应，代替了圆材、帆布和煤炭的地位，成为舰艇能够航行的基本条件。

此后，波罗的海在英国政策中成为一个固有的部分，因为它与英国的海权存在直接关系。波罗的海的实力均衡以及这片海域的和平，成为英国的首要利益。查理十世③当政的瑞典实力扩张到似乎要在波罗的海出现瑞典的霸权，而且松德海峡要被瑞典控制的时候，克伦威尔警告议会这将会对英国的海权构成影响。"如果他们把我们拒于波罗的海之外，让他们自己成为波罗的海的主人，那么你们的贸易将何去何从？维持你们船队的物资要从何而来？你们要在哪里通过海洋来挑战任何权利或者得以在你们自己的土地上反对外

---

① 译者注：即奥利弗·克伦威尔（Oliver Cromwell，1599—1658），英国著名政治家和军事家，英吉利共和国护国主。

② 译者注：塞缪尔·佩皮斯（Samuel Pepys，1633—1703），英国作家和政治家，曾任海军大臣。

③ 译者注：查理十世（Charles X，1622—1660），瑞典国王，1654—1660 年在位，又称卡尔十世古斯塔夫（Karl X Gustav）。

国入侵？想想这些吧，这才是正道。"瑟洛①同样这样认为，他提醒议会如果控制波罗的海入口的国家想把英国舰队赶出去，那么英国将失去海军必需品并且陷入困境，与 1652 年丹麦人关闭松德海峡的情形别无二致。

尽管殖民地的供应在增长，但是数量并不足以满足这个国家的所有需求，波罗的海仍然是主要的供应渠道。其后的政府将通过一系列法案来促进殖民地资源的开发。失去北美殖民地的糟糕后果，其中之一就是失去了这个最为重要的海权要素。在拿破仑战争结束时，不列颠在世界各地的森林收集木料和圆材，印度、爱奥尼亚岛、黑海和加拿大都成为资源供应地。"在同拿破仑斗争期间，英国的林场和常规的外国供应并不充足。那些年的经验反映出一个世纪之前的人们努力让帝国在海军必需品方面做到自给自足是多么明智，哪怕为此付出的代价比较昂贵。"②

通过许多类似的措施，共和国的政治家在人力方面和物资方面促进了这个国家海权的发展。而且他们坚持那些使海权具有效用的权利，他们创建的一整套行政体系比之前的任何一种体系都高效，在某些方面也比后来的那些优越。

我们从共和国在和平时期维持海权的话题转到运用海权的话题上来。与荷兰的第一次战争在 1652 年爆发。尽管与荷兰的恩恩怨怨有一长串，某些恩怨可以回溯到伊丽莎白战争，事实上那也是所有事情的源头，但是从根本上说是要维持那些海上权利，没有这些权利海权只是一面盾牌而不是一把利剑，或者充其量只是一把钝剑。伊丽莎白在位时坚持她有权利斩断敌人发动战争的途径，共和国的政治家执政时也坚持要有同样的权利。在同法国进行战争时，他们采取措施阻断通向法国港口的供应。那些商品主要由荷兰船只载运，受到英国巡洋舰的拦截和搜索。荷兰人拒绝受到这种干扰，宣称根据当时新兴的"自由的船舶、自由的商品"这种理念，他们在战时有权与任何一方做

---

① 译者注：应是指约翰·瑟洛（John Thurloe，1616—1668），英国政治家，共和国时期著名政治人物。
② Albion, *op. cit.*, p. 368.

生意。用利物浦勋爵①在 1759 年说过的话来说，他们的政策目标是"想让这项原则获得承认，这样在任何其他国家进行战争时，他们就可能作为中立方享有保护敌方资产的权利。这样，在他们的邻国陷入战争时，他们能继续承揽这些国家的货运并且独享好处"。为支持这项国际法的创新，他们额外征募了 150 艘战舰，使海军船只数量增加到 226 艘，宣称这是为了"海上安全以及保护联合省的海运与商业"。英国政府接受了这一挑战。政府为舰队增加了战舰，不久就有两群战舰在英吉利海峡及爱尔兰海巡航，彼此相距很近，职责均是强化政府法令的推行。在多佛海峡发生的冲突，起因主要是对向国旗致敬的理解完全不一致，成为在两国之间点燃一大堆导火索的火星。② 战争爆发了。

　　战争指导由国务会议③负责。这个政治家群体决定战略的方向，提供执行战略的手段，向海上指挥员发布命令。在荷兰，履行同样职责的群体被称为"国家议会"④。英格兰在地理位置上对敌享有极大优势，从侧翼威胁着荷兰的两条海上交通线；另一个极为重要的优势是统一的指挥。英格兰有一支统一的海军和一个统一的海军总部，而荷兰却各有其五。如果有一个省不同意，国家议会就不能做出任何决定，各省之间又弥漫着致命的地方主义立场，表现为强硬坚持维护各省的主权。在这方面，联合省与雅典帝国存在惊人的相似之处，结局也是一样。"雅典帝国……在达到实力顶峰之后没有多少年就开始衰落了……主权城市构成了希腊文明世界的基础，即便能够阻止其衰落，也没有哪个城邦愿意让渡任何一点点主权。在面对共同的危险时，各城邦可能愿意结成一个联盟，各城邦以特定主权参加联合的议事会……当动机减弱时，这种让渡就不那么强烈或者紧迫了，各成员急于获得完全的独立并恢复

---

　　① 译者注：应是指第一代利物浦伯爵（1st Earl of Livepool）查尔斯·詹金逊（Charles Jenkinson，1727—1808），曾任英国财政大臣和陆军大臣。另：勋爵（Lord）在英国是对拥有侯爵、伯爵、子爵和男爵等世袭爵位的贵族及其爵位继承人、贵族官僚的统一称谓。
　　② 译者注：布莱克要求特龙普下降军旗向英国军舰致敬，以表明承认英国在多佛海峡拥有主权，特龙普予以拒绝。
　　③ 译者注：1649 年 3 月，英国议会通过决议，废除君王制，取消上议院。5 月，英国宣布为共和国，由 41 人组成的国务会议（the Council of State）取代国王，克伦威尔任国务会议第一任主席。
　　④ 译者注：英文称为"States General"，荷兰语为"Staten Generaal"。

其放弃的主权权利。"① 这就是雅典的模式，也是联合省的模式。"烦琐的运行机制非常不适合统筹战争……如果说曾经有哪个国家是带着缺陷进入战争状态的，那这个国家就是 1652 年的荷兰共和国。"② 雅典帝国和荷兰共和国给今天的大英帝国提供了教训。

　　所有战争都是"一种新型战争"，第一次荷兰战争当然也不例外。这场战争的条件与金雀花王朝时期对法国的战争和伊丽莎白时期对西班牙的战争都极为不同。最终目标非常清楚——迫使荷兰放弃其所宣称的豁免权，即可以自由地向敌人提供进行战争的物资而不受到拿捕。达成这一目标的方向也非常明确。联合省的国民生活依赖海运业和渔业，这两大产业陷入停顿，必将使其整体上毁灭并投降。在最初阶段，不太清楚的事情是英格兰的海权以何种方式得到运用。有两条道路可供选择，直接打击贸易，或者打击守卫贸易的兵力。荷兰的主要渔场位于英格兰北部海岸之外，据悉一支驶向本土的东印度公司船队正在向北航行，很快就会抵达。一支由布莱克率领的英国舰队被派去破坏渔业并拦截"大商船"③。英国和荷兰的船队都穿行英吉利海峡，保护英国船队并攻击荷兰船队，但首先要保护英国船队。第二支舰队被部署在西部通道。开局不利，因为在北边东印度公司船队被暴风吹散，在英吉利海峡荷兰护航兵力则回击了英国的攻击并把船队安然带回本土。战略随即进行了调整，先是对荷兰护航兵力进行了连续攻击，最终演变成双方竭尽全力集中兵力进行的决战，明确而又正确的目标是摧毁敌人的作战力量——夺取制海权的关键手段，而掌握制海权又是清除敌方海上贸易的前提条件。对两国的政治家来说，粉碎敌人的主力是达成胜利和安全的唯一道路，这一点变得十分清晰。荷兰国家议会充分认识到决定性击败英国舰队将使其残部龟缩于港内，其后便可能建立起对伦敦港的封锁，波罗的海的海军必需品供应将被切断，在轻型兵力保护下即可确保过往英吉利海峡和北海的荷兰舰队安全。英国政治家同样十分清楚地认识到封锁是孤立联合省的有效手段，而只有使

---

① J. B. Bury, *History of Greece*, vol. I, p. 365 et seq.
② S. R. Gardiner, "Letters and Papers Relating to the First Dutch War", vol. I, pp. 57—58 (Navy Records Society, vol. xiii).
③ 译者注：荷兰与印度及东印度群岛进行贸易的船舶被称为大商船（the Indiamen）。

敌人主力被决定性摧毁，封锁才有可能。因此，双方都采用了正确的军事原则，即集中兵力把摧毁敌人的作战力量作为唯一目标。两支主力舰队的首次碰撞①发生在肯梯斯诺克海域②，结果是英国取胜③。

国务会议接下来犯了一个严重的错误。一支小规模的英国分舰队在地中海被一支优势的荷兰分舰队击败，被迫在里窝那④躲避，在那里不但有被封锁的危险，还有可能因为无法支付港口费用而被大公⑤赶出港口。英国的地中海贸易现在完全失去了保护，处于中断状态。由此造成的财政损失非常可观，恢复贸易并解救分舰队的冲动也很自然，商人们则在呼吁提供保护。经役之后，本土形势看上去变得较为乐观。敌人被击败了，预计数月之内无法恢复元气并重新出现，因此可以乘机从本土舰队派出一支分舰队。英国从主力舰队派出了 20 艘战舰到地中海执行任务，由此形成的空缺据称在荷兰能够重启战端之前可以得到填补。

这是一次赌博。荷兰没有做好准备以及分派出去的战舰可以及时得到填补，这些都被证明是错误的估计。荷兰舰队整修的速度远比估计的要快，损失得到弥补，在特龙普率领下出海的战舰达到了 85 艘。布莱克能够出战的战舰不超过 42 艘。随后发生的战役是布莱克无法回避其物质条件劣势的一场会战，英国舰队被击败并被迫在泰晤士河中躲避。制海权落入了荷兰人手中，这是一个自然而然的结果。伦敦港被封闭，英吉利海峡的贸易被切断，特龙普在英吉利海峡航行的时候在桅杆顶部挂了一把扫帚，这应该不只是一个传说，他完全有理由这样做。⑥ 这是国务会议所犯错误造成的结果，在没有确定敌人已经彻底失去作战能力的情况下就盲目分兵并分散部署舰队，认为已经没有必要集中兵力了。教训极其深刻。此后，国务会议只有一次试图重蹈覆辙，但是被海上指挥员阻止了，其他时候都把精力放在集中兵力对付敌人的

---

①译者注：史称肯梯斯诺克海战（the Battle of the Kentish Knock），1652 年 10 月 8 日双方舰队在泰晤士河口外的肯梯斯诺克沙洲相遇，海战结果是英国舰队取胜，荷兰舰队主动撤退但损失不大。

②28—29 Sept. 1652.

③英国 68 艘战舰，荷兰 57 艘战舰。

④译者注：里窝那（Leghorn）位于意大利西部，现为一个港口城市，历史上属托斯卡纳公国。

⑤译者注：指托斯卡纳大公。

⑥译者注：特龙普此举被认为一是表示对英国的藐视，二是表示扫平英国舰队的决心。

主力上面。荷兰人同样如此。他们认识到对运输船队提供的保护不在于当强大的英国舰队出现在"狭窄海域"的时候提供护航，而在于摧毁英国的舰队。此后在海上发生了一系列战役，激烈程度前所未有，因为英国政治家在最初不幸偏离正轨之后，把他们所有的精力放在了加强海军实力并在决定性领域保持优势上面，他们最终战胜了英勇而高效的敌人。不过这一次又是险胜，哪怕是一点点松懈也有可能导致失败。

克伦威尔和国务会议表明他们竭尽全力来满足海权在战舰、海运和海员等要素上的需求。他们也证明了自己全力满足第三个要素即基地方面的需求。在里窝那发生的事情是一个严肃的提醒，在这种事情上依赖外国的友善是多么脆弱。英格兰在地中海或者西加勒比海都没有自己的基地。为了弥补在西面的不足，在舰队尚未从荷兰战争的尾声中得以脱身之时，克伦威尔就向西印度群岛派出了一支远征部队，专门为了"在西班牙控制下的那部分西印度群岛获取利益"。换句话说，就是夺取一个基地。他们对波多黎各的攻击失败了，但是随后攻占了牙买加。克伦威尔迫不及待地采取措施来巩固这个新地盘，"我们的意图是在那些海域始终有一支舰队存在"。与此同时，他派将军们到"海峡"① 去查看那里存在的薄弱之处能否通过夺取或者租借某个港口来加以弥补，建议指向了直布罗陀、奥兰②和丹吉尔③，可以在那里站得住脚，方便对贸易提供保护，又能令西班牙人"膈应"。直布罗陀被相中了，但是当时还不能去夺占，原因是没有可用的陆上兵力，而没有可用的陆上兵力是因为这些兵力正在低地国家拼杀，在低地国家的需求又优先于在地中海的需求。这是一场与海权直接相关的战役。敦刻尔克是西班牙的基地，海盗船从那里出发骚扰英国在英吉利海峡和北海的贸易。尽管有 50 艘战舰及 4000 人在英吉利海峡巡航并且提供了护航，但是商船和渔船还是遭受了非常可怕的损失，仅仅是因为港口受到了决定性的封锁。这一切都牵扯极大的精力并

① 译者注：直布罗陀海峡通常被简称为"海峡"（the Straits）。
② 译者注：奥兰（Oran）又译瓦赫兰，位于地中海瓦赫兰湾南岸，现为阿尔及利亚第二大城市和著名海港。
③ 译者注：丹吉尔（Tangier）是摩洛哥北部古城、港口，位于直布罗陀海峡的丹吉尔湾口，战略地位十分重要，历来为军事要地。

且无休无止，只要西班牙作为敌人存在，这一切就会反复发生。1656 年，出现了一个一劳永逸地荡平海盗老巢的良机。马扎然①在当时法国与西班牙进行的战争中需要一个盟友，法国遭受了失败，转向英格兰这个唯一可以指望提供帮助的渠道，他答应克伦威尔以出让敦刻尔克和马戴克②作为回报。1657年春季，6000 名英国军人在佛兰德斯登陆，一支英国分舰队封锁了敦刻尔克。历时一年的战役以盟国部队在沙丘会战③中击败西班牙陆军而告终（1658 年 6 月 4 日），三个星期之后，敦刻尔克落入英国手中。④

　　除了封锁敦刻尔克，海上的行动还以其他方式为取胜做出了贡献。西班牙在尼德兰的陆军数量总是比不上盟国，原因之一是缺钱。克伦威尔和他的同僚抱有伊丽莎白时代的传统观念，即西班牙极度依赖金银的输入与贸易，一旦被切断就将瘫痪。1656 年春季，一支舰队被派往西班牙海岸去拦截珍宝船队，由于出发过迟而错过时机，于是顺势封锁了加的斯。一支试图抵港的珍宝船队在秋季被俘获，其双重效果是西班牙的损失总量以百万计，举步维艰的英国却增加了相当于这一总量三分之二的财富，这是最受欢迎的结果。封锁在持续，而（西班牙的）墨西哥船队却不敢扬帆启航。克伦威尔的目光牢牢盯着它，同时也牢牢地盯着西班牙的作战舰队。他说，"除了拦截往来西印度群岛的珍宝船队，没有什么所谓更多的后续结果，我们的目标是在那些海域（例如西班牙外海）保持一支舰队存在，这支舰队要能够与西班牙人派出的任何舰队一决雌雄，这是决定战争命运最为有效的手段"。由此可以看出，克伦威尔的战略与伊丽莎白的战略存在显著区别。对他来说，没有什么事半功倍的事情。对他来说，尽管最终目标是切断其财富来源，但是财富本身不是他的直接打击目标，他也不是以零星方式实施打击，而是打击提供保护的作战舰队，没有了作战舰队，珍宝船队就无法航行。他的海军上将布莱克也持有相同的观点。没有珍宝船队正在驶近的报告，使他得以不必放弃对

---

　　① 译者注：应是指儒勒·马扎然（Jules Mazarin，1602—1661），法国政治家、外交家。
　　② 译者注：马戴克（Mardyk）为法国地名，位于加来海峡内。
　　③ 译者注：此战发生在敦刻尔克海边的沙丘上，故名沙丘会战（the battle of the Dunes）。
　　④ 四年之后（1662 年）查理二世将敦刻尔克以五百万里弗尔的价格卖给了路易十四，或者以现金支付，有 12% 的折扣，即 4,654,000 里弗尔（327,000）。Clyde L. Grose, "The Dunkirk Money, 1662", *Journal of Modern History*（U. S. A.），vol. v, no. 1, March 1933.

加的斯舰队的监视，唯恐西班牙舰队有任何做好了战斗准备的可能。

因此，海军上将始终驻扎在加的斯外海，政治家则通过军需船始终为他提供补给。有些时候双方实力极为接近，但是终究有惊无险，这在海上战争中绝无仅有。这种状态在 1656 年从夏天持续到冬天，英国在 1657 年的春天获得了回报。3 月，布莱克得知墨西哥船队仓促跨越大西洋抵达了特内里费岛①，在那里卸载珍宝并伺安全时机将其运往西班牙。确信西班牙舰队并未处于适航状态，布莱克驶向特内里费，杀开一条血路冲入圣克鲁斯②的港口，整个西班牙大帆船船队都被击沉或者焚毁。布莱克没有夺取到珍宝，因为所有珍宝或者说几乎所有珍宝都已经被转移到岸上，船上剩余的珍宝也都灰飞烟灭，但是目标已经达成。珍宝如入深山而不可得，只能留在那里，没有办法进入西班牙的国库，因此对西班牙来说跟没有任何用处一样，如同克鲁索③在沉船中发现的畿尼对他毫无用处。克伦威尔迅速制订了一项防患于未然的计划，防止荷兰船队按照"自由的船舶、自由的商品"这一信条行事，将珍宝运送至西班牙。他明确地表示这些伎俩糊弄不了他的海上力量，命令他的军官临检荷兰船只并没收所有西班牙商品，尽管这样会激起荷兰的反应，但是他不会改变他的决定。其影响相当深远：西班牙的殖民地贸易陷于瘫痪，其财政濒于崩溃。西班牙入侵葡萄牙的进展相当有利，却由于陆军发不出薪饷而停了下来，最终被迫放弃。在佛兰德斯，由于缺钱，限制了西班牙能够供养的地面部队数量。在大西洋的海上攻势正是通过这种方式对佛兰德斯的陆上战局做出了有益的贡献。④

就在欧洲南部风云激荡的时候，欧洲北部也正在风起云涌，同样引起了英格兰的关注，因为正在发生的事情关系到其海权。在 1657 年到 1658 年的寒冷冬季里，瑞典的查理十世越过冻结的海面入侵并征服了丹麦，无论是英格兰的舰队还是荷兰的舰队都未能进行干预。丹麦被迫媾和。查理想强加的

---

① 译者注：特内里费岛（Tenerife）是靠近非洲海岸大西洋加那利群岛中最大的一个。
② 译者注：圣克鲁斯（Santa Cruz）为特内里费岛首府。
③ 译者注：即《鲁宾孙漂流记》的主人公鲁宾孙·克鲁索（Crusoe）。
④ For further details cf. C. H. Firth, "The Last Years of the Protectorate", vol. Ⅰ, p. 260, and vol. ii, pp. 176 et seq.

条款之一是丹麦割让整个挪威。英格兰表示反对并施加外交压力加以阻止，因为这将令"瑞典人完全彻底地占有那些战略物资，柱木、桁木、沥青、焦油、铜和铁，这些我们建造和装备船舶需要的东西，如此巨大的财富绝不能由他人一手掌握"。外交干预还包括与波罗的海通道开放相关的其他事务，最终获得了成功。瑞典推翻了先前的和平协议，在 1658 年夏季第二次进攻丹麦并围困哥本哈根，共和国的部长们派出一支英国舰队在两个国王中间调停，得到的指令是如果调停失败，则使用武力针对其中反对达成协议者，无论是哪一方反对。英格兰的底气来自其舰队阻止陆军跨越海洋机动到对方领土上的能力，无论是瑞典还是丹麦的陆军。英格兰既不希望看到瑞典溃败，也不希望瑞典一家独大，而是希望在波罗的海建立起一种实力均势，使得没有哪个国家能"一手掌握巨大的财富"，能封闭海域，能切断海军必需品的供应，能摧毁波罗的海的航运活动。航运业特别重要，因为它意味着庞大的船员储备在战争爆发时随时可用，这一点关系重大。因此，英格兰在欧洲北部的政策核心是维持其海权。与此同时，英格兰努力想让荷兰和葡萄牙保持和平，二者之间的长期斗争正在削弱葡萄牙对抗西班牙的实力。被派往海牙的英国使者唐宁①向国家议会指出，在同西班牙的战争中"不去寻求与拥有港口和航运的葡萄牙交好，而任由敌人利用这些港口和航运来针对你们"，这是多么不合时宜。同样的理由也适用于说明他自己国家的需要。

摄政政体寿终正寝，查理二世走上王位。复辟者在维系这个国家的海权方面并没有改弦更张。查理在执政伊始就重视发展海权。他最早颁布的条例之一就是新的航海条例（1660 年），其中的某些条款甚至比共和国时期的条例还要激进。在海外基地的必要性问题上，他和克伦威尔一样头脑清醒。尽管法国和西班牙施加压力想收回新斯科舍②、敦刻尔克和牙买加，但是他直截了当地拒绝了。他的婚姻给他带来了一个克伦威尔求之不得的好处，即位于

---

① 译者注：应是指乔治·唐宁爵士（Sir George Downing，1624 或 1625—1684），英国政治家、外交家，曾任财政大臣，伦敦的唐宁街即以他的名字命名。

② 译者注：新斯科舍（Nova Scotia）拉丁语意为"新苏格兰"，位于加拿大东南部，由新斯科舍半岛和布雷顿角岛组成。

地中海的一处基地丹吉尔，另一处则是位于东印度群岛的孟买。① 他鼓励殖民扩张，不仅是为了扩大帝国的版图，更是为了强化各殖民地与贸易和海权的联系。研究旧殖民体系的历史学家 G. L. 贝尔②先生指出，"那个时代的人们，论证了海权、商业与殖民地的循环。海权使得英格兰扩展并保护其对外贸易，商业的繁荣又会使其海军实力增长"。1678 年，殖民地贸易被描述为"这个国家海运和海员的最大温床之一"。与此同时，作战舰队的实力也在稳步增长，吨位从 1660 年的 62,594 吨上升到 1688 年的 101,032 吨。就这样，斯图亚特王朝的政治家显著强化了英格兰海权的所有三大要素——战舰、海运和海员以及基地。

"除非我们知道甲胄的真正用途，否则仅有武装还不够。"沃尔辛厄姆在他的时代已经有这样的认识。查理和他的政治家则把海权作为"甲胄"来使用，特别是国王本人，尽管在 1667 年犯下了一个最糟糕的错误，但还是吸取了第一次荷兰战争的教训。他们的战略以摧毁敌人武装力量的主力为主要目标。1665 年爆发了与联合省的第二次战争，英国舰队最初采取的行动就是受命封锁敌人在特克塞尔③的主要基地，敌人的海军主力驻扎在那里。在这个位置上，英国舰队封闭了去往阿姆斯特丹的通道，使得荷兰人处于进退维谷的境地，要么以劣势兵力投入战斗，要么失去他们庞大的船队。海军上将桑维奇④勋爵的话简单明了，"据我看来，阻碍其贸易是刺激敌人舰队出战的最佳方法"。

因此，英国在海上的宏观战略设想是赢得决战，通过威胁切断其至关重要的贸易来迫使敌人采取行动，无论是出港的贸易还是进港的贸易。至于后者，据悉有两支重要的船队正在通过绕经英格兰的北部通道驶向本土，可以预期不需要多久这两支船队就会出现。通过一次决战可以建立起严密的封锁，

---

① 译者注：孟买在 1995 年以前称"Bombay"，现称"Mumbai"。

② 译者注：即乔治·路易斯·贝尔（George Louis Beer，1872—1920），著有《英国殖民体系的起源（1578—1660）》（_The Origins of the British Colonial System_，1578—1660）和《英国殖民政策（1754—1765）》（_British Colonial Policy_，1754—1765）等。

③ 译者注：特克塞尔（Texel）为荷兰岛屿，位于北海。

④ 译者注：应是指第二代桑维奇伯爵（2nd Earl of Sandwich）爱德华·孟塔古（Edward Montagu，1647 或 1648—1688），英国海军将领。

而建立起这样的封锁，荷兰将彻底丧失其立国之本，也就是其海上贸易。

预期没有实现。驶向本土的荷兰船队没有出现，而是驶入了中立方港口静待事态发展。舰队不可能全部并且无限期地守在特克塞尔外海，因为其自持力受到食物和淡水供应以及船员身体条件的限制，同时由于对荷兰舰队的兵力优势并不悬殊，因此没有办法建立起兵力轮换机制——后来对布雷斯特的封锁表明，需要有 40% 的兵力优势才能让舰只回港补给和休整。于是，在海上停留了几个星期之后，舰队不得已返回英国海岸，在索思沃尔德湾①补给食品。趁英国舰队离开之时，荷兰人完成了他们的海军动员，并将分散的兵力集中起来。他们来到海上并出现在索思沃尔德外海，在随后发生的战役中，荷兰人损失了 17 艘战舰后溃逃，但是舰队主力还是回到了他们的港口躲避起来，因为追击的英国舰队未能保持足够的压力。

尽管这次胜利在军事上不具有决定性意义，但是在政治上却意义重大。这次行动震慑了法国国王，根据 1662 年与荷兰签订的条约，他在荷兰人受到攻击时有义务提供援助。尽管荷兰人请他履行义务，路易国王还是回避这样做，宣称荷兰是入侵者，并想方设法寻找各种借口以逃避责任，尽管借口非常牵强。他其实更愿意赌其盟国很快就会被英国打败。

有利的形势并不长久，夏季期间局面起了变化。部分是由于伦敦指导有误，把注意力从敌人的作战力量转向了他们的贸易，命令舰队离开特克塞尔，进行了一次最大规模的基地进攻，针对停靠在中立方港口卑尔根②的荷兰船队，然而这次攻击没有得手；部分是由于在腐败、缺钱和瘟疫在伦敦蔓延的综合影响下，行政机器几乎崩溃，舰队由于缺少补给和维修而状态不佳，当荷兰人由 90 艘帆船组成的强大舰队出海时，英国人根本无力对抗。在将近一个月的时间里，敌人大摇大摆地活动于泰晤士河口，阻断了这条河的所有交通。现在，由于缺少了海权，伦敦而不是阿姆斯特丹被封锁了。与此同时，地中海贸易被守住（直布罗陀）海峡出入口的加的斯舰队封锁了，另一支敌人的分舰队则封锁了丹吉尔。命运之神现在向联合省露出了笑容，路易国王

———————————

① 译者注：索思沃尔德湾（Southwold Bay）位于英格兰东海岸。
② 译者注：卑尔根（Bergen）是挪威西海岸最大港口。

在 1665 年冬季抛开了他的疑虑。他宣布有意向取得胜利的盟国提供帮助，丹麦国王和勃兰登堡选帝侯①紧随其后。至于瑞典，英格兰正在与其谈判联盟事宜，拒绝起草条约。胜利就是这样以习惯成自然的方式促成了联盟，而英格兰则成了孤家寡人，面临着失去波罗的海的供应以及装备海军的各种必需品的巨大风险。英格兰有 76 艘主力战舰适合出海，而其面对的海军联盟则拥有超过 200 艘战舰，幸运的是这个数字只是停留在纸面上而已。

1666 年 2 月，法国宣战了。4 月，英国舰队准备就绪，但没有扩编，发现自己在英吉利海峡面临一次攻击，荷兰人从东边来，法国人从西边来。在这种形势下，英国的大臣们犯下了一个最严重的战略性错误。他们认为荷兰舰队还有一段时间才能就绪，决定打击正在来犯的法国人，但是他们并没有派出全部兵力以压倒性优势进行一次快速和有把握的决战，而是只派出了分遣兵力。错误十分明显。如果荷兰舰队还没有准备好，那么就没有理由不派出整个舰队去迎战法国人；如果荷兰人已经准备好了，那么留下劣势兵力在东边迎敌则极为危险。枢密院分开舰队的结果是荷兰人比预计的更早就出海了，舰队有 84 艘战舰，而蒙克②（和他的前任布莱克一样属于国务会议用人失误，理由也是一样）能够迎敌的战舰却不超过 55 艘。随后发生的惨烈战斗持续了四天，在临近尾声时，被派出迎战法国人的分遣兵力加入了蒙克的舰队——法国人正在赶来的消息并不属实——但是悬殊仍然过大。会战以荷兰人胜利告终。20 艘英国战舰沉没，2000 人甚至更多人阵亡。不过，尽管荷兰人优势明显，他们的胜利却来之不易，"非常高兴与我们脱离，正如我们非常高兴与他们脱离"，一名英国海军中校这样说道。尽管他们受到百般嘲笑，却没有失去作战能力，很快就再次来到泰晤士河口并封锁了这条河的交通。

尽管被击败了，但是英国人也没有被决定性地击败。尽管受到行政体系失灵并且缺乏补给的严重阻碍，他们还是拥有构成海权的足够基础即战舰、

---

① 译者注：选帝侯（Elector）是德国历史上的一种特殊现象，用于指代那些拥有选举"罗马人的皇帝"权利的诸侯，即德意志诸侯中有权选举神圣罗马帝国皇帝的诸侯。勃兰登堡公国（Brandebourg）是德意志的一个邦国，1356 年勃兰登堡藩侯（Margrave of Brandenburg）得到神圣罗马帝国选帝侯资格。

② 译者注：应是指乔治·蒙克（George Monck，1608—1670），阿尔比马尔公爵，第一次英荷战争和第二次英荷战争中的英国舰队司令。

物资和海员，来再次重组他们的舰队。七个星期之内，这支舰队再次出海，规模超过 90 艘战舰，7 月 25 日在奥福德岬①外海迎战战舰数量差不多的荷兰人（英国战舰 92 艘，荷兰战舰 99 艘）。风水轮流转，荷兰人战败了，损失战舰 20 艘，完全惊慌失措地逃回了本国港口，英国人损失轻微到能够马不停蹄地立即在胜利之后大规模袭击了泰尔斯海灵②，他们在那里焚毁了 150 艘商船，摧毁了该港库房里的大量物资。

在 1666 年底来临之际，形势对英国人极为有利。荷兰人在一次大规模行动中惨败，被迫返回港口，以便在接下来的失败中损失较小一些。法国人曾在 8 月冒险进入英吉利海峡，期望与荷兰人会合，最终却匆忙返回布雷斯特。法国人之所以能逃过一劫，主要原因是伦敦大火③导致行政体系一片混乱，他们现在感受到了海上战争在各海洋省造成的影响，这些省的繁荣依赖于海上贸易。各方面的前景都对英格兰有利，然而这些前景毁于一个严重的战略性错误，犯下错误的是那些对实施战争负责的政治家。

日俄战争期间，在胜利的那一刻东乡大将④引用了一句中国古训："胜而不骄"⑤。如果国王和大臣们在 1666 年冬季能够践行此话就再好也不过了，不幸的是他们恰好没有做到。他们没有竭尽全力在主要战场也就是本土水域集中最强的兵力，而是重蹈 1653 年导致特龙普取得胜利的覆辙，派出一支 20 艘战舰的分舰队进入地中海去重开那里的贸易，该项贸易的中断无疑使得国家的商品生产区饱受其苦，然而更糟糕的是他们让自己相信荷兰人的抵抗已经是强弩之末，现在要在棺材上钉下的最后一颗钉子就是通过巡洋作战打击荷兰残余的贸易。当时有人这样写道："据说，打击荷兰人的最佳方式是派出小规模的分舰队在海外拦截和摧毁他们的贸易，离开了这些贸易，他们就无法继续战争或者在和平时期支撑下去。"这是在尚未赢得胜利之时就想摘取胜

① 译者注：奥福德岬（Orfordness）位于英格兰东海岸。
② 译者注：泰尔斯海灵（Tershelling）为荷兰的一个岛屿，位于北海。
③ 译者注：伦敦大火（the rire of London）发生于 1666 年 9 月 2 日至 5 日，伦敦历史上最严重的一次火灾。
④ 译者注：指东乡平八郎（1848—1934），日本海军将领，日俄战争中担任日本联合舰队司令长官。
⑤ 译者注：东乡平八郎在日本联合舰队解散仪式上宣读致辞，其中有一句中文直译为"古训曰：胜者尤须系盔绪"，实际上借用的是中国古训"胜而不骄"一语。

利果实。国王本人唯恐付出代价并且受到海军军官的反对，有意对众所周知的事实视而不见，那就是荷兰人正在忙于重整舰队，如果和谈失败，准备在春季重启战端。为应对入侵而做的准备不合常理而又很不充分：部队移驻赛尼特岛①，一时壁垒森严、帆樯林立，民兵也被动员起来准备抵抗侵略——自以为采取了这些措施就可以固若金汤，实则只是徒劳无功的假象。这种愚蠢至极的行为导致了必然的苦果。1667 年春季，有 80 艘帆船的荷兰舰队扬帆出海了。这支舰队出现在福斯河②外海逼近爱丁堡③，其后沿约克郡④海岸机动并有登陆之势，迫使沿海贸易陷入停顿。面对这样的攻击，国王竟然决定进一步缩减舰队，只有一小部分巡洋战舰留在海上"牵制敌人并扰乱其贸易"。仅仅一个月后，敌人的舰队就在未遇到任何抵抗的情况下出现在泰晤士河，在吉灵厄姆⑤突破帆船防线后，登陆并占领了希尔内斯⑥，焚毁了海军仓库和 6 艘大型战舰，俘获状态良好的旗舰为己所用。现在伦敦港被封闭了，英国的贸易被扼杀了，而荷兰的贸易船队却可以安全无虞地航行于海上。一支载着有史以来最多财富的荷兰船队驶回本土，航经英吉利海峡时未受到任何干扰，而护航的战舰却寥寥无几。八个星期之后所要做的事情，只是强迫英格兰接受屈辱的条件以求和平。运气转换得如此之快，真是绝无仅有。1666 年底的时候，英国舰队还在海上称王，并且极有可能继续称王。1667 年夏季，由于英格兰舰队被政治家冷落在一旁，甚至未经决战就屈服了，根据认输之后签订的条约，英格兰放弃了某些海上的权利。由于海上权利的丧失，英格兰将不得不在未来的战争中付出昂贵的代价，并使其通过切断敌人支撑战争的渠道从而施加压力的能力被削弱。

五年之后又爆发了第三次对荷战争。为了摧毁和破坏荷兰，法兰西和英格兰的国王结成了一个不符合教规的联盟。为此，法国将提供 36 艘战舰在英国人指挥下参加战争，英格兰将以 5000 人的地面部队支援法国，并派出一支

---

① 译者注：赛尼特岛（Thanet）位于英格兰肯特郡东北，濒泰晤士河口湾。
② 译者注：福斯河（Firth of Forth）为苏格兰主要河流，注入北海。
③ 译者注：爱丁堡（Edinburgh）是苏格兰首府，位于苏格兰中部低地的福斯湾南岸。
④ 译者注：约克郡（Yorkshire）位于英国英格兰东北部，为英格兰最大的一个郡。
⑤ 译者注：吉灵厄姆（Gillingham）位于英格兰肯特郡泰晤士河下游流域。
⑥ 译者注：希尔内斯（Sheerness）位于英格兰肯特郡泰晤士河河口。

由 50 艘主力战舰组成的舰队。联军在战略上的总体设想是法国陆军以 12 万
人越过陆上边境入侵荷兰，一支小规模英国军队则从海上展开联合行动。海
上入侵的关键前提是让荷兰海军失去作战能力——达成的一致意见是在掌握
制海权之前，地面部队不得机动。因此而形成的方案是英国和法国舰队尽早
会合，迫使荷兰舰队出战。把决战定为目标的原因如下：在之前的历次战争
中，荷兰人不止一次在战败之后依靠浅滩的庇护而躲过了被歼灭的结果。如
果想达成歼灭，则必须迫使荷兰人在远离其海岸的海域交战，这样在战术上
的胜利就能因连续追击而获得完美结局。查理国王提供的方案是联合舰队应
在多格沙洲①占领阵位，那里是敌方贸易船队返回本土的必经之地，实施拦截
最有把握，这样就可以迫使荷兰舰队出海接护其船队。荷兰针对联合舰队有
一个先发制人的企图，即在英国分舰队驶出泰晤士河与法国人和在朴次茅斯②
的英国分舰队会合之前就对其发动攻击。然而这一企图没能得逞，原因是之
前就提过的荷兰人的地方主义立场，西兰③分舰队受命在荷兰分舰队出现在威
灵斯④外海之前不得离港。耽搁了时间的结果是，当荷兰联合舰队抵达泰晤士
河口的时候，已经为时过晚。实力较弱的英国兵力已经离开泰晤士河，赶往
朴次茅斯与其余的英国舰队和法国分舰队会合。

会合后的联合舰队重抵北海占据了指定海域，但是在发起战役之前还需
要补给食品，为此需要去往索尔湾⑤。荷兰人给养充足，大胆地主动出击。他
们出海的目的是乘盟军在锚地补给时，抓住时机突然发动有效攻击。盟国舰
队没有准备就绪。经过权衡，在这种形势下没有办法避免被分割，因此英国
舰队作为前队和中队向北行驶，法国舰队作为后队向南行驶。主要作战压力
落在了英国人身上，荷兰海军上将集中主力攻击英国舰队，小部分兵力以纳
尔逊式的作风拦截法国舰队。从战术上看，这次会战不具有决定性。荷兰人
没有成功击溃英国人，盟军也没有摧毁荷兰人。但是在战略上，显然是荷兰

---

① 译者注：多格沙洲（Dogger Bank）为欧洲北海孤立的大沙洲。
② 译者注：朴次茅斯（Portsmouth）位于英国英格兰东南部汉普郡，南临索伦特海峡。
③ 译者注：西兰（Zeeland）是尼德兰王国的一个省，又译为泽兰或热兰，新西兰即依其命名。
④ 译者注：威灵斯（Wielings）为奥斯坦德与斯鲁伊斯港（Sluys）之间的一处浅滩锚地。
⑤ 译者注：索尔湾（Solebay）为英国地名，索斯沃尔德湾（Southwold）的别称。

人胜利了，因为他们给盟军造成了严重损失，使其无法执行预定的方案。盟军不但没有取得预期的决定性胜利，反而被迫回港维修损坏的战舰，计划中跨海入侵荷兰的方案不得不放弃。盟军舰队这次暂时性的瘫痪挽救了荷兰，因为法国陆军已经进入荷兰，阿姆斯特丹危在旦夕。如果这一时刻能有一支陆军在海岸登陆，那么荷兰人以决堤来阻止敌军前进的英雄壮举能否避免全面失败也未可知。

战争的第一年——1672 年——以盟国未能实现任何较高的期待而告终。接下来的一年应该采取何种战略这个问题，在冬季得到了讨论。在讨论过程中，应该以主要精力在海上针对敌人的商业，还是应该在陆上打击其陆军，这个问题再次以新的形式被提了出来。两种行动方案有一个共同点，无论最终的决定是通过敌人的贸易对其造成经济压力，还是针对陆上的敌人陆军采取军事行动，最基本的前提条件都是一样的——瘫痪或者歼灭荷兰舰队。不搬掉这块拦路的石头，就没有办法建立封锁，即使建立了封锁也只能维持短暂一段时间，规模大到足以影响战局的陆军也无法上岸并且站稳脚跟。这样一来，一如从前，用什么手段迫使敌人决战就成了问题的关键。应该通过威胁其贸易，还是威胁发动陆上攻击？1672 年的意图是通过威胁其贸易来实现这一点，1673 年的计划则是通过陆军的入侵来加以威胁。一支 1.5 万人的部队将在东部各郡集结准备进行大规模登陆，另一支 5000 人的部队则在条件允许时配合舰队展开行动。所有这些准备就绪，远征部队也已就位，由主力战舰组成的联合舰队在大批护卫舰和纵火船伴随下，浩浩荡荡向荷兰海岸进发，意图闯入荷兰人在斯库内维尔德①的锚地并攻击在那里抛锚的敌人舰队。这是一个大胆的想法，与之前对加的斯的攻击截然不同。然而行动失败了。荷兰人没有老老实实地坐等攻击，而是发动了灵活机动的反击。整个夏天，德·鲁伊特尔②采取了一种主动战略，以所有兵力四处应对严重威胁，尽其所能给敌人造成损失，但是避免缠斗，以免无法从战场脱身回港保平安。

英国舰队不仅要同精明的鲁伊特尔斗智斗勇，还受到政治家在两方面的

---

① 译者注：斯库内维尔德（Schoonevelt）是位于斯凯尔特河口的一处浅滩，近瓦尔赫伦岛。
② 译者注：应是指米歇尔·德·鲁伊特尔（Michiel de Ruyter, 1607—1676），荷兰历史上最优秀的海军上将，英荷战争中的灵魂人物。

阻碍，一方面源于行政的固有属性，另一方面源自战略的主要方向。军需补给储备并不充足，造成舰队启航日期推迟，进而令舰队在进行补给时面临受到攻击的风险，接下来又在第一次会战之后耽搁了维修的进度。因此，当英国舰队在汞弗李特①停下来修整时，荷兰舰队能够趁机出海并在泰晤士河口外巡航，封闭了这条河的交通，为期约有一个月。当舰队再次准备出海时，补给很不充分，以至于只能在海上短暂停留。鲁珀特亲王②尖锐地指出："事实正如我在很久之前预计的那样，这支舰队只是胡乱地出去，幸存至今实属运气。"低效的行政体系错误百出，影响了整个作战的进程。在战略方面，国王和他的大臣们没有向他们的海军上将发出明确的指示，尽管他强烈要求就需要他做什么给出提示。海军上将问道，部队应达成何种意图？"如果国王陛下对这4000人有什么期望，他必须告诉我们应该做什么，"他致信阿林顿③，"您或可让陛下相信，我的看法是如果敌人在海上，那么我们出去得越早越好，出动的兵力越强越好……如果陛下给我进一步的命令，那么我将诚惶诚恐地接受，但是期待着所有职责都白纸黑字。"尽管亲王以最紧迫的口吻一再恳求，却没能从国王那里得到任何回复。只有一次，他得到了明确的命令——不要在斯库内维尔德再次攻击敌人舰队，但是并没有告诉他在雅茅斯④集结的陆军有哪些意图。司令官在战役中对最高统帅部的意图一无所知，而且在时机有利时被禁止发起攻击，这场战役胜利的机会十分渺茫。国王的意图是什么至今不得而知。起初⑤，他曾命令鲁珀特同所运载的4000人的地面部队实施登陆作战，"你认为哪里最合适就在哪里登陆，你认为应该占领或者摧毁哪里就攻击哪里"，占领并统治某个地方或者某些地方。但是，约克公爵⑥和爱德华·斯普拉格爵士⑦强烈表示，在敌人舰队被击败之前不应实施任何登陆行动，实施这个方案被劝阻。位于雅茅斯的陆军现在一方面被用于造

① 译者注：汞弗李特（Gunfleet）为英国地名，位于伦敦。
② 译者注：鲁珀特亲王（Prince Rupert，1619—1682），英国著名政治家、军事将领。
③ 译者注：应是指第一代阿林顿伯爵（1st Earl of Arllington）亨利·班纳特（Henry Bennett，1618—1685），英国政治家，曾任国务大臣、官务大臣。
④ 译者注：雅茅斯（Yarmouth）为英国地名，位于北海沿岸。
⑤ Instructions of 26 Apr.
⑥ 译者注：即后来的詹姆斯二世（James Ⅱ，1633—1701），继位前称约克公爵（Duke of York）。
⑦ 译者注：爱德华·斯普拉格爵士（Sir Edward Spragge，1629—1673），英国海军将领。

成一种威胁，以诱使荷兰人在海岸保持大量兵力，从而使其不深入内陆采取不利于法国盟友的行动，另一方面则让敌人无法确定舰队将要攻击其海岸还是打击其船队。8月，在船队预计要驶往本土时，对贸易构成的威胁起到了让荷兰舰队出海的作用。双方舰队在特克塞尔外海相遇并展开激烈战斗，作战压力再次落在了英国舰队头上，法国指挥官让法国舰队按兵不动，如此露骨的行径甚至令一名法国海军上将深感不满，他因为过于坦率而被关进了巴士底狱。尽管鲁珀特认为"法国人会为他们的行为感到羞愧并试图挽回面子"，但是在英格兰形成的印象却是（法国人）有意拒绝伸出援手，而这样做是因为得到了命令。无论这种印象准确还是不准确，其后果都是让英国人厌恶战争，某种看法得到了强化，也就是进行战争是出于查理个人对荷兰的仇恨，他只不过是在给法国国王当枪使。因此，议会在10月召开时，海上的主动作战已经因冬季来临而中止，内阁大臣为来年继续战争而慷慨激昂地提出的财政请求没有得到回应。他使用的语言我们今天已经不太熟悉，他宣称敌人通过拉帮结派和敌意的政策把战争强加给了热爱和平的国王，他警告议会，英格兰现在是在为自由和生存而战，但是内阁大臣没能让议会相信国家正面临现实威胁，或者让议会不再怀疑本国正在被他人利用，要为路易火中取栗，财政请求未获批准。英格兰在次年2月与荷兰单独媾和。荷兰继续战斗，其外援来自帝国和西班牙。

三次荷兰战争伴随着海军从国王私人所有到成为国家军种的最终转型，其显著的特征是海军被用于实现国家目标。在西班牙战争和荷兰战争中，最终的目标存在一致性——针对国民生活依赖于海上贸易的敌人，通过切断其交通来削弱之。伊丽莎白做出的努力相当分散，对海运本身进行了零星和断续的打击；共和国和复辟政权付出的努力相对集中，以近乎彻底的持续性打击保护海运的作战兵力。有时会偏离这个正确的军事政策，而每次违背了这一原则，出于这样或那样的原因，海军在战舰或者补给方面的需求没有得到充分满足，要么会遭受失败，要么只是勉强胜利，要么只能收效一时。然而这项政策在很大程度上得到了贯彻，以至于荷兰人尽管没有被完全切断贸易，却在以自己的船队开展贸易方面困难重重，不得不寻求通过中立方船队来运输自己的商品。

　　围绕中立方为在海上处于困境的交战国提供至关重要供应的权利，诱发了许许多多的问题。英国政治家坚持的理念至今仍然得到坚持：贸易是战争的支柱，既提供手段——金钱——以满足战争开销，又为陆上和海上军种提供得以武装的物资。他们认为，为敌人提供商品的中立方，或者为其提供其所力不能及的装运服务的各方，或者因自身的行为而使敌人的船员得以从商业岗位转入作战舰队的国家，都是在为敌人提供直接支援。因此，他们采取措施来阻止敌人的商品得以跨海流动，无论是出口还是进口，无论是由敌人的船队还是由中立方的船队来运输。至于荷兰人，则试图通过中立方船队来维持其贸易，千方百计地掩盖商品的性质、所有人和目的地。两个半世纪之后的德国人在1914—1918年的战争中也是如此行事。荷兰商品将以某个中立国的名义进行交付，而这个中立国出于谨慎则准备言之凿凿地宣称他们"有正当的理由，任何人都不能或者不应该自认为与之存在利益关系"。英国人为了避免中立方拖延临检进度及后续的审判程序，引入了类似于现行准运证的护照制度，以证明装运者身份清白，但是又发现有些护照属于非法取得，或者审查不严，即便是向中立国家派出的英国代表签发的护照也缺乏足够的可信性。在海上对船只进行临检，跟我们今天在战时进行临检一样，麻烦之处在于要将其带入港口进行核查，其结果是引发中立方以非法为名进行抗议。确认财产所有权困难重重，因此船舶的资料证件作为正式的所有权证明，也可能因为伪造而失去鉴别价值。海军部法院的利奥兰·詹金斯爵士[1]指出，"法国人的确很不满意，因为我的确会要求他们在船舶资料证件之外拿出更多的证据"，但是正如他所发现的那样，他无法信赖他们，他根本"不在意那些船舶资料证件"。斯泰尔勋爵[2]在历数这些伎俩时指出，在第二次荷兰战争中，中立国发现了"十分巧妙的办法来伪装自己的贸易，以假乱真到难以被识破，因此总能逃避法律制裁"。商品通过邻近的中立港口出口到荷兰，葡萄酒、葡萄干、羊毛和许多其他消费品大批涌入奥斯坦德、布鲁日[3]和敦刻尔克。从运

---

　　① 译者注：利奥兰·詹金斯爵士（Sir Leoline Jenkins，1625—1685），时任英国海军部高等法院法官。
　　② 译者注：应是指第一代斯泰尔子爵（1st Viscount Stair）詹姆斯·达尔林普尔（James Dalrymple，1619—1695），英国政治家、律师。
　　③ 译者注：布鲁日（Bruges）位于比利时西北部。

输量的急剧增长可以直截了当地做出推断，尽管商人们提供的证件表明这些商品"账目清楚、风险自担"，但事实上却是荷兰人的资产并运往荷兰。除了这些"巧妙的伎俩"，外国商人还会在英格兰定居，雇用英国船只和英国船员，作为英国人在全世界开展贸易，船主坚称船只为英国人所有，可以自由开展贸易。①

　　针对为打击这些伎俩而采取的措施，中立国总是会马上提出抗议，但是英国政治家拒绝改变他们的主意或者令他们的海权作为武器变得不够锋利，减弱本国做出的努力，让那些中立国的某些人在这场斗争获得巨额利润，而让英国的国家利益承受风险。

---

① Full accounts of these fraudulent practices will be found in an article by Mr. Llewellyn Davies in the *British Year Book of International Law*, *1934*, and by Jessup and Deak in *Neutrality*, vol. I, chapters v and vi, to both of which works I am indebted for the information above.

第三章

威廉三世国王和安妮女王时期的战争

　　威廉三世国王①和安妮女王②同法国进行的战争，出现了全新的战略难题，因为影响海权运用的条件与同西班牙和荷兰的战争截然不同。英格兰现在是欧洲大陆联盟的一员，不再是单枪匹马或者仅有一个盟国。此外，在所有之前的那些战争中，在海上展开的攻势行动存在一个清晰明确的目标，即打击对之前那两个敌人都至关重要的海上交通线。西班牙在海上有关键的补给线，其珍宝自海上来，一旦有失就可能令自己陷于瘫痪，其在尼德兰和法国北部的陆军也只能通过海上到达行动地域并得以维持。荷兰完全依靠海洋维系国家生存，严重依赖海上贸易和渔业。法国却有所不同，在海上不像西班牙和荷兰那样容易暴露弱点。尽管贸易和殖民地相当重要，但是在其国民生活中所占的地位，并没有西班牙的珍宝船队和荷兰的贸易船队那样重要。与西班牙和荷兰相比，法国更加能够自给自足，尽管通过贸易获得的财富影响到其保有陆军的实力，但是事实证明法国可以靠国内资源支撑旷日持久的战争。

　　由于贸易对法国来说没有那么重要，因此法国也就没有那么容易受到英格兰的攻击。尽管西班牙的主要商港和军港距离英格兰十分遥远，但是这个劣势因为占领了亚速尔而不再明显。荷兰的贸易必须经过英吉利海峡或者绕经苏格兰北部，英国舰队扼守着这两条通道，所处位置正好可以把荷兰的作战力量封锁于港口之内。英格兰在英吉利海峡西侧和海峡内及爱尔兰海都有港口，方便阻截法国的贸易，但是战舰的滞海能力当时还没有发展到能够实现对布雷斯特进行持续封锁的水平，在比斯开湾则缺少港口。而在地中海，法国与黎凡特和意大利之间有大量贸易，但无论是英格兰还是盟国荷兰都没有任何基地。

　　另一方面，英格兰远比在之前的战争中更加容易暴露出弱点，受到入侵的威胁比以往更大，这是因为在英吉利海峡的对面存在一支组织严密又运行

---

　　① 译者注：威廉三世（William Ⅲ，1650—1702），出生于荷兰，1672 年就任荷兰执政，1689 年成为英国国王，与妻子玛丽二世（Mary Ⅱ，1662—1694）共治英国。
　　② 译者注：安妮女王（Anne of Great Britain，1665—1714）是苏格兰、英格兰及爱尔兰斯图亚特王朝最后一位国王（1702—1707 年在位），大不列颠斯图亚特王朝唯一的女王（1707—1714 年在位）。

高效的陆军，在布雷斯特则驻有一支强大的海军，法国控制了从瑟堡①到马戴克的许多港口，都可以用于输送陆军。从保护贸易的角度看，英格兰的形势不如之前乐观，因为法国舰队实力雄厚，大量法国船队可以用于袭商，又有基地供其使用。使用轻型分舰队把在马斯河②和特克塞尔的荷兰舰队困住以及在英吉利海峡巡航是一回事，而限制布雷斯特的法国舰队并保护船队免受从英吉利海峡和比斯开湾各港口出发的分舰队或单艘舰船破坏，则是另外一回事。

不仅保卫本国免受入侵和守卫本土水域的任务更加困难，远海也面临新的防卫难题。贸易和殖民地都变得更加重要，殖民地与海权之间的关系也比斯图亚特时期的作家所说的海军、贸易与殖民地之间的相互依赖更加显著。与此同时，与荷兰战争时期相比也更容易受到法国人的攻击，因为荷兰人在大西洋西部领地不多，而法国人则在加勒比和加拿大都有殖民地，他们有基地可用，舰船能从这些基地出发攻击英国的贸易，而守备部队也可以通过入侵和袭击来威胁岛屿及大陆上的殖民地。英国殖民地根本没有成组织的防御。尽管所有海外领地的安全最终依赖海军及其掌握的制海权，但这些殖民地也需要就地防御以防备在军事上组织起来的邻居发动突袭。北美殖民地的英国定居者虽然在数量上远远超过了在加拿大的法国人，但是英国定居者各自为战，与从前的荷兰各省别无二致。法国人实行集中控制并进行军事化管理，能够集中和协调他们所有的行动，展开他们所期望的军事行动。在加勒比群岛，英国的守备力量微乎其微，当地政权没有发展起自己的防卫手段。本土政府和当地政府都忽视固定防御措施——堡垒和炮台，因此各岛甚至在面对小股敌军的突然袭击时也缺乏有效防卫。"一切都取决于对海洋的掌控，"巴巴多斯的总督这样写道。若海洋在英国人手中，则群岛就能保全；若海洋在敌人手中，则群岛整体危矣。尽管群岛的安危依赖于海洋，但是现成的常备海军却不足以保证安全。当前英国在太平洋的领地处于同样的境地，其被日本夺占同样是海权不雄厚的直接结果。

---

① 译者注：瑟堡（Cherbourg）是法国西北部重要的军港和商港，临英吉利海峡。
② 译者注：马斯河（Maas）为欧洲主要河流之一，发源于法国，从荷兰入北海。

越是形势紧迫，越是分布广泛，防御所需的实力越要比之前多，但是不久之前对英国海权的保持却被忽视了。

当威廉三世国王把英格兰带进了针对路易十四的大同盟①，两个海上强国在海权的两个要素——战舰和海上资源方面联合起来更加强大。两国的"主力"战舰②构成了舰队的主体，数量是法国的两倍还多。然而，这只是纸面数字，因为在詹姆斯二世执政后期，许多战舰因失修无法很快适合出海，也没有足够的船员来充实这些战舰。尽管法国的战舰数量少，但是他们的行政体系更高效，能够比同盟国更快配备战舰和人手。因此，在战争的最初三年中，同盟国并未能完全发挥出数量优势，1690年法国的英吉利舰队有70艘战舰，英荷舰队为56艘；1691年双方舰队才变得数量大体相当，各有69艘。政治家没能保持其海军实力的后果是爱尔兰受到入侵，而英国在战争的最初几年只能采取守势，无力采取其他行动。在这几年当中，英国面临极为严峻的入侵威胁，船队遭受了严重损失。在海运、海员和造船物资方面，同盟的条件比敌人强得多，而且运气很好或者说从来没有再遭遇早前的那些噩运。同盟也能够更容易、更可靠地从波罗的海获取大量海军必需品，这个优势因为这片海域周边大国之间的战争影响到商业而在某种程度上有所削弱，同时瑞典人也抓住了同盟急需的时机提高了产品价格。在海权的第三个要素即基地方面，英国人在加勒比海两端都有领地，在北美殖民地和非洲西海岸也有领地。在地中海则没有任何基地，丹吉尔这个宝贵的要点已经在1663年被放弃，主要原因是党派之争以及对其价值缺乏长远认识。另一方面，西班牙成为一个盟国，联盟海军可以使用加的斯，这个港口对控制"海峡"通道极为有利，但是不足以支撑进入地中海发起战役行动的意图。因此，荷兰人最早提出的

---

① 译者注：即奥格斯堡同盟（Augsburg Alliance）。法荷战争结束后，欧洲各大强国都对法国的扩张野心感到十分不安，所以欧洲大小国家在德意志的奥格斯堡聚会，荷兰、瑞典、勃兰登堡等新教国家和奥地利、巴伐利亚等天主教国家共同组成了遏制法国的同盟。英国在光荣革命后，荷兰执政威廉入主英国成为英王威廉三世，形成了英荷合力抗法的局面，实际上成为奥格斯堡同盟的领袖。
② "战列舰"这一术语在这一时期得到使用，这时商船已经退出了战列线。Cf. Sir J. K. Langhton, "The Battle of La Hougue and the Maritime War."（*Quarterly Review*, 1893, vol. clxxvi, pp. 461 et seq.）

建议之一就是占领梅诺卡①的马翁港②或者厄尔巴③的费拉约港④。

这个国家的政治家以何种方式运用其海权作为武器，与之相关的政治家是国王和他的枢密院，但是做出最终决策的权力在国王手中，欧洲许多国家没有国王，则由女王掌握这种权力。

这场战争的特别之处在于，这是这个国家首次加入一个大陆联盟，政治家们面临的难题在接下来的一个世纪还会出现，这个难题就是英格兰作为一个海上强国为盟国提供帮助的最佳方式，到底是在陆上支援盟国的陆军，还是在海上和海外削弱敌人的海军。换言之，是参加对敌人陆上兵力的打击，还是倾力摧毁保障敌人陆上兵力的资源。这两种选择催生出两个不同的思想学派——"大陆学派"和"海洋学派"。国王总体上倾向于"大陆学派"的主张，斯威夫特牧师⑤则是"海洋学派"的代言人。国王尽管意识到有必要对敌人的资源进行打击，但是在整个战争期间都致力于使用他的陆军来帮助其大陆盟国的陆军。结果，斯威夫特在他的《同盟国的行为》⑥一文中，把国王的政策归结为将英国的利益置于荷兰的利益之后。"在整个战争期间，海洋几乎完全被忽视了，每年六百万的经费中绝大多数被用于延伸荷兰的边境线。因为国王是一位陆军上将而不是一位海军上将，同时尽管他是英国的国王，却是一名荷兰人。"在牧师和他的政党⑦看来，英国付出的努力已经超出了自身的义务，国王把国家置于战争的"主要"地位，然而英国本应仅处于"次要"地位，其行动应该完全以自身利益为首要出发点。他们根本不存在同等的利益，共同利益也不多。这位牧师指出，这场战争是一场"同谋"的战争，在这种战争中参与同谋的各方都有各自的利益，但是其中一方通常是主

① 译者注：梅诺卡（Minorca）为西班牙地名，地中海西岸巴利阿里群岛（Balearic Islands）的第二大岛。
② 译者注：马翁港（Port Mahon）位于梅诺卡岛。
③ 译者注：厄尔巴（Elba）位于意大利托斯坎纳地区海岸线外第勒尼安海和利古里亚海之间，是托斯坎纳群岛的主岛，也是仅次于撒丁岛和西西里岛的意大利第三大岛。
④ 译者注：费拉约港（Port Ferrajo）位于厄尔巴岛。
⑤ 译者注：指乔纳森·斯威夫特（Jonathan Swift，1667—1745），英国作家和政论家，《格列佛游记》的作者，曾经当过牧师。
⑥ 译者注：《同盟国的行为》（"The Conduct of the Allies"）是斯威夫特的政论作品，发表于1711年。全名为《同盟国和前任内阁在发动和进行这次战争的行为》（"On the Conduct of the Allies and of the Late Ministry in Bringing and Carrying on the War"）。
⑦ 译者注：斯威夫特是托利党人。

要相关方，这一方理应承担最大的义务。在一场两个亲王抢占一个王国的战争中，应该帮助其中愿意提供良好贸易条件的那个。某国可能会面临被强大邻国颠覆的危险，从而对自己的贸易和自由造成极大的不良后果。"因此，有必要给予他们精明的帮助，帮助他们战胜强国稳定局面，但是如果他们注定要成为最早也是最大的受害者，那么公平起见他们就应该承担最大的责任。"因此，斯威夫特主张实行孤立政策，主张自我限制义务，这与爱迪生①其后提出的主张正好相反，爱迪生主张为了共同的目标进行全面合作。

国王的战略也受到批评。他被指责没有恰如其分地运用海权。他对商业和工业不感兴趣，而且轻视或者忽视商业和工业在战争中的影响。在他眼里，通向胜利的道路只有陆上这一条，因此认为英格兰应该做出的贡献就是单纯地在主要战区向盟国陆军提供增援，与之截然相反，在此前一个多世纪的战争中，英格兰都在寻求通过经济压力压垮敌人。我们将会看到，在佛兰德斯的军事行动代价巨大却收效甚微，这给斯威夫特的批评提供了支持。然而海洋学派的主张也存在瑕疵。尽管他们优先攻击敌人的交通线而不是其陆上主力的政策主张非常正确，但是他们提出的办法却是错误的。他们没能认识到做到这一点的最有效方式是摧毁保护交通线的舰队，而是主张直接打击殖民地本身和贸易。两个学派在他们的目标上都有某些程度的错误之处，国王的根本错误在于他坚持英格兰在陆上行动中做出贡献的重要性，而斯威夫特和他的政党所犯的错误则是把贸易和殖民地本身作为攻击的目标。另外，两个学派都错误地把陆上力量和海上力量截然分开加以看待，每个军种都有各自的任务，而没有把它们作为统一的力量，为了同一个目标统筹加以运用。这种立场造成的结果是，当展开攻击行动时，在同一时间想在陆上行动和经济压力两个方面都有所打算，只在某些时候例外。陆上力量和海上力量的分离，使得各自都不足以实现特定目的，海军不足以强大到能够显著影响陆上战役，海军在夺取制海权时也缺乏陆军的保障。

然而，尽管国王对经济压力的影响和价值不以为意，但是在同荷兰人就

---

① 译者注：应是指约瑟夫·爱迪生（Joseph Addison，1672—1719），英国政治家、诗人、剧作家、辉格党人，曾任下院议员。

各自分担的战舰份额、主要舰队的部署和保护两国贸易应该采取的措施等问题达成协议之后，他采取的行动之一就是提议对法国施加最大的经济压力，并认为这是影响陆上战役的关键因素。海军将在阻断法国海上商业中发挥显著作用，但是这些行动仅限于海军本身的力量。这方面的打算是在欧洲且仅在欧洲展开行动。威廉国王理所当然地认为，由于其国王的侵略扩张政策威胁到了所有国家，法国成了所有国家的敌人，无论是大国还是小国。顺理成章的事情是所有相关国家，无论是中立国家还是交战国家，都应承担反对法国的义务。他宣称，大同盟的成员国家是在为欧洲提供公共服务，尽管其他国家可能不愿意积极参与共同防御，它们也有道义上的义务以消极方式为击败侵略者做出贡献，它们可以通过中断与法国的所有商业往来做到这一点。换句话说，威廉提议对法国建立国际抵制。① 然而事实证明，在 17 世纪没有可能促使各国为了公共产品而牺牲本国利益，其后的 20 世纪再次证明了这一点。这个提议恰好与荷兰为拒绝其贸易受到干扰而坚持的理念相左，尽管荷兰正是战争的当事国之一。尽管荷兰加入了协议，但是商人们却秘密从事运输，荷兰政府则睁一只眼闭一只眼。英国商人未免也要靠同样的行为发财，尽管当局并不会同样纵容。至于中立国，它们断不会放弃通过贸易赚取利润的机会，特别是在战争期间总会急剧上升的利润。瑞典有海军军需品可供出售，明确拒绝承认英国关于海军军需品应被列为禁运品的主张，声明要继续向法国提供物资，并且在必要时用其海军来加以保护。这一声明对英国的海权不利，英国政治家不可能予以承认。国务大臣诺丁汉②的回应是不能允许海军军需品贸易继续开展，不能将造船物资从禁运品目录中移除，"这些军需品比声明涉及的火枪或者其他东西都更对我们有害"。对于丹麦提出的抗议，他给出了同样的答复。除了切断其贸易，在这场战争中没有什么办法更能阻止

---

① In his statement of policy on 9 Apr. 1944, Mr. Cordell Hull made an appeal of a similar nature to the neutral nations. The United States, he said, had constantly reminded the neutral powers that their very existence and freedom as in dependant nations depended on the victory of the allies, and that, in view of the allied strength, the neutrals were not being asked to expose themselves to destruction. "We ask them not to prolong the war, with its consequences of suffering and death, by sending aid to the enemy." (*The Times*, 10 Apr. 1944.)

② 译者注：应是指第二代诺丁汉伯爵达尼尔·芬奇（Daniel Finch, 1647—1730），英国托利党温和派领袖，1689—1693 年任国务大臣，1702—1704 年再任国务大臣。

路易取得胜利，"这样将使他陷入穷困，而切断北方国家的贸易，使其无法获得物资供应，更会令他无法继续战争"。

因此，对于国王这个彻头彻尾的"陆军上将"来说，他的想法显然就是要对法国施加最大的经济压力，通过剥夺其商业实业来削弱其战争实力——供养其陆军的金钱以及建设其海上力量的物资。在战争之初，缺乏的是强化预期抵制目标的手段。想要建立起来的抵制，因为无力支撑而效果不彰。无论是英格兰海军还是荷兰海军都没有做好充分准备，合作的安排没有产生实质性效果，英国海军也没有从之前革命状态下的混乱及被忽视的情形下恢复元气，从布雷斯特出发的法国舰队护送一支法国陆军越过英吉利海峡在金塞尔①登陆。在接下来的几个月中，爱尔兰就只剩下伦敦德里②未被占领。英格兰未能在海上做好充足准备，使自己彻底陷入守势。其所能动用的所有军事资源，除了按照协议条款被排除在外的 1 万军队能用于满足守卫和收复爱尔兰之需，其余都有义务被派去帮助荷兰，然而除非动员更多兵力，否则无法收复爱尔兰。这需要时间。在此期间，两个盟国的海军不仅陷于守势，而且也不足以应付数不清的任务。它们必须保护部队去往爱尔兰的运输，阻止增援的法国部队抵达爱尔兰南部的敌占区，保护贸易免受敌人的打击。而在 1689 年夏季，敌人使用巡洋分舰队和劫掠船发动了广泛的袭击。法国人的商业攻击于 6 月由让·巴特③这个精力充沛的水手提出。他写道，袭商战应延伸至波罗的海、北海、西爱尔兰海域和更远处的格陵兰④海域。至于说荷兰人，尽管他们绝对依赖海运，却满脑子精打细算，只用一两艘军舰来为船队护航，由最多三艘军舰组成的分舰队就足以搞定他们。这就迫使他们为船队分配更强的兵力，结果是令他们的主力舰队更加难以维系。在巴特看来，这些袭商行动不仅是针对交通线展开的一种攻势行动，而且对敌人的主力构成牵制，还可以令战场的制海权处于被争夺状态。贸易遭受攻击要求英国增加护航力量，但是在海军被削减的条件下又无此种可能。荷兰和英国在地中海的贸易，

---

① 译者注：金赛尔（Kinsale）为爱尔兰地名。
② 译者注：伦敦德里（Londonderry）位于爱尔兰西北部。
③ 译者注：让·巴特（Jean Bart, 1650—1702）是活跃于荷兰和法国海域的著名海盗。
④ 译者注：格陵兰（Greenland）是世界上最大的岛屿，位于北美洲东北方，北冰洋和大西洋之间。

都受到来自土伦的法国人的袭扰，遭受的损失之大让提供更多保护的呼声再起，与对之前两场战争中出现的呼声做出让步完全一样，对于这种呼声，政府又一次错误地做出让步，完全不顾本土水域局势严峻，而后果也同之前的战争一模一样。1690 年 6 月，位于英吉利海峡的舰队面对实力将近两倍于己的法国舰队，在比奇角①外海被击败，损失战舰 15 艘，暂时失去了海峡的制海权。对于盟国来讲，幸运之事是法国海军上将没有通过乘胜追击来扩大其战术胜果，而是因为小打小闹浪费了战机，盟国得以有时间重整旗鼓并在年底夺回了海峡内的制海权。这些兵力展现出了作为海权要素之一的重要性。

盟国舰队在海上遭遇失败的时候，威廉国王的英国陆军也在爱尔兰的博因②被法国陆军击败。尽管有一定数量的部队得以收拢并重建，分散成小股部队抵抗法国人，但是议会为此目的而批准建立起来的 7 万人的地面部队却大部分被用于其他地方。在比奇角失利后，于年底重新夺回的制海权使国家得以避免了被入侵的危险。

战争进行了两年之后，英国的政治家终于能够把他们的想法从防御转为进攻了，第一次考虑这个国家的作战力量通过进攻，利用海洋和陆地以最有效的方式为共同的事业取得成功做出贡献。他们有三个主要的行动方案可供选择。陆上力量和海上力量可以协同用于实现歼灭敌人的海上力量并夺取制海权这个目标；陆军可以用于支援欧洲大陆的盟国陆军，海军单独执行保持海上通道畅通并全力打击敌人商业和供给的任务；海上和陆上力量共同用于剥夺敌人的海外领地及敌人从海外领地获得的利益，敌人有大量的船队和海员在西印度群岛特别是纽芬兰从事贸易活动。

为了取得制海权，首先并且根本的措施永远是歼灭敌人的主力。如果那些兵力失去了战斗意志，就存在置敌人于困境的可能性，要么在可能对其不利的条件下出战，要么放弃其国民经济需要的某些关键要素——贸易、至关重要的基地或者对盟国的援助。因此，正如我们在之前的战争中看到过的那样，西班牙和荷兰有保护西班牙珍宝船队和荷兰东印度船队的国家需求，对

---

① 译者注：比奇角（Beachy Head）为英国地名，扼守海上交通要道英吉利海峡，战略位置重要，有英国最高的海岸悬崖。

② 译者注：博因（Boyne）位于爱尔兰的都柏林附近。

这些船队构成的威胁被认为大到应该不惜派出舰队来保护它们。而对法国人来说，不存在具有同等重要性的目标。替代的方案是攻击驻扎在港口内的敌人。这种攻击不能单纯依靠战舰来完成。陆上力量和海上力量有必要联合行动。能够调动的陆军部队数量并不多——大约有 3 万人。因而，英国政治家面临的问题是哪种结果对共同的事业更为有利，是使用部分部队在布雷斯特或其他地方歼灭法国的舰队，还是在佛兰德斯增援盟国的陆军，这些部队在佛兰德斯只占战场总兵力的一小部分。他们在 1691 年做出的决策是在佛兰德斯展开军事行动。在这一年，陆上的战役行动未分胜负，海上的战役行动同样如此。海上战役在比斯开湾展开，一支庞大的法国舰队在比斯开湾搜寻返回本土的盟国舰队，而盟国舰队则在搜寻法国舰队，双方都一无所获。可以合情合理地认为，如果海上和陆上两个军种能够为了取得制海权这个单一的目标协同行动，而不是各自为战、彼此之间在作战意图上毫无关联，那可能会取得更令人满意的结果。

1691 年令人失望，议会在 12 月召开会议，对进行战争的方式相当不满意。英国需要为来年制定战略。国王大致说明了他的观点，认为年初海上必须有一支强大的舰队，一支有相当规模的陆军"随时准备保护我们自己免受侵略，但是也要在敌人最敏感之处让其尝到苦头"。他们决定在佛兰德斯让敌人尝尝苦头，议会批准召集 6.5 万人的部队，其中 3.8 万人被派往海外进行守备。尽管主要方向是在主战区打击敌人，但是同时认为应该针对在布雷斯特的法国舰队采取行动，为此英国准备向布雷斯特派出一支 7.5 万人的陆军，以歼灭那里的舰队。

在伦敦制定这些方案的时候，路易国王那边正在准备打击英格兰。盟国舰队在冬季必须返回本土港口整修战舰，这些港口彼此相距较远，英国舰队要返回泰晤士河和朴次茅斯，荷兰舰队要返回特克塞尔和马斯河，路易从经验中得知两国舰队的整修和集结可能需要时日，这一事实令他有机可乘，而且他相信詹姆斯党人①会乐意大力提供协助，认为在盟国舰队准备就绪前就能够对英格兰完成致命一击。于是，在高度保密的情况下，他在法国北部港口

---

① 译者注：詹姆斯党人（Jacobite）拥护 1688 年被废的英王詹姆斯二世。

集结了一支大约 2.4 万人的陆军用于入侵，企图在没有保护的条件下以这支主力快速穿越英吉利海峡，并在盟国舰队尚未完成集结以及做好防御准备的时候完成登陆。但秘密还是泄露了，盟国舰队加快了战备节奏，攻击布雷斯特的意图被暂时搁置。1692 年 5 月 1 日，英荷联合舰队以对法国舰队的极大兵力优势（79 艘战舰对 44 艘战舰）奔袭拉胡格湾①并击溃了敌人的舰队，令其损失战舰 15 艘。法国舰队大部分逃进了圣马洛港②，单靠舰队不可能对那里发起攻击，还需要一支地面部队。卡马森勋爵③致信国王：“现在是歼灭法国海军大部分兵力的大好时机……充足的地面部队将能满足我们在圣马洛或者布雷斯特或者两个地方的需要，因此这时候无动于衷将会被视为犯下不可饶恕的罪行。”海军上将拉塞尔④提出了同样的恳求：歼灭敌人舰队比“在法国占领两个省”更值得。然而他们什么都没有做。地面部队没有做好准备，运输船队没有集结起来，因为缺乏准备，因为缺乏清醒的认识，因为大臣们没有积极采取措施，时间一个星期又一个星期地流逝了。天大的机会被错失了，本来可能会是一次决定性的打击，最终却变成了对圣马洛毫无战果的轰击。“烧毁一座法国人的城镇对他们来讲无关痛痒，好比骑士桥⑤失火对我们来说也没什么了不起”，海军上将对这种行动不屑一顾。

尽管法国人在拉胡格湾遭受的损失并没有盟国在比奇角遭受的损失大，但是在后果上却有天壤之别。盟国拥有丰富的资源，能够在失败后恢复元气，法国却缺乏这些资源，没办法恢复元气。此外，庞大的陆军消耗了法国的大部分财政收入，尽管有规模可观的法国舰队继续在海上出没，却只能放弃入侵或者在英吉利海峡夺取制海权的念头。舰队决战让位给针对商业的巡洋作战，而袭商战最早只是为了牵制，现在却成了被认为有决定性作用的首要手段。这不是最后一次有敌人在入侵企图失败后，转而把袭商战作为取胜的手段。

---

① 译者注：拉胡格湾（Bay of La Hougue）位于瑟堡附近。
② 译者注：圣马洛（St. Malo）港位于布列塔尼半岛。
③ 译者注：应是指卡马森侯爵（Marquis of Carmarthen）托马斯·奥斯本（Thomas Osborn，1631—1712），英国政治家，曾两任英国首相。
④ 译者注：应是指爱德华·拉塞尔（Edward Russell，1653—1727），英国海军将领。
⑤ 译者注：骑士桥（Knightsbridge）为伦敦的一个住宅和商业区。

虽然海上战争在 1692 年出现了有利的转机，但陆上战争却不尽如人意。那慕尔①已经陷落，在佛兰德斯也没有决胜的迹象。议会在年终对战争的进展做出了严厉批评，下议院有相当多的议员认为，国王为陆上战役提供的保障完全是浪费，并且谴责未能充分利用盟国海上力量的政策存在错误。

当时有一份传单认为，海洋学派的思想应当主导英格兰的战争行为。作为一个岛国，英格兰一定要建立起一支优势的海军以策安全，抵御入侵并保护贸易。贸易是英格兰的生命，由于海上防御不够充分而正在被法国的分舰队和海盗船损毁，与此同时英国的海上力量却没有"让敌人难受"。传单的作者指出，合理地联合使用这个国家的陆上力量和海上力量，就能够瘫痪法国的西印度贸易，其途径是占领加勒比的岛屿，这样就能够切断其生财之道，而没有钱，法国就没有办法继续进行战争，就会无力组建船队，无法招募海员，使纽芬兰这个水兵温床不复存在。在本土水域，舰队可以阻断法国的波罗的海贸易并切断所有海军必需品供应，协同陆军夺占海军基地，歼灭敌人的舰队，进一步到地中海摧毁法国同黎凡特的商业往来。这位作者接着写道，所有这些可能性都有益于有效维护安全，都客观存在，但是政府采取的战略却对这些可能性未加考虑。所有这些好处都被认为与陆上战争的光荣相比无足轻重，但是陆上在哪里造成了任何有效的影响呢？在萨伏依②或者在莱茵没有造成什么影响，在西班牙也没有造成什么影响，因为在英格兰倾尽全力的支援下，西班牙还是始终未能侵入法国。佛兰德斯是一个例外。那么在佛兰德斯又发生了什么？我们第一年在弗勒吕斯③被打败，第二年丢掉了蒙斯④，第三年丢掉了那慕尔。我们向联盟陆军提供巨资，但是这些巨资却没有换回胜利、回报或者对我们有利的东西。若是采取海上战略将会截然不同！西印度充满良机！我们在那些海域遭受了多少的损失，在那些英国商业集中的海域被中立国占了多么大的便宜！瑞典人、丹麦人和葡萄牙人蜂拥而入，很快

---

① 译者注：那慕尔（Namur）为比利时地名。
② 译者注：萨伏依（Savoy）是一个历史地名，位于法国东南部和意大利西北部。萨伏依原为神圣罗马帝国领土的一部分，后独立成为一个公国。18 世纪萨伏依公国被并入撒丁王国，萨伏依公爵成为撒丁王国的国王。
③ 译者注：弗勒吕斯（Fleurus）位于今比利时埃勒省。
④ 译者注：蒙斯（Mons）位于今比利时西南部。

就会为法国运输商品并提供物资，而法国依靠自身的船队根本做不到这些。因此，法国能够继续从殖民地贸易中获利，而在这种财政支撑下，法国得以继续进行战争。

这种对海上学说的表达比斯威夫特更进了一步，因为其设想统筹使用陆军和舰队打击敌人的海上作战力量而不仅是其商业和殖民地。这种观点提出的"西印度政策"不单纯是出于获取或者扩大帝国的贪婪目的，尽管这些考虑也被包括在内。这种政策首先被认为是英格兰为共同事业做出贡献最有效的方式，通过使其资源枯竭来削弱敌人在陆上的实力，在海上削弱其海军和航运，阻止中立国破坏对法国的经济封锁。

回到 1692 年海上战争后的主战区事态上来。尽管拉胡格是沉重一击，但是法国舰队仍然构成威胁，法国的巡航分舰队从敦刻尔克和马戴克出发，在英吉利海峡和北海给海运造成了严重损失。只要法国舰队实力尚在，因为英国战舰数量受到限制，就没有办法加强护航——这时的形势与日德兰海战之后的形势不同，日德兰海战之后，仍有必要保留驱逐舰小舰队，大舰队准备进行另一次会战，同时急需驱逐舰小舰队应对潜艇。政府因此重新回到前一年的设想上，再次讨论歼灭布雷斯特舰队的可能性，但是由于没有地面部队可用，海军认为这样过于冒险而拒绝实施纯粹的海上攻击，这个设想再次被搁置。另一个建议被提了出来。由于缺乏应对法国土伦舰队大约 20 艘战舰的舰队，地中海贸易已经中断了两年之久。1692 年，黎凡特公司强烈要求采取措施来恢复贸易，贸易的中断已经"给整个英国特别是可怜的制造业者带来了极大损害"。为回应这些呼声而做出的决定是在 1692 年到 1693 年冬季派遣与土伦舰队实力相当的一个分舰队前往地中海，解救被长期困在那里的商船。当这些商船安全返航后，盟国的分舰队将与西班牙战舰等会合，共同努力歼灭土伦舰队。马翁、卡塔赫纳和厄尔巴岛的隆根涅港①，可以作为必要的基地使用。

由于行政机器固有的缺陷，导致大规模船队的行程被推迟——船队计划的启航时间是 3 月，但战舰尚待整修，船员和补给仍然不足。延误带来了致

---

① 译者注：隆根涅港（Porto Longone）即今意大利的阿祖罗港（Porto Azzurro），1945 年改名。

命的后果。在此期间，驻在布雷斯特的法国舰队溜出港口到了西班牙海岸，未受到监视，也未得到报告。船队在缺乏足够保护的情况下抵达了加的斯外海，被认为已经驶离了危险区，占有压倒性优势的敌人发起了突然袭击，超过 80 艘商船被俘。造成这种不幸的原因何在？首先是因为政府的政策对海上问题重视不够，其次是因为在牢固掌握制海权之前就把主要精力放在了佛兰德斯，再次是因为延误期间英国政府只是坐而论道，法国人却起而行之，最后是因为女王执意命令船队启航，全然不顾海员的呼声，即布雷斯特舰队行踪不明造成的不确定在被消除之前不要启航。

"士麦那船队"① 的损失凸显出了坚决铲除法国舰队的必要性，这支舰队在取得辉煌战果之后已经返回了布雷斯特，显然必须将其歼灭，然而既没有可能迫使其出海迎击摩拳擦掌的英国舰队，也无可能将其封锁在布雷斯特。唯一可行的方案是使用陆上力量和海上力量将其歼灭在港内的老办法。因此，1694 年春季，一支 7000 人的陆军在针对布雷斯特舰队的联合舰队掩护及一支分舰队的支援下，前去夺占布雷斯特。取胜需要做到三点：隐蔽、速度和实力。然而，这些都没有做到。秘密没有被保守住，一如之前每次舰队和远征部队的延误，由于同样的行政缺陷导致出发时间被推迟，手段也并不充分。舰队在卡马雷湾②实施了一次登陆，但是法国人早有准备，登陆行动失败了，而且损失惨重。

对法国的远征被延误期间，布雷斯特舰队在得到相关消息之后驶向南方躲避危险。这次移防不仅是因为受到了被攻击的威胁，还因为路易国王虽然在陆上取得了一系列的胜利，但是厌倦了旷日持久的战争。他的资源因他不断发动代价高昂的战役正在枯竭，他想做一个最终了断。如果能够摆脱某些敌人，他就能集中所有力量对付剩下的敌人，看起来在地中海有实现这一点的机会。弱小的萨伏依根本就是一根墙头草，谁给的好处最大就跟谁走，向其提供有吸引力的条件同时施加切断其海上贸易的压力，就可能诱使其背信弃义。西班牙也是如此，实力不济又欠缺战争意志，如果入侵加泰罗尼亚并

---

① 译者注：英国和荷兰的船队往返于西班牙的加的斯与土耳其的士麦那，被称为士麦那船队。
② 译者注：卡马雷湾（Camaret）位于布雷斯特西南方向。

占领巴塞罗那，西班牙就可能求和。为了解决这两个敌人，法国舰队需要出现在地中海。这支舰队可以封锁萨伏依，可以支援法国陆军入侵西班牙，可以在陆军于陆上展开行动时装运大量军需、给养并提供炮火支援。

盟国做出的反应是派出一支强大的舰队进入地中海。这支舰队到来后马上就改变了局面。一支法国陆军已经到达通向巴塞罗那的通道，一支法国舰队封锁了港口并切断了海上补给。盟国舰队的桅顶甚至还没有出现在海平线上，法国人就放弃了他们的封锁。他们的舰队急匆匆地去了土伦，他们的陆军解除了围攻并撤往比利牛斯山脉，一路上都受到剽悍的加泰罗尼亚游击队的袭扰，这些游击队比西班牙正规军的战斗力还要强。

利翁湾的制海权由此建立起来，能否维持下去则要看舰队是否留在地中海。经过数月征战后，战舰需要整修，而这只能在基地中进行，但是英格兰在这个海域没有基地，也没有任何军需储备，舰队必须返回本土港口。当时的惯例是舰队要在 9 月之前返回本土，以便向下风处航行的诸多战舰能够在英吉利海峡免受遭遇冬季暴风的风险。然而国王决意不放弃他在地中海已经建立起来的优势，不让法国人在春季卷土重来。他采取了极端的措施，命令舰队留在国外，在加的斯进行休整，军需船将被派往那里。他以最大的勇气拒绝了海军上将提出的反对意见。他向海军上将强调了留在加的斯的重要意义："国王和政务委员会强烈认为，如果你能阻止法国舰队北上，将对英格兰和盟国极为有利。因为我们在地中海的贸易将得以维系而法国的贸易将被切断，西班牙海岸将得到防卫，反之则会落入法国手中。同时，也会对葡萄牙和意大利的中立国家造成积极影响。"与此同时，国王还命令采取措施阻止海军必需品被送往在土伦的法国人手里。

盟国就这样保持了支配地位，其拥有的海权令法国国王的希望落空了，他本想通过针对西班牙和萨伏依采取行动以解决佛兰德斯问题。

与此同时，伦敦在考虑地中海的局面能够带来哪些可能性。国王想知道，是否可能"现在就与萨伏依共同向法国南部进军，或者协助他（萨伏依公爵①）以各种方式来对抗法国"？能否轰击土伦并摧毁那里的战舰和船队？他极为重视对当前局面的利用，特别是想歼灭法国的舰队，下面这些话充分表明了这一点："在这样一种时候，看来完全有可能做点什么来削弱法国的海军实力，这对英格兰的利益与安全至关重要，国王陛下深切希望不要错失如此良机，机不可失，时不再来。"然而，轰击没有实质意义，既无法动摇土伦也无法歼灭舰队。能够做到这一点的方法唯有同时使用陆上力量和海上力量。但是，那里唯一可用的陆上力量属于萨伏依，公爵拒绝参与对法国基地的攻击。事实上，他已经准备投向敌人的阵营了。1696年，他真的这样做了。

尽管已经没有可能充分利用这个时机来决定性地巩固盟国的制海权，各国把海上力量持续用来针对敌人的主力，还是产生了让敌人认识到绝无可能从盟国手中夺走制海权的效果。1695年，海军总监沃邦②——这个伟大的要塞建造者，呼吁彻底放弃使用舰队。他指出，法国在整个七年战争期间并未通过舰队获得任何好处，现在必须在海上采取一种新的战略。海上战争必须使盟国"艰难而不便"，做到这一点的方式是游击战。"布雷斯特所处的位置好像上帝安排好的一样，正好用于摧毁（英格兰和荷兰）这两个国家的商业。最精明的政策应该是通过巧妙而又分散的战争形式来动摇联盟的支撑物。"这些"联盟的支撑物"指的是海权与商业，设想的"战争形式"则是利用分舰队攻击贸易并辅之以大量海盗船的分散行动。法国着手这样来做。法国舰队由于缺乏补给从土伦返回了布雷斯特，盟国舰队也返回了本土。

两支主力舰队再次返回本土水域，局面再次陷入僵持。英国政府把针对布雷斯特舰队的那些联合作战计划忘在了脑后，除了要抵御入侵和保护贸易，不知道让舰队做什么才好。6月，戈多芬③请求国王"尽快指示闲着没事干的庞大舰队应该如何行动"。他本人能够提出的建议是舰队应该驶往布雷斯特外

---

① 译者注：萨伏依公爵（Duke of Savoy，1666—1731）即维托里奥·阿梅迪奥二世（Vittorio Amedeo Ⅱ），兼两西西里王国国王（1713—1720年在位）和撒丁王国国王（1720—1730年在位），神圣罗马帝国大元帅，法兰西王国大元帅，意大利萨伏依王朝史上一个关键的人物，为意大利统一奠定了基础。

② 译者注：指塞巴斯蒂安·勒普雷斯特雷·德·沃邦（Sébastien Le Prestre de Vauban，1633—1707），著名军事工程师，1703年获得元帅头衔。

③ 译者注：应是指第一代戈多芬伯爵（1st Earl of Godolphin）西得尼·戈多芬（Sidney Godolphin，1645—1712），英国政治家，光荣革命后担任财政大臣长达二十年。

海，在威胁那里的同时派出炮船轰击诺曼底和比斯开湾海岸的城镇——这种办法注定徒劳无功。上议院的议员们同样也不知道除了为西行的贸易船队提供保护，还能怎样来使用手中的武器。他们征询海军将领的意见，海军将领的建议是轰击海盗的老巢，派出巡洋舰队在海上打击海盗。这样，在采取防御措施之外没有什么进一步的主意，只要陆军和海军被看作两个不相关的军种，服务于不相关的目标，这种局面就不可避免。其后果是没有足够的兵力为贸易提供充分的护航，或者把海盗完全封锁在港内。在布雷斯特的法国舰队，同后来在威廉港①的德国舰队一样，有效地"抑制"了英国人，英国贸易损失惨重。与此同时，法国受到的经济压力并未大到足以令其对抗盟国的实力受到严重损害。

盟国舰队撤出地中海令（神圣罗马帝国）皇帝十分失望，这使他失去了海上的援助。他指出这让大海敞开了一条大道，供法国陆军进入西班牙和意大利，除非舰队返回地中海，否则巴塞罗那必将陷落，而巴塞罗那陷落将导致加泰罗尼亚难以维系。为了回应他的恳请，他被告知一旦解决了补给上的难题，将有一支分舰队被再次派往地中海。这些难题真实存在。由于缺乏给养，甚至就连在本土的舰队也只能动用一半的实力。造成这种糟糕局面的根本原因是财政上捉襟见肘，而财政上捉襟见肘又主要是由于贸易和航运的损失。贸易和航运的损失则主要是因为法国舰队的持续存在使得海盗和其他分舰队的活动屡禁不绝，法国舰队的持续存在则是因为在战略上没有把将其歼灭作为首要的国家目标。可以设想，如果在法国舰队停靠在布雷斯特时把花费在佛兰德斯的精力用于消灭这支舰队，那么英格兰余留下来的实力将会更强，筋疲力尽的法国在里斯维克签下的和约将会更早达成并且持续更久。②

里斯维克和约打断了法国国王的征服生涯，但是并没有带来永久和平。西班牙王位继承成了一个国际问题。1698 年和 1699 年拟议的两个分治条约，试图解决国王去世后的西班牙领地继承问题。第二个条约令英格兰政治家高度关注，因为其中的特定安排对英格兰海权中的"基地"这个要素存在影响。

① 译者注：威廉港（Wilhelmshaven）位于德国西北部北海之滨的亚德湾内。
② 译者注：1697 年 9 月，法国同英国、荷兰、西班牙和神圣罗马帝国等在荷兰里斯维克（Ryswick）签订和约，大同盟战争宣告结束。

在法国与神圣罗马帝国提出的西班牙领地分割设想中，两西西里（王国）①将落入法国手中。1689 年至 1697 年的战争十分清楚地表明，英格兰在地中海存在重要利益，而英格兰能够在地中海维持一支舰队具有重要意义。缺乏永久基地造成了很大的劣势。如果法国占有那不勒斯②和西西里③这两个地中海中部的要点，加上其在土伦已有的基地，将极大地增强其控制地中海的实力。相应地，英格兰保护与黎凡特的贸易以及影响海上和陆上事务的实力则会消失殆尽。迄今为止，西班牙还是英格兰的一个盟友，而英国舰队还可以使用加的斯。但是没有永远的盟友，尽管威廉表示相信能继续与西班牙为友，但是他也认识到英格兰需要建立自己的基地，以便和平时期在那里储备舰队的必需品，战争时期能够对基地进行全面控制，而在加的斯一切事情都没有那么容易。国王因此做出声明，如果法国的一位亲王继承了西班牙的王位，西班牙被法国掌控，那么英格兰应当得到马翁港或者直布罗陀与休达④中的一个作为补偿。实际上这种局面并未出现，因为神圣罗马帝国皇帝否决了拟议中的条约。不过威廉在战略上做出的坚持，表明他清楚地了解海权在基地这个要素方面的需求。

"安妮女王战争"于 1701 年爆发。英国的目标可以用一句话来描述，那就是削弱法国过分扩张的实力。在这一使命中，英国政治家为海上力量规定了何种任务呢？那个时候，加入战争中的各国海上力量又是什么情形呢？

英国和荷兰一如既往地成为盟国。两国联合舰队主力战舰的数量是法国的两倍。但是，两个盟国一如既往地在战争爆发之时尚未做好准备。在 1697 年迎来和平之后，英国舰队因为经济形势严峻而被削减，国王为使其回到正轨而做出的陈述，议会全当是耳旁风。1699 年，国王指出舰队和陆上防御都存在缺陷，但是白费口舌。因此，当 1701 年危机降临时，130 艘英国主力战舰只有不到一半适合出海，水手的数量在和平时期正常状态下应保持在 1.5

---

① 译者注：两西西里（the Two Sicilies）是意大利统一之前境内最大的国家，占据整个意大利南部，由历史上的那不勒斯王国和西西里王国组成，首都是那不勒斯。

② 译者注：那不勒斯（Naples）是意大利南部的第一大城市。

③ 译者注：西西里岛（Sicily）位于意大利南部、地中海中部，是地中海中最大的岛屿。

④ 译者注：休达（Ceuta）位于非洲马格里布的最北部，在直布罗陀海峡附近的地中海沿岸，与摩洛哥接壤。

万人，现在降到了只有 7000 人。尽管在上一次战争中经历过为舰队配备人力的严重困难，但仍然没有采取任何措施来建立更好的招募体系。不是没有可能察觉到需要或者认识到满足需要的渠道，这两件事情对许多人来说都很简单明了，这其中就有笛福①。笛福写了一篇充满才智的政论对这两件事情进行了阐述，但是他的思想超前了一个世纪，并未促成任何结果。在基地事务上，盟国远没有在上一次战争中做得好。加的斯在那时可以为盟国所用，现在却落入了敌人之手——路易十四在战争爆发之前最早采取的措施就是加强其防御——葡萄牙则按照 1701 年同法国签订的条约，向盟国关闭了其港口。然而，这一安排并没有持续多久，因为战争开始后不久，葡萄牙很快就发现其贸易很容易受到海上强国的打击，葡萄牙国王则认识到与法国签订的条约使葡萄牙的海运处于不利境地，因此撕毁了条约。他致信法国政府："如果你们的统治者已经派出了 30 艘战列舰在里斯本和塞图巴尔②之间巡航，我永远不会放弃他这个盟友。"

在海运这个要素上，航海条例继续鼓励航运和海员的发展。通过的法案以完善船舶性能及商船的防护能力为目标。完全依赖波罗的海供应海军必需品的危险在增大，因为北方强国之间发生了战争。为使国家从完全的依赖中摆脱出来，改善自给不足的状况，最终采取的措施是开发本国的资源。为此，英国 1704 年通过了一项法案。法案的序言宣称："蒙神佑护，皇家海军和英格兰的航海事业是本王国的繁荣、安全与力量之本，而又同时依赖于各类必需的供给，这种供给现在主要取自国外，由外国船舶运输，其份额过高而又无法把握，这于本王国的贸易与航海极为不利，而由国王陛下的领地保障供给则更为牢靠而有益。"

如何最有效地运用英格兰的国家实力这个战略难题，再次成为争论的主题。争论被简化为这样一个问题：各种各样的资源——地理的、海军的、陆军的、财政的、殖民地的和工业的资源，到底是用于增强盟国的陆军效果更好，还是用于削弱敌人的陆军效果更佳？

---

① 译者注：指丹尼尔·笛福（Daniel Defoe, 1660—1731），英国作家，《鲁滨孙漂流记》的作者。
② 译者注：塞图巴尔（Setubal）位于葡萄牙西海岸。

在许多种观点当中，在矛盾交织的政治氛围中，两种对立的主张影响最大①，托利党人总体上主张采取"海上"政策，辉格党人则主张实行"大陆"政策。海洋学派宣称，没有钱法国就没有办法维持路易十四发动大规模战争所需要的庞大军队，因为其国内资源不足以承担巨额花费而必须通过贸易来补充。在这场战争中，法国又一次同西班牙结盟，将会从西班牙的美洲殖民地金银进口中获得好处。因此与以往的战争相比，法国在海上交通线方面更加脆弱，而这正是拥有海上力量的英格兰强大之处，如果英格兰集中精力于单一目标即海上和海外，那么这种力量将会变得更加强大。这样做，英格兰将能更好地削弱敌人，而在陆上，英格兰能够在增强盟国实力方面做出的贡献相对有限。对在这场战争中所采取的战略做出主要批评的人是斯威夫特，他在《同盟国的行为》中用下列语句强调了敌人依赖金钱展开行动的观点："只需要用我们在佛兰德斯维持4万人所付花费的一半，我们就能阻止在美洲北部和南部海域的西班牙人把金银运回本土，从而令其极为苦恼，除非他们使用我们的船队。"这种评论的主要依据是对法国依赖海洋的程度做出的估计。而法国是否如海洋学派认为的那样依赖西班牙的珍宝，甚至到现在也无人能给出确切的答案。

有位法国经济学家估计，法国在1670年至1698年的战争期间，每年可能得到300万银元②，而如果损失达到这个数字并不能被认为具有决定性意义。另一方面，近来有一位法国海军作家③把法国的海上交通描述为"重要"，而把金银供应描述为对继续战争"至关重要"。"最重要的是西班牙的珍宝消耗殆尽，法国的金银也就所剩无几。这两个王国得以承担日益高涨的战争成本的唯一财政来源，就是那些珍宝船队定期带回的金银，每个航次能从西印度群岛向欧洲运回上千万金法郎。"在地中海，活跃的法国商业是财富和国民必需品的来源，从北非海岸进口的粮食尤为重要，因为农业生产形势波动很大，而这种形势波动不仅是由于长期的战争，还由于多次歉收。"保持

① For these cf. Trevelyan, Blenheim, particularly chaps. ix and xiv, and Churchill, Marlborough, vol. ii, chaps. ii and iv.

② Girard, *Le Commerce françaisà Séville et à Cadiz au temps des Habsbourgs*, p. 454.

③ *Capitaine de Fregate Chômel*, in *La Revue maritime*, Feb. 1938, p. 155.

航运畅通极为必要。"因此，哪怕英国商人在当时过高估计了切断法国交通线能够产生的后果，这种错误估计也情有可原[1]，而法国人自己也有大体同样的认识。

还有另外一个考虑影响着战略上的选择。除了集中主要力量于海上并摧毁法国海权的所有要素，大不列颠也迫切需要采取有效措施来确保自身的安全。法国的海权同英格兰一样源于拥有战舰、海运和殖民地。一个世纪之前法国还没有海权，但是近年来法国海权获得了发展，现在已经能够对英格兰构成实质性的威胁。笛福在战争临近尾声时写下的话突出强调了这一点，也强调了殖民因素在战略方面存在的意义。他认为只要法国控制着布列塔尼角[2]，法国人就能继续在纽芬兰捕鱼，因而"就能保持并且增加他们的水兵储备，而其水兵储备如果说不是全部也是主要依靠这个行业，这一点对法国意义重大……而在伊丽莎白女王时代甚至在围攻罗什福尔[3]的时候，他们在海上的兵力还十分有限，之后在两次同大不列颠和荷兰交战时，他们的舰队已经十分强大；尽管他们两次都被打败了，但是每次又都在战后变得更强大；如果在这两场战争中我们是单枪匹马，那么他们完全有可能击败我们；单是与我们相比，或者单是与荷兰人相比，法国人在海上都更强大"。因此，安全方面存在的根本需要，要求摧毁法国海权的方方面面，这应该在英国的战略中占有首要地位。

"海上"政策的成功一如从前那样有赖于歼灭法国的舰队。只要主力还在，而且在威廉国王的战争中也的确如此，那么就会消耗两个海上强国的资源。尽管两国在数量上占优，但是其大部分实力要用来应对敌人造成的威胁，保护自己的商业，还要满足盟国的大量需求。孤立敌人的决定性方式之一是封锁，但是封锁商品进入诸多的法国和西班牙港口殊非易事。相比之下，曾经对荷兰进行的封锁更加容易，因为当时敌人的舰队已经瘫痪，英国舰队主力可以分散部署为若干分遣部队，部署在有需要的许多地点。沿海贸易在战

---

① Cf. Lavisse, *Histoire de France*, vol. vii, book ii, chap. ii, p. 108；Clamageron, *Histoire de l'impót de France*, p. 110；Macpherson, *History of Great Britain* (*1713*), vol. ii；Saint-Simon, *Memoirs*, passim.

② 译者注：布列塔尼角（Cape Breton）为加拿大地名，位于新斯科舍半岛中部。

③ 译者注：罗什福尔（Rochefort）位于法国西部。

略中也有重要意义。沿海贸易不仅是国家的分流体系，还是建造和整修战舰所需的大宗海军必需品抵达海军军工厂的唯一渠道，那些商品在当时原始的陆路交通条件下根本没法运输。

因此，有四种不同的考虑影响着国家海上实力的部署。在政治上，托利党和辉格党存在利益冲突；在经济上，法国离开了西班牙的金银和本国的海上贸易作为支撑，还能不能维系长期战争；在单纯的战略意义上，那些供应能否被切断，如果能切断又需要盟国损失多大的利益；抓住战争提供的良机消除被认为对英格兰越来越大的危险——法国的海权。

尽管大不列颠和荷兰结盟了，尽管针对各自在海上应该分担的义务达成了协议，但是两国海军实力相加得到的总数并不能代表两国的联合实力。有一件事情，也就是与共同的敌人进行贸易这个问题上存在的分歧，自伊丽莎白时代以来就始终存在，现在仍然存在。在上一次战争中消弭分歧的临时纽带并没有维系很久，也没有重新建立起来。荷兰人辩解说为了获取战争工具，开展这种贸易存在必要性，在第三次荷兰战争中出现的弄虚作假事件仍然屡见不鲜。1703 年，当荷兰人增派 1 万英国部队到佛兰德斯的请求得到应允时，英国附加的条件就是中止同敌人的贸易，这个条件被公然背弃了，贸易仍然在继续。斯坦霍普①写道，"荷兰国家议会的决心无论有多大，都不可能妨碍其人民开展贸易，这是他们的希望所在"。还有另外一件事情，荷兰人把重心放在了陆上，需要维持 8 万至 10 万人的部队来保卫他们的要地。因此，他们既无意也无力履行自己的义务——按照他们一口答应的比例提供战舰，即每 3 艘荷兰战舰抵 5 艘英国战舰。在 1702 年到 1711 年这十年间，荷兰提供的战舰平均数量为 20 艘，而不是按照条约条款应该提供的 43 艘。这令英格兰响起了不满和责备的声音，对联盟来说极为不幸。荷兰人贡献不足为英国舰队不公平地增加了额外负担，这种抱怨自有道理，但是有失必有得，因为这使英国议会被迫要使本国舰队保持适当的实力水平。这使得一个海上宿敌不复存在，也给英国政治家上了一课，他们之前已经有过一些惨痛的教训，在海权的关键事务上依赖旁人极不明智。

———————————

① 译者注：应是指菲利普·斯坦霍普（Philip Stanhope，1694—1773），英国政治家。

不使西班牙的金银流入法国的金库，这一点意义重大，这是"海洋"学派政府的基石之一，这在战争爆发之前就已经得到了阐述。随着事态变得更加严重，一支法国分舰队被派往加的斯，另一支则去往西印度群岛。这些举动在伦敦被解读为法国人意图捕获即将到来的西班牙人的珍宝船队，将其带回路易国王自己的港口，"以更好地支撑他进行战争"。为阻止发生这样的事情，英国分舰队被派往西班牙海岸和西印度群岛去拦截珍宝船队，同时努力劝说西班牙人在西印度的殖民地宣布不承认波旁亲王的统治并将他们自己置于对西班牙王位提出要求的奥地利之下。给海军上将约翰·本博①的指令，表明大臣们对珍宝船队十分重视。"你可以很容易地想到，如果你能阻止法国人把西班牙人的舰队和大帆船带回欧洲，将对国王陛下极为有利。"这次行动的目的带有预防性。如果珍宝船队被截住，战争就不会再继续下去。在其后的岁月中，同样的想法不止一次出现过。

在战略问题上，"大陆"学派的观点压倒了"海洋"学派的观点。议会投票同意提供4万人的兵力，而不是1678年条约规定的1万人，击败在佛兰德斯的法国陆军成为首要目标。舰队应在其中扮演何种角色还有待探讨。我们经常会看到，英格兰的每一个盟国都希望英国舰队在各国自身利益所在的海域提供帮助。（神圣罗马帝国）皇帝一心想征服那不勒斯，要求舰队在亚得里亚海活动，保护他的部队越过亚得里亚海进入意大利海域，同时在利翁湾阻止法军抵近那不勒斯。北方的各德意志公国则要求舰队和陆军在法国西海岸进行军事牵制，以减轻它们自身面临的压力。在伦敦，各种建议也是不一而足，包括派舰队运载主力部队"在西班牙或葡萄牙海岸弄点动静"以及在西印度群岛实施攻防作战。

有一个人看得很明白。威廉国王在临终之前简短地表达了他的意图，盟国的海上力量应该被用于在地中海建立制海权。根据他在上一次战争中得到的经验，以及他对未来国际形势做出的总体观察，他已经清楚地看到了制海权必将对战争产生巨大影响，而且能够促使盟国更加投入。法国觊觎那不勒斯，同时可能会派出一支陆军去西班牙。自由地使用海洋是法国为实现这些

① 译者注：约翰·本博（John Benbow，1651—1702），英国海军将领。

目标而拥有的最有价值的资本。显而易见，剥夺法国的这一资本最为理想。制海权掌握在盟国手中将有利于在不可避免的佛兰德斯作战行动中取得胜利，因为如果海上通道被封锁，那么在地中海的法国陆军就必须在陆上机动。这将涉及更大规模的兵力使用以及极大增加法国南部地区的运输需求，而这些力量都需要从佛兰德斯抽调。换言之，威廉国王希望盟国的海上力量被用于形成有效的牵制，以有利于主战区的战役，而主战区才是最终决定胜负的地方。

这种构想成为初期战略的主导性因素。舰队没有持续不间断可用的基地，就没有可能控制地中海，在这里不能指望有另一个大国心血来潮，也不能指望战舰所需物资能够及时筹集并且保证数量充足。既然大不列颠在地中海没有基地，那么采取的第一个步骤就是要夺占一个基地。被选中的地点是加的斯。占领了加的斯，法国和西班牙将失去扼控"海峡"入口的基地，盟国则能获得一个可以过冬的基地，更为重要的是珍宝船队的拦截问题，从加的斯出发可以拦截驶往圣卢卡和塞维利亚等其他珍宝港口的船队。这还不是地中海战略的全部意图。葡萄牙还处于法国的主导之下，对其面临的海上压力将信将疑，英国舰队在加的斯的存在会令葡萄牙深受影响，因为英国舰队能够从加的斯切断其通往塔霍的贸易通道。夺占加的斯这个基地被认为还有更深远的目的，即占领土伦、摧毁地中海的法国海权以及从南部打开大规模入侵法国的通道。马尔巴罗①后来指出，占领土伦是战争之初就已明确的既定目标。皇帝最终同意了，但明确要求黑森·达姆施塔特的欧根亲王②应当参与其中。

这个宏大的加的斯远征构想失败了。1702 年的远征之所以会失败，主要是因为不计后果地裁减陆军造成的恶果，在上一次战争之后大肆进行的裁军过程中，8.7 万人的精锐部队只剩下了 7000 人。因此，必须重新建立一支陆军并且加紧训练，而最终实施这次关键冒险的是一支缺乏训练而又纪律松懈

---

① 译者注：应是指第一代马尔巴罗公爵（1st Duke of Marlborough）约翰·丘吉尔（John Churchill，1644—1722），英国军事家、政治家。

② 译者注：欧根亲王（Prince Eugene）即冯·萨伏依（von Savoy，1663—1736），欧洲历史上杰出的军事统帅之一。

的陆军，而且在时间上被大大地耽搁了。可以肯定地说，指挥上也存在失误，陆军和海军指挥员都缺乏激情。海军上将鲁克①反对这次远征，他拒绝在年尾之际把舰队留在国外。换作哪怕是一个极为无能的人来指挥，这次远征也可能取得成功，但是这不能成为某些人的借口，那些人在这次冒险之初就准备不足，因而给战争埋下了祸根。要求对失败进行检讨的呼声并不强烈，因为这将暴露出远征准备拖拖拉拉的事实。在比戈②捕获了珍宝船队的一部分并摧毁了数艘法国战列舰，这让政府和海军上将得以文过饰非。政府竭力吹嘘这一战果，在感谢上将的时候指出西班牙珍宝船队十分重要："阁下不仅打击了敌人，还为自己的国家带回了财富……法国努力用印度群岛的财富来支撑其野心，您的胜利使他们背上了西班牙这个包袱，令他们失去了财富的支撑。"然而，占领加的斯能够带来的好处，将会远远超过摧毁那些大帆船得到的便宜。

年底时，1703 年应该采取何种战略成为讨论的话题。"海上"战争的鼓吹者要求采取他们钟情的方案，攻击印度群岛的敌人并"断绝敌人的金钱与财富来源，这是其赖以进行战争的根本"。不考虑歼灭法国舰队的提议被正确地否决了，尽管某些小规模兵力被派往加勒比，费时费力地去袭击法国占领的岛屿，但是对保证贸易和岛屿安全或者对共同的事业都没有做出什么贡献。用当时一位历史学家的话来说，这些行动"旷日持久而又代价巨大，许多勇敢的官兵为之付出了生命"。

除了这种兵力规模不大的行动，地中海成为最需要发挥海权威力的战区。（神圣罗马帝国）皇帝不断要求战舰保护跨越亚得里亚海的运输——从的里雅斯特③到波河④，再经海上到达那不勒斯和西西里的运输——并在利翁湾阻止法国地面部队从土伦向意大利运动。此外，还存在着卡米撒派⑤在塞文⑥发动

---

① 译者注：应是指乔治·鲁克（George Rooke，1650—1709），英国海军将领。
② 译者注：比戈（Vigo）为西班牙天然良港，现为欧洲最大渔港，位于西班牙西北沿海的比戈湾。
③ 译者注：的里雅斯特（Trieste）为意大利东北部边境港口城市。
④ 译者注：波河（Po）为意大利最大河流。
⑤ 译者注：卡米撒派（Camisards）是法国基督教新教胡格诺派中的少数派，由法国南部塞文山区贫苦农民组成。1702—1705 年，他们为抵抗天主教贵族的进攻而奋起作战。
⑥ 译者注：塞文（Cevennes）为法国中央高原东南部山脉。

叛乱的可能性。一支舰队出现在皮埃蒙特①海岸附近，可能会促使观望之中的萨伏依公爵加入同盟。我们今天称作"两栖突击队"的突袭行动，可以用来迫使法国陆军分兵作战——作为托利党领导人之一以及"海上"战争派领袖的诺丁汉，这样告诉荷兰的大议长②，"我已经想了很久，没有哪种进行战争的方式比这么做对法国来说更危险了"。所有这些设想和其他一些建议让大臣们应接不暇，但是值得注意的是这些设想和建议都对一件重要的事情避而不谈——歼灭敌人的海上作战力量。所有人都企图在敌人的作战力量被削弱或者被瘫痪之前就利用海洋，然而敌人的作战力量仍然足够强大，能够对任何从海上发动的远征进行有效干预，给贸易和殖民地造成损害，并且吸引盟国舰队的注意力，令其无法真正妨碍珍宝船队抵达港口，而珍宝船队的地位又十分重要。因此，1703 年在海上展开的行动其实漫无目的，没有明确且彼此关联的意图。另一方面，这一年的外交活动具有高度的战略意义。梅休因条约③的签署让盟国得以使用里斯本作为基地。

1704 年，马尔巴罗完全掌握了制定战略的大权。没有哪位英国政治家，甚至是查塔姆④本人，能比他更加透彻地理解海权问题以及海上力量与陆上力量之间的相互联系。多瑙河进军⑤和布伦海姆大捷⑥的故事众所周知，不太为人所知的可能是这位伟大将领意图在地中海联合陆海军实施的计划。他认为，海上力量能够为共同事业做出的最大贡献是占领土伦，他把这个观点兜售给了内阁。国务大臣写道，"舰队的行动唯有在地中海才会最有用"。但是能否奏效取决于是否有可用的地面部队，而这就得靠萨伏依公爵了。如果公爵不能或者不愿意合作攻击土伦，则舰队的行动就只能局限于帮助（神圣罗马帝国）皇帝实施针对两西西里王国的战争了，在地中海的指挥官受命以所有可

---

① 译者注：皮埃蒙特（Piedmont）为意大利地名，位于波河上游谷地。历史上，皮埃蒙特为一个公国，西班牙王位继承战争时为萨伏依公爵的领地之一。

② 译者注：大议长（Grand Pensionary）是荷兰历史上实际的最高统治者。

③ 译者注：梅休因条约（Methuen Treaty）是 1703 年英格兰和葡萄牙在里斯本签订的条约，英方代表为驻葡公使梅休因，故称梅休因条约。

④ 译者注：应是指第一代查塔姆伯爵（1st Earl of Chatham）威廉·皮特（William Pitt, 1708—1778），英国政治家，曾任首相。

⑤ 译者注：指马尔巴罗公爵 1704 年率军在欧洲大陆参战期间，通过战略欺骗成功进军至多瑙河的行动。

⑥ 译者注：西班牙王位继承战争中，奥地利、英国、荷兰联军与法国军队于 1704 年 8 月 13 日发生在巴伐利亚布伦海姆村（Blenheim）的一次决定性会战，欧根亲王粉碎了当时的巴伐利亚军。

能的方式说服公爵发动对土伦的攻击。很不幸，萨伏依公爵不愿意参与其中，这件事只能作罢，双方舰队实施了一系列机动，但都属于局部性的战略问题，这里不做叙述。

然而，此时发生了一件预想不到的战略性事件。联军舰队拿下了直布罗陀。巴黎立即认识到了这件事的战略意义。土伦舰队马上受命出海，得到的明确命令是收复巨岩①。8月13日，土伦舰队在马拉加②外海与联军舰队遭遇并交战，战术上虽然不具决定性，但是在战略上盟国取得了胜利。法国舰队撤返土伦，有位当代法国海军历史学家写了一首"赞歌"来挖苦这次胜利，"法国人摘下了月桂，英国人摘得了果子"。伦敦对这颗"果子"价值的认识不亚于巴黎，立即采取的措施是加固西班牙人失修的工事。这是一个好主意，因为舰队刚刚驶返里斯本越冬修整，（法国人的）收复行动就开始了。这些行动都失败了，失败的原因是里斯本有一支可以调动的舰队，每次都能及时赶来协助进行守备。没有里斯本作为越冬基地，法国舰队就无法及时赶到，那么巨岩必将失守。冬季战役不但说明了基地的重要性，还说明了足够的基地守卫力量的必要性，同时说明了一个事实，无论当地的防御有多么完善，如果海洋无法利用，那么仅靠当地的力量仍然不够，每个孤立存在的堡垒都将陷落。一个没有舰队的基地，正如我们在新加坡看到的那样，不过是敌人的囊中之物。

1705年的计划，主导性的想法还是集中在佛兰德斯用力，为此需要2.5万人的部队，同时支援（神圣罗马帝国）皇帝在地中海的行动。舰队如今在里斯本和直布罗陀都有基地，能够全年留在国外并在地中海西部保持对海上活动的连续控制。一如从前，盟国要求提供帮助，（神圣罗马帝国）皇帝在西西里需要帮助，萨伏依公爵在皮埃蒙特沿海也需要帮助。西班牙的形势也有了新变化，加泰罗尼亚人为响应奥地利人提出的王位要求，起义的倾向日益高涨。在考虑海上力量的使用时，政府面临的关键问题是哪种运用方式能够为佛兰德斯会战创造最有利的条件。最终的结论是加泰罗尼亚的起义如果成

---

① 译者注：即直布罗陀巨岩，代指直布罗陀。
② 译者注：马拉加（Malaga）是西班牙第二大港口，位于地中海沿岸。

功，将会令法国陷入困境并极大牵制其陆军。然而，加泰罗尼亚人的起义，需要的不只是舰队提供的协助而已，而是需要地面部队形成一个核心，加泰罗尼亚人围绕这个核心聚集起来。他们的起义力量是否强大到足以影响事态的发展也是一个需要考虑的问题，如果不够强大，那就有另外一个现成的目标——加的斯。一支大约 7000 人的陆军已经建立起来，其目标要么是攻击巴塞罗那，要么是攻击加的斯，具体要看当地能够提供何种帮助。与此同时，土伦和那里的法国舰队并没有被遗忘。如果地中海的哪个陆上大国最终愿意合作攻击土伦，这一行动将对加泰罗尼亚人的起义构成支持。然而，没有哪个国家愿意这样做。公爵无法从萨伏伊的前线防御部队中抽调力量，（神圣罗马帝国）皇帝则沉迷于针对那不勒斯的企图。远征于是指向了巴塞罗那，巴塞罗那被占领了，1706 年夏末，整个加泰罗尼亚尽在盟国掌握之中。"第一次半岛战争"就这样开始了。

年末之际，始终在西班牙海岸配合陆军作战的舰队不得不返回里斯本休整，因为在巴塞罗那和直布罗陀都没有物资储备或者设施。在舰队于 1706 年春季重返加泰罗尼亚外海之前，一支强大的法国陆军在土伦舰队的支援下已经逼近巴塞罗那，（法国）国王下达的命令十分清楚："我命你部攻占巴塞罗那。"2.5 万名法国陆军就这样转向了西班牙，区区 4000 人的英国守备兵力在陆上被围困，在海上被封锁。查理国王①紧急召援，援兵来自里斯本。城池已经被打开缺口，突击即将发起，在紧要关头，传来了盟国舰队即将到来的消息。法国海军上将望风而逃，一路撤回了土伦。法国陆军失去了支援，如同之前一样，放弃围攻撤回了比利牛斯山区。

1706 年夏季，盟国陆军在西班牙的其他地区遭遇强烈反攻，但是有得有失，盟国取得了拉米伊大捷②。此次胜利和其他事情一起为在地中海采取行动创造了有利条件。法国人在拉米伊战役中损失惨重，如果增援佛兰德斯，则

---

① 译者注：应是指查理六世（Karl Ⅵ，1685—1740），神圣罗马帝国皇帝利奥波德一世的次子，当时是西班牙王位的竞争者之一。

② 译者注：指盟国军队在马尔巴罗公爵约翰·丘吉尔指挥下战胜法国人的拉米伊战役，英荷联军占领了西属尼德兰的整个北部和东部。1706 年 5 月 23 日，战役在那慕尔以北 21 公里的拉米伊村（Ramillies）进行。

普罗旺斯①的陆军会被削弱。果真如此,则会出现进攻法国南部的有利时机,土伦以及法国舰队将成为直接目标。奥地利和皮埃蒙特的陆军入侵,可能一举夺占土伦并歼灭法国舰队。法国将面临来自南面的入侵威胁,而歼灭其舰队将对(神圣罗马帝国)皇帝极为有利,可使他同西西里的交通得到保障,还可以腾出部分战舰来保护贸易,或许还有可能对西班牙珍宝船队这个以往最受青睐的目标发动攻击。

这个陆上和海上在战略上协调一致的宏大构想,在军事和经济两个领域都没能成功。之所以会失败,主要是因为(神圣罗马帝国)皇帝同英国其他的许多大陆盟友一样,要么不能深刻理解敌军舰队将会对陆上会战施加的影响,或者因为过于自利而不能把自己的眼前利益放在共同事业的利益之后加以考虑。"维也纳的议会②急迫地想解决那不勒斯的问题,无论是不列颠女王陛下的请求,还是德·皮兹侯爵③和雷赫泰伦先生④的反复劝说,或者是亲王殿下以及荷兰的使臣,都没有办法说服帝国的宫廷……"⑤ (神圣罗马帝国)皇帝没有看明白这样一个事实:迅速占领土伦将让他在那不勒斯如"探囊取物"。由于他的"一根筋",造成远征开始的时间被推迟,敌人既得到了攻击的预警,又得到了加强防御和增援守备部队的时间。突然和快速⑥这两个不可替代的要素都被牺牲了。当远征部队最终抵达通向城堡的道路时,防御力量之强甚至令素以勇敢闻名的欧根亲王也不敢贸然推进,尽管英国海军上将和萨伏依公爵不断催促他向前。犹豫之际,他染上了疾病,因为疾病,他变得意志消沉,进攻行动被放弃了。

尽管远征未能达成预期目的,但是取得了一项重要胜果。此次远征有一

---

① 译者注:普罗旺斯(Provence)位于法国东南部,濒临地中海。

② 译者注:代指神圣罗马帝国。神圣罗马帝国当时由奥地利哈布斯堡王朝的利奥波德一世(Leopold Ⅰ,1640—1705)任皇帝,维也纳是神圣罗马帝国事实上的中心。

③ 译者注:德·皮兹侯爵(Marquis de Piz)疑为西班牙或葡萄牙的一位外交官员,具体身份不详。

④ 译者注:应是指雷赫泰伦伯爵(Earl of Rechteren)阿道夫·亨德里克(Adolph Hendrick,1656—1731),荷兰联合省上艾瑟尔的地方官。

⑤ A Letter from a Minister of State at Turin... relating to the expedition into Provence and the siege of Toulon (London,1707).

⑥ 马尔巴罗在9月21日致信瓦提斯洛指出:"如果我们有更多的地面部队,并且能够早五天抵达,胜利就可确保。"这又是一个"太少并且太迟"的故事。译者注:瓦提斯洛(Wenzel Wratislaw,1660—1727)为神圣罗马帝国皇帝特使。

个并非不重要的意图是摧毁土伦舰队，这支舰队现在自毁了。为避免遭受盟国陆军预料之中的轰击，舰队的主力自沉于港口的浅水区域。这样做的目的是等到危险过去再把战舰打捞起来，但是当危险消除时，这些战舰因浸泡和重压受损严重，适合再次投入使用者寥寥无几，修复这些战舰的代价已经超出了国家实力能够承受的范围。盟国海军因而感到如释重负，但是发现（法国）针对贸易的广泛袭击带来了越来越多的麻烦。巴黎对这种攻击取得成功寄予了厚望，正如在我们这个时代德国潜艇战的策划者们所抱的期望一样。1917 年，德国参谋部发誓潜艇战会令盟国在六个月内崩溃。1705 年，法国海军总监承诺将用两年——最多三年的时间击败盟国。游击战的战略意图是由 4~6 艘重型战舰辅以轻型战舰展开集团攻击，同时由独立行动的劫掠船队广泛发动袭击，盟国的船队面临着加强护航力量的紧迫需求。应对法国土伦舰队的盟国舰队能够抽出身来，绝对具有重要意义。法国重型战舰分舰队造成的损失相当惨重，但是在一位当代法国海军历史学家看来，这些分舰队能够给独立行动的劫掠舰队提供的支援并不充分。"没有国王的战舰提供支援和保护，我们这些劫掠船将不可避免地被驱赶到越来越远的水域，不然就会一艘接一艘地被英国人和荷兰人的联合舰队摧毁，因为在他们的追击之下，我们根本没有还手之力。"除此之外，这支舰队在抽身之后能够做的事情还包括为奥地利的海上交通和地中海贸易提供保护。然而，舰队还需要有更多的兵力，并且有一种可以更为节约地使用战舰的办法，那就是占领一个比直布罗陀更靠前的基地。马尔巴罗在这个问题上有明确认识。他要求占领梅诺卡岛，那里有马翁这个良港。1708 年，一支远征部队前去夺占该岛。斯坦霍普写道，"英格兰永远不应该放弃这座岛屿，这里将在战时和平时为地中海建立秩序"。很不幸，英格兰在 48 年后放弃了这个岛，由于错误的战略指导和轻视，英格兰在这片内陆海域丧失了优势，而被孤立的梅诺卡岛不得不拱手让与他人。

1709 年，法国出现粮食短缺。1707 年歉收，而 1708 年冬季异常严寒，造成整个法国被贫穷和饥饿所困，路易国王有意求和。然而盟国提出的要求过于苛刻，令他难以接受。荷兰要求得到各屏障要塞①；英国提出"没有西班牙就没有和平"，并要求摧毁敦刻尔克的所有防御工事。谁应占有西西里成为难题（有位政治家评论说，"哪国的大臣提出放弃两西西里，都得用他的性命作为代价"）。北美和西印度群岛的殖民地居民要求把法国人从这些地方驱逐出去，法国人长期在那里为害殖民地及其贸易。所有这些期望都成为实现和平的障碍。

战争还得继续下去，这就需要决定用什么形式进行战争。一支强大的法国陆军在佛兰德斯建立起了牢固的防线。突破这些工事必定付出巨大代价，但是如果能够充分利用法国的饥馑，则可能不必去理会这些工事。一个饥饿和破产的民族可能会因粮食供应被切断而屈服，法国在正常情况下是一个自给自足的国家，现在却要被迫从海外进口粮食。海权能够在埋葬法国的棺材上钉下最后一颗钉子。拦截所有前往法国港口的谷物运输船，这样一道命令被发了出去，"女王陛下认为这是对她来说最为重要的事情，也是对盟国来说最为重要的事情，要采取最有效的措施来阻止敌人在这个时刻得到粮食供应"。这道命令于1709年6月20日发出，所有谷物都被宣布为禁运品，一支分舰队在波罗的海拦截谷物船队，地中海舰队受命拦截从黎凡特、北非和热那亚前往法国港口的所有船只，巡洋战舰则在荷兰外海和松德海峡游弋。但是法国勒紧了腰带继续坚持。

盟国海上力量现在十分强大，但是仍然不能满足所有需求。贸易继续遭受损失，然而国家维持海上力量的实力却被耗尽。从1710年到实现和平之前最后几年的海上战争，基本上就是不停地为确保在西班牙的陆军军事补给线安全而展开斗争，那里的补给线完全依赖海上通道运送谷物，因为所有产粮区都控制在敌人手中，或者被在意大利的（神圣罗马帝国）皇帝的陆军所占据。

---

① 译者注：屏障要塞（the barrier fortress）指当时沿西属尼德兰与法国边界修建的要塞，亦称边界要塞。1697年签订的"里斯威克条约"（Treaty of Rijswijk）规定，因西属尼德兰与法国接壤处被认为是荷法边界，所以该处的军事要地应由荷军驻防。1709年，荷兰与英国签订屏障条约（Barrier Treaty），荷兰承认汉诺威家族对英国王位的继承权，英国同意荷兰在各荷法边界要塞驻军，以建立屏障。根据1713年的乌得勒支和约，荷兰仍保有在南尼德兰的屏障要塞，但数量有所减少，部分归还给法国。1715年荷兰又与奥地利签订屏障条约，奥地利承认荷兰在这些要塞驻军。

在战争的最后几年，为牵制主战区的敌人，实施了若干次两栖作战，地点主要是在法国北部和西部海岸以及地中海沿岸。1708年，在英吉利海峡实施了一系列牵制作战，共有5万兵力从怀特岛①装载上船。1710年，一支规模很小的部队——大约700人——在塞特②实施登陆，目的是调动位于加泰罗尼亚的敌军。这次行动在1813年引起了惠灵顿公爵的注意，他称其为"最能与整场战争主题一致的行动，尽管因为无法预计的因素和具体实施过程中的失误，这次行动没能取得成功"。还有另外一次牵制性的登陆行动在夏朗德河③口这个盐产地展开——盐是战舰给养中的一种关键物品——但是影响甚微，因为规模太小了。纵观整场战争，这种形式的牵制行动并未广泛实施，尽管在主张这样做的人如诺丁汉看来，这是一种最有效的作战形式。针对"大陆"战略受到的批判，爱迪生的回应代表了政府的观点，他认为英格兰不能单纯依靠牵制性或者侧翼攻击来让法国筋疲力尽。英格兰必须以在地面部队规模上超过法国为目标，海军的努力是间接的并且毫无疑问对陆上战役有重要贡献，但是英格兰必须建立起一支大规模的陆军。针对英格兰的所作所为超出了应有负担的反对意见，爱迪生回应说没有理由不做出更大的努力。如果一艘船遇到了风暴并且可能沉没，某些人因为其他人无动于衷自己也袖手旁观，那么他们一定是疯了。他总结指出，"我们应以共同敌人的用心和行动为镜鉴，不要效仿友邦若无其事的观望"。

在这场战争中，大不列颠做出的努力在多大程度上偏离了共同的事业，转向促进自身的利益或者扩大海外的地盘呢？某些特定派别的欧洲大陆作家做出的共同指责之一，正是英国的政策一贯是率先挑动热爱和平的欧洲国家彼此交恶，让它们卷入战争，把盟国推向战争前台，自己却趁机占领殖民地并控制贸易，贪婪地扩大自己的利益。④

殖民地战区在安妮女王的战争中无足轻重，事实上，斯威夫特在《同盟

---

① 译者注：怀特岛（Isle of Wight）为英国南部岛屿。
② 译者注：塞特（Sète）位于法国南部，临地中海。
③ 译者注：夏朗德河（Charente）是法国西部河流，在比斯开湾入海。
④［e. g. Tirpitz："For centuries the Anglo-Saxons have set the people of the European continent one against another"（*Memoirs*, p. 317）. The same theme is pursued by Maltzahn in his *Naval Warfare*, by De Germiny in "Les Brigandages maritimes de l'Anglelerre", and by Lumbroso in Napoleone e il Mediterraneo.］

国的行为》一书中对英国的战略提出的主要批评意见之一，恰恰是对在殖民地进行的努力关注太少。在殖民地海域展开的这些行动，主要有三个方面的目标：政治上的目标是尝试使加勒比的西班牙殖民定居者得以摆脱波旁势力；经济上的目标是防止西方来的财富流入法国的国库；防御上的目标是保卫加勒比诸岛及其贸易，使得北美殖民地居民免受威胁和伤害。在加拿大的法国人通过在陆上发动袭击或在海上攻击布列塔尼角的舰队，使北美殖民定居者饱受其害。这些目标均不带有"帝国主义"扩张的意图，也没有因此而削弱不列颠在欧洲向盟国提供的协助。

在战争爆发之前的 1701 年，向西印度群岛派遣一支分舰队的原因和目的，前面已经说过了。这是一项预防性的措施，一支法国分舰队已经出海，载有地面部队，企图夺占巴巴多斯并捕获西班牙珍宝船队为法国国王所用，"以令他能够更好地继续战争"，这次派遣正是针对这样的企图。指定给海军上将的目标有三个方面：守卫殖民地和贸易；阻止金钱流入法国金库；从波旁势力手中解救西班牙殖民定居者，支持其对手奥地利提出的主张。分舰队没有载运地面部队，这一事实表明征服不是其预期的目的。在接下来的那些年里，西班牙人还在殖民地为非作歹，有人提议派遣一支 8000 人的英荷联军去往西印度群岛，目标是夺占珍宝船队集结和出海的主要港口，由此"断绝敌人的金钱与财富来源，这是其赖以进行战争的根本"——这已经是老生常谈——并希望通过这种武力展示促使殖民地居民倒向盟国阵营。然而这个想法被搁置了，因为考虑到这么做既可能赢得殖民地人民的支持，也可能造成正好相反的结果，令他们与法国人更加紧密地团结在一起。后来还是派出了一些部队，主要是为了守卫特定的英国岛屿，纯粹的战略意图则是占领法国的两个重要基地，马提尼克①和瓜德鲁普②，劫掠船队从这两个基地出发袭击海运或掠夺英国岛屿。另外，针对前面提到的某些法国岛屿，进行过一些漫无目的且缺乏协同的攻击。

马拉加会战后，法国转而实行游击战，并派出远征部队袭扰殖民地。一

① 译者注：马提尼克（Martinique）位于加勒比海向风群岛最北部，现为法国的海外大区。
② 译者注：瓜德鲁普（Guadeloupe）位于加勒比海东部背风群岛，现为法国属地。

支强大的法国分舰队和登陆部队一起被派去夺占巴巴多斯和牙买加（这是英国人海上防御的两个要点），去袭击弗吉尼亚①海岸，去袭扰纽约，去支援在阿卡迪亚②和纽芬兰的作战行动。殖民地居民请求军事支援，却被告知爱莫能助，因为所有陆上兵力都被投入了在欧洲展开的战役中，殖民地居民应当有更多的作为以求自保。尼维斯③的总督写道："人民希望女王为他们做好所有事情，然而他们自己却没有努力自助。"因此，英国的殖民利益根本没有削弱盟国的共同事业，反而是为盟国的利益做出了牺牲。

1707 年，伊丽莎白女王在西印度群岛打击西班牙珍宝船队的政策再次实行，而且这时有了更多的兵力可用。一支由主力战舰组成的小规模分舰队受命去拦截珍宝船队，这是一次成效显著的拦截，捕获了一支满载金银的舰队，价值约为 1500 万英镑，这一战果被寄予厚望。桑德兰④期望其对法国是致命一击，"我相信这将是他们继续进行战争的最后一点资源"。尽管愿望没能成真，但是相信法国人的抵抗将因为缺钱而被削弱的那些人并非只是凭空想象，同样的看法在法国也引发了焦虑。法国财政大臣沙米亚尔⑤报告他的国王，财政已经是强弩之末，他不能保证来年有钱支付给陆军，目前已经欠下部队大笔军饷，1708 年的财政收入必将不如人意，税收已经到了极限，如果能以合理条件实现和平，那么就应该马上去做，继续进行战争只能是一场灾难。可见，尽管主张实行"海上"战略的英国政治家可能对其结果估计过高，但是至少言之有据。同时，他们的主张并非只是为了以此来扩大英国的利益、商业或者殖民地范围，而是因为（从政治之外的角度看这个问题）他们相信这种作战形式能够让英国为共同事业做出最为行之有效的贡献。法国人对金钱的需要之急迫，在贸易船队和珍宝船队安全回到本土时造成的近乎疯狂的场

---

　　①译者注：弗吉尼亚（Virginia）位于美国东部大西洋沿岸。

　　②译者注：阿卡迪亚（Acadia）为当时法国在北美洲大西洋沿岸的领地，以现在的新斯科舍为中心，包括加拿大沿海各省以及缅因和魁北克部分地区。

　　③译者注：尼维斯（Nevis）是西印度群岛背风群岛中今圣基茨和尼维斯联邦的第二大岛，位于圣基茨岛东南 4 公里，中隔纳罗斯海峡。1628 年，尼维斯沦为英国殖民地。

　　④译者注：应是指第三代桑德兰伯爵（3rd Earl of Sunderland）查尔斯·斯宾塞（Charles Spencer，1675—1722），英国政治家。

　　⑤译者注：米歇尔·沙米亚尔（Michel Chamillart，1665—1721），1699 年出任财政大臣，次年兼任战争部长。

面中显露无余。1712 年，在又一支船队抵达之后，圣西蒙①写道，这支船队在极端焦虑和极端恐惧中返回了，因为西班牙太需要这支船队了，商业在持续衰落，社会秩序变得混乱。法国人的著作对金钱这个因素的描述表明，"海洋"学派的观点不尽属于伦敦的托利党人。路易十四在给阿莫莱特②的信中写道："当前这场战争的主要目标是印度群岛的贸易及其创造的财富。"③ 爱好和平的圣皮埃尔神父④将其原因归结为："如果我们想让我们的商业繁荣起来，我们就得有尽可能多的陆军；如果我们容忍我们的商业萧条下去，我们就只需要更少的士兵，并且用更少的钱来供养陆军。"

　　游击战造成的损害类似于潜艇在今天给我们带来的危害，需要被迫付出巨大精力来保护海运，主要方式是建立强大的护航力量。这种更好的保护可能带来的一种后果被殖民地的人预见到了，弗吉尼亚的总督在 1709 年初写道："非常有理由相信，我们将比之前受到法国劫掠者更多的袭扰，因为他们在英吉利海峡会遭遇精心部署在那里的巡洋兵力，迫使他们在美洲增加劫掠船的数量。"⑤ 身在伦敦的大臣们不幸未能有如此远见，因而对这种警告不屑一顾，结果是在海军增援兵力到达之前，西印度群岛和美洲船队损失惨重。然而，不仅仅是伦敦缺乏事先准备。西印度群岛的防御工事，它们的炮台和堡垒，它们的当地力量——都属当地行政当局的职责，没有人去理会这些，马提尼克人街谈巷议的事情是英国人在加泰罗尼亚的"自娱自乐"，而法国人在西印度群岛却将要把他们从西方殖民地驱赶出去。

　　在宏观层次上对这场战争进行考察，可以发现在战略上有一条线索贯穿始终。一开始，威廉国王脑子里就对取得地中海的制海权问题有清醒的认识。关键位置是土伦。关于夺占土伦问题，马尔巴罗在 1711 年指出，"女王陛下

---

　　① 译者注：圣西蒙（Saint Simon，1675—1755），本名路易·德·鲁弗鲁瓦（Louis de Rouvroy），法国政治家、作家，获封圣西蒙公爵。

　　② 译者注：应是指阿莫莱特·德·拉侯塞（Amelot De La Houssaie，1634—1706），法国政治家，著有《威尼斯政府史》（*Histoire du gouvernement de Venise*，1677）。

　　③ E. W. Dahlgren, *Les ralation scommerciales et maritimes entre la France et les côtes de l'Océan Pacifique*, vol. Ⅰ, p. 561.

　　④ 译者注：圣皮埃尔神父（Abbede Saint - Pierre，1658—1743）是法兰西学院院士，原名查理 - 伊赖内·卡斯岱尔（Charles - Irenee Castel），因出生在圣皮埃尔教堂，故名。圣皮埃尔神父以主张和平著称，提出要建立欧洲联邦。

　　⑤ *As the submarines were driven westward in 1941*. Cf. p. 325.

在战争之初就认为这是结束战争最有效的途径"。然而，达成这一艰巨的军事目标面临多种多样的阻碍。首先和最大的阻碍是在战争开始时准备不足，议会在上一场战争结束后不计后果地急于裁军，令海军受到损害，陆军更是受到灾难般的损害。地中海的军事盟国总是拒绝合作，（神圣罗马帝国）皇帝则始终把精力放在剿灭匈牙利叛军和征服两西西里王国上面。疲于奔命的海军面临着保护贸易的诸多需求，殖民地也要求提供更多的海上防御力量。荷兰言而无信，从来没有按照承诺提供足够的战舰。最后和最根本的阻碍是法国舰队。法国舰队是通向胜利道路上最大的绊脚石，挡在取得地中海制海权的路上，令盟国分散力量用于防御性的目的，特别是为保护贸易而投入了太多的兵力，因而减少了用于攻势作战的兵力，而攻势作战中就包括为施加经济压力而采取的行动。遗憾的是（神圣罗马帝国）皇帝高度关注他的海上军事交通线的安全并不断要求提供海军支援，却未能认识到这样一个事实，即最能有效满足其渴求的措施是他自己配合海上强国来夺占关键位置——也就是土伦，歼灭了那里的舰队也就解除了军事交通线受到的威胁。差不多同样令人遗憾，英国政府在1708年之前没能认识到梅诺卡的战略价值，以及占有该岛在控制地中海和建立全面制海权方面的战略意义。某些"大陆"学派的战略家在这个问题上比其他英国人更有远见，1704年8月，他们指出了占领该岛能够得到哪些好处，以及当时能够享有哪些便利。"舰队不仅能够在有事态发生时使用世界上最好的港口之一，并且能够利用这个港口控制地中海，确保黎凡特贸易的安全，保持意大利沿海免受侵袭，阻止敌人的地面部队经由陆上运输进入意大利，由此减轻萨伏依公爵的压力，尤其是能够让加泰罗尼亚人欢欣鼓舞，他们正有意公开支持合法的国王，这样会使加泰罗尼亚寻求脱离西班牙，而整个西班牙都对这个省份有所依赖。"① 战争之初就在西班牙获取一个基地，将使舰队以极大的便利展开行动。舰队在开战时最近的基地在直布罗陀，那里没有设施可用，冬季舰队无法在那里停靠和整修，而且距离敌人的土伦基地相当遥远，也远离法国地面部队进入意大利的通道。如果政府早点认识到马翁港的重要性并准备好夺占这个港口的地面部队，那么就

① The full text of the memorial will be found in Owen, *War at Sea under Queen Anne*, p. 129.

能够更早一些完全控制地中海。在安妮女王的这场战争中，成功占领里斯本、直布罗陀和马翁港基地取得的成效，都能充分表明基地在海权体系中的重要地位。在后来的岁月中，由于忘记或者忽视了这种历史经验，我们不得不付出高昂的代价。

18世纪的海权

第一部分　1714—1748 年

在 1688 年到 1714 年之间的战争岁月中，大不列颠的海权在战舰、海运和基地这三个方面都获得了长足发展。英国自己的战舰数量增加了，主要对手法国和西班牙的战舰数量却在下降。荷兰曾是英国长达一个世纪的对手，现在成了英国的盟友，荷兰海军在第三次荷兰战争之后快速衰落，部分原因是陆上防御的需要限制了荷兰的资源投入，更大的原因则是其民众商业精神日增。致富第一，防务第二，至于安全则寻求通过与英国达成的双边互助条约来提供保障，而不是依靠荷兰的自我努力和自我牺牲。从 1702 年到 1711 年，荷兰主力战舰的数量从 53 艘缩减为 40 艘，荷兰人民在战争结束之后对发展作战舰队逐渐失去了热情。海军职业不再受到青睐，这个伟大的海洋国家不得不降格以求，从国外为其舰队招募军官。海军战舰的建造事实上已经中止了，从 1713 年到 1746 年，弗里斯兰①、鹿特丹、阿姆斯特丹和西兰各省都只建造了一些小型舰只，这些舰船只适合在地中海对付海盗以保护贸易。这样一个繁荣与生存系于海权的国家做了自我了断，完全依靠另一个国家提供协助。这种对另一个国家过分依赖造成的危险，大不列颠在最近的战争中也曾体验过，荷兰自始至终没能按照承诺提供应有的协助。18 世纪发生的三场大规模同盟战争，将突出这样一个教训：一个国家必须依靠自身，而不能依靠可以被随心所欲解读的条约，安全是一国之大事，绝对不能得过且过。在其中的第一场战争中，荷兰人再次未能充分履行其承诺；在第二场战争中，荷兰人提出的协助请求被回绝了；在第三场战争中，不但荷兰协助的请求被回绝了，此后其盟友还加入了敌人的阵营。安妮女王的战争则揭示出了另外一个关键的事实：英格兰现在高度关注欧洲的实力均衡，这让其背上了保障陆军在海外机动的包袱，这些陆军既有其自己的陆军也有其盟国的陆军。如果英格兰想维持欧洲的实力均势，与此同时还能够满足自身在海上和海外贸易以及殖民地方面的利益需求，就必须拥有与同时履行两方面使命相匹配的海军。

---

① 译者注：弗里斯兰（Friesland）为荷兰地名，邻北海。

在海运这个海权的第二种要素上，英国取得了进展，尽管在法国发动游击战期间损失惨重。据称在威廉国王战争期间损失船只达到 4000 艘，而在安妮女王战争的头五年损失了 1146 艘。1707 年，哈弗沙姆勋爵①发出了近乎绝望的感慨："你的船只被敌人夺去，如同荷兰人抢走你的鲱鱼……你的商人沦为了乞丐，你的商业破产了，你的制造业被毁了。"然而，甚至就在他这样讲的时候，情况已经开始有了好转，这主要得益于土伦舰队的沉没使得更多的战舰可以用于巡洋，以及随后在地中海面临的需求减少了，尽管需求减少的速度比当初增长的速度要慢。一年之后出台的 1708 年"巡洋和护航法案"②也可能有利于形势的改善，该法案为在本土水域保护贸易专门指派了 43 艘巡洋战舰。到了 1712 年，贸易总额已经在事实上超过了战前的数字。③ 我们可以举出许多例子来说明衡量英国巡洋作战兵力的标准到底是什么，这种标准并不是最近有人主张的对手巡洋作战兵力的数量，而是主要依据巡洋战舰必须承担的任务的性质。

在海军物资供应方面，1704 年法案促进了北美殖民地的供应，但是主要来源地依然是波罗的海。在上一场战争期间，依赖国外来源提供这些关键物资方面存在的危险，已经被强烈地感受到了。1700 年，瑞典受到丹麦、波兰和俄国联盟的攻击，联盟企图将其肢解。为保证瑞典有能力对抗其敌人，同时"维持北欧的宁静"——换言之就是维持和平状态下的实力均衡，这是保证海军物资供应不被中断的关键——不列颠同瑞典缔结了阿尔托纳④条约。这是一个互助条约，一支英荷联合舰队根据该条约前往波罗的海支援瑞典人对抗丹麦舰队。拥有 38 艘帆船的丹麦舰队发现自己要面对的联合舰队有 61 艘帆船，背后还有一支 5000 人的陆军，如果丹麦人顽固地继续进行战争，这支陆军随时准备渡海夺取埃尔西诺⑤。在这种压倒性优势面前，丹麦人只能退

---

① 译者注：哈弗沙姆勋爵（Haversham, 1640—1710）原名约翰·汤普森（John Thompson），英国政治家，以主张发展海权著称。

② 译者注："巡洋和护航法案"（Cruisers and Convoys Act）专门规定了用于护航的"巡洋作战"战船数量。

③ G. Chalmers, *Estimates of the Comparative Strength of Great Britain*, pp. 89—90 (1794).

④ 译者注：阿尔托纳（Altona）为德国地名，位于易北河（Elbe）右岸，1640 年被丹麦人占领，1866 年归属普鲁士，1937 年并入汉堡。

⑤ 译者注：埃尔西诺（Elsinore）为丹麦西兰岛东北岸的城市和海港，又称赫尔辛格（Helsingør）。

让，和平得以恢复。但是，尽管瑞典从英国得到了这样的帮助，垄断了焦油生产的瑞典人却拒绝由非瑞典船队供应焦油，焦油不但价格高昂而且数量也要由瑞典人来决定，不足以满足英国的需要。驻斯德哥尔摩的英国使团提醒瑞典政府，"皇家海军要么出海，要么留在港内，这要看瑞典国王到底何去何从"。这是英国波罗的海政策的要害。

在基地这个海权的第三个要素方面，不列颠现在形势喜人。通过1714年的战争，英国拿到了梅诺卡和直布罗陀这两个地中海基地。在接下来直到1783年实现和平之前的这个时期，是否将直布罗陀归还给西班牙这个问题数度被提及，而且每次都被否决了。1718年，斯坦霍普提出将巨岩交还给西班牙以诱使阿尔贝罗尼①主教放弃在意大利的行动，斯坦霍普和其他许多人认为占据直布罗陀代价高昂，倾向于把马翁港作为主要基地。万幸的是，主教和他的国王不屑一顾地拒绝了这个提议。1720年，这个问题再次被提及。大法官赞同斯坦霍普的主张，提议放弃直布罗陀，要求用其来交换海地和佛罗里达②。这个提议同样被西班牙人回绝了，他们要求无条件地交还直布罗陀，不做任何等价交换。1721年，乔治一世国王③私下向西班牙国王允诺，一旦有机会就会争取议会同意做出让步。直到1728年这个提议才被公之于众，但是并没有机会将其付诸实施。国内的普遍意见是不能认同这项提议，议会也十分清楚普遍的意见是什么。④ 1729年和1748年，这个问题又分别被提起，但只是尝试性进行了探讨，并没有形成任何结论。1757年，由于纽卡斯尔公爵⑤和他在内阁内务委员会的同僚在战争中严重失职，导致马翁港失守，皮特⑥向西班牙人提议归还直布罗陀，条件是西班牙与英国结盟，协助夺回马翁

① 译者注：指朱利奥·阿尔贝罗尼（Giulio Alberoni，1664—1752），意大利籍，曾长期在西班牙从事政治活动，事实上行使西班牙首相权力。
② 译者注：佛罗里达（Florida）现为美国东南部的一个州，当时由西班牙占据。1763年西班牙人将佛罗里达让给英国，以交换哈瓦那。
③ 译者注：乔治一世（George Ⅰ，1660—1727）本名乔治·路德维格，德意志汉诺威选帝侯（1698—1727年在位），大不列颠、爱尔兰汉诺威王朝首位国王（1714—1727年在位）。
④ Sir Richard Lodge in *Transactions of the Royal Historical Society*, vol. xvi, p. 13.
⑤ 译者注：应是指第一代纽卡斯尔公爵（1st Duke of Newcastle）托马斯·佩勒姆·霍利斯（Thomas Pelham-Holles，1693—1768），英国政治家，曾任首相。
⑥ 译者注：即查塔姆伯爵，也称"老皮特"（Old Pitt）或"老威廉·皮特"，以与其子"小皮特"或"小威廉·皮特"相区别，"小皮特"曾任英国首相。

港并放弃在中美洲的声索。幸运的是这一提议再次被回绝了，因为西班牙已经在考虑加入法国阵营，届时其将无条件收复巨岩。至于梅诺卡，一度曾经被弃守，英国通过自己在战争中取得胜利收复了该岛。其后，西班牙在1783年强烈要求交还直布罗陀和梅诺卡，乔治三世①支持做出让步。国王说，如果继续占据直布罗陀，西班牙可能会占领佛罗里达和梅诺卡，"但是如果有可能，我希望放弃直布罗陀，而尽可能在西印度群岛占有更多领地"②。国王受到了来自内阁的反对，内阁知道这个国家在完成了抗击三年围攻③的壮举之后不可能容忍巨岩被放弃。后来，这种提议又被多次提起，理由多种多样——该岛易攻难守，该岛在现代条件下用处不大，放弃该岛可以赢得西班牙的善意并且可能与其结盟。历史已经反复证明并将继续证明，没有永恒的国际关系，如果信守盟约会造成不便，那么轻而易举地就能找到不守盟约的理由，更不消说用实实在在的东西换来的将来会伸出援手或者友好相处的承诺，往往不过是空头支票而已。

在西班牙王位继承权战争中，波罗的海问题再次显现出来。大不列颠的部队兵锋指向南欧，瑞典的查理十二世④则在北欧发动了征服战争。1709年，他在波尔塔瓦⑤战败，中断了征服战争。萨克森⑥和丹麦马上抓住瑞典颓败困窘之机向其发起进攻，意在肢解瑞典。在这个紧要关头，瑞典请求英国按照阿尔托纳条约的有关条款提供援助，但是此时整个英国海军面临着诸多需求，都忙得不可开交，政府只能遗憾地答复说，"由于我们长期进行大规模的战争并仍然在与法国作战，我们的舰队和财富都已经难以为继"，因此爱莫能助。在接下来的几年里，瑞典奋力抗击敌人，在海上采取的措施有违其与英国的友谊，阻断了波罗的海的所有贸易并因此切断了英国的海军物资供应。查理

---

① 译者注：乔治三世（George Ⅲ，1738—1820）全名为乔治·威廉·弗雷德里克（George William Frederick），英国国王兼汉诺威国王（神圣罗马帝国灭亡前为汉诺威选帝侯）和不伦瑞克-吕讷堡公爵。
② "The King to Lord Shelburne 11 Dec. 1782". *Correspondence of King George Ⅲ*, vol. vi, no. 4019.
③ 译者注：在美国独立战争期间，西班牙于1779年6月16日对英宣战，随后与法国联手对直布罗陀展开进攻，1783年2月解除围攻。
④ 译者注：查理十二世（Charles Ⅻ，1682—1718）是瑞典在大北方战争时期的国王，又称卡尔十二世（Karl Ⅻ）。
⑤ 译者注：波尔塔瓦（Poltava）现为乌克兰东部城市。1709年6月27日，俄瑞两国军队在波尔塔瓦会战，俄军获胜。
⑥ 译者注：萨克森（Saxony）是1356年至1806年间神圣罗马帝国中一个独立的世袭选侯国。

国王根本不理会英国的抱怨，甚至在1714年结束了同法国的大规模战争后仍未停止冒犯。他的其他行为还包括专门颁布法令，禁止所有中立国在波罗的海开展贸易。

在英国政府看来，"没有任何条约、法律或者理由支持采取这项措施"。瑞典采取这项措施选择的时机极不恰当，因为当时英国的海军物资需求非常紧迫。船厂变得空空荡荡，按照汤曾德①勋爵的说法，如果波罗的海贸易中断，"明年将没有办法为国王陛下装备任何一艘战舰，这意味着整个海军都将沦为一堆废品"。但是舰队现在有时间采取任何必要措施来保护英国的利益。

汤曾德的话为检验1715年之后英国在北欧的政策提供了试金石。对英国来说，海军按照需要得到装备这一点至关重要，那些需要受到哪一方的威胁并不重要，不管是丹麦、瑞典还是俄国。不存在政治上偏向瑞典的查理还是偏向俄国的彼得②这个问题——谁威胁到了波罗的海的实力均衡，或者以任何手段想阻断大不列颠赖以求得安全的物资供应，谁就自动成为英国的敌人。因此，在1715、1716、1717、1718、1719、1720、1721、1726和1727年，分别有英国舰队被派往波罗的海，每次的目标都一样——阻止试图在波罗的海建立霸权的国家毁灭其对手。卡尔特雷③在1719年5月6日收到多份指令，指示他向瑞典人表达密切了解英国或者同英国保持一致的重要性，指明英国政策与海权之间的联系。他得到指示，要指出瑞典绝对有必要同丹麦、波兰和德意志保持友好关系，以便增强对抗沙皇的实力。"瑞典在芬兰和利沃尼亚④失去的土地富饶肥沃，但是靠近俄国沙皇的领地，俄国是一个强大而危险的敌人，其野心已经昭然若揭。沙皇想实际保住他占领的这些地方，因为这会给他加强海运和航海活动创造便利，而且可以让他在这些地方装备起实力可观的舰队，而这又能够让他随心所欲地为陆军登陆斯德哥尔摩大开方便之门，而且他会毫无疑问地一而再、再而三地试图征服整个瑞典王国，从而成为整个波罗的海的主宰。波罗的海不但对我们的商业至关重要，而且对俄国

①译者注：应是指查尔斯·汤曾德（Charles Townshend，1674—1738），英国政治家。
②译者注：即彼得一世（Peter Ⅰ，1672—1725），也就是著名的彼得大帝（Peter the Great）。
③译者注：应是指约翰·卡尔特雷（John Carteret，1690—1763），英国政治家、外交家。
④译者注：利沃尼亚（Livonia）是欧洲北部的历史地区，曾为瑞典领地，瑞俄战争期间被俄国占领。

的安全也至关重要。离开了波罗的海，敝国就无法从那里获得海军必需品，贵国也得竭尽全力闪转腾挪。"① 有时候舰队得到的任务是协助俄国和丹麦对抗瑞典，有时候得到的任务则是防止瑞典被其他两国粉碎。这种任务转换自然而然，目标始终如一，提供的帮助也总是性质不变。一支优势的舰队能够阻止任何潜在的侵略者派遣陆军跨越海洋在陆上粉碎敌人，无论其是瑞典、俄国还是丹麦。英国舰队控制着相互敌对国家之间的通道和交通线。不过，尽管舰队能够做到这一点，能够阻止发生大规模的入侵行动，却无法阻止俄国兵力深入瑞典发动袭击。这些袭击由大型桨帆船穿越多石的水域并选择无风的天气实施，大型战舰在这种情况下无法机动。英国舰队没有配属由轻型舰只组成的小舰队，用以对付自身拥有动力并能在浅水活动的船只。因此，瑞典海岸不止一次遭受极为严重的破坏，不是因为海权形同虚设，而是因为没有在那些水域配备所需的特定类型的舰只。

尽管瑞典和丹麦因为英国海上力量的存在而免于被征服，但是单靠舰队并不能阻止俄国在欧洲大陆腹地横冲直撞。让彼得大帝停下来所需的陆军实力并不具备，不足之处只能由大陆上的军事强国，也就是（神圣罗马）帝国和普鲁士②来弥补，但是二者都不愿意合作。俄国因而扩大了版图并同时建立起了海军，此后成为欧洲体系中一个新的影响因素。

在波罗的海这些年里麻烦不断的同时，地中海又出现了需要用到英国海上力量的其他麻烦。1718 年，西班牙秘密准备远征，在不宣而战的情况下派出远征部队占领了撒丁岛③，该岛依乌德勒支和约由（神圣罗马）帝国领有，萨伏依则领有西西里。英国政治家无法容忍和约被任意践踏，立即派出一支舰队前往地中海，以备同（神圣罗马）帝国和萨伏依的陆军一道驱逐入侵者。为远征西西里的部队护航的西班牙舰队在帕塞罗角④外海的会战中被摧毁，制海权因而迅速被建立起来，一支奥地利陆军被送至西西里，将西班牙入侵者

---

① *Diplomatic Instructions*, *Sweden*, 1689—1727, p. 109.

② 译者注：指当时的普鲁士王国（Kingdom of Prussia），一个于 1701—1918 年存在的德意志国家，位于欧洲中部。

③ 译者注：撒丁（Sardinia）曾为一个独立的王国，1718 年根据乌德勒支和约成为萨伏依公爵的领地之一。1743 年，皮埃蒙特、萨伏依和撒丁合并成为皮埃蒙特—撒丁王国。

④ 译者注：帕塞罗角（Cape Passaro）为意大利地名，位于西西里岛南端，地中海中部。

从墨西拿①赶到了巴勒莫②。这支陆军在沿海岸机动时得到了英国舰队的支援，我们近来则看到有一支陆军在西西里和卡拉布里亚③海岸机动时得到了舰队的支援。面对英国的舰队，西班牙陆军无法得到任何有效增援，由于数量处于劣势且海上补给被切断，因而被迫投降，西班牙无奈之下只得撤离了两个被其非法占据的岛屿。舰队之所以能够有效地彻底孤立敌人的陆军，主要归功于他们占据了所需的基地。梅诺卡充当补给和整修基地，在这些方面的价值极大，但是基地靠近战场同样意义重大。梅诺卡就是这样一个前进基地，在战役初始阶段守住其港口是陆军最重要的任务。但是在墨西拿失守之际，所有的注意力都被放在了守住另外一个港口上——这个港口就是米拉佐④。海军上将写道，"我可以毫不吹嘘地讲，如果没有我待在意大利的海岸以及那不勒斯，单靠米拉佐那点陆军，皇帝早就彻底输了"。陆上力量与海上力量之间的相互关系，在这场相对较小规模的战役中表现得淋漓尽致，我们今天在地中海也看到了令人印象深刻的例子。

尽管当时西班牙的海上实力较弱，但是在阿尔贝罗尼主教领导下出现了明显的复兴势头，不容小觑的西班牙舰队再次成为欧洲事务的影响因素之一。正是这一点，在很大程度上影响了英国对西班牙在西西里存有野心的态度。西西里掌握在一个非海上国家手中，对英国在地中海的利益不构成任何威胁；而掌握在海洋强国手中，则黎凡特贸易就会受到威胁，英国海上力量在地中海的任何战役行动也都可能遇到阻碍。同样的考虑很快也影响到了英国同（神圣罗马）帝国本身的关系。阿尔贝罗尼被放逐后，荷兰冒险家里佩尔达⑤顶上了他的位子，倡议的政策是与西班牙和（神圣罗马）帝国结盟，目标是共同从对付英国中获益。根据这个协议的条款，西班牙将会重新拿回梅诺卡和直布罗陀，（神圣罗马）皇帝则可以从东印度贸易中分得一杯羹。奥斯坦德将被作为帝国的一个贸易港口，通过那里开展同东印度群岛的贸易。英国反

---

① 译者注：墨西拿（Messina）为意大利西西里岛上的一座城市，位于该岛东北端。

② 译者注：巴勒莫（Palermo）为西西里岛西北部港城，又译帕勒摩。

③ 译者注：卡拉布里亚（Calabria）从前称为布鲁提亚半岛（Brutium），现为意大利南部的一个大区。

④ 译者注：米拉佐（Milazzo）为意大利海港城市，位于西西里岛东北部。

⑤ 译者注：即约翰·威廉·里佩尔达（Johan William Ripperda, 1680 或 1682—1737），出生于荷兰的政治冒险家，1725 年成为西班牙首相，1728 年逃离西班牙返回荷兰。

对这个奥斯坦德计划，尽管即将开始的新商业竞赛将会使其前途暗淡，但是更重要的考虑则是这项贸易将必然带来海军的建立，那么英国就会再次面对一个拥有海军的强大陆军国家在低地国家拥有港口的危险，这些港口就在"狭窄海域"的对面——过去正是这种威胁奠定了伊丽莎白协助荷兰反对西班牙的政策基石。1725 年 7 月的一份报告扼要描述了这个与海权息息相关的政策。在低地国家兴起一支海军，在本质上"将比在地中海或者亚得里亚海出现一支舰队让我们更有不便……制海权经常会从一个国家手中转移到另一个国家手中，大不列颠尽管可能掌握有比以往任何国家更长久的优势，但是人类所有的事务都有兴衰枯荣。我们曾经看到北欧出现过一个令我们记忆深刻的海上强国①"。低地国家出现一个不是海洋国家的帝国对不列颠并不构成威胁，但是如果这个帝国成为一个海洋国家，在"狭窄海域"对岸拥有基地，在远方大洋开展贸易从而引发对立和冲突，那么将会出现一种危险的新局面。因此，这种倡议受到了伦敦的反对。

尽管英国并不欢迎，但是（神圣罗马）帝国同西班牙的谈判仍在继续。1725 年 8 月，双方完成谈判并开始执行协议，西班牙女王强硬地要求立即归还直布罗陀。在这些无理条件下提出的要求，当然只能被拒绝。11 月，（神圣罗马）帝国同西班牙签订了联合协议，奥地利人将协助收复巨岩和梅诺卡。这毫无疑问地意味着战争，而这个联盟同时威胁到法兰西和英格兰。在共同的危险面前，两国携手互助。在英国政治家看来，存在一种可能阻止战争的途径。维也纳和马德里都缺钱，只有来自西方的财富能满足双方的需要。纽卡斯尔公爵写道，"除了大帆船从西印度群岛安全返回，没有什么能够让他们有钱可用"。因此，为使奥西同盟丧失进行战争的实力，英国内阁决定阻止珍宝船队出海。内阁命令一支强大的分舰队前往西印度群岛阻拦珍宝船队，必要时可以使用武力；同时在本土水域采取预防性措施，以防止西班牙对联合王国发动任何形式的反击。在这种今天被我们称为"制裁"的过程中，法国的举动令人生疑。法国不但没有给予支持，甚至要求召回那支分舰队。然而，英国政府不可能从选定的道路上返回。在英国政府看来，这是阻止战争爆发

---

① 也就是俄国。

的正确道路，一旦战争爆发，将涉及整个欧洲，前往封锁珍宝船队出发港的分舰队扬帆启航了。但是西班牙并没有被震慑住。1727 年，西班牙在没有宣战的情况下围攻直布罗陀，并且要求（神圣罗马帝国）皇帝提供他所允诺的帮助。对珍宝船队的封锁并没有影响到西班牙，却对奥地利产生了影响。（神圣罗马帝国）皇帝没有得到他需要和指望的供应和补贴，拒绝提供协助，直布罗陀可以从海上得到增援和补给，轻而易举地挫败了西班牙人的进攻企图。当时有一位作家也就是霍德利主教①表达了这样一个观点：英国通过让珍宝船队动弹不得阻止了一场欧洲战争，"维也纳和马德里的宫廷失去了将计划好的危险步骤付诸实施的手段"②。

在波罗的海、西西里和西印度群岛唱的这三出戏，尽管同接下来发生的大规模战争相比微不足道，但是却值得关注，而在通史中受到的关注则远远不够。它们既表明那个时期的政治家紧密关注事态发展过程中其他国家的政策对英国海权可能造成的影响，也表明这个国家在条约失效或者侵略将至的时候会毫不犹豫地动用海权。海权的运用有两种方式，可以用于阻止敌人陆军跨越海洋入侵受害国，也可以用于封锁破坏和平贸易条件者的港口。这些行动就是我们称其为"海权"的事物所能有的作为，而"制海权"是否已经建立起来或者控制得以施加并非问题的实质，"制海权"和控制是由水面之上的帆船或者其他动力推动的战舰、水面之下和水面上空的装备来实现的东西。海权的作为无论以什么手段来体现都是海权的作为，而能够发挥作用的装备只是"海军"的组成单位，其威力和数量必须在和平时期就有所算计并按照需要进行建设。

从 1727 年同西班牙发生短暂冲突到 1739 年与其进行战争，中间相隔 12 年。在此期间，大不列颠与法兰西之间的谅解逐渐淡化，法国和西班牙走到了一起。1733 年，双方签订了一个"家族盟约"③，尽管具体条款不详，但是伦敦清楚其存在。盟约的存在意味着这两个国家会共同进退，英国则必须有

---

① 译者注：应是指本杰明·霍德利（Benjamin Hoadly，1676—1761），英国神职人员。
② An Enquiry into the Reasons for the Conduct of Great Britain in regard to the present State of Affairs in Europe（Dublin，1727）.
③ 译者注：又称"波旁家族盟约"，即西班牙波旁王朝同法国波旁王朝之间的盟约。

能力应对联起手来的两国海军。在纸面上，英国具备这种能力。英国的主力战舰有 124 艘，敌人有 91 艘——法国 50 艘、西班牙 41 艘。这些数字并不代表战争爆发时三个国家海军实际可以动用的兵力，因为战舰在和平时期被束之高阁，维修并不及时，甚至有些只是船体完好，但是需要装配索具和备用品，而这并非一日之功。1739 年，有三分之一的英国主力战舰无法出海，敌方的情况可能更糟糕。人员配备仍然是一个大问题。议会决定设立平时编制，批准的总额为 1.6 万人，这个数量足以满足平时之需，但是战时需要的数量将是平时所需数量的三倍甚至更多。尽管在上一次大规模战争中经历了重重困难，尽管笛福等有识之士已经提出警告说需要建立有效而合理的水兵招募渠道，议会却没有采取任何能够弥补缺陷的措施，以致那些处于适航状态的战舰也配不齐人手。在法国，这种困难却小得多，因为从科尔伯特①时期开始就建立了海员登记制度。

这样一来，除了"巡洋舰"总是严重不足，英国海军以 124 艘战舰对 91 艘战舰的优势奠定了"两强"标准。三分之一的数量优势刚好够编成预备队，数量大致与在海上实际活动的战舰相当。预备队整体上用来提供必要的轮换兵力以及替换老旧战舰或者在海上持续的巡洋作战中受损的战舰，巡洋作战是英国战略不可或缺的基石。英国舰队的兵力紧张程度注定要高于对手，因为敌人的舰队可以安然地停留在港内，或者只是在特定情形下——攻击护航队、进行海外远征——才会出现沉重负担。与此同时，英国舰队必须持续处于战备状态，以防止敌人在其选定的时机以全部的可能实力有所异动。影响敌人集结和保持实力的因素之一是其拥有的军需品同英国一样要从波罗的海获取，因而很容易就能够认识到英国政府何以要坚持保有那项重要的权利——切断海军必需品的供应渠道，北欧国家及荷兰企图向法国和西班牙提供并运送这些军需品。对两个波旁王朝国家的实力优势达到三分之一并不为过，1745 年的海军数据表明，当年只够以 78 艘英国战舰应对联起手来的敌人明面上的 77 艘战舰及其虽然不多但是数量不详的其他战舰。尽管在海军物资

---

① 译者注：应是指让·巴蒂斯·科尔伯特（Jean Baptise Colbert，1619—1683），法国政治家，路易十四的财政大臣。

方面面临严峻挑战，但是仍然需要有这样一支预备队，这一事实在当代经常被忽视。

1739—1748 年的战争大致可分为三个战略阶段。第一阶段是大不列颠与西班牙之间的双边战争，早于 1740 年爆发的欧洲战争。英西双方的战争，起因据称是西班牙在西印度群岛对英国船队和海员行为不当。① 第二阶段开始于一年多之后，起因是有国家企图肢解神圣罗马帝国而英国誓言捍卫其存在。在法国帮助下，普鲁士、巴伐利亚②和西班牙参与了肢解行动，尽管这些国家都签署了一个条约来保证匈牙利女王③的继承权。英国支持女王，荷兰保持中立。第三阶段开始于 1744 年春季，法国之前只是为巴伐利亚站脚助威，这时却喧宾夺主，明确的目标是吞并奥地利的低地国家——今天的比利时。尽管被警告这意味着同英国开战并且将不可避免地成为一场长期战争，法国国王还是决定冒险，寄希望于通过入侵英格兰来降低风险，并在没有宣战的情况下进行了秘密准备。战争的第三阶段持续了四年之久。

在战争的第一阶段，英国的目标是迫使西班牙放弃干预英国在西印度群岛的贸易。对西班牙施加压力的手段当然还是老办法——切断其财富来源。拦截珍宝船队的两个重要位置是其出发港和其在西班牙的目的港。然而，单是这样还不够，因为长期的经验表明，在这两个区域实施有效封锁困难重重。沃波尔④这样来认识这个问题："我们的海军的确比他们有优势，但是我们不能指望单靠海军就能够让他们乞降。我们必须还要在陆上攻击他们，这样我们就得有充足的陆上力量。"很不幸，由于长期忽视陆军，能够满足远征需要的陆上力量并不充足，而征召 1.2 万人需要用超过 12 个月的时间。战争以意图夺取位于西印度群岛的卡塔赫纳这个大型贸易集散地为序幕，其后则转向攻击圣地亚哥⑤和巴拿马，但遭受了一连串的失败。所有这些进攻行动都被击

---

① For letters throwing light on the origins of "the War of Jenkin's Ear" cf. Professor Laughton in the *English Historical Review*, Oct. 1889, p. 741; Temperley, *Transactions of the Royal Historical Society*, vol. iii, p. iii; Pares, *War and Trade in the West Indies—an exhaustive examination of policy and strategy*.

② 译者注：巴伐利亚（Bavaria）历史上是神圣罗马帝国所属的一个公国。

③ 译者注：即玛丽娅·特蕾莎（Maria Theresa，1717—1780），神圣罗马帝国皇帝查理六世之女，奥地利大公、匈牙利女王和波希米亚女王。

④ 译者注：应是指罗伯特·沃波尔（Rober Walpole，1676—1745），被认为是英国历史上的第一位首相。

⑤ 译者注：圣地亚哥（Santiago）为智利地名。

退，热病又使海军和陆军都饱受其苦。尽管战场上的失败必然有指挥不当的原因，但是造成失败的根本原因是政府优柔寡断而又准备不足。尽管在1739年6月就已经决定开战，随后又下令封锁加的斯，但是并未制定战争计划①，甚至连讨论都没有，也没有在9月之前采取征召陆上兵力的任何措施，也没有就12月之前应该做哪些事做出任何决策。直到这一年的最后一天，在敌对状态出现七个月之后，才终于发布了征召地面部队以及运输力量的指令。敌人得到了充分的预警，在没有受到任何阻碍的情况下，他们在西印度群岛加强了守备力量和海军实力。负责战争实施的枢密院内务委员会在最糟糕的情形下发动了远征，既没有决定远征部队应该干什么，也没有为远征部队完成任务提供相应的手段，在准备实施海外远征的时候，他们也没有采取任何措施来应对位于费罗尔的西班牙海军主力。为封锁加的斯指定的兵力并不充足，因此始终不能有效实施严密封锁。之所以会如此，部分是因为需要持续监视卡塔赫纳②，以防备来自西班牙东海岸港口的兵力夺占梅诺卡。换句话说，采取的战略其实力有未逮。战略手段之所以并不具备，主要有两个方面的原因：一是历届政府未能重视使海军的战舰保持在良好状态，以致仅有三分之二的战舰堪用；二是没能建立起为舰队配备人力的任何制度。依照类似情形下遵循的惯例，指定了一个委员会来研究人力配备方面的问题。委员会提出的建议包括对所有海员进行登记等项内容，但提交到议会后大部分都被否决了——老皮特是反对者之一。因此，一方面议会拒绝采取措施来使舰队得到人力，另一方面海员则拒绝为海军服务，舰队实际上外强中干。敌人则没有这样的问题，英国暴露在危险当中。尽管英国实际面对的敌人是西班牙，而西班牙在海上实力较弱，但是必须充分考虑法国立场的不确定性，因为法国明确反对英国在西印度群岛的任何征服行动，向西印度群岛派出了一支强大的分舰队，同时在本土水域保有一支舰队。因此，必须防备法国可能随时站在西班牙一边进行积极干预。法国作为一个"非交战国"，其可能造成的影响令人不安，这一点近年来我们也有所体会，法国牵制住了英国相当部分的海

---

① "Minutes of the Privy Council", 3 June 1739; *Newcastle Papers*, B. M. Add. MS. 33004.
② 译者注：此处指位于西班牙南部的卡塔赫纳港。

上力量，并伺机发动攻击。

战争的第一阶段始于 1739 年 6 月，以报复性的行动为标志。英国在此期间的目标是阻止西班牙继续通过海外贸易和海外领地获取利益，采取的手段是在西班牙海岸外阻断其海运并夺占西印度群岛的贸易往来港口。为抵御入侵、保护海运和直布罗陀与马翁港的安全，以及应对表面上中立的法国可能采取的行动（纽卡斯尔公爵指出，"把宝押在所谓的中立之上太不可靠"），英国采取了相应措施并在不同程度上收到了成效。然而，部分由于疏忽之下海军状况不佳，部分由于内阁优柔寡断并且没有明确关于如何进行战争的方案，部队兵力不足、行动分散的情况比比皆是，由于缺少保护航运所需的"巡洋舰"级别的船只，在西班牙的劫掠之下，英国航运损失惨重。对西印度群岛进行的远征也以失败告终。内阁在决定派出远征部队时，否决了海军元帅①关于同时攻击在费罗尔集结的西班牙舰队的备选方案。海军元帅的方案以正确的原则为指导，即打击的主要目标应该是保护贸易或殖民地的作战兵力，而不是贸易或者殖民地本身。内阁也没有听从在西印度群岛的海军上将强烈表达出来的观点，他警告政府注意气候的危险性。雪上加霜的是，做出决策和征召并装备陆军的工作都一拖再拖，征召陆军事宜事实上是被严重忽视了。结果是远征部队抵达时正好赶上疫病季节，因为发生黄热病而损失严重，而敌人则好整以暇地加强了守备。最后，军事指挥员的无能令残存的胜利机会也丧失殆尽。

战争的第二阶段开始于 1740 年底，经过再三推迟之后，远征西印度群岛的部队终于到了出发地域。10 月 20 日，（神圣罗马帝国）皇帝驾崩了。在普鲁士的腓特烈②带领下，为数众多的国家着手肢解此前同声发誓要捍卫的（神圣罗马）帝国。腓特烈按照自己的行事风格，罔顾他与匈牙利女王的友谊以及他所标榜要向她提供的协助，在事先没有任何迹象的情况下入侵了西里西

---

① 译者注：当时的英国海军元帅为约翰·诺里斯（John Norris，1670—1749），此前有一位陆军将领也叫约翰·诺里斯。

② 译者注：即著名的腓特烈大帝（Frederick the Great，1712—1786），1740 年即位为普鲁士国王。

亚①；巴伐利亚要求得到奥地利人的大片领地，特别是波希米亚②和奥地利；西班牙支持巴伐利亚的声索，同时要求割让其在此前的战争中丧失的意大利省份；法国本身是维护（神圣罗马）帝国完整的担保者之一，却准备使用其陆上力量和海上力量支援其他声索者。英国则初衷不改。根据一项协议，英国可向匈牙利女王提供 1.2 万人的地面部队作为援助，女王现在求援了。但是英国能够动用的陆军都在大西洋上，鉴于法国态度暧昧，英国没有多余的陆军可以提供，因为所余的全部 1 万人的地面部队需要留在王国境内以抵御法国可能的入侵。然而，英国拥有海上力量，这支力量可以在特定战区协助（神圣罗马）帝国进行防御，这个战区就是地中海。西班牙只能通过海路抵达其觊觎的意大利北部省份，不然就得借道法国，长途跋涉且代价高昂。在地中海的海军上将受命阻止西班牙经利翁湾运送陆军到意大利。然而命令下达时，并没有提供执行命令的兵力。这支监视加的斯和卡塔赫纳的小规模分舰队已经力不从心，现在又没有得到增援。52 艘运输船载着首批 1.2 万多人的西班牙陆军从巴塞罗那出发，安然无恙地到达了热那亚，掩护船队的是法国和西班牙联合舰队的 28 艘战舰，英国分舰队则只有 13 艘战舰。

在接下来的两年中，其主要目标是保护在意大利的奥地利人领地免受西班牙人从海上发起的攻击。已经抵达那里的西班牙陆军在此之后被切断了海上增援的渠道，增援兵力只能在付出高昂代价后经过法国这条漫长的陆路从西班牙抵达意大利。英国舰队现在得到了增援，封锁了土伦——也就是法西联合舰队所在的港口，在耶尔湾③对其实施严密监视，梅诺卡则充当整修基地。控制地中海并支援奥地利陆军，这就是海权在共同事业中做出的贡献。西印度群岛的作战行动则逐渐走向了尾声。

西班牙人的进攻受阻于意大利，然而在欧洲大陆上的其他地方情况却很不妙。巴伐利亚人夺占了布拉格④，西里西亚则被普鲁士抢占。1742 年春季，

---

① 译者注：西里西亚（Silesia）是中欧的一个历史地域名称。现该地域的绝大部分地区属于波兰，小部分则属于捷克和德国。
② 译者注：波希米亚（Bohemia）是中欧的地名，原是拉丁语、日耳曼语对捷克的称呼。
③ 译者注：耶尔湾（the Bay of Hyères）为法国地名，邻近土伦港。
④ 译者注：布拉格（Prague）为历史上波希米亚王国的首都。

法国进逼奥属尼德兰。海军强国对那些省份构成的威胁总是会令英格兰为之焦虑，于是英国派出 1.6 万人的地面部队去协助进行防御。议会马上旧话重提，英国应该在欧洲大陆投入陆战当中吗？"海洋"学派坚称，从英国自身安全的角度出发，没有必要去防守低地国家，因为只要英国保持海上优势，就能够在面对波旁王朝联军时确保自身安全；此外，如果欧洲大陆上的盟国下定决心保卫自己的领土，完全不需要英国的支援就能守得住。"大陆"学派做出的回应，要害是不敢肯定英国能够守住低地国家。关键是要阻止法国人取得胜利，或者防止英国四分五裂，因为如果法国主宰了欧洲大陆，那么海上优势这个"海洋"学派的立论基础也就不复存在了。法国将会得以处置欧洲的所有资源，由于对手被粉碎而不再需要保持一支大规模的陆军，就会在海军建设上超过英国。葡萄牙、荷兰及意大利各国家都将成为法国的势力范围，波罗的海将会被封闭，英国海军将会失去关键物资的供应，欧洲的港口将对英国贸易关闭。纽卡斯尔公爵这样来认识这个问题："在陆上不再有任何担心之后，法国将在海上超越我们。我始终认为我们的海军陆战队应该保护我们在大陆上的盟国，通过改变法国的经费用途，使得我们可以保持海上的优势。"1740 年，（法国的）弗勒里主教①说了几乎一模一样的话，"如果我们不必再担心陆上战争，那么在我看来，我们就可以显著增加海军的经费投入"，他还主张对劫掠者进行鼓励。霍勒斯·沃波尔②当时写道：只有在大陆上转移视线才能救我们③，如果不能在大陆上分散敌人的资源，英格兰就只能单枪匹马地抵御法国的入侵，"我担心明年春季战争就会降临在这个岛上"。另一位政治家说道，如果低地国家落在了法国人手里，我们很快就没有办法再以海军为荣了。我们可以看到，每当特定强国表现出想成为欧洲的绝对主宰时，类似的情感就会以这样或者那样的形式不断涌现。

　　这些主张在 1742 年得到了贯彻。英国的地面部队被派往佛兰德斯。那么，海上力量的用途又是什么呢？海上力量被用于通过守卫意大利免受海上

---

　　① 译者注：弗勒里主教（Cardinal Fluery，1653—1743）是路易十五时代的首席大臣。
　　② 译者注：霍勒斯·沃波尔（Horace Walpole，1717—1797），英国作家，其父罗伯特·沃波尔为英国首任首相。
　　③ "Walpole to Trevor, 23 Sept. 1740", *Hist. MSS. Comm.* xiv, Part Ⅸ, p. 54.

入侵来援助匈牙利女王，被用于通过切断贸易和金银来源来削弱西班牙，被用于确保英国贸易的安全以满足英国和盟国的战时财政需求，被用于防守本土和殖民地以防止被入侵、被占领或者被孤立，被用于保持在佛兰德斯的陆军交通线畅通。为完成所有这些任务，海军最大限度地利用了所有资源。由于缺少足够的轻型舰只，航运遭受的损失已经引起了高度不安，商人群体满是抱怨，认为政府在保护贸易方面关注不够。议会收到了一份方案，其内容与1706年的"巡洋与护航法案"差不多，提出要为保护贸易而提供大批专门的战舰，事实上是要组建第二支独立的海军。尽管议案没有通过，但是用于保护贸易的舰只其后还是有所增加。尽管法国的敌对态度日益明显，而且舰队应对法国攻击的准备不够充分的警告不断，但是内阁并没有认真采取措施来使舰队在战备方面对法国占有优势。

战争的第三阶段开始于1744年的第一天。法国国王厌倦了为他人利益而战自己却捞不到任何好处，决定夺取奥属尼德兰。他的军事顾问警告指出，这样做将不可避免地引发与英国一战，这场战争将会是一场长期战争并损害法国的利益。法国国王回应说有时战争就是无可避免，而且可以通过一次突然而出人意料的打击来消除持久战争的风险。英国舰队准备不足且在冬季需要休整，英国国内总共只余下大约1万人的地面部队且分散成小股部队进行守备，在严格保密的条件下发动入侵行动必将取得胜利。于是，一支法国舰队和一支用于入侵的陆军在1743年冬季开始进行准备。然而秘密还是泄露了，英国舰队紧急动员起来，法国人的计划被粉碎了，他们的舰队依靠夜色逃过一劫并借着狂风逃回布雷斯特，从而获得喘息。①

接下来是与法国和西班牙的战争了。荷兰被要求按照1678年条约的条款履行其义务，包括提供一支由20艘战列舰组成的分舰队。大不列颠的政治家过去始终不愿意在事关英国海上优势的问题上依赖他国援助，有许多例证能说明其中的原因，荷兰的所作所为不过是提供了又一个例证。荷兰人既没有按照他们承诺的数量提供战舰，也没有按照任务需求提供补给或者为战舰配

---

① For particulars of the French plans cf. Colin, *Louis XV et les Jacobites*; Corbett, *Some Principles of Maritime Strategy*; Richmond, *The Navy in the War of 1739—1748*.

备合适的装备。此外，他们同此前许多情况下一样坚持要与敌人做生意。当时有一份在1746年写成的抗议书写道，这种行径令人不齿："荷兰人依据1678年缔结的条约应当派出20艘战列舰供国王陛下调遣，他们却没有任何诚意信守对另一个国家的承诺，这个国家始终是他们最亲密以及最持久的朋友。相反，他们却用自己遍布海上的船队来为我们的敌人运送补给品、必需品和军需品，让敌人获得损害我们的贸易甚至是危害我们共同安全的资源。"

法国作为主要角色公开加入战争，极大地增加了英国海上力量业已沉重的负担。在击退一次入侵的企图并在地中海建立起优势之后，1744年又进行了一场不具决定性的会战，英国海上力量在1745年不得不应对一次新的入侵威胁。在此之前，英国陆军在丰特努瓦①失利，法国人则占领了奥斯坦德。英国海上力量必须阻止支援"45年"起义②的增援力量到达苏格兰；必须保护过往松德海峡和斯卡帕湾的船队，这些船队受到法国布雷斯特舰队的威胁；必须在地中海保持一支强大的舰队"以援助、守卫和保护匈牙利女王、撒丁国王和（托斯卡纳）大公的国家或者领地，他们都是国王陛下的盟友"。③ 法国人在1744年的入侵作战和土伦会战中受挫，放弃了通过舰队作战取得制海权的企图，效仿他们的先辈在威廉三世和安妮女王战争中的做法，采取了游击战的战略，派出若干支由重型战舰组成的分舰队攻击盟国在地中海与大西洋的军事交通线和商业交通线，这种战争形式与德国使用其重型战舰及其潜艇"狼群"的战略别无二致。如此之多的需求，均属于防守性质或者为了帮助盟国，占用了英国所有能够动用的海上兵力——也就是说，那些能够得到装备、补给和配备人力的战舰——使其无法对敌人施加整体上有效的经济压力。由于英国无法派出强大的海上力量到西方去，法国的船队得以在相对较弱的护航兵力掩护下往来于法国的殖民地，在相当长一段时间内从殖民地贸易中获得了可观利润。英国事实上不得不在相当长一个时期内采取守势，使自己在海上获得安全保证并着手建设此前被忽视的力量，此后才能采取力所能及的攻势行动。

---

① 译者注：丰特努瓦（Fontenoy）位于比利时西部。
② 译者注：指1745年爆发的苏格兰起义。
③ Instructions to the Commander – in – Chief, Mediterranean Fleet.

守势作战相当沉闷——同时不具有决定性——这种沉闷的局面因为一次攻势行动被打破了，这次攻击因为海上力量的存在才有了可能，虽然从军事态势上看规模不大，但是在战略效果上却影响深远，这就是夺占路易斯堡①的行动，这个海军基地位于圣劳伦斯河②的入口，也是进入加拿大的锁钥之地。这次行动并非由在伦敦的大臣们出于所谓的"帝国主义"野心而提议和发动的远征，而是由马萨诸塞③的总督提出的倡议，并且在威廉三世和安妮女王时代的战争中就曾经有过类似的尝试。这次行动的目的也同之前的尝试一样，基本上是防御性的。这次行动意在表明希望通过抵御来自加拿大的陆上和海上攻击来保证安全，类似攻击给北部殖民地造成了不断的损害并影响到了这些地区的和平发展。这次行动还提示英国的海上力量需要得到加强。总督本人替自己说明了他的意图是什么。他写道，胜利的结果将会是"保住新斯科舍并得到加拿大以及布列塔尼角，由此使国王陛下对整个北美大陆高枕无忧，使得法国人无法染指整个渔场，并为皇家海军显著扩大其海员的来源，保证大不列颠进出北部殖民地的航路可以延伸到弗吉尼亚。所有这些后续成果堪比一次对法战争，在欧洲可能造成的影响也不言自明"。

远征的准备工作在马萨诸塞展开。地面部队由 4000 名志愿兵组成，由 90 艘运输船负责运送，从西印度群岛专程赶来的一支小规模分舰队和马萨诸塞殖民地的 13 艘陆战队小型舰只一起提供掩护。部队夺取了布列塔尼角，通向加拿大腹地的圣劳伦斯河现在向拥有制海权的一方敞开了大门。此次远征并没有牺牲英国盟友的利益，并没有因此而从地中海抽调兵力，也没有减少对盟国的援助。地面部队都是殖民地的志愿兵，在任何情况下都不会部署到欧洲水域，战舰也都是已经在西大西洋活动的兵力，没有从欧洲抽调。这次小规模作战行动并未给英国经常受到的指责提供证据，即英国先是设法让过着和平生活的欧洲人民发生冲突，然后抽出身来通过占领欧洲各国的殖民地来让自己变得羽翼丰满。

形势在 1746 年有了改观。来自敦刻尔克方面的入侵威胁不复存在，詹姆

---

① 译者注：路易斯堡（Louisbourg）位于新斯科舍东北部。
② 译者注：圣劳伦斯河（Saint Lawrence River）是北美洲中东部的大河，是通向加拿大腹地的重要水道。
③ 译者注：马萨诸塞（Massachusetts）位于美国东北的新英格兰地区，当时是英国的殖民地。

斯党人的起义因为法国人允诺的协助无法到达联合王国而烟消云散，英国对地中海的控制更加强劲，波旁王朝的联合海军无法集中兵力，而转为以分舰队为单位分散发动袭击。减少在地中海的舰队兵力，加强在比斯开湾的实力，就有了可能。与此同时，预备队的战舰逐渐开始走向战场。结果也很快显现出来。到了1747年，一支强大的分舰队可用于向西进行巡洋作战，企图护送大型船队去往东印度群岛和西印度群岛的两支法国分舰队受到拦截并被歼灭。法国的贸易由于缺乏保护实际上已经中断，其结果是法国的财政困境几乎马上就变得雪上加霜。这样一来，英国海上力量为盟国做出了三个方面的重大贡献，分别是保护其领土免受海上方向的攻击，利用海洋输送和保护其陆军，通过扰乱财政和造成原材料不足导致的经济困境来削弱法国在军事方面的努力。

　　然而收到这些成效的过程相当缓慢，因为海军方面缺乏准备而政府则优柔寡断。直到1742年，同西班牙的战争已经爆发两年之后，一支兵力充足的舰队才被派往西班牙战区去对抗西班牙和"非交战国"法国的舰队。直到1746年，在法国作为主要角色参战两年之后，才有了在大西洋和地中海这两个关键海域提供足够海上兵力的可能。英国经过两次海上胜利在西部通道牢固建立起制海权之后，法国的决心才开始动摇起来，而英国之所以能够取得胜利又是因为海上优势最终得以建立。法国在1748年有意媾和，主要是因为两件事情：法国已经是强弩之末，并可能完全丧失其殖民地。法国在陆上取得了辉煌的军事胜利，得以占领佛兰德斯，而法国正是为了占领佛兰德斯才与不列颠开战的。法国已经占领了荷属布拉班特①，已经夺取了贝亨奥普佐姆②的庞大要塞，极有可能占领联合省并对卢森堡③以及屏障要塞提出要求。法国挫败了盟国入侵普罗旺斯的企图，迫使盟国退回到意大利进行防守，并已进抵夺占托斯卡纳的位置。所有这些美妙的前景都因为法国在本土和海外的形势不妙而蒙上了阴影，而这种形势又是海上战争带来的结果。英国对海洋的控制，使得法国失去了赖以维系国民生活和陆上战争的财富来源，其内

---

① 译者注：布拉班特（Brabant）曾是欧洲西北部的一个公国，位于尼德兰南部和比利时中北部。
② 译者注：贝亨奥普佐姆（Bergen-op-Zoom），今属荷兰。
③ 译者注：卢森堡（Luxembourg）在1714年西班牙王位继承战争结束后随西属尼德兰一起转归奥地利。

部形势十分糟糕且毫无改善的可能。法国挑起战端的时候在财政和经济条件方面本就不利，原因是在路易十四统治下进行了旷日持久而又代价高昂的战争，法国还没有从这些战争中恢复元气，同时也因为接连出现歉收、原材料不足以及过度征税等情况。海上战争加剧了法国本已存在的困窘并使复苏更加无望，因为英国夺取了布列塔尼角并控制了加勒比海，使得加拿大面临被入侵的危险，富饶的西印度群岛则被孤立起来并有可能被夺占。为了拯救殖民地和殖民地贸易，这些在当时许多法国政治家看来对保持和扩大法国的军事实力至关重要的东西，法国同意接受实现和平的条件，这些条件与其在欧洲实现的征服极不相称。为了重新得到布列塔尼角这块加拿大的锁钥之地，法国放弃了在低地国家占领的地盘。如果英国政治家在和平时期没有任由国家的海权衰落，在战争时期能够实施专一而坚定的指导，那么带来这些成果的条件将会更早一些形成，而且代价也会更小一些。

第二部分　1748—1783 年

亚琛和约①最终成了一纸停战协议。1748 年结束的战争，不过是大不列颠和法国为在北美及印度建立帝国而进行斗争的前奏。法国能否从阿勒格尼②到太平洋建立起对整个美洲大陆的主宰，英国的势力范围则始终被限制在既有殖民地那一小条，英国能否被从印度的贸易定居点以及整个次大陆驱逐出去，这些都要拭目以待。法国人的统治将取决于在各个大陆上哪一方能够建立起陆上优势。在美洲，尽管英国殖民定居者有大约二百万人，而法国在加拿大只有五六万人，但是英方在军事上处于劣势。英国殖民地没有建立起有组织的当地防御体系，以对抗加拿大统一的军事化政权不断进行的蚕食。如果殖民地既有部队得到了法国本土常备军的增援，那么英国根本就没有还手之力。在印度，尽管两国的东印度公司都维持着数量可观的当地武装，但是决定因素将是哪个国家能够把数量更多的欧洲常备部队送到战场，并且只能通过海路送达。在战争爆发之际，英国部队只有区区一个营的兵力。

---

① 译者注：亚琛和约由法国、英国、荷兰和奥地利于 1748 年 10 月 18 日在普鲁士的亚琛（Aix－la－cha-pelle）签署，标志着奥地利王位继承战争的结束。

② 译者注：阿勒格尼（Alleghanies）是大西洋水系和墨西哥湾水系的分水岭，位于美国东部。

这样，英国在西半球和东半球的领土和利益都依赖可以高效调配的陆上军事力量，数量充足且具备向各大陆运输兵力或者阻止敌人向相关战区输送优势兵力的实力。然而，英国可以调配的陆上军事力量却付诸阙如。在乌得勒支和约签订后受到摧残的陆军，在亚琛和约签订后再次受到摧残，从 1748 年的 4 万人下降到 1751 年的 8000 人，数量甚至还不足 1 万，只能于和平时期在全国范围内分散提供守备。几年之后，其数量才上升到了 1 万。

这一安全体系的基石是海权：战舰建立制海权并控制海上交通线，船队运载陆军，基地在战区内提供保障。其可以接受的标准是英国的作战实力相当于两个波旁王朝国家作战实力的总和，两国结成了英国需要准备与之为敌的同盟。临近战争爆发的时候，英国的战列舰数量为 98 艘，两个盟国的数量是 103 艘——法国 63 艘、西班牙 40 艘。自上一场战争以来，法国两任海军部长鲁约①（1747—1754 年在任）和马查尔特②致力于恢复科尔伯特时期法国海军的古老荣光，提出了一项十年造舰计划，如果计划得到落实，将会建造出 110 艘主力战舰以及数量可观的护卫舰和轻型舰只。不过由于预算被削减，在 1756 年战争来临之际，法国只造出了 63 艘战舰，另有 7 艘在建。然而，纸面上的数字并不能代表实际可用的兵力，那些战舰中只有 45 艘适合出海，其余战舰要么失修，要么人员装备不齐，在建的战舰则因物资短缺而无法完工——这一事实有助于理解英国大臣们何以那么看重不使北欧国家及荷兰向敌国提供海军必需品以及造船物资，与此同时还强调我们今天正在体验的事情，即造船工业的状况以及所有与之相关的事物也是海权的一个要素。

依据 1678 年条约的相关条款，英国可以要求荷兰提供支援，这能部分地抵消波旁同盟的数量优势。英国的确提出了要求，但是荷兰找借口不守约。另一方面，西班牙不太愿意站在法国一边进行干预，因为西班牙不会从法国在北美的扩张中获利，也不想再次卷入同英国的战争。据说，西班牙国王在 1750 年曾经说，"与其在全世界同其开战，不如与英国和平相处"。从这些数

① 译者注：即安托万－路易·鲁约（Antoine－Louis Rouillé，1689—1761），法国政治家，在任海军部长时致力于重组海军，后来曾任外交部长。
② 译者注：即让－巴普蒂斯特·德·马查尔特（Jean－Baptiste de Machault，1701—1794），法国政治家，在任海军部长前曾任财政部长。

115

字上看，英国对法国的优势看似相当可观，但是仍然捉襟见肘，因为同法国一样，英国有许多战舰因为失修或者其他各种原因不适合执行任务。同时，法国必须守卫的东西甚少，而英国却对广大分散的贸易和领地负有广泛的责任，只能通过舰队在海上持续巡航提供安全保证，英国舰队的兵力注定会因为风暴、气候和疾病而不可避免地持续处于疲劳状态。在这场战争中，有13万海军官兵死于各种疾病。疾病给英国人造成的损失远远大于法国人所遭受的损失，法国人巡洋航线较短且大部分时间都留在港内。

与法国关系的不睦，在经过一段时间后，于1754年达到了高潮。当时有一支弗吉尼亚的民兵武装前往俄亥俄谷地①开疆扩土，被来自加拿大的法军在印第安人的协助下击退。伦敦政府决定派英国常备部队实施增援，1755年1月约有800人启航前往哈利法克斯②。法国迅速做出反应，且反应强烈。法国准备了一支3000人的地面部队，并派出一支战列舰分舰队为其护航，于5月从布雷斯特出发。派出这样一支部队，意味着战争已经无法避免。如果这些部队得以抵达目的地，且法国因此得以立刻形成陆上优势，那么战争将在对英国极为不利的条件下开始。内阁因此决定在半路上进行拦截。一支分舰队被派往路易斯堡外海巡航，受命抓捕前往加拿大的任何军舰或者载有地面部队的运输船。这支分舰队先于法国远征部队一个星期启航，但是未能发现敌人——阴雨、狂风和法国选择的非常规航线，使得法国分舰队只有2艘战列舰顺利抵达了圣劳伦斯。因此，这次意图在机动中实施打击的计划落空了，这一次落空没有给英国的政治地位带来任何战略便利。荷兰以此为借口拒绝了英国的援助请求，辩解说英国是侵略方，乐得无视法国人之前对英国殖民地部队和领土的攻击。大法官一针见血地评论指出，"我们做得太多了，或者是太少了"。如果不能把分舰队整个拦截住，不如干脆置之不顾。

在一支分舰队跨越大西洋之际，另一支分舰队稍后出海，意在拦截据悉从美洲和西班牙返回的法国分舰队，并阻止土伦的分舰队与布雷斯特舰队会合。这支分舰队从7月巡航到9月，然而由于搜索海域范围太大，而担负搜

---

① 译者注：指俄亥俄河（Ohio）河谷地带，俄亥俄河是美国中东部最大的河流。
② 译者注：哈利法克斯（Halifax）位于加拿大新斯科舍。

索任务的巡洋舰数量不足，加之天气恶劣，没能发现法国的分舰队。但是，这支分舰队清除了 300 艘商船，这些船上的海员数量总计有 6000 到 8000 人。尽管这项措施被嘲讽为"只是不痛不痒地恶心敌人"，但是并非没有造成有利的军事成效。船队和海员的损失对法国的海权是沉痛一击，而且在海军部看来，在英国海上力量不尽如人意而陆上力量可有可无的情况下，这对通过令敌人丧失运输能力而使国家免受入侵的贡献颇大。1755 年秋末，上述两支英国分舰队占去了大部分可以动用的兵力，因为忙于巡航而成为疲惫之师，2000 名水兵丧生，4000 名水兵住进了医院，其他一些没有在医院得到床位的水兵只能回家养病。法国舰队并没有遭受同样程度的损失，还有 10 万人的地面部队据悉在法国北部集结，等待运输舰队送他们越过英吉利海峡——真像是希特勒的陆军从 6 月等到 8 月，一直等着驳船能够集结起来。①

当时的情况是已经做出了艰苦努力，但是努力失败了，其结果是自己筋疲力尽而又面临敌人进行反击的威胁。海军部的看法已经成为战略上的老生常谈："为了更能确保特定重要目标得以实现而付出的努力越大，就越会令你无法为实现任何其他意图做出相应努力……如果目标已经达成，那么不用多想，我们的海军将会处于糟糕的状态，一种最有可能让我们失败的状态。"

舰队在 1755 年底处于这样一种差强人意的状态，同时又被要求保卫国家免受入侵，还要阻止法国增援兵力到达加拿大，而这时又出现了另一个威胁。有情报显示，一支部队正在土伦备战，目标是英国海军基地梅诺卡。抵御对联合王国的侵略以及保卫殖民地的最佳方式是派一支强大的舰队监视敌人的出发地。海军部写道，"对我们的殖民地和我们的海岸线最好的防守，就是向西派出一支这样的分舰队，竭尽全力地要么把法国人封锁在港内，要么在他们出港时以优势兵力同他们决战"。这段话揭示出海上帝国防御的关键所在，只需要把"向西"改成"向敌人的出发地附近"，就能适用于今天的英国。敌人或许有不止一处出发地，每处都有兵力存在，因此就需要海军强大到足够在每一处出发地外海都部署有相应的兵力，并且在每一处部署的兵力都必须拥有足够的实力，用海军部那份备忘录的话来讲，就是能够"以优势兵力

---

① 译者注：指德国在占领法国后准备实施入侵英国的"海狮行动"，其后由于条件不具备而被迫放弃。

同他们决战"。这需要在实力上拥有绝对优势，仅仅是纸面上的总数有优势并不意味着拥有充分的优势。海军部明智地指出了单看数量不看战舰状况的错误，这一点已经被英国舰队的实践经验充分证明，并不会因为技术条件在当代发生了改变而不适用。"永远不要忘记……海军实力不能通过港内战舰的数量甚至是编制的数量来衡量，而只能通过配备了装备、得到了补给、实际拥有并且人员齐整的战舰数量加以衡量。在任何一个方面不能满足条件的战舰都无法实际使用，就像它们根本不存在。"失修、少人、缺给养或者新服役的战舰，"可能在普利茅斯或者斯匹海德亮相①，它们的状况只有政府才清楚，它们或许会在国外制造恐怖或者赢得敬意，但是它们无法出海或者作战，直到水兵们认为它们'完全适于到海上去'"。为保持有一支分舰队或者一支舰队活动于海上，需要存在的兵力优势相当明显，这样才能做到常备不懈，不给敌人以可乘之机，或者让其得以乘虚而入，"齐装满员的战列舰如果少于30艘，则无法保证有20艘能够持续在海上活动，哪怕是夏天也不行"。1755年底，许多战舰处于瘫痪状态，这种优势无法实现。与此同时，也无法向地中海派出一支分舰队去应对土伦方向可能的动作。本土战场有必要被置于优先地位——我们已经看到，在以前的两次事态中，由于为地中海战区提供一支分舰队而导致本土舰队实力被削弱，同特龙普和图维尔②的会战都遭遇了严重失利。因此，分舰队派出的时间被推迟了，最终派出时，实力也不足以保证"以优势兵力同他们决战"。结果是法国远征部队从土伦启航时没有受到任何阻截，顺利在梅诺卡登陆，那里疏于防范，而且守备部队的许多军官不在位，这个海军基地就此丢失。

推迟派出分舰队的主要原因是没有足够的战舰同时应对本土和海外面临的威胁。入侵的威胁看来真实存在，而不是大规模佯动。战备当然也大规模展开了。英吉利海峡的港内正在建造平底船，地面部队真真切切地集结于圣

---

① 译者注：普利茅斯（Plymouth）位于英国英格兰西南区域德文郡，曾经是英国皇家海军的造船厂，也是16—19世纪英国人出海的港口；斯匹海德（Spithead）是位于大不列颠岛和怀特岛东北岸之间的海峡。以上两地为英国海军经常举行战舰下水仪式或者阅舰式的地点。

② 译者注：应是指图维尔伯爵（Comte de Tourville），本名安娜-伊拉里翁·德·图维尔（Anne Hilarion de Tourville，1642—1701），路易十四时期法国海军著名将领。

马洛、拉胡格、瑟堡、翁弗勒尔①、迪耶普、加来和敦刻尔克——如果能够被运过海峡，这的确是一支令人生畏的力量。根据法国陆军历史学家的说法，其真正的意图"只是吸引敌人的注意力，使其不去关注凡尔赛宫②这时正在为远征梅诺卡进行的准备，没有其他的目的"③。这次佯动——如果说真是佯动的话——达到了预期目的。尽管出现了判断失误并且派出干扰敌人远征部队航渡的分舰队在时间上被推迟了，加上负责指挥的海军上将也不够出色，但丢失梅诺卡的根本原因还是在于政府没能提供与履行其使命任务相匹配的海军。海军部在 1756 年 8 月提出的需求是 202 艘主力战舰和护卫舰，而实际上可用的数量只有 134 艘。虽然这个国家在两年多的时间里都处于战争威胁之下，大臣们并没有采取任何措施来提供进行战争的资源，皮特在同年 5 月对此进行了猛烈抨击，他恰当地指出："我们在没有做好防御准备的情况下就发起了挑衅，我们在发起挑衅之后又全不在意，在世界上的每个角落我们的实力都不如法国。"梅诺卡的丢失，原因在于无法以防卫一个大洋的海上力量担负起防卫两个大洋的职责，两个世纪之后新加坡的失陷也是同样的原因。

对梅诺卡的攻击是在不宣而战的情况下实施的。当消息在 1756 年 5 月传到伦敦时，法国已经正式宣战了。在此前几个月采取战备行动的过程中，大臣们必须就一个重大问题做出决定。一场以保证英国在北美的殖民地安全为目标的对法战争即将爆发，这场战争应该怎么打？很明显，那些殖民地的安全依赖于控制陆军在美洲的海上交通线。如果法国倾尽其庞大资源和巨额财富来建设海军，那么英国现有的海上力量足够维持建立制海权吗？这是一个老问题。我们看到这个问题在先前的战争中就出现过，一直以来的看法是除非法国把资源投入从海上转向陆上，否则英国就无法在海上保持必要的优势。然而，这并不是给内阁造成困难的唯一因素，另一件事情使得问题变得更加复杂——国王的汉诺威选帝侯领地④面临着风险。如果法国入侵汉诺威，那么

---

① 译者注：翁弗勒尔（Honfleur）是法国诺曼底大区昂日地区的首府，临大西洋。
② 译者注：凡尔赛宫（Versailles）位于法国巴黎西南郊，作为法国宫廷长达 107 年（1682—1789），常用于指代法国。
③ General Count Pajol, *Les Gurres sous Louis XV*, vol. iv, p. 30.
④ 译者注：汉诺威（Hannover）位于北德平原和中德山地相交处的莱纳河（Leine）畔。1714 年，汉诺威选帝侯继承了大不列颠和爱尔兰的王位，成为英国历史上的乔治一世国王，自此，斯图亚特王室男嗣对英国的统治正式终结，改由斯图亚特家族女儿后裔的汉诺威王朝统治。

为了恢复汉诺威的和平，英国将不得不放弃在海外取得的所有胜果。据称有一个办法能够既保证维持英国的海上优势，又能不以放弃在美洲的征服成果为代价保住汉诺威，那就是与一个或者多个大陆国家结盟。①

英国政治家们正在考虑这些战略问题，巴黎的政治家们差不多也在思考同样的事情。他们认识到英格兰处在海军的保护之下，但是汉诺威则不然。"因此对于法国军队来说，敌人的确存在着我们可以进行打击的弱点，国务会议在我们应该仅限于进行海上战争还是同时进行进攻德意志的战争这个问题上存在分歧。"海军部长马查尔特侯爵则认为，由于英格兰海上优势明显，法国将陷入倾尽全部资源也会捉襟见肘的境地，因此把任何资源用于陆上会战都是错误的做法。他提出，作为权宜之计，可以向乔治二世提议，让他的德意志领地在即将到来的战争中保持中立。达让森侯爵②反对这种观点："在之前的战争中，法国征服了低地国家才得以迫使英格兰在亚琛和会上把路易斯堡归还给法国，为了保有加拿大，法国不得不屈辱地接受了这种条件，在即将到来的斗争中，'我们要通过征服德意志来征服美洲'。在德意志，法国可以获得优势。在美洲，由于英国在海上占优，法国无法获得优势。'进攻汉诺威才是一个高明的方案。'由于国王热爱他的选帝侯领地，因此英格兰将被迫放弃对美洲的征服。此外，英国为了守住在美洲的地盘，要么必须组建一支陆军，而这又只能通过强行征召来实现；要么必须以高得离谱的价钱雇佣一支部队，而这将使财政难以为继，从而在美洲举步维艰。"达让森的意见占了上风。

英国在战争初期对相关海权问题进行的讨论，最终使"大陆"学派成为主导。在执政之前，皮特曾旗帜鲜明地反对在欧洲大陆实施陆上作战行动。他指出，英国应该效仿雅典，让自己登上战舰；在哪里能够取得优势，英国就应该在哪里作战——在海上和美洲。只要英国专注于海上实力，不需要国外的援助也能进行自己的战争，对外补贴和外国部队只是金钱和精力上的浪

① For detailed accounts of the considerations and discussions cf. Corbett, *England in the Seven Years' War*; Basil Williams, *Life of Pitt*.
② 译者注：应是指达让森侯爵勒内·路易·瓦耶·达尔（René - Louis de Voyer de Paulmy, 1694—1757），法国政治家，曾任外交部长。

费。然而和从前一样，天平倒向了另外一边，他们认为除非法国被迫把部分力量用于陆上，否则英国的海上力量并不足以为了战争的目的同时提供进攻兵力和防御兵力。海军部的一份备忘录，针对没有及时为防卫梅诺卡提供充足兵力的批评做出了回应，指出"当前的战争同（1688 年）革命之后的那些战争没有可比之处，那时同法国进行的每一场战争，我们在大陆上都有一个与法国为敌的强大盟国，使得法国耗费了兵力和金钱，有效地阻止了法国威胁我国或者殖民地的企图……"备忘录还指出，在困难重重的条件下，在之前的战争中，在地中海与本土水域还是同时维持着强大的舰队。据称，直到地中海舰队的多数战舰都被调回了本土，才得以组成派往西面的兵力，这支兵力在 1746 年后对敌人实施了决定性的打击。

可见，做出与欧洲大陆国家结盟的决定，主要是因为确信为了保持英国的海上优势有必要这样做，同时也是为了避免在讨价还价过程中被迫放弃在殖民地的胜利果实。其原因并非普鲁士的腓特烈是一位"新教英雄"，或者英国的大臣们找到了支持他入侵西里西亚的新理由，所以要向他提供帮助。尽管后来在普鲁士条约签订之后，皮特对普鲁士国王大加颂扬——作为政治家当然必须对盟友有所颂扬，但是他对这个人的品德没有心存幻想。"普鲁士国王是一个惹是生非的无赖，一个不道德的朋友，一个糟糕的盟友，一个糟糕的亲戚，一个糟糕的邻居，实际上是欧洲最危险又最邪恶的亲王。"

与普鲁士的盟友关系缔结于 1756 年 5 月，这一年中事情从糟糕变成了更糟糕。梅诺卡丢掉了，加尔各答①被占领了，在美洲也遭遇了失败。这是政府在和平时期忽视海权而在战争时期又浪费可用资产造成的直接后果。在接二连三的战略性失败之后，皮特掌握了大权并开始扭转大局。他把战略建立在一个简单的原则之上。他明确了战争的目标——北美殖民地的安全。他明确了达成目标的途径——在美洲赢得军事胜利。而要在军事上取得胜利，就需要建立起力量上的优势，在美洲建立起陆上军事优势的前提是掌握制海权。要掌握制海权并控制海上交通线，就得增强英国的海军力量，同时削弱法国的海军力量。为了削弱敌人的海军力量，就要消耗其资源并令其资源从用于

———————

① 译者注：加尔各答（Calcutta）现为印度西孟加拉邦首府，位于印度东部恒河三角洲地区。

海上转向用于陆上。为了消耗其资源，必须切断作为其财富来源的对外贸易；为了分散其资源，必须令其从德意志前线撤回兵力。牵制敌人陆上兵力的途径是使用英国的海上力量护送陆军到法国海岸的要点，而法国必须采取措施来避免这些要点被夺占或者被摧毁。

腓特烈最初请求提供的帮助是在波罗的海提供海军保障，防范俄国从海上攻击海岸。这种形式的帮助并不可行。由于要应对诸多任务，根本没有多余的战舰来满足这种需要，在之前的北方战争中，波罗的海作战的经验表明，大型战舰无法有效应对轻型桨帆船趁夏季波罗的海风平浪静时越过浅水海域输送入侵的陆军。腓特烈接受了另外一种牵制性攻击的策略，这个策略不是皮特的发明，因为早在马尔巴罗公爵那时的战争中就采用过，但是这次作战行动的范围之广前所未有。以前进行过的远征兵力不过 5000 或者 6000 人，现在计划投入 1 万人或者更多的地面部队。一支强大的舰队位于布雷斯特外海掩护此次作战行动，同时防备本土受到入侵，阻止法国增援部队出海前往美洲，并为在斯卡帕湾和松德海峡的贸易船队提供保护，防止其受到大规模袭击。与此同时，通过采用"1756 年战争规则"①，经济武器变得更锋利了。法国希望通过允许中立国来运输法国殖民地的商品来维持其殖民地贸易，从而在该项贸易中获得巨额利润，但这一图谋被挫败了。英国政府宣称，为免造成在海上被削弱的后果，和平时期对中立国关闭的贸易也不可能在战争时期开放。维持英国的贸易与作战行动同等重要，作为海权的两个要素，海军与商业之间的相互依赖关系可以用 17 世纪的作家经常使用的话来进行描述。"我们的贸易依赖于恰当地运用海上实力，贸易力量与海上力量相互依赖……财富作为国家真正的资源，依赖于商业。"因为有了那些财富，盟国才能继续进行战争。

一言以蔽之，这就是所谓的"皮特体系"，其逻辑起点是对"目标"的明确认知。战争中所做的一切事情，无论是政治的、海上的还是陆上的，都要以这种或者那种方式围绕着实现明确的目标而展开。宏观的军事目标是在决定性战区取得优势。英格兰必须在自己优势最明显的战场作战，这就是海

---

① 译者注：1756 年战争规则（Rule of War of 1756）指巴伐利亚在 1756 年最早颁布的民法典中关于冲突法的规定，这是世界上最早在国内法中规定的冲突规则。

外战场。英国必须把制海权作为根本，这个根本必须可靠而真实。在皮特的强烈要求下，本土舰队和海外舰队都得到了加强，敌方舰队的基地都处于舰队监视之下；在印度的分舰队得到了增援，敌人的海岸受到威胁，而其贸易也停顿了。一支强大的陆军被派往美洲，通过夺占路易斯堡这个关键要点开启了一场范围甚广的战役。皮特甚至寻求西班牙的协助，以便收复失去的梅诺卡基地，承诺以归还直布罗陀作为西班牙帮助夺回梅诺卡的回报。幸运的是西班牙拒绝了这项提议，英国通过让出一些不太重要的占领地而和平地收复了梅诺卡。我们已经看到了直布罗陀在两次对德战争中发挥的重要作用，应该对西班牙当初做出拒绝深表感谢。

　　为了削弱敌人在主要战区或者说决定性战区的实力，需要进行牵制行动。为达此目的，关键是要选择对敌人来说非常重要的目标，令其不能不采取措施进行防卫，而其派出进行增援的兵力应该多于之前投入的兵力，这些增援的兵力应该尽可能是从主要战区撤出的兵力，距离还要足够远，一旦做出增援的决定就只能坚定贯彻到底。皮特选定的地点，1757年是罗什福尔，1758年是圣马洛和瑟堡。他在给首批远征部队指挥员发出的指令中表明了上述意图。行动的目标是夺取海军基地，摧毁"在那里发现的所有船坞、弹药、军需品和船队，以此消耗法国海军的实力和资源"[1] 并形成牵制，"使敌人投入其相当兵力用于自守"。不幸的是指挥员的能力与完成任务的要求不相匹配，对罗什福尔的远征失利了。长期以来，圣马洛都是法国劫掠船队大规模盘踞的基地。尽管对那里进行了大规模破坏，船队和物资被大量焚毁，但是牵制效果并不显著，因为陆军在那里停留的时间不够久，因而没能迫使敌人从德意志撤出地面部队。在瑟堡，战术行动同样相当成功，然而由于同样的原因在战略上没能达成意图。最终，在圣卡斯特[2]的行动严重失利。在对此前的远征接连感到失望之后，此次失利造成了对此类战略的不满情绪，但是首相可以正当地抱怨说指挥员办事不力，而他并不能自由地选择前线指挥员。不过

---

[1] 当时有14艘主力战舰停靠在港内，另有4艘主力战舰和若干艘护卫舰正在建造。
[2] 译者注：圣卡斯特（St. Cast）为法国地名，临英吉利海峡。

他发现詹姆斯·沃尔夫①是一名真正的战将，尽管远征的结果令人失望，他还是可以断言，通过投入 1 万人的地面部队，可以令三倍于这个数量的敌军远离德意志前线。

1759 年，皮特加强海军的政策达到了顶峰，同时他把精力集中在单一的目标上。舰队经过加强之后，当时已经足够同时在大西洋和直布罗陀海峡部署分舰队，并对这两个海域的主要海军基地实施监视。法国以入侵为形式的反击也因此被挫败了。由土伦和布雷斯特的部队联合实施的入侵被地中海分舰队阻止了，这支分舰队于 8 月在葡萄牙海岸外拦截了土伦分舰队并将其歼灭，西部分舰队于 11 月在基伯龙湾②打击了布雷斯特舰队，后者当时正准备占据适当位置以实施入侵行动。皮特集中实现单一目标的政策，最后的决定性成果是夺占了魁北克③。

尽管皮特此前始终反对参与在德意志的军事行动，宣称他不会"派一兵一卒到易北河④去，让他们在那片火海中丧生"，他还是在远征瑟堡之后同意派出部分地面部队去那里，那些部队次年参加了明登⑤会战⑥，这次会战拯救了汉诺威。

斯威夫特在第二年发表了《同盟国的行为》，这个小册子相当重要而又语言精妙。在这个小册子中，斯威夫特对英国同普鲁士结盟并参加德意志战区作战的政策进行了批判。他否认有任何必要令法国将资源投入从海上转向陆上，否认英国有任何道德义务帮助国王守住或者保留他的汉诺威选帝侯领地，否认如果失去汉诺威就得把英国在殖民地占领的地盘归还给法国以换回汉诺威。⑦ 这些论点受到了强烈的反对，许多之前出现的观点被用作反对的论据。如果法国在欧洲大陆没有后顾之忧，那么其在德意志消耗的财力和人力有一

---

① 译者注：詹姆斯·沃尔夫（James Wolfe，1727—1759），英国陆军军官，因为击败法国军队、赢得亚伯拉罕平原战役而广为后世所知。

② 译者注：基伯龙湾（Quiberon Bay）为布列塔尼附近的一处海湾。

③ 译者注：魁北克（Quebec）位于加拿大东南部，北濒哈得逊湾，东临拉布拉多地区和圣劳伦斯湾，南接美国，西连安大略和詹姆斯湾，为加拿大和北美洲东部的交通要道。

④ 译者注：易北河（Elbe）是中欧主要航运水道之一，从捷克流经德国注入北海。

⑤ 译者注：明登（Minden）位于汉诺威附近，临威悉河。

⑥ 1759 年 8 月 1 日。

⑦ See ante, p. 130.

半可以用于加强海军。法国将得以支援其在海外的陆军，英国在美洲、西印度群岛和非洲的征服可能无法实现。虽然可以勉强粉碎入侵，但是将会很艰难。然而法国在基伯龙湾投入的兵力将不会是 21 艘战舰，而是可能达到 60 艘。如果不是因为同普鲁士结盟使得法国将资源投入从海上转向德意志，那么英国的优势将不再明显。作者问道，如果法国人没有其他事情缠身，那么谁能保证其对英国的入侵一定不会成功呢？

"孤立还是结盟"是一个始终存在的问题，每一代人都要寻找这个问题的答案。英格兰在 1778—1783 年的战争中选择了孤立，没有受到入侵。不过英国之所以能够躲过侵略，不是因为海权强大，而是因为敌人无能，并且还失去了北美殖民地。1803—1805 年，英格兰单枪匹马对抗拿破仑并再次躲过了侵略。后来，针对英国应该加入三国同盟①的提议，索尔兹伯里勋爵②评论指出，参考与拿破仑斗争的经验，孤立并不会造成危险。"哈茨费尔德伯爵③谈到我们的孤立对我们构成严重危险。我们曾经实际感受过那种危险吗？如果我们在革命战争中屈服了，我们的失败也不是因为孤立。我们有许多盟国，但是如果法国皇帝有能力控制英吉利海峡，那么这些盟国也救不了我们。除了在他在位的时候，我们还从来没有处于危险之中。"④ 随着强国阵营的变化和新式武器的发展，这一难题以一种新的形式呈现了出来——对制海权的需要，不仅限于英吉利海峡，而是遍及几个大洋。我们在最近的战争中已经清楚地看到，自治领和殖民地安危与否要看敌人是把海洋当成桥梁还是当成护城河。制海权是确保安全不可或缺的基本条件，行使制海权的工具是游泳、漂浮还是飞行，都是细枝末节。孤立还是结盟这个难题，在今天和在 1760 年没有区别，实质是英国能否在没有外援的条件下按照所需数量提供必要的手段。

回到英国政治家在七年战争中如何使用海上力量这个话题上来。1759—

---

① 译者注：三国同盟（Triple Alliance）指 1882 年德国、奥匈帝国、意大利在维也纳结成的秘密同盟。
② 译者注：应是指第三代索尔兹伯里侯爵（3rd Marquess of Salisbury）罗伯特·阿瑟·塔尔博特·加斯科因-塞西尔（Robert Arthur Talbot Gascoyne-Cecil，1830—1903），英国著名政治家，曾三任英国首相，也曾任外交大臣。
③ 译者注：应是指保罗·冯·哈茨费尔德（Paul von Hatzfeldt，1831—1901），曾任德国驻英大使。
④ Temperley and Penson, *British Documents no. 200*, p. 218. *Compare Sir Edward Grey in 1911*, post, pp. 278—279.

1760 年在海上和殖民地取得的胜利，不但保证了陆军在加拿大的胜利和王国本土免受入侵，还使得从敦刻尔克到马赛的法国港口都处于被监视之下。法国的贸易几乎完全在海上绝迹。尽管受到北欧国家的反对甚至北方联盟的威胁，"1756 年战争规则"还是没有被放弃，尽管采取了某些措施来消除中立国不应承担的痛苦——某些英国劫掠船队的压榨行动，这些劫掠者受到了约束。

皮特的目标现在已经超出了保护北美殖民地这个最初的范围。他寻求通过全歼法国海上力量来彻底解决英国的安全问题。他为 1761 年制订的计划，包括夺占法国在印度洋和西印度群岛的主要基地——毛里求斯、多米尼加、圣卢西亚①和马提尼克。然而当 1761 年到来的时候，西班牙释放出了敌对的信号，英国有理由为西班牙把赌注押在法国身上做好准备。西班牙提出了许多要求并在积极整备海上和陆上力量。这样就不适合再从本土水域抽调兵力，对毛里求斯的远征行动因而被搁置，取而代之的是针对贝尔岛②展开了一次行动。这次行动的目标是在法国港口和西班牙港口之间夺取一个基地，从而增强英国的海上力量，同时加强对法国沿海通道的控制，这些通道在法国的流通体系中占有重要地位，海军的军火通过这些通道进行补给，更有大批商品通过这些通道进入内陆。另外一个原因是要获取一个筹码，以便在实现和平之后换取恢复对梅诺卡这个基地的控制。1761 年 6 月，贝尔岛被攻克了。

1761 年夏季到来时，西班牙提出的要求和进行的准备进一步加码。③ 有一件事令西班牙推迟了行动：其珍宝船队还在国外，不能在银币安然到港之前就贸然宣战。皮特相信，一旦珍宝船队抵港西班牙就要宣战，他提议通过发出最后通牒迫使西班牙提前宣战，而一旦最后通牒被拒绝，就立即采取措施拦截正在返回本土的西班牙珍宝船队。内阁中的多数党一味强调要争取和平，坚持认为仍有希望通过哄诱让西班牙不参战。皮特的提议被否决了，他只好辞职。珍宝船队在秋末如期安全返港，西班牙的态度变得更加强硬。西班牙高调地提出了要求，内阁发现自己被迫要实施之前被他们拒绝的制裁，

---

① 译者注：圣卢西亚（St. Lucia）位于东加勒比海向风群岛中部，北邻马提尼克岛，西南邻圣文森特岛。
② 译者注：贝尔岛（Belleisle）是法国西北部布列塔尼半岛以南大西洋中的小岛。
③ 1761 年 8 月 15 日，法国和西班牙又签订了一项"家族盟约"，那不勒斯于其后加入。

向西班牙发去了一份态度强硬的备忘录，责问对方意欲何为。内阁没有得到令人满意的答复，1761 年冬天，英国正式宣战。地中海舰队得到了增援，在加的斯外海进行监视，一支地面部队被派往里斯本去保护葡萄牙，葡萄牙正面临着被两个波旁国家入侵的威胁。西班牙通过入侵可能获得的回报，包括吞并葡萄牙以及收复直布罗陀。

一如从前，西班牙的弱点在于其来自西印度群岛的珍宝。尽管这一年错失了切断其供应的良机，这些资源可以让西班牙支撑一段时间，但是不足以支撑较长时期。在西班牙的西印度群岛商业体系中，存在一个明显的中心点——哈瓦那，那里是西班牙在西印度群岛的整个贸易和珍宝船队聚集的中心。英国于是组建并派出一支部队远征哈瓦那，时间是 1762 年 8 月。这次远征付出了许多不必要的代价。由于内阁优柔寡断和决策迟缓，远征错过了一年中较为凉爽的季节，部队在风暴季节抵达战场，导致三分之一以上的人因为疾病而失去生命，总共付出了数千条生命的代价。在地球另一侧的马尼拉这个东方海区的贸易中心，英国实施了另一场远征。占领马尼拉既没有影响到战争的进程，也没有影响到和谈的条件，因为在消息到达英格兰之前，1763 年和约①已经得到批准，但是失去马尼拉对西班牙却是致命一击。这一失利使得法国和西班牙的联合行动陷入了绝望的境地，如果战争继续进行下去，情况必定会更糟糕。

和平在 1763 年到来了。许多在海外征服的地方归还给了两个敌国，某些作为敌方在欧洲大陆取得胜果的补偿，但是加拿大成为英国的殖民地，北美殖民地在将近一个世纪里受到的威胁从根本上消除了，地中海的梅诺卡基地则回到了英国手中。战略的要义是在能够建立起最大优势的地点作战，作战兵力的首要目标是建立制海权，这些都得到了不折不扣的证明。

18 世纪的第三场大规模战争出现的战略性难题与前两场有根本不同，但是这三场战争也有一些相通之处。在前两场战争中，英国在战争开始时都受到海军和陆军战备水平低下的严重困扰。在 1739 年和 1755 年之前，海军和陆军都被忽视了。我们看到，战舰的数量体现在纸面上，但是很多不适合出

---

① 译者注：1763 年 2 月 10 日，英国、法国、西班牙和德国签署了《巴黎条约》，正式结束了七年战争。

海作战，海军在战时的人力配备只是依靠赏金和强制这种无效的手段，没有其他办法；陆军被缩减得名存实亡。尽管在这两场战争之前都有人提出过警告，这种忽视海军和陆军的政策十分危险而又代价高昂，但是在战争爆发之时，这个国家还是没有什么准备。在 1763 年的和平与北美殖民地爆发叛乱之间的间歇期，海军再次出现了衰落，这种衰落同时受到两方面的影响——腐败和吝啬。76 艘战列舰被拆解，尽管新建造 68 艘加以替代，但是舰队的维修与保养却被忽视，也没有保持海军物资储备。尽管海军存在的缺陷引起了持续的关注，但是政府不愿意为保持海军的状态而采取不受欢迎的征税措施。海军上将霍克①因为对政府无视海军需求感到不满，辞去了海军大臣一职。他当时说道，"最新的平时编制无法让 80 艘战列舰齐装满员，在特命评估大臣每年砍掉 1 万人或者 1.2 万人的情况下尤其如此"。他的继任者是桑威奇勋爵②，在回答为什么花费在增加而海军规模却在下降的质询时，只能回应说责任不全在海军部，而在整个内阁。对于这样一个借口，霍克上将的传记作者评论指出，"尽管海军大臣总是有权力辞职（有些人因为履行职责时受到严重干预而这么做），但是其意图并不总是能为公众所知"。③ 海军在 1766 年从议会获得的经费为 280 万英镑，1767 年降到了 180 万英镑，1768 年为 150 万英镑，有人主张在 1769 年进一步削减。伯克④发出了反对的声音，他的观点那时正确，今天同样正确："在所有公共部门当中，对海军进行这种干预最为危险，事到临头才想起海军是最糟糕的事情，海军的失败造成的后果最大、最致命。我绝对不是想说海军或者其他部门不应该精兵简政，但是我也绝对不能容忍以精简为名指责海军滥用公帑……在谈到海军编制缩减问题时，有责任让我们知道的不是海军上将愿意削减的数量，而是他认为哪些机构纯属多余。"但是没人理会伯克的呐喊，无动于衷仍在继续。

　　1770 年，在没有任何征兆的情况下，挑战突然而至。在事先没有宣战，

---

① 译者注：应是指第一代霍克男爵（1st Baron Hawke of Towton）爱德华·霍克（Edward Hawke，1705—1781），英国海军著名将领，人称"不朽的霍克"。

② 译者注：即第四代桑威奇伯爵（4th Earl of Sandwich）约翰·蒙塔古（John Montague，1718—1792），1748 年出任英国首任海军大臣，1776 年再次出任海军大臣。

③ Burrows, Life of Hawke, p. 465.

④ 译者注：应是指爱德蒙·伯克（Edmund Burke，1729—1797），英国政治家、作家和哲学家。

甚至没有对福克兰群岛①提出声索的情况下，西班牙军队突然出现在埃格蒙特港②并驱逐了英国守备部队。内阁在迟疑了一段时间后，命令组建一支由 16 艘主力战舰组成的舰队，由于稍后法国准备支援西班牙，内阁决定另外准备 25 艘战舰。英国显示的决心起到了足够的震慑作用。法国停下手来，西班牙在没有援助的情况下不得不低头，和平得到了维护。但是此次动员的 40 艘战舰，按照皮特的说法只有十几艘处于能够出海的状态，这一评论迅速传到了巴黎，凡尔赛宫得到的建议是应该采取强硬的态度。③ 桑威奇勋爵在两年之后对这一幕做出评论，认为缺乏准备的英国是在玩火。"一旦哪天我们同西班牙闹翻了，我相信我们将会失去东印度群岛，或许还有直布罗陀，并将有大批商船被劫掠，直到我们有一支准备就绪的舰队，可以冒险从本土派出规模可观的兵力……我们只有不超过 15 艘战舰能够出海，而我相信法国人和西班牙人比我们更有优势且准备得更充分。"④

　　在谈及海军的状况被忽视的同一次演说中，皮特概略地阐述了他对海军需求的认识。他要求在两个拥有海军力量的潜在敌人所在的海域——大西洋和地中海——英国海军都能够有舰队存在。在这里，我们可以知道他当时对"两强标准"有怎样的理解。"这个国家的第一个并且是可以被感知到的目标是在本土保持优势兵力，即便法国和西班牙的联合舰队也永远不能成为英吉利海峡的主人……第二个目标是英国政府应当在任何时候都维持一支强大的西部分舰队。在风平浪静的和平时期这支分舰队应该能赢得尊重，在战争时期则能够令人生畏……第三个目标，我认为在部署我们的海军时绝对不能忘记，就是在直布罗陀湾保持一支力量，足以为守备兵力提供掩护，足以对西班牙人的动向进行监视，足以保持同梅诺卡的交通畅通无阻。"换言之，英国的利益容易受到两个国家在两个不同海域的攻击，需要有一支海军提供规模足够大的舰队，以在两个战区同时应对可能联起手来的敌人。今天我们已经看到，我们在东方有过多的占有地，由于海上力量不足导致我们在太平洋的

---

① 译者注：阿根廷称马尔维纳斯群岛。
② 译者注：埃格蒙特港（Port Egmont）为当时英占福克兰群岛的一个港口。
③ Basil Williams, *Life of William Pitt*, vol. iii, p. 273.
④ "Sandwich to Lord North, 10 Sept. 1772 (*Sandwich Papers*, vol. iii, p. 24)".

自治领暴露在紧迫的危险之中，多么希望查塔姆的学说也被应用于 1918 年之后的局势。不过，尽管查塔姆对英国安全的根基有过这样的阐述，尽管他在早期也曾反对派遣地面部队进入德意志战区，但他现在又否定战争能够被限制在海上的观点。"有些人说要把大规模战争限制为海上作战，他们这么说要么是缺乏常识，要么是缺乏经验。"法国人和西班牙人加起来有 2500 万，英国人却只有 500 万。"单凭这一点，我就认为仅靠我们自己的资源根本无法与波旁王朝联合起来的力量相抗衡，这一点不言自明。"这样，皮特就让自己站到了这样一些人的行列，他们认为英国需要并且可以借助优势的海上力量保证安全，他还认同另外一些人的观点，即认为波旁同盟拥有庞大的资源，如果这个同盟集中力量对付英国，那么单纯依靠保持必要的海上力量优势将无济于事。结盟因而存在必要，英国也必须能够协助那些盟国。为此，陆上力量必不可少。如何以及在哪里使用那些陆上力量，则要看在哪里使用陆上力量会最有效。海上力量提供的机动性，能使陆上力量的效用成倍增加。

查塔姆的观点和伯克的观点都没能起到作用，海军继续被缩减。诺斯勋爵[1]执意要这么做，他的观点是相信战争不会到来。1772 年 9 月 22 日，他致信桑威奇勋爵，预见会出现一个相当长久的和平时期，这种预见不止一次成为大规模战争的先兆。他写道："我想不起来有什么时候比现在还要太平。合理和审慎地精打细算，现在正当其时……如果我们不能小心从事，庞大的平时体系将会让我们走向毁灭。"海军大臣没有诺斯这么乐观。他不认为"国外的形势如此有利，在上一次的瑞典事件之后尤其如此，如果在那次事件中同俄国结盟，极有可能把我们拖入第二年爆发的战争当中。在这种情况下，我相信我不需要向你指出，有一支令人敬畏的舰队随时可用，将会对我们极为有利"[2]。毁灭如期而至，但是并非因为平时体系庞大，而是因为海军战备水平低下，而大臣们又拒绝正视现实。英国的政治家们忙于裁减海军，对有识之士提出的主张充耳不闻，任由曾经被证明为攻防利器的海权沦为摆设，法

---

① 译者注：即第二代吉尔福德伯爵（2nd Earl of Guilford）腓特烈·诺斯（Frederick North, 1732—1792），英国政治家，1770—1782 年任首相。

② "Sandwich to North, 10 Sept. 1772", *Sandwich Papers*, vol. I, p. 24.

国的政治家们却在着力推动其海军重生。在舒瓦瑟尔①这位能臣的领导下，在海上灾难性事件的刺激下，在所有阶层的支持下，在整个国家的协作下，法国海军获得了新生命和新效能。原有的三座造船厂被整修一新，又新建了两家造船厂，法国的东印度公司起死回生，采取措施储备了造船用的木材——同伊丽莎白女王采取过的措施相当——启动的造舰计划目标是建造 8 艘战列舰和 45 艘护卫舰，弹药和军需品得到补充与储备，海军行政体系得到改革。法国人不仅在行政和物质方面着力，海军科学研究也受到鼓励，海军学院得到重组，通过建立"演习分舰队"来发展操纵战舰和使用舰队的实用技能，对英战争方案则力求详尽周密。②

随着英国政府与北方殖民地的争端更加严重，法国和西班牙紧密关注形势发展，认为羞辱其前征服者的机会就在其中。尽管西班牙在 1775 年没有任何作为，因为其在远征阿尔及利亚时遭受了严重失败且损失惨重，但是他们正忙着扩充海军，在哈瓦那、卡塔赫纳和费罗尔大干快干，目标是在已有 60 艘主力战舰的基础上再增加 40 艘战舰。西班牙大臣奥苏纳③希望，这些战舰加上法国的大约 70 艘战舰，将可与英国据估计能够出海的 80 艘战舰相匹敌。④ 法国大臣维尔仁⑤同奥苏纳一样想从不列颠的窘境中渔利。他说，苍天为证，这正是让英国沦为二流国家的时机。有两件事情至关重要，一是必须竭尽全力阻止两个英语族群达成和解；二是绝对不能诱发一场欧洲战争，以免影响联盟全力打击不列颠的努力。为此，尽管西班牙极为渴望，也绝对不能有征服并吞并葡萄牙的举动，因为这可能刺激其他强国进行干预。还有一种担心是英国利用俄国女皇⑥对（神圣罗马）帝国的仇恨以及普鲁士国王的

---

① 译者注：应是指艾蒂安·弗朗索瓦·德·舒瓦瑟尔（Étienne François de Choiseul, 1719—1785），法国政治家，曾任海军大臣和陆军大臣，1758—1770 年任法国国务大臣。

② For details of these matters cf. Lacour – Gayet, *La Marine militaireáe la France sous le règne de Louis XV*, chap. xxii；Contre – Amiral R. Castex, *Les Idéesmilitaires de la Marine du XVIIlième siècle*, chap. vii.

③ 译者注：应是指第八代奥苏纳公爵（8th Duke of Osuna）唐·佩德罗·佐伊洛（Don Pedro Zoilo, 1728—1787）。

④ "Osuna to Vergennes, 10 Aug. 1775". Quoted in Doniol, *Histoire de la participation de la France à l'établissement des États – Unis*, vol. i, p. 375.

⑤ 译者注：应是指查尔斯·格拉维埃·维尔仁（Charles Graviercomte de Vergennes, 1717—1787），法国政治家和外交家，曾任法国外交大臣。

⑥ 译者注：即叶卡捷琳娜二世（Catherine Ⅱ, 1729—1796），也就是著名的叶卡捷琳娜大帝（Catherine the Great），1762—1796 年在位。

贪心而组成英俄普同盟，其后果可能是迫使法国履行条约义务援助（神圣罗马）帝国，从而使法国的资源从海上流向陆上。我们听到这种声音曾经在英格兰回响，认为为了保持英国的海上力量优势需要同欧洲大陆国家结盟。但是这一次——1775 年——巴黎的政策是隔岸观火，通过承诺法国保持中立让英国松懈下来。其后，（法国）向殖民地居民提供了各种各样的秘密援助，他们的劫掠船队在法国港口受到热情款待，高度组织起来的私人则出于政府利益向他们提供弹药。

尽管殖民地居民没有常规建制的海军兵力，但是濒海地区的民众海洋观念强烈，普遍从事海上营生，老到强悍的海员众多，其中许多人都在之前的战争中参加过作战行动。一些人参加过 1745 年夺取路易斯堡的联合远征①以及 1755 年的第二次远征、1759 年对魁北克的远征和 1762 年对哈瓦那的远征，更多的人则曾经在海盗出没的海域为保护自己的贸易船队而战斗过。他们曾经为皇家海军提供过大约 1800 人，这个数字远低于实际能够提供的数量，因为在上一年的战争中，有超过 2.5 万名海员参加了“大陆海军”及其劫掠船队。造船工业繁荣兴旺。1775 年，在英国登记的船舶有三分之一由殖民地建造。此外，受到英国政府自 1704 年以来的关照，殖民地的森林已经成为海军物资的重要来源，特别是撑木、圆材、沥青和焦油，在战争爆发之前，从殖民地获取的数量已经超过了从波罗的海获取的数量。皮特把美洲称为“我们的财富源泉、我们的力量源头以及我们的海权根基”，表明他对此有深刻理解。很不幸，当权的政治家没有他这种远见，这种伟力以及对英国海权和安全日益增长的贡献被弃如敝屣。最后一批产自殖民地的圆材在邦克山②遭遇战③前夕抵达英格兰，其后这些曾经满足英国需要的供应不再流向英国，而是流向英国的敌人——法国。因为实行受到伯克谴责的紧缩政策，英国的储备已经消耗一空，再次处于本来需要通过长期开发殖民地资源才能摆脱的那种地位——依赖者的地位。在关系国家生存这样一个重要问题上，英国要依赖

① 在对路易斯堡进行的第一次远征中，马萨诸塞殖民地商船队派出了 10 艘船，康涅狄格派出了 2 艘，罗得岛派出了 1 艘。
② 译者注：邦克山（Bunker's Hill）为美国马萨诸塞州波士顿港北方的小山。
③ 译者注：即 1775 年 6 月 17 日进行的邦克山战役，是美国独立战争中的第一场大规模战役。

北欧国家的意愿、政治情感和商业利益。这些国家不失时机地抱成一团，一致的目标是迫使强国接受自己的观点，即关于禁运品属性和战时禁运品贸易权方面的观点。①

　　在殖民地叛乱爆发之际，伦敦的大臣们过去遇到的老问题又以新形式再次出现了。这个老问题就是应该怎样进行即将到来的战争，他们是应该把行动限制在海上，只使用经济压力这个武器，还是应该使用陆上力量深入殖民地进行战争呢？一方面，巴林顿②等人不仅不满意那些引发战争的政策，而且相信通过采取军事行动不可能降服数量众多而又性格彪悍的民众，认为即便有可能在战场上击败他们，也不可能让心怀不满的民众永久屈服，除非让他们付出毁灭性的代价。他指出，切断殖民定居者赖以生存和致富根基的商业，将造成苦难和不满，加上为了对付印第安部落以保证自身安全而带来的负担，将令他们不久就会"在特定程度上表现出顺从"，很快就会出现合乎时宜的妥协，消除纷争。另一方面，有观点认为正在发生的事情是叛乱，而叛乱无论是发生在英国的一个城市，还是发生在殖民地的一个省份，都必须通过军事手段予以镇压。这个观点占了上风，其结果是海军要承担以下职责：运送陆军及其给养到美洲，切断殖民地定居者的商业，剥夺他们所需的军火，保护英国的海上贸易。如此之多的职责压在了现有的巡洋兵力头上，令这些规模锐减的海军力量实在力有未逮。殖民地劫掠船队通过捕获运输船队和补给船队获得补给他们自己的货品，中立方船队则提供了其余的物资：殖民地的火药有 90% 来自海外。如果集中精力于一个单一的目标而不是分散在许多目标上，那么，巴林顿主张的那种压力形式能否取得决定性效果也未可知。当时有一位美国发言人则指出，由于商业被切断而造成的匮乏"或许将使战争出现另外的结局，幸好法国伸出了援手"。然而海军历经缩减，没有足够数量的战舰在同一时间既能向遥远的战场输送陆军，又能切断敌人港口的商业活动，还要为海运提供保护，对海运的攻击不仅发生在大西洋西部，甚至远及非洲

---

　　① See post, p. 153.
　　② 译者注：应是指第二代巴林顿子爵（2nd Viscount Barrington）威廉·巴林顿（William Barrington，1717—1793），英国政治家，曾任陆军大臣。

西海岸、东印度船队返回本土必经的圣赫勒拿岛①、北海以及英吉利海峡。

战争的第一阶段以 1777 年 10 月萨拉托加②（英军）的投降而告终。法国马上准备把经过重建的海军整个作为砝码放在天平上。处于窘境的英国海军成就了殖民地的胜利，现在变得更加窘迫。不可能在英吉利海峡部署一支实力超过布雷斯特舰队的英国舰队，同时又在地中海部署一支英国分舰队应对法国土伦舰队任何可能的行动，很明显需要有这样一支分舰队来阻止土伦舰队与布雷斯特舰队会合或者驶向美洲。在过去两年中，不时有人警告说法国可能进行干预而西班牙可能积极响应。1776 年 6 月，有报道显示法国和西班牙"在欧洲拥有或者即将拥有的在役战舰数量要比我们多，如果我们不能立即采取恰当措施让我们的装备跟上这两个国家的步伐，那么两国战舰的数量将是我们的两倍"。10 月，海军大臣提出的计划是在 12 个月内应有 83 艘战列舰可用，但最终一事无成。在 1777 年一整年时间里，布雷斯特、罗什福尔和加的斯的造船厂热闹非凡，战舰建造完毕后被部署到了东印度群岛和西印度群岛，英国政府还是无动于衷，舰队战备水平持续低下。1778 年 3 月，法国最终摊牌，宣布承认美国独立并与其结成同盟。法国在地中海和大西洋建立起来的舰队，实力达到 65 艘主力战舰和 62 艘护卫舰。③ 相比之下，被委派指挥本土舰队的海军上将发现只有 6 艘战舰"能被水兵看上眼"，而他得到的保证是能有 35 艘战舰，同时没有战舰可供派往地中海，导致英国在 1756 年丢掉马翁港的那种局势再次出现，但是这次处于危急中的不只是一个港口，而是整个帝国。显而易见的妥当方案是在直布罗陀海峡拦截土伦舰队，但是又不可能组成这样一支兵力，因为在 6 月之前无法从本土舰队中抽调出任何战舰。英国还在手忙脚乱地整修战舰，由 13 艘主力战舰组成的土伦舰队已经启航，在没有遇到任何阻碍的情况下驶向美洲，英国在美洲的分舰队只有区区 3 艘重型战舰。马汉针对这种情形评论道："在对法战争一触即发之际，早就得到警报的（英国）政府犯下了不可饶恕的错误，任由这支部队在 1778 年 4 月

---

① 译者注：圣赫勒拿岛（the island of St. Helena）为南大西洋的一个火山岛。
② 译者注：萨拉托加（Saratoga）位于美国纽约州中东部。
③ 部署为布雷斯特、罗什福尔和土伦分别有 50 门及以上火炮的主力战舰 42 艘、5 艘和 18 艘，总计 65 艘；布雷斯特和土伦分别有护卫舰 42 艘和 20 艘，总计 62 艘。罗什福尔另有少量巡洋舰。

去面对一支占有明显实力优势的舰队。从土伦出发的法国舰队理应在半路上受到拦截，如果拦截失败，英国的增援兵力也应抢先一步到达美洲。应该说只是因为海军上将行事有力，政府才免于遭受巨大的灾难。"①

增援兵力的确启航了，但是直到 6 月才出发，已经为时过晚。不可饶恕的错误不仅在于没有进行拦截或者没有及时增援，还在于在 1763 年之后的那些岁月里对海军的忽视。海军已经衰败到如此程度，在紧要关头根本无舰可用，可用的战舰又人手不齐。

在 1778 年春季的几个月里，英国本土舰队的实力从 6 艘战舰增加到了 20艘，海军上将率领这些战舰出海去对付布雷斯特舰队，发现对手有 32 艘战舰，在数量上远远多于自己。鉴于差距过于悬殊，他只能返回本土充实兵力。一个月后他再次出海，7 月 27 日在韦桑岛②附近海域与数量大体相当的敌人遭遇并进行了决战。兵力上势均力敌的决战并不多见，在战争爆发初期尤其少见。许多年之前，海军上将肖维尔③曾经说过，"除非奇迹发生，数量多者取胜"。圣·文森特④表达过同样的观点并指出，"我经常告诉你们，两支实力相当的舰队永远不会分出胜负，除非双方都决心决一死战，或者其中一方的总司令自己乱了阵脚"。哪怕是纳尔逊本人，虽然在自己指挥的会战中证明精巧可以替代数量，但是也说过"只有依靠数量才能歼灭敌人"这样的话。诺斯勋爵的政府，既没有为在和平时期进行机动演练提供战舰，也没有提供过这样的机会，这样一个政府根本没有资格在事关海上帝国的海军防务这个重大问题上做出这样一种估计：在战争爆发之际，可以依靠官兵的技能优势替代战舰的数量。凯佩尔⑤的舰队在数量上和技能上都无优势可言，战舰常年停靠在港内而不是出海训练，军官没有演练过战术。不舍得花钱不但造成物资匮乏，而且造成人才匮乏，投入到 1778 年 7 月 27 日韦桑岛会战中的舰队就是一支缺乏训练的舰队。历史有太多的"假如"，但是其中有一个"假如"

---

① Laird Clowes and others, The Royal Navy, vol. iii, p. 411.

② 译者注：韦桑岛（Ushant）位于布列塔尼半岛西端西面，岛上的灯塔是英吉利海峡南口的标志。

③ 译者注：应是指克劳迪斯利·肖维尔（Clowdisley Shovell, 1650—1707），英国海军著名将领。

④ 译者注：应是指第一代圣·文森特伯爵（1st Earl of St Vincent）约翰·杰维斯（John Jervis, 1735—1823），英国海军著名将领。

⑤ 译者注：即奥古斯塔斯·凯佩尔（Augustus Keppel, 1725—1786），英国海军上将，韦桑岛海战中英国舰队指挥员。

没有争议：假如英国在韦桑岛会战中取得了决定性的胜利，那么世界历史的进程将会改变。著名海军历史学家约翰·劳顿爵士①的评论，揭示出了一条适用于所有时代的教训，今天也同样适用："如果法国舰队被粉碎了，则法国将无法向美国提供援助；德斯坦②（的土伦分舰队）肯定会被立即召回；西班牙将继续中立，殖民地至少在当时会重新效忠英国。但这些事情都没有发生，因为我们没办法在 7 月 27 日击败法国舰队；因为凯佩尔的战术很糟糕；因为舰队只是临时拼凑起来的一堆战舰，而舰员只是新招募来的一群乌合之众，根本没有经过训练。我们因为政府的疏失而付出的代价，是在欧洲失去了威望，在美洲失去了殖民地，国债则又增添了 1 亿。"③ 这不是英国出于节俭的目的和罔顾海权的需求而最后一次付出代价，也不是代价最大的一次。

法国的干预改变了战争的目标。英国的意图现在成了守住在美洲能够守住的东西，而不是进行征服并尽一切力量对抗新的敌人——法国。霍威勋爵④收到的指令指出，"现在的主要目标是必须挫败法国，保卫陛下的领地不被蚕食"。"挫败"法国的方式之一是打击其商业和殖民地，因此西印度群岛成为一个战场。看到英国陷入困境并且在海上处于劣势，西班牙于 1779 年选择在法国这边下注，法西联合舰队在英吉利海峡部署有 66 艘风帆战舰，英国海军只有 39 艘风帆战舰与之对抗。5.5 万人的地面部队和 400 艘运输船在勒阿弗尔整装待发，准备入侵怀特岛。马汉不偏不倚地指出，"不是因为英国人自己预有准备，而是因为敌人在协作和战备方面效率低下，才使得英国的岛屿没有受到入侵"⑤。与此同时，西印度群岛的格林纳达和圣文森特⑥均告失陷。在 1779 年 9 月发出的信中，国王强调了西印度群岛的战略地位："哪怕要冒着本土被入侵的风险也必须保住我们的那些岛屿。如果我们失去了我们那些

---

① 译者注：应是指约翰·诺克斯·劳顿（John Knox Laughton, 1830—1915），英国著名历史学家。

② 译者注：指查尔斯·赫克托－孔德·德斯坦（Charles Hector comte d'Estaing, 1729—1794），法国海军将领，美国独立战争期间率领法国土伦舰队前往美洲。

③ *Letters of Lord Barham*, vol. I, p. xxxii, Navy Records Society.

④ 译者注：应是指理查德·霍威（Richard Howe, 1726—1799），英国海军将领，美国独立战争期间任英军司令。

⑤ Laird Clowes and others, *The Royal Navy*, vol. iii, p. 445.

⑥ 译者注：圣文森特（Saint Vincent）是西印度群岛中圣文森特和格林纳丁斯群岛（Saint Vincent and the Grenadines）的主岛。

'糖做的岛'，就没办法有足够的钱来继续战争……"在这个危急时刻，我们听到有种理念再次回响，即英国需要令敌人把资源从投向海上转为投向陆上。海军大臣当时写道："会有人问，为什么在我们拥有如此强大力量的时候——如果不是说前所未有的强大力量，敌人却比我们更有优势？关于这个问题，答案是我们前所未有地在海上战争中面对一个全面协调统一的波旁王朝，其海军力量没有被分散，也没有其他的战争或者目标分散其精力和资源。我们很不幸，还有另一场战争要打，消耗着我们的资源，而且我们得动用相当部分的陆军和海军。我们没有朋友或者盟国来援助我们，正好相反，那些理应成为我们盟国的国家，除了葡萄牙之外，都做出了对我们不利的行为，为敌人装备他们的舰队提供保障。"① 对英国面临的难题还有另外一种更加简单的解释，这种解释就来自海军大臣本人——行政因素导致海军迟迟未能进入作战状态："如果我们早一些装备起来并且在法国舰队与西班牙舰队会合之前就给予其有效打击，我们就有可能在各个地方都取得胜利。"

以荷兰为首的联合省，在"那些理应成为我们盟国的国家"中首当其冲。根据 1678 年签订的条约，联合省有义务在英国受到攻击时伸出援手。当西班牙在 1779 年对英国宣战时，荷兰人被要求根据条约有效履行自己的义务。然而，在履行条约义务于己不利的时候，或者出于对自身利益的考虑，各国总会找到拒绝的借口。荷兰人的说法是，尽管共和国"依据条约，在大不列颠王国这个国家遭受攻击或者面临非正义战争威胁的任何时候，有义务提供援助和协助"，并且向侵略者宣战，"但是从未放弃对战争起因进行审视的权利，并且要对履行条约规定内容的理由和动机进行调查，然后才能慎重地做出决定"。此外，他们宣称大不列颠所能够要求提供援助的战争，仅限于在欧洲进行的战争。不是第一次也不是最后一次有事实表明，在事关国家生死存亡的重大问题上指望另一个国家伸出援手是多么危险。

荷兰以这种态度拒绝依据 1678 年条约履行自己的义务，然而又强烈要求不列颠依据 1674 年的另一项条约履行自己的义务，这项条约允许荷兰在英国进行战争时向任何国家运送所有种类的海军物资，因为 1667 年在海上败北，

----

① *Sandwich Papers*, vol. iii, p. 170.

直接导致英国被迫签署了这项条约，败北的原因则是英国的主力战舰在 1666 年冬季返港整修。① 针对这种要求，内阁在 1780 年 4 月回复指出，鉴于荷兰拒绝履行其援助英国的承诺，同时鉴于"所有条约都有互惠性质"，很明显"就国王而言那些条约已经不复有约束力"，因此这些条约已经失效。事情至此尚有余地，然而当美利坚合众国与联合省在秋季缔结修好通商条约之后，已经再无悬念。英国要求荷兰做出解释，荷兰给出的解释难以令人满意。与其选择一个通过提供港口设施和其他方式来实际援助敌人的非交战国，不如选择一个实力相对弱小的交战国，于是英国政府于 1780 年 12 月对联合省宣战。② 荷兰的贸易马上陷于停顿，从英国的敌人那里获取的丰厚利润烟消云散，作为在加勒比海的立足点并能为敌人舰队提供补给的圣尤斯特歇斯岛③被攻占下来。一支远征部队被派去夺占好望角，以避免其成为法国人前往印度的基地，切断好望角对法国在印度洋的基地——毛里求斯的粮食供给，没有了这项粮食供给，毛里求斯就无法为大规模的舰队和陆军提供保障，这次远征被能力十足的法国分舰队指挥官挫败了，他们在半路上实施了拦截。

同年，政府还要应对另一个威胁，俄国女皇凯瑟琳④在北欧挑起事端，意在限制英国对其敌人施加经济压力的能力以及英国剥夺那些敌人装备舰队的各种手段的能力。不属于禁运品的敌国商品被宣布免于捕获，尽管捕获禁运商品的权利得到承认，但是在没有明确证据的情况下不得逼停或者临检中立方的船舶。对于英国这样一个海洋国家来说，通过拒绝承认那些对其武器——海军——最有影响的货品为禁运品，其海上捕获权的价值就被剥夺了。海军必需品不能被宣布为禁运品，这种观点在道义上根本站不住脚。这种观点的根子纯粹是商业上的事实，也就是北欧国家有商品要出售并且有办法开展利润丰厚的商业活动。荷兰人以运输这些商品为业，他们坚持有权向中立方船队提供海上军事保护。有一位英国大臣写道，这些船队"如果合法则无须保护也不会受到我们的打扰，如果不合法则不会因为护航而得到保护"。瑞

---

① 译者注：参见"斯图亚特王朝和共和国时期的海权"相关内容。
② 荷兰海军拥有 22 艘主力战舰和 27 艘巡洋舰，接近一半的主力战舰在两个印度群岛和地中海活动，只有 5 艘位于本土。
③ 译者注：圣尤斯特歇斯岛（St. Eustatius）是加勒比海地区背风群岛的一个岛屿。
④ 译者注：凯瑟琳（Catherine）即叶卡捷琳娜。

典、丹麦、普鲁士、奥地利和荷兰在 1780 年加入武装中立同盟①，葡萄牙于 1782 年加入，两西西里（王国）于 1783 年加入。英国如果坚持行使那些权利，那些自伊丽莎白时代以来先辈们信念坚定地为之奋斗的权利，将会面对的可能后果是为本国的敌人增添超过 80 艘主力战舰。俄国组建了三支分舰队，各有 5 艘主力战舰，分别部署在地中海、北海和葡萄牙海岸，其他国家做了同样的准备。然而，除了做出一些小的妥协外，内阁在总体原则上立场坚定，决心捍卫国家的海上权利。国务大臣指出，未经临检放过任何可疑货物，有违明智的原则和政策；如果不列颠不能剥夺敌人赖以实施作战行动的供给，那么同波旁王朝国家的战争将存在多种不利条件。武装中立最终效果有限——凯瑟琳自己在 1782 年承认，武装中立已经沦为"武装无力"。② 这出闹剧妄称以某些伟大的道德准则——某些所谓的自然法则或者权利法则——为基础，各国在拥有海权或者与海权国家结盟的情况下采取的态度则极为不同，这时就会强烈支持海上交战权，这一点充分证明了这些准则的虚伪性。法国在 1681 年的时候是一个海上强国，对待中立国家的态度远比英国严厉。俄国在 1793 年是英国的盟国，宣布支持以最严厉的手段切断中立国家与法国的商业往来。

在战争的第二个阶段，法国和西班牙做出的干预完全依赖海上力量。如前所述，1779 年有 5 万人在圣马洛和勒阿弗尔集结，一旦法西联合舰队的 66 艘战舰歼灭了英国的 40 艘战舰——这些战舰挡在了两国征服不列颠的路上，400 艘运输船将运送这些兵力越过英吉利海峡。不列颠幸运之至，敌人的水兵没有能力履行使命，"不是因为英国人自己预有准备，而是因为敌人在协作和战备方面效率低下，才使得英国的岛屿没有受到入侵"。③ 更多的西印度岛屿落在了拥有海上优势者手中。直布罗陀经受住了为时三年的围攻，击退了敌人海陆并进的联合攻击。之所以能够做到这一点，是因为进行过三次解围和增援，否则直布罗陀必将沦陷。然而梅诺卡在 1782 年陷落了，因为没有进行

---

① 译者注：在北美殖民地进行反英独立战争期间，俄国联合丹麦、瑞典结成同盟，宣布以武装保护中立国船只在交战国海岸自由航行进行贸易。

② Higgins and Colombos, *International Law of the Sea*, p. 444.

③ Mahan, In Laird Clowes, op. cit., p. 445.

解围行动，所以弹尽粮绝而降。尽管英国在 1781 年解了直布罗陀之围，但是代价是法国舰队有 26 艘战舰在未经阻拦的情况下离开了布雷斯特，原因是英国本土没有足够的兵力可供同时执行两项任务，每项任务都至关重要——为地中海基地解围和把法国舰队封锁在布雷斯特。未受监视的布雷斯特舰队，有一股在法国海军历史上最精明强干的上将指挥下前往印度。在赶往印度的途中，这股兵力拦截了前面提到的用来夺占好望角的英国远征部队，使其无法完成任务。在粉碎了英国对好望角的攻击后，法国分舰队继续前往印度，在兵力上相对那里的英国分舰队占有优势。法国分舰队击败了英国分舰队，夺占了已经在锡兰①亭可马里②购买的关键基地，并把法国的地面增援部队带到了印度。这支增援部队同海德尔·阿里③的陆军并肩作战，在数量上压倒了英国的部队，使得位于科罗曼德海岸④的整个英国占领区危在旦夕，直到另有英国战舰抵达印度。（英国）派出这支分遣兵力，导致本土水域本已十分虚弱的兵力被进一步削弱。布雷斯特舰队的另一股前往西印度群岛，在那里打乱了英国的作战部署，又从那里出发赶往北美。决定同殖民地的斗争结果如何的最终一战，有一个因素起到了显著的影响——康沃利斯⑤在约克镇⑥的投降。没有人比华盛顿⑦更能清楚地理解制海权在这场令人心生厌恶的战争中有多么重要，他对海权在这场斗争中必然会起到的作用有清醒的认识⑧，与其形成鲜明对照的则是英国大臣们的无动于衷和鼠目寸光。在战争的头三年里，华盛顿吃够了苦头。在法国海上力量向他提供援助之前，主动权大部分时候掌握在英国手中，原因是英国可以利用海洋将陆军机动至目的地，他必须应付这种机动。然而法国舰队的到来令局面转而变得对他有利了，尽管甚至在 1778 年秋季他还惴惴不安。他在 10 月 4 日写道，"除非西班牙人能够让他们

①　译者注：锡兰（Ceylon）即今斯里兰卡。
②　译者注：亭可马里（Trincomali）位于今斯里兰卡东海岸。
③　译者注：海德尔·阿里（Hyder Ali，1722—1782），印度南部迈索尔的穆斯林统治者。
④　译者注：科罗曼德海岸（Coromandel Coast）位于印度东南部，临孟加拉湾。
⑤　译者注：指查尔斯·康沃利斯（Charles Cornwallis，1738—1805），又译康华里或者康华利，英国军人和政治家，1778 年出任北美英军副总司令，1781 年在约克镇大败后率部投降。
⑥　译者注：约克镇（Yorktown）位于美国弗吉尼亚州约克河的出海口附近。
⑦　译者注：指美国首位总统乔治·华盛顿（George Washington，1732—1799）。
⑧　For an appreciation of Washington as a naval strategist cf. Captain Dudley Knox, U. S. N., *The Naval Genius of George Washington* (1932).

第四章　18 世纪的海权

的舰队站在法国一边并开始其敌对行动，我才能打消顾虑。若非如此，我恐怕英国海军实力太强，不会陷入法国的陷阱"。1781 年 4 月，他再次把目光焦虑地投向海上。"如果法国的援助不能及时到来，将会对我们于事无补，如果法国想帮忙就得尽快。我们已经山穷水尽，我们必须迅速得到解脱。"解脱即将到来。几乎就在他写下这些话的时候，布雷斯特舰队大摇大摆地启航了。当法国舰队在秋季抵达美洲海岸的时候，华盛顿敦促法国海军上将为其针对约克镇的战役意图提供支援。"在阁下的战舰掩护下对约克镇的冒险定能取得成功，正如任何军事行动都只能依赖决定性的兵力优势才能赢得胜利"，另一方面，围攻约克镇的陆军也只能"在主宰切萨皮克湾①的舰队掩护下"通过海上得到给养。对他来说，海上优势是他计划在来年实施的战役不可或缺的基石，这一点同样一目了然。他致信海军上将，"将军阁下想必明白，在当前的斗争中，陆上力量采取的任何努力都必须得到海军的支援"。②正如失去制海权成为令英国的印度领地朝不保夕的主要原因，失去制海权也是约克镇失利的主要原因，而约克镇之败也让英国政府最终相信已经没有可能收复北美殖民地。正是因为没有可能在解围直布罗陀的同时在布雷斯特外海保留一支舰队，才使得那支法国舰队得以未发一炮就驶向大洋并继续执行任务。这种无能为力，则应该主要归结为在战前忽视了海军。

　　和平时期的这种疏失和接下来对战争活动的错误指导令不列颠尝尽恶果，正是其海上力量把英国从进一步的灾难中拯救出来，如果敌人针对英国的企图能够得逞，那么这种灾难将会使维尔仁得遂所愿，让英国沦为一个二流国家。正如马汉所言，英国海军官兵的高效加上某些对手的低效，使得英国的印度领地免于一劫。这些胜利，继之以罗德尼③在 1782 年取得的胜利——此次胜利夺回了西印度群岛的制海权，挫败了针对牙买加的进攻图谋——加上法国人和西班牙人的商业陷于停顿，迫使敌人放弃了他们的图谋，终于在 1783 年迎来了和平。海上指挥员利用劣势兵力取得了诸多战绩，不难想象，

---

　　① 译者注：切萨皮克湾（Chesapeak）位于美国东海岸中部，是大西洋由南向北伸入美洲大陆的海湾。

　　② *The Correspondence of General Washington and Count de Grasse*（Government Printing Officer, Washington, 1931），p. 150.

　　③ 译者注：应是指乔治·布里奇斯·罗德尼（George Brydges Rodney, 1719—1792），英国海军著名将领。

141

如果英国的政治家们能够按照皮特和伯克主张的原则行事，关注到这个国家的海权需求，将其保持在足够的水平以便在需要时做出更多的贡献，那么完全可以取得更大的战果，避免遭受种种损失。

从1775年到1783年，英国海军损失了总计199艘舰船。大体上说，一半是在各种形式的对敌作战中损失的，一半则是因为海上的险情包括风暴、海难、触礁和其他风险性事故而导致的损失，这些事故在战时比在平时造成的损失更大。数字耐人寻味，详见下表：

舰级	作战损失	海难事故	合计
战列舰	1	15	16
重型和轻型巡洋舰	38	36	74
小型舰	70	39	109
总计	109	90	199

这些数字警示我们，海洋本身就会造成战损，海权的需求不仅限于在战争开始时已有战舰的数量和战备水平，还在于拥有分布广泛且运行高效的造船工业并能够得到充足的原材料，以满足补偿损失的需要，以及随着战事发展而无一例外、不可避免地对海上力量提出的更多需求。这些数字还提醒我们，不能单纯计算"纯粹"的海军行动需求——舰队会战、保交和破交作战——还要计算为海军补充兵力的需求。两栖作战总是危险且代价高昂，在海军强国的战略中占据重要地位，必须勉力为之。在那些同陆军进行的作战行动中，英国损失了三分之一的巡洋舰及六分之一的小型舰只。今天的巡洋舰和轻型护卫舰与风帆战舰时代的海军不可同日而语，但是经验教训完全适用。挪威、英吉利海峡、希腊、克里特岛①、北非、意大利海岸和诺曼底上演着同样的故事，给出了同样的教训——低估各种类型巡洋作战舰艇的数量真是愚蠢之极，而且会浪费国家的造船资源。

---

① 译者注：克里特岛（Crete）位于地中海东部的中间，是希腊的第一大岛。

第五章

1783年至1793年期间的海权

从 1783 年签署巴黎和约①到 1793 年同法兰西共和国爆发战争之前的这十年中，出现了一系列的事件，在英国的政治家们看来，威胁到了大不列颠的安全和利益。在每次事件当中，英国的海权都受到了影响；在每次事件当中，海权也是英国维护其政策的工具。

在刚刚结束的战争中，英国颜面尽失。由于没有能力应对作为对手的海上同盟，英国失去了许多领地，其后果是半受鄙视半受憎恨。1785 年，英国在普鲁士的腓特烈眼里无非是这样一个国家：海上实力不足以抗衡法国、奥地利、俄国和西班牙或许还有尼德兰组成的联盟，在他看来这些国家有可能结成一个阵营来反对普鲁士。尽管他正在寻找盟友，但是作为一个"现实主义者"，他不愿意寻求或者接受一个靠不住的国家提供的帮助。北欧国家曾在1780 年试图强迫不列颠放弃其海上权利并接受"自由的船舶、自由的商品"这个新理念，但是没能成功，现在又一次做出这种努力，这些国家相信，对孤立和虚弱的不列颠来说，压力会产生效果。

正是由于皮特②决意要恢复并维持海权，英国才得以面对特定的挑战。尽管当皮特在 1783 年首次组阁的时候，英国笼罩在濒临破产的阴影之下，亟需开源节流、复兴财政，但是皮特并不吝惜海军开支。1784 年，他建立起了海军的平时编制，员额为 1.5 万至 1.8 万人，从 2500 万英镑的年收入中拿出250 万英镑充当海军造船经费。他本人对造船厂亟待重组以及利用商船修造厂建造、修理海军战舰等事宜给予密切关注，商船修造厂生产了不少于 24 艘主力战舰。他与海军审计署保持着紧密联系，当时掌管这个部门的人是海军最能干的领导之一——海军上将查尔斯·米德尔顿爵士③，也就是后来的巴勒姆勋爵。

1788 年，皮特因为在需要厉行节约的时候为海军平时编制增加了 2000 人而大受指责，与此同时其他强国则不断保证会对英友好。皮特回应说，没有

---

① 译者注：又称美英凡尔赛和约，英国承认美国独立。

② 译者注：此处指小威廉·皮特（William Pitt the Younger，1759—1806），老威廉·皮特之子，1783 年首次出任英国首相时年仅 24 岁。

③ 译者注：查尔斯·米德尔顿（Charles Middleton，1726—1813），英国海军将领，曾任海军大臣，1795年晋升为上将，1805 年 5 月被封为第一代巴勒姆男爵（1st Baron Barham）。

人比他还想省钱，但是任何国家在和平时期所能做到的最省钱的举动就是保持这样一支力量，采取这种防御措施最有可能让和平稳定而长久，只有为保卫国家而保持必要的力量，才能让平静的状态不那么容易被打破。①

这时有人提出了两项节省支出的措施，一是同法国达成一项双边海军削减协议，二是增加西印度群岛当地的守备力量，以便让海军分舰队的规模可以更小。这些建议在议会引发了理所当然的担忧。法国在壮大海军体系方面表现得相当活跃，正在紧锣密鼓地建设瑟堡港，这个港口必然是直接针对不列颠而建。此外，在欧洲国家中，法国不是英国不得不考虑与其进行海上一战的唯一国家。英国海军现有编制根本没有优势可言，远远低于与两个波旁王朝国家在海上势均力敌的标准。在过去的一个世纪中，这样一个标准被认为也被证明的确有必要。在两个波旁王朝国家的实力之外，或许还要算上俄国海军的实力。② 万幸，向法国表示出的好意被维尔仁拒绝了，此事到此为止。

议会就增加西印度群岛守备力量的提议展开了热烈讨论。皮特支持这项提议，认为尽管这些岛屿的安全从根本上说依赖海上，但是也需要建设堡垒来抵御突袭，可能是在不宣而战的情况下发动的突袭，也可能是在增援力量抵达之前受到的袭击。陆军上将伯戈因③表示强烈反对。在恶劣的气候中，通常会发生的事情是地面部队在抵达后的三个月内死亡率达到三分之一，另有三分之一住进了医院，其余不足三分之一的人勉强留下来防守。在登陆点不多的地方，要塞在防备突袭方面或许有用，但是如果登陆点很多，则无法保住岛屿。如果敌人在其他地点登陆，掳掠种植园并因此使得种植园主们呼吁投降，那么要塞反而会造成不利，成为收复岛屿的障碍。18 万英镑的经费相当可观，但是兵力需求超出了现有陆军编制允许的范围。他指出，在考虑国家资源的时候，可能导致陆军兵力因囿于守备而机动力量缩减以及海军受到

① *Parliamentary History*, vol. xxii（1788），p. 1309.
② *Ibid.* vol. xvii（1788），debate of 20 Mar. *Annual Register*，*1789*，pp. 143—144.
③ 译者注：约翰·伯戈因（John Burgoyne，1722—1792），英国陆军将领、戏剧家。

削弱的任何计划，都应该被否决。另一名陆军军官菲普斯上校①不同意伯戈因的意见，他认为登陆点不是太多而是很少，西印度群岛之所以会在上一场战争中失陷，完全是因为当地防御兵力薄弱，尽管在加勒比海存在一支强大的舰队，但是不能遍布各个地方。他指出，马提尼克的守备部队只有区区 800人，面对 1.5 万名敌军却能坚守一年之久。要塞在人员使用上较为节省，用少量部队守卫岛屿，海军就能得到更多的人手来"发挥关键作用"。

最终，议会同意增加当地防务力量，明确表示做出这一决定的依据不是我们今天还能听到的极端荒谬观点，即当地防务力量可以成为制海权的补充或者替代制海权，而是需要有足够手段防备突然袭击并坚守至舰队到来。"舰队和要塞的实力加起来，要比单纯依靠舰队更能提供安全保证。""通过增加当地防务实力可以使缩减海军成为可能"，这样一种观点没有得到支持，但是"舰队必须能够指望当地防务力量在舰队暂时不在场的情况下守住基地"的观点得到了认可。否则，舰队就会被拴在基地，无法对抗其主要目标——敌人的海上力量。海军上将休斯②在之前的战争中曾在印度洋担任指挥官，由于他在亭可马里的基地缺乏守备力量且工事不牢，极大地妨碍了他的作战行动。他的舰队囿于守卫基地，在保护海运、配合陆军以及对絮弗伦③指挥的法国分舰队采取主动行动方面分身乏术。

英国海权与大陆联盟之间的联系或者关系，在那时的英国政治家看来一目了然。复兴了海权，英国就会成为各国渴望得到的盟国。英国此时由于自身财政吃紧，也需要得到一个盟友以保证自己能够维持海上优势，这是英国出于自身安全的需要，也是为了能够让自己针对法国的薄弱目标——贸易与殖民地——发动打击。然而单靠海上力量无法阻止法国陆军制服和征服荷兰，法国会因此取道"狭窄海域"来攻击英国的基地，并从这些基地出发打击英国的波罗的海贸易，同时对从好望角去往印度和锡兰的通道实施攻击。这些

---

① 译者注：菲普斯上校（Colonel Phipps）疑指爱德蒙·菲普斯（Edmond Phipps, 1760—1837），曾在英国陆军服役，后任议员。

② 译者注：应是指爱德华·休斯（Edward Hughes, 1718—1794），英国海军将领。

③ 译者注：应是指皮埃尔·安德烈·德·絮弗伦（Pierre Andre de Suffren, 1729—1788），法国海军上将。

还不是影响结盟还是孤立这个问题的仅有因素。正如我们所看到的那样，在之前的几次战争中，对大陆事务进行干预并认为存在必要，目的是阻止任何一个欧洲的陆军强国征服整个大陆，一旦出现这样的局面，这个陆军强国就会取得更多的资源、领土和港口，和平时期会在海军建设上超过英国，战争时期则会夺走英国的制海权。出于同样的原则，实施战争的战略也需要让敌人把部分资源投入从海上转向陆上。

1787年和1788年，英国缔结了三个盟约：1787年同黑森－卡塞尔①的附属盟约，1788年4月同联合省的防卫盟约，同年与普鲁士的防卫盟约。1787年11月，在议会讨论第一个盟约时，福克斯②表示他的原则立场是赞同结盟，"只要这种盟约能够让我们得以压缩本土的陆军编制，把公共财富花在壮大海军实力上，海军是大不列颠的伟力之所系"。他怕海军的编制不足。皮特回应指出，他不同意类似条约仅在这些方面有价值的看法，宣称黑森条约不是出于这样的目的，而是为了满足支持普鲁士的直接需要。③然而，由于支持普鲁士直接关系到英国海上优势的保持，黑森条约被认为有利于增强英国的海军实力。同联合省签订的条约规定，任何一方在世界上的任何一处受到攻击，另一方将在海上和陆上对其提供帮助，以保护其领地安全。在对方提出要求后的两个月内，英国将提供1万人地面部队、12艘主力战舰和8艘护卫舰；荷兰将提供6000人地面部队、8艘主力战舰和8艘护卫舰，提出要求的国家将以现金支付所需费用。荷兰人对条约并不完全满意，因为有两个争议长期悬而未决。英国人明确拒绝在海上权利这个老问题上让步，也不愿意归还位于科罗曼德海岸的荷兰海军基地讷加帕特南④，尽管他们表示愿意在今后重新审视讷加帕特南问题，但是进行审视的机会从来没有出现过。第三个盟约即同普鲁士签订的条约，做出了类似的安排。条约规定各方在对方的领地受到攻击时应进行援助，提供2万人地面部队，但受给养问题限制，普鲁士陆军

---

① 译者注：黑森—卡塞尔（Hesse Cassel）为德国历史上的一个公国。
② 译者注：应是指查尔斯·詹姆斯·福克斯（Charles James Fox, 1749—1806），英国著名政治家，曾三次出任外交大臣。
③ *Annual Register*, 1788, pp. 84—87.
④ 译者注：讷加帕特南（Negapatam）为印度地名。

不能在欧洲大陆之外使用，哪怕在直布罗陀也不行。在议会看来，这一限制严重降低了条约对英国的价值，因为最有可能需要提供帮助的地方在海外。此外，如果普鲁士提出要求，英国舰队将提供协助。

这些条约无论看上去对寻求盟友这个意图有多么重要，的确都附加有明确的义务，对英国放手实施其国家战略构成了限制。英国规模不大的陆军有相当大的比例要按照承诺在欧洲大陆作战，海军的比例则并不确定。海军可能要按照承诺在波罗的海执行任务，执行查塔姆曾经明确拒绝执行的任务。那些作战行动意在消耗英国的兵力并在战争开启的重要阶段转移英国的注意力，不去专注于战略中最关键和最基本的目的——歼灭敌人的海上力量。

英国的"低地国家政策"在 1787 年遇到了一个挑战，当时荷兰共和国出现了内部纷争，在其后数年中纷争愈演愈烈，这给法国提供了进行干预的机会，以支持其中某个政治派别的方式控制尼德兰，阻止这种局面的形成是几个世纪以来英国的既定政策。我们很清楚这种政策形成的原因：一个强大的陆军国家在"狭窄海域"对岸良港站稳脚跟，将处于这样一种地位——在有利的输送条件及防卫条件下准备和发动入侵，1744 年"晴天霹雳"式的入侵行动，为这种危险的真实性提供了一个证据。然而现在英国政治家拒绝让法国染指尼德兰，不仅是受到存在被入侵的危险这个因素的影响。英国的东方海上交通也面临着威胁，其安全依赖于海上力量。1785 年，一个新的法国东印度公司成立了，它与荷兰东印度公司合并的可能性客观存在。巴黎沉迷于在东方建立一个法兰西帝国这样一个可能实现的梦想。英国于这一年提议在东方海域实行海军分舰队实力的双边削减，遭到法国大臣维尔仁的拒绝，因为法国取得优势的前景似乎相当乐观，这时进行削减对其没有任何好处。同样是在这一年，荷兰有一个以"爱国者"自居的党派试图促成法国与荷兰结盟，这个同盟的目标之一是推翻英国在印度的政权，甚至还向法国承诺把亭可马里转让给法国作为一个海军基地。尽管这个企图没有成功，但是在伦敦看来，一旦法国主宰了荷属尼德兰或者与其结盟，那么去往东方的通道显然会受到严重威胁，除了在毛里求斯的基地，好望角和锡兰也会被法国握在手中。这一点在最近的战争中已经被深刻认识到了，战争期间荷兰加入了波旁王朝的阵营，我们看到英国为夺取好望角而派出了一支远征部队，另外两支部队也整装待发，英国部队在东大洋的第一个行动就是夺取亭可马里。丢掉这个基地，曾经给英国在科罗曼德海岸的海军和陆军作战行动造成了极端不利的影响，这件事令英国的大臣们刻骨铭心。在 1787 年出现危机的时候，皮特给在印度的康沃利斯勋爵发去指令，指示他一旦战争爆发立即采取措施占领亭可马里。与此同时，英国正准备派出另一支部队前去占领好望角。皮特指出，英国不会允许法国成为尼德兰的主人，因为这样会令法国得以极大加强其海军力量及入侵印度的实力。

对于在那两个中心区域——好望角和锡兰——存在的海军基地需求，英国政治家们已经有了深刻的认识，早在 1785 年就考虑过要在好望角地区获取一个地方作为海军基地，要么是在安哥拉湾，要么是在今天的东伦敦①。②1788 年，为了满足在孟加拉湾建立一个基地的需求，英国占领了安达曼群岛③，并在康沃利斯港④建立了定居点。对需要在东大洋建立基地的认识还不仅表现为这些行动。一些平民百姓此前已经关注到澳大利亚具有重要的战略价值，一方面关系到附近海域的贸易安全问题，另一方面则关系到在跟西班牙或者荷兰共和国的战争中对这些海域的控制问题。他们指出，新南威尔士⑤的港口可以用作海军基地，新西兰能够生产亚麻和圆材，因此可以减轻在特定海军必需品的供应上对波罗的海的依赖。⑥

政府在 1787 年危机发生时能够秉持坚定的立场，要感谢皮特和米德尔顿付出的努力。英国舰队拥有 40 艘随时可以扬帆出海的风帆战列舰，可以充满信心地面对同法国进行战争的可能性。在平息这场争端的过程中，普鲁士发挥了重要作用。"普鲁士人的行为锋芒毕露，但是如果对肯定能够获得海洋强国的支持这一点没有信心，他们不会如此行事。皮特在开发国家资源和复兴海军上殚精竭虑，半破产的法国当局实际上已经没有可能单枪匹马地发动同

---

① 译者注：东伦敦（East London）为南非开普省港市，在东南部布法罗河口，濒印度洋。

② Holland Rose, *Pitt and National Revival*, pp. 435—436. The question of a penal settlement was also being considered.

③ 译者注：安达曼群岛（Andaman Islands）是位于孟加拉湾与缅甸海之间、十度海峡以北的一组岛屿。

④ 译者注：康沃利斯港（Port Cornwallis）位于安达曼群岛东北部。

⑤ 译者注：新南威尔士（New South Wales）位于澳大利亚东南部，东濒太平洋。

⑥ Holland Rose, op. cit., pp. 436—439.

大不列颠和普鲁士的战争。这是一个决定性的影响因素，巴黎、伦敦和柏林的每个政治家都清楚这一点。"正是因为皮特对海军的关注，才使得摇摆不定的普鲁士决定开始结盟，其后又按照要求做好进军荷兰以支援总督的准备，这就"确保了优势在握，实质性地决定了争端的解决"。①

不列颠在海上再次强大产生了两个方面的影响：既维护了荷兰的独立，也维护了和平。

1790 年发生了另一场极为严重的危机。当时，西班牙专横地捕获了位于努特卡湾②的英国船队，对现在被称为温哥华岛的整片领地提出声索。皮特在抗击西班牙的入侵行动方面立场坚定，感谢他对海军的关照，93 艘主力战舰处于战备状态，另有 40 艘风帆战列舰迅速加入海军行列。法国议会做出了支援西班牙的姿态，授权装备 45 艘风帆战舰，但是路易国王和他的大臣并不支持。10 月，孤立无援的西班牙在海上面对一个优势明显的对手，英国的盟友——普鲁士和荷兰——有意准备站在英国一边，指责西班牙为侵略者，西班牙于是撤回了之前的声索，危机得以和平解决。后来有一位海军财政总管将其归功于皮特的外交胜利，他指出，舰队的动员是"不惜付出巨大努力的证明，鲜明反映出了皮特先生的观点，他坚定地认为十分有必要拥有一支实力强大、随时能战的海军"。③

努特卡湾事件之后，紧接着出现了另外一个棘手的状况，需要使用英国海上力量来阻止俄国在波罗的海战场和黑海战场的入侵行为。在波罗的海，不列颠、荷兰和普鲁士等盟国于 1789 年寻求让波兰加入同盟。在波罗的海保持实力均势，是英国政府的首要考虑，也是一个半世纪以来英国政策的不变基调——希望达成的目的是毫无争议地控制波罗的海地区，英国依赖这个地区的物资供应来维系海军及其海权。英国这时仍然要靠波罗的海来获得大部分的海军必需品，这使得英国对这片海域的实力均势变化趋势相当敏感。因此，当瑞典与俄国在 1788 年爆发战争时，英国对这场战争高度重视，密切关注俄国取胜可能会对自己的海权产生哪些影响。

---

① Holland Rose, op. cit. , pp. 377, 381.

② 译者注：努特卡湾（Nootka Sound）为太平洋的一个小海湾，位于加拿大不列颠哥伦比亚的温哥华岛西海岸。

③ *Letters of Sir T. Byam Martin*, vol. iii, p. 382.

在皮特眼里，波兰问题同样关系到英国的海权。一个独立的波兰能够向英国供应海军必需品，从而减少英国对俄国供应的依赖。因此，在海军必需品方面早就存在的考虑，对皮特政府在波兰问题上的态度存在影响，早在古斯塔夫①和克伦威尔时代，英国就开始关注波罗的海事务。1772 年，波兰被俄国、普鲁士和奥地利肢解，这个四分五裂的国家在 1789 年再次面临被俄国灭国的危险。为避免出现这种局面，大不列颠、荷兰和普鲁士缔结的同盟希望把波兰拉进来，普鲁士人开出的价码是割让但泽港②。为了支持这一要求，据称通过与三个强国结盟，波兰将能避免被俄国征服这种更大的伤害，其贸易将能通过普鲁士港口出海。在提出这个令人不快的方案时，两个海上强国希望"打破俄国对海军必需品供应的垄断，因为这种垄断令我们完全仰仗那个霸权国家的政策或者任性……我们发现长期以来依靠俄国施舍式供应的许多物品，通过普鲁士港口从波兰购买会更加便利"。立陶宛的亚麻和桅杆，维尔纽斯③和明斯克④的大麻，沃里尼亚⑤的橡木，从普鲁士港口运往英格兰要比从彼得堡⑥或者里加⑦启运更快——据计算，运输时间将能节省一年左右。"没有人想马上就把同俄国的海军必需品贸易完全转入这些新渠道，但这是海上强国定下的头等重要目标。如果能够顺利实现，那么就能获得一个更近、更便宜的市场，这一市场由与俄国交恶的国家控制，这会让英格兰与荷兰出于正义和政策的需要，在北方事务中得以便宜行事。"⑧

这一提议让波兰左右为难。为了取得盟国的支持，必须得割让一个宝贵的港口，如果不这样做，就得任由伟大而贪婪的女皇摆布。波兰做出了抉择，拒绝了这项提议，其结果是俄国提出了一系列指责和控诉，其陆军挥师进入波兰并开始了第二次肢解。俄国提出的指责和控诉，在特征上跟我们在当代

---

　　① 译者注：应是指古斯塔夫二世（Gustavs Adolphus，1594—1632），瑞典国王，欧洲著名的军事家，致力于建立瑞典在波罗的海的霸权。

　　② 译者注：即格但斯克（Gdańsk），德国称但泽（Danzig），位于波罗的海沿岸，波兰北部。

　　③ 译者注：维尔纽斯（Vilna）现为立陶宛的首都和最大城市，历史上曾因为各种政治及军事原因而属于不同的国家。

　　④ 译者注：明斯克（Minsk）现为白俄罗斯首都，历史上曾属立陶宛大公国，后归波兰立陶宛王国。

　　⑤ 译者注：沃里尼亚（Volhynia）位于现乌克兰。

　　⑥ 译者注：彼得堡（Petersburg）位于俄罗斯西北部波罗的海沿岸。

　　⑦ 译者注：里加（Riga）现为拉脱维亚首都，位于波罗的海里加湾。

　　⑧ *Annual Register*, *1792*, Part Ⅰ, p. 35.

事务中熟知的那些没有什么不同，无非就是为入侵邻国埋下的伏笔。

在黑海，英国为俄国即将在地中海对英国海上力量构成威胁而担心，同时为如何保护通往印度的通道而焦虑。俄国在黑海取得了一系列胜利，其同土耳其的战争以在 1783 年征服克里米亚①为序幕，紧靠德涅斯特河口的奥恰科夫要塞②落入俄国手中。如果俄国的黑海舰队拥有一个比塞瓦斯托波尔③更加靠近马尔马拉海④的基地，那么征服土耳其就会便利许多，因为通过水路实施入侵要比穿越摩尔达维亚⑤和瓦拉几亚⑥这样难缠的国家要容易得多。当时有位作家写道⑦，海洋是土耳其薄弱的一面。"在海上采取一次决定性的行动会给土耳其帝国的安全造成更为致命的影响，比在陆上进行许多次会战损失更大。"在皮特看来，在奥恰科夫建立一个俄国基地，可能出现的不利前景是土耳其覆灭、君士坦丁堡被占领、俄国舰队出现在地中海，以及埃及被主宰或者被征服，所有这一切都对取道苏伊士地峡和红海去往印度的通道构成威胁。当时有位作家在几年前就指责英国的政策在他看来是绥靖俄国，"在这种政策的影响下，英国拼凑起了一个不稳定的同盟，得到了一个极为可疑的友邦，这个位于波罗的海⑧尽头的友邦将在地中海和爱琴海⑨海域建立起一个海军帝国"，带给"欧洲、亚洲和非洲周边地区的前景是热点、麻烦和战争不断"。反对俄国继续保有奥恰科夫的另一个理由，在于利用位于黑海的这个不冻港，俄国将能够向法国和西班牙这两个英国的主要海军对手提供其所需的海军必需品，通过地中海进行运输，这就会直接影响到英国的海权。切断这条供应通道，要比在北海或者比斯开湾实施拦截更加困难，而且要投入更大规模的兵力。

皮特的政策是试图遏止俄国进军土耳其及地中海，促成俄国女皇与土耳

---

① 译者注：克里米亚（Crimea）是位于俄罗斯西南部的半岛，濒临黑海和亚速海。

② 译者注：奥恰科夫要塞（Oczakow）为扼守第聂伯河、南布格河入海口的堡垒。

③ 译者注：塞瓦斯托波尔（Sevastopol）为克里米亚半岛著名港口城市、黑海门户。

④ 译者注：马尔马拉海（the Sea of Marmora）为土耳其内海，土耳其亚洲和欧洲部分分界线的一段。

⑤ 译者注：摩尔达维亚（Moldavia）即今摩尔多瓦，当时是一个公国。

⑥ 译者注：瓦拉几亚（Wallachia）是位于罗马尼亚南部的一个地区，当时是一个公国。

⑦ Ibid. 1788，p. 57.

⑧ 译者注：原文用的是波罗的海的别称"the Bothnick Gulph"，旧时又称"the Bothnick Sea"或"The Baltick Gulph"。

⑨ 译者注：原文用的是爱琴海的别称"多岛海"（the Archipelago），也译"群岛海"，因爱琴海多岛屿，故名。

其政府以看上去合理的条件实现和平，这一政策在议会遭到强烈反对。① 考虑到这种反对的声音以及盟国的态度，已经准备就绪的 40 艘帆船的舰队没有受命启航，凯瑟琳则放手一搏。历史有许多"假如"——或许考虑这些"假如"毫无意义——皮特的传记作家②提出了这样一个"假如"，认为在大臣们抛弃了他的意图之后，面对这种反对的意见，应当在这时建立一个由欧洲较弱国家组成的集团。"如果他在 1790 年秋季同西班牙的争端解决之后立即推行他的方案，此时海军武备处于最佳状态，将可能以和平方式说服凯瑟琳。在这种情形下，波兰、瑞典和土耳其正式加入三国同盟的阵营就是水到渠成的事情了。这样一来就不会有奥地利和普鲁士对法国的入侵，更不会有对波兰的掠夺。"在这项共同的事业中，海军武备能有的作为是切断俄国陆军在黑海西部的海上交通线，以及中断俄国在波罗的海港口的贸易。对这两种可能，凯瑟琳都不敢掉以轻心。

1791 年秋季的时候，和平的前景似乎更加乐观。俄土战争结束了，瑞典也平静下来，法国国王同其人民达成了和解。因此，在 1792 年 2 月 17 日提出预算案的时候，尽管有些预料之外的事情有可能会出现，但是皮特感到他能够预言指出，"在这个国家的历史上，毫无疑问还从来没有出现过这样的时候，从欧洲的形势来看，我们比现在更有理由期望和平能够持续十五年的时间"。从这种乐观的估计出发，海军和陆军都进行了缩减，节省下来的财政开支为 19 万英镑，甚至到 1792 年 7 月的时候，和平前景已经因为奥地利进军法国而蒙上了阴影，仍然有人预期英国不会卷入战争。皮特和格伦威尔③"都不是老谋深算的阴谋家，处心积虑想通过一场战争来破坏法国和英国的自由，国王倒是早就决心一战。他们也是会犯错误的凡人，无法看透喧嚣背后的局势，但是热切期盼天下太平"。④

---

① For the discussions cf. Holland Rose, op. cit., chap. Xxvii, and Parliamentary debates, passim.

② Holland Rose, op. cit., p. 631.

③ 译者注：应是指威廉·温丹·格伦威尔（William Wyndam Grenville, 1759—1834），英国政治家，曾任财政大臣、外交大臣和英国首相，其父乔治·格伦威尔（George Grenville, 1712—1770）也曾任英国首相。

④ Holland Rose, *Pitt and the Great War*, p. 58. For a summary of the events see chap. v and p. 112. Cf. also Clapham, *Causes of the War of 1792*.

第六章

法国大革命战争

战争在 1793 年春天爆发，事实证明皮特①在 1783 年之后的萧条年月中并没有吝于把国家财政收入的一部分投入到海军建设中去。然而，尽管他尽力而为，海军的物质基础还是远远低于整个 18 世纪人们认为的必要水准，也就是说要能够应对两个波旁王朝国家②联合起来的力量。从实有主力战舰数量的角度来衡量——这也是公认的衡量标准——英国舰队有 115 艘主力战舰，法国有 76 艘。西班牙也有 76 艘，但是其中只有不超过 60 艘适合海上作战。无论准确数字是多少，英国舰队的实力水平还是低于此前人们认为的必要标准。然而这还不是问题的全部，对任何大规模舰队的作战实力进行计算，都应该计算战舰武备构成的总实力。以钢铁吨位计，从数字上看，若是单与法国相比，英国舰队的战舰享有平均不超过 50% 的优势，但是实际优势其实只有六分之一，这是因为法国的战列舰在火力上远远超过英国的战列舰。③ 此外，尽管主力战舰的实力在对比中是首要的标准，但是并不能反映海军实力的全部。虽然大规模主力战舰集群主导着海战，但是海上战争并不局限于由这些战舰实施的决战和封锁。为海运直接提供保护和控制敌方与部队输送及贸易相关的海运，控制中立国希望向敌方出售商品的海运，都需要由许多吨位更小一些的"巡洋舰"和"小型舰"来完成，在现代战争中，我们深深地为缺乏这些东西而感到痛苦。海军历史学家詹姆斯④在 1826 年撰文提醒读者，关于敌人实力的数字"忽略了大批的双桅横帆船、纵帆船和武装小船，它们给英国商业造成的损害大到不容小觑，因此（这些数字）根本不能准确反映一国的海军实力"。当时的护卫舰今天被我们称为"巡洋舰"——"巡洋舰"一词在当时并不用来指代某级战舰，而是泛指在海上开展巡洋作战活动的所有战舰，从主力战舰到护卫舰以及更轻型的战舰，不一而足。在战争爆发之初，英国拥有 126 艘护卫舰。至于说更轻型的舰只如单桅帆船、小型护卫舰和其他小型船只，大体上相当于今天的驱逐舰、护卫舰、巡逻艇和轻型护卫舰及

---

① 译者注：应是指小威廉·皮特（William Pitt the Younger, 1759—1806），1783—1801 年和 1804—1806 年两次出任英国首相。

② 译者注：法国、西班牙、卢森堡和意大利等都属于波旁王朝国家。

③ Broadside weight of discharge of British capital ships, 88,957 lb.; of French, 73,957 lb. James, *Naval History of Great Britain*, Vol. I, pp. 56—8.

④ 译者注：威廉·詹姆斯（William James, 1780—1827），英国历史学家、律师。

其他小型船只等，当时都被统称为"小型舰"——总数不超过 59 艘。这些护
卫舰和小型舰的数量马上就被证明根本不够用，而且需求还在急剧扩大。尽
管后来又建造了许多艘，但是永远没法满足需要，整个战争期间所有海上指
挥官都在不停地抱怨护卫舰不够用。这个国家在每次战争中都会陷入同样的
困境，并且因此而遭受巨大损失。然而，这个教训似乎从未给其民众和统治
者留下什么印象。

直到 1793 年 8 月法国舰队在土伦投降，伴随着法国海军永久性或者临时
性地损失了大约 24 艘主力战舰，法国代表让·本·圣安德烈①才道明了事实
上的实力对比。"法国是欧洲最令人敬畏的海上强国"，因为尽管其进攻性的
海军力量不如大不列颠，但是其所履行的责任既没有英国海军那样广泛，也
没有英国海军那样生死攸关。法国需要在海上或者跨越海洋来保护的事物没
有那么多，其生存也不像英国那样完全依赖于海外贸易和交通线，但是这些
条件却是英国安全之所系。英国必须保持时刻不能松懈的戒备，保持在让自
己得以施展手脚的位置，保持一支至少与整个法国相当的兵力。对于法国来
说，却可以选择在适当的时机发起任何有利的攻势行动——对预期会出现的
英国护航船队发起巡洋作战、入侵爱尔兰、在东印度群岛或者西印度群岛及
地中海发动打击。为应对此类企图而保持常备不懈，意味着要有能力在敌人
出港后马上阻拦其行动，实力至少要与其不相上下。只有保持足够的兵力冗
余才能满足这样的条件，才能使执行监视任务的分舰队得到轮换，才能让在
巡洋作战中战损或者需要修理的舰只得到整修，才能为水兵们提供补给和休
整机会，才能补充食品和饮品。为保持在布雷斯特外海有 12 艘风帆战舰来对
付港内同样数量的风帆战舰，就要在实施封锁期间保持至少 8 艘风帆战舰作
为后备队。从这个角度来说，英国战舰的数量优势在整体上并不充分，甚至
单是法国就能够与之匹敌。但是法国并不是在单打独斗，法国和西班牙的联
盟关系在战争爆发之前的那些年并没有终结。1790 年夏天，强势的法国保皇
派力图使法国的君主政体通过一场对外战争获得保全——这场战争最好是与

---

① 译者注：让·本·圣安德烈（Jean Bon St. André，1749—1813），法国大革命时为公安委员会雅各宾派成员。

英格兰进行的战争，策划采取"解决国内矛盾的经典手段"——战争；西班牙对法国君主政体势力的复兴持同情态度，因此当努特卡湾争端发生的时候，法国和西班牙在反对英格兰这个问题上达成利益上的一致也并非完全不可能。出于多种原因，或许特别是因为法国陷于濒临破产的境地，一致的结果并未出现，西班牙没有从法国那里得到预期的支持，在努特卡湾做出了退让；英国的大臣们似乎都相信，由于革命的影响法国将会快速衰落，因此不足为惧，他们背离了传统的标准并由此置国家于风险之中。尽管风险最终没有马上变成现实，但也只是被推迟了而已。六年之后，法国和西班牙再次结盟。在任何时候，海军政策都应该建立在长远考虑的基础之上。

1793 年战争爆发时，英国对法国优势的不足因其他两个海上强国的加盟而被抵消，西班牙和荷兰与英国结成了同盟。西班牙带来的舰队由至少 76 艘主力战舰组成，荷兰的舰队有 49 艘主力战舰，两国加入了针对（法兰西）共和国的联盟。然而英国得到的援助并没有持续多久，在做出些微贡献甚至算不上什么贡献之后，这两个盟国都投入了敌人的怀抱。英国在历史上不是第一次也不会是最后一次，发现自己在危难之际被抛弃了，警示就是在海权这个至关重要的事情上，英国永远不能冒依赖他人的风险，而只能依靠自己，也不能指望他国政府与英国在利益上一时取得的一致能够持续下去。

另外一个能够对英国微弱的海上优势加以弥补并且更有价值的因素是其军官的专业素养。法国大革命令法国海军失去了在上一场战争中取得丰富经验的军官群体，与此同时其国内的动荡使得军纪荡然无存，这使得法国舰队错失了实施机动的良机。然而，这两个能够产生影响的因素在此前那些年里都难以预见得到。在那些年里，英国海军的实力被容许一降再降，低于这个国家曾经在三次伟大战争中拥有的实力。

至于海权的第二个要素——基地，不列颠在海外战场颇有优势。英国在加拿大、纽芬兰、加勒比的两个海盆、非洲西海岸、孟买、苏门答腊和槟榔屿①都拥有港口，但是在孟加拉湾存在薄弱点，英国在那里没有可供在东北季风时使用的港口。安达曼群岛的康沃利斯港虽然已经被英国占领，但是还没

---

① 译者注：槟榔屿（Pulo Penang）是马来西亚西北部一个风光明媚的小岛，因盛产槟榔而得名。

有得到开发。1787 年，皮特下令一旦有爆发战争的迹象则迅即夺取亭可马里，这表明他认识到了这个要点的重要性。在地中海，不列颠在直布罗陀以东没有基地，在上一次战争中失去了梅诺卡，用于遮蔽法国驻土伦舰队的英国海上力量要看皮埃蒙特、托斯卡纳和两西西里（王国）统治者的脸色，如果需要使用他们的港口或者为舰队提供补给，得事先得到他们的准许。

至于海权的第三个要素——海运，不列颠条件优越。自 1783 年和平协议达成之后，英国货运量稳定增长，并且拥有 11.8 万名船员。这个数字尽管对于贸易来说已经足够，但是却不足以同时满足海军作战力量对人员的需求，1793 年皇家海军只有 2 万名水兵，1794 年要增加到 7.3 万名。[①] 对商船船员的需求量急剧增长，航海条例中关于英国船只必须由英国人充当船员的规定不得不暂时停止执行。海军体系长久以来存在的最突出的一个薄弱环节一如既往地存在——这就是缺乏常态化和有组织的船员补充渠道，没有预备力量可用来增加军官和士兵的数量。尽管历次战争都极为清楚地表明存在这种需求，有时还付出了极为沉重的代价，但是这个国家的政治家却总是不愿意采取措施来弥补这个缺陷。笛福等作家和受命研究这一问题的委员会提出的建议都被搁置起来，为舰队配备人力必须采取或者利用的办法，所有可能的长效措施，所有形式的临时举措，包括让陆军某些规模已经很小且过度征战的营级单位上船这种建议，统统都被搁置了。而正是因为采取了这些办法，在战争开始差不多六个月后的 7 月中旬，在本土海域驻扎的舰队就变得人员齐整了，但在此之前法国分舰队已经得以在未受到任何阻碍的情况下从布列斯特扬帆启航了。在战争的稍后一个阶段，科林伍德[②]说他的舰员队伍根本就是由德国人、奥地利人、波兰人、克罗地亚人和匈牙利人组成的"一伙乌合之众"。

1793 年 2 月 1 日，法国对大不列颠和荷兰宣战。两周之后，一支法国陆

---

① 接下来还有必要进一步增加。表决结果是其后三年分别增加到 8.5 万名、9.2 万名和 10 万名。最大数量是在 1810 年达到 11.3 万名。皇家陆战队在 1793 年的数量是 0.5 万名，1802 年达到了 3 万名，1810 年为 3.1 万名。

② 译者注：应是指库斯伯特·科林伍德（Cuthbert Collingwood，1750—1810），30 岁起担任舰长，1799 年晋升为少将，1804 年晋升为中将。

军入侵荷兰，不列颠被要求根据 1788 年条约提供援助。一支小规模部队因此被派遣去增援荷兰和奥地利陆军。不出两个月，入侵者就被赶回了他们自己的边境。

除了履行对荷兰的防御义务，大臣们现在要解决的主要问题是怎样来执行他们更高层次的战略以及如何最有效地使用他们的国家威力：基于海权的威力。他们提出了若干个可能方案，尽管这些方案并未完全同步形成。首先出现的还是那个老问题，是举国家之力发起海外行动以打击敌人的贸易、殖民地以及法国财政实力和海军实力的外部资源，还是在（欧洲）大陆采取军事行动以直接支持盟国军队。伴随这个主要问题而存在的一个次要问题是如果在大陆采取军事行动，那么其形式应该是对奥地利和普鲁士在佛兰德斯主战场的盟国军队进行增援，还是在其他方向发起侧翼打击，其形式是纯粹的干扰还是直接针对敌人的海上力量——法国在若干个基地驻扎的舰队。

主导性的政治观点倾向于海外或者"海上"的作战形式。皮特对当时法国的形势做出了估计，其陆军受到大革命的破坏，而且经验丰富的领袖人物受到驱逐，既没有能力长期抵抗训练有素而又纪律严明的大陆盟军，也无法在财政混乱、国家几乎破产的情况下承受战争的财政负担。在他看来，英国能够为共同的事业做出的最大贡献是使用其海上力量削弱法国的抵抗能力，途径是剥夺其通过海上贸易和殖民地获得的财富来源。皮特期望战争能短一些，经过一到两次战役就结束战争，因为在他看来战争不会持久，所以并没有准备征收战争税。他的陆军部长亨利·邓达斯①同样支持"殖民地"这种战争形式，但是他并不认同这种战争形式反映出来的商业意图或者通过夺取那些"糖做的岛屿"来实现"帝国主义"的扩张，而是认为实质性的军事意图在于切断敌人的外部联系以及削弱其海军实力。财政因素同样在他的考虑之内——即根据战争的实际情况，通过获取新市场来取代靠近不列颠的原有市场，以增强这个国家有所作为必须依赖的资源。② 在邓达斯看来，法国进行

① 译者注：亨利·邓达斯（Henry Dundas，1742—1811），曾先后任英国陆军大臣和海军大臣。
② An extract from Dundas's speech in which he outlined what he conceived to be the principles of "British war" is given in Appendix I. The speech is in Parliamentary opening of new markets after 1805 is described by Sir Julian Corbett in his Creighton Lecture, published in the *Quarterly Review*, Apr. 1922.

陆上战争的实力及其海上实力依赖其殖民地的贸易和产品，西班牙和荷兰此前就是如此。这种看法缺乏经济事实的支持，对那两个强国来说海外贸易和殖民地都至关重要，对法国来说这些因素同样重要，但并非至关重要，因为相对来说法国更能够自给自足。

"大陆"学派的观点是应以举国之力尽可能加强与奥地利和普鲁士这两个盟国的直接和紧密的联系，地点是佛兰德斯，这两国的陆军已经在那里战斗了。这种观点体现了传统的英国政策，即阻止在低地国家出现一个强大的海上国家，一个拥有斯凯尔特和安特卫普大港的海上强国。尼德兰的港口落入作为非海上国家的奥地利手中对英格兰并不构成威胁，但是奥地利近来有摆脱尼德兰防御包袱的倾向，想把这些港口交换给巴伐利亚。因此，对奥地利陆军提供直接援助的原因之一，就是（神圣罗马帝国）皇帝会因此而不那么倾向于从比利时各省份抽身出来。安特卫普已经受到法国人的威胁，为了补偿盟国可能提出的领土要求，不列颠将会接手敦刻尔克。从克伦威尔时代起，这个海盗的老巢就始终是扎在英国在北海和"狭窄海域"之间的一根刺。然而，尽管海军的利益因此也是至关重要的国家利益在"大陆"战略制定的过程中得到了优先考虑，还是存在一种坚定的信念，认为结束战争的最快途径是入侵法国，占领巴黎并推翻雅各宾政府①，可以通过以全部可用的陆上力量援助在佛兰德斯的盟国陆军来达成这一目标，这些陆军被称为"处置兵力"。

第三种方案在 1793 年秋天被提了出来，当时针对西印度群岛的远征正在筹备之中，这个方案的主要鼓吹者是爱德蒙·伯克②，他主张乘机利用旺代省③声势浩大而又势头良好的起义④。伯克宣称，在佛兰德斯的作战行动不但代价高昂，并且不会取得成效。敦刻尔克在战争中实际上无足轻重，占领该地并不会改变战争的进程。在佛兰德斯取得胜利，取决于盟国体系持续而有

① 译者注：法国政府当时由雅各宾派（Jacobins）当政。雅各宾派是法国大革命时期参加雅各宾俱乐部的激进派政治团体，雅各宾俱乐部正式名称为宪法之友社，1789 年 10 月迁到巴黎后在雅各宾修道院集会，故名。
② 译者注：爱德蒙·伯克（Edmund Burke, 1729—1797），英国政治家、哲学家和政治理论家，时任下议院议员。
③ 译者注：旺代省（Vendée）位于法国西部的卢瓦尔河下游地区，濒临大西洋。
④ 译者注：史称旺代叛乱。1793 年 3 月，法兰西共和国政府准备征兵 30 万，以旺代为中心的法国西部农村地区爆发了大规模的武装暴动。

效，对于这一点他表示强烈怀疑并且可以找到充分的证据。在西印度群岛展开的行动永远不会有决定性，而全部经验都表明因为疾病会造成严重的人员损失。他的这种说法有不容置疑的事实依据：1739—1740 年和 1756—1763 年的两场战争中，在卡塔赫纳、圣地亚哥、巴拿马和哈瓦那因热带疾病造成的人员损失，远远超过了因作战造成的损失——有 18.5 万人参加了上述战争，其中 13 万人死于疾病，绝大多数都死在了西印度群岛。① 不过，在伯克的头脑中还有更为关键的原因让他反对把佛兰德斯和西印度群岛作为主要战场。这两种备选方案所体现出来的战略，都把整个法国当成了敌人。他认为这是错误的，雅各宾主义才是敌人。摧毁雅各宾主义，必须在其心脏也就是巴黎摧毁。通向巴黎的最佳途径是取道旺代，因为英国军队在旺代能够得到持续而又可靠的支持，这种支持不可能从在佛兰德斯自顾不暇的同盟国那里获得。正是在旺代，反抗力量强大而火热，英国海上力量的军事支援能够让英国给世人留下最深刻的印象——他问道，在其他什么地方可以让 4 万人造成这样强烈的效果呢？② 这种推理与惠灵顿公爵在 1813 年做出的推理非常相似，当时沙皇希望驻扎在比利牛斯山区的英国陆军移防至位于荷兰的主战场，公爵的回答是他在西班牙的 3 万人以及留在战场上的 4 万西班牙人，成功地牵制住了拿破仑的 20 万精锐大军。公爵问道，是否有人会认为“拿破仑觉得处在这样一个位置的一支陆军，感觉上还没有围攻其在荷兰某个城堡的 3 万或 4 万英国陆军部队数量多”？③ 伯克主张在旺代展开的行动不仅意味着牵制，还意味着旺代人的起义将会得到响应，意味着经过普瓦图④通往巴黎的路程最短。⑤

　　另外一个可能的行动方案在 1793 年 8 月不期而至，反对雅各宾派的各派别在法国南部发动针对恐怖暴行的起义，邀请同盟国占领土伦，并交出了被

① 1740 年，弗农（Edward Vernon, 1664—1757）上将已经指出在西印度群岛的长期作战在气候方面面临的危险：“在我看来，我应该限制即将对这个国家（即西印度群岛）展开的所有远征行动，在六个星期之内结束，在人们开始生病之前结束。”（1740 年 1 月 23 日，弗农致纽卡斯尔公爵的信。）
② "Burke to Windham, 15 Aug. 1793"; "to Sir Gilbert Elliot, 12 Sept". ; "to Dundas, 7 Oct.". His *Letters on a Regicide Peace* (1796—1797) follow up the same train of thought.
③ "Wellington to Lord Bathurst, 26 Oct. 1813".
④ 译者注：普瓦图（Poitou）位于法国西部，濒临大西洋。
⑤ For some extracts from Burke's letters see Appendix.

留置在该基地的法国舰队。这支舰队有为数 31 艘的风帆战舰，其中 19 艘可以随时出海，另有 29 艘护卫舰和小型护卫舰。这支舰队相当于法国海军一半的主力战舰。该事件自然又让皮特在脑海里想起了利用同盟国军队联合入侵法国南部的设想，一如 1706 年马尔博罗①制定的计划，或者 1746 年同盟国进行的尝试。他考虑组成由奥地利、西班牙、撒丁和那不勒斯的陆军参加的联军，同时考虑如果能够组成这样一支联军，那么在联军增援下，少量英国部队即可守卫土伦。然而，他严重低估了所需的部队数量，同时又高估了同盟国可能派出的兵力以及同盟国为合作而做出的准备。尽管他的军事顾问警告他，单是守卫土伦就需要至少 5 万人，而且现在就有几个同盟国拿到全部补助金后却无所行动，他还是坚信能够守卫该港口且联军陆军的入侵可以实施。于是，他从本来就已经捉襟见肘的"处置兵力"中又派出了部分增援部队。奥地利在这件事情上的行为特别令人不齿。奥地利正忙于同普鲁士一道肢解波兰，不但撤回了其答应派出的小股部队，与此同时还强迫大不列颠向其在地中海独立展开的行动提供更多的海军支援。奥地利无视或者忽视了这样一个明显的事实，即英国要想将其支援延伸到地中海就必须巩固制海权，因此就必须摧毁在土伦的法国海军力量，这是巩固制海权的最快途径。后来，奥地利因为没能得到英国的海上支援而交上了厄运，导致其在《坎坡·福尔米奥条约》②中认输。如果其有眼无珠的政治家愿意或者能够按照这个简单的原则采取行动，奥地利本可获得想要的支援。

还有另外一种方案可供英国政治家考虑。里奇蒙德公爵③主张直接打击位于法国西部各基地的法国海上力量，这些基地包括布雷斯特、瑟堡、洛里昂④、罗什福尔、南特⑤及波尔多⑥。这是一个由德雷克在加的斯和里斯本留下的古老传统，这个传统认为由于不列颠在任何战争中的首要目标都是取得

---

① 译者注：应是指第一代马尔博罗公爵约翰·丘吉尔（John Churchill，1650—1722），英国军事家、政治家。

② 译者注：指 1797 年 10 月 17 日，拿破仑在击败奥地利军队后双方在意大利东北部村镇坎坡·福尔米奥（Campo Formio）签订的条约。

③ 译者注：应是指第二代里奇蒙德公爵卢多维克·斯图亚特（Ludovic Stewart，1574—1624）。

④ 译者注：洛里昂（Lorient）是法国西北部布列塔尼的海港城市。

⑤ 译者注：南特（Nantes）位于法国西部。

⑥ 译者注：波尔多（Bordeaux）位于法国西南部，建有港口。

制海权，因此在战略上的首要目标应该是联合使用陆军和海军力量歼灭敌人的海军力量。里奇蒙德公爵富有洞察力地指出，大臣们需要在不同的战略性政策之间做出明确而清晰的决定，不要试图同时追求海上战略和陆上战略，"都想做就都做不好"。事实上，单一的意图才能取得最持久和最大的成果。米德尔顿上将批判 1795 年 6 月在西印度群岛的远征"就是一个没有边际的征服体系，令我们四处无能为力，把舰队从正道引上了歧途"①，表达出了同样的意思。

同一时间专注于同一件事情的明智建议被漠视不理，正如其一贯被漠视一样。在战争的最初几年，英国陆军规模甚小的"处置兵力"在数量上只有 2 万人，却散布在佛兰德斯、西印度群岛、土伦等多个战区和多项冒险行动中，最后才被派往法国海岸，既失之太迟，又失之太少。

使用海上力量除了可以为陆军提供机动能力并使其对感兴趣之处发动攻击或有机可乘之外，还有对本方海运提供直接保护以及攻击敌方海运的独立作用。命令马上就下达了，拿捕所有法国船队，无论其驶往何处；同时，由于法国歉收，拦截载有谷物驶向法国港口或被法国占领港口的所有中立方船只——显而易见，这是在效仿 1709 年在同样情形下采取的做法。中立方不会有损失，因为货物被英国购买以作己用。俄国对拦截与中立贸易相关的国际法做出的解读，通常只是权宜之计而非基于原则。尽管其在 1780 年就此类行动提出了抗议，当时将此类行动定性为违犯了国际法，但是现在又认可了这种行动，理由是此前进行谴责的前提是与法国的谷物贸易是私人贸易，而现在则完全由法国政府控制。法国也在同时转变了法律上的主张，从原有的观念转向了对立的观念。1780 年，中立方运输船只提供的服务对法国来说极具价值，因此从政治考虑出发转而支持迥然不同于之前所奉行的政策，认可由北欧各国提出的"自由的船只、自由的商品"这一原则。但是当战争在 1793 年爆发时，阻止中立方交付货物符合法国的利益，雅各宾政府宣称其有权根据形势解读国际法，厚颜无耻地声明其行为不受国际法约束，而是受当前执

---

① 惠灵顿公爵其后否决了西德尼·史密斯（Sidney Smith, 1764—1840）爵士在法国南部进行小规模牵制性登陆的建议，提醒他"我们能够取得胜利的唯一模式是将所有手段集中于一个目标"。

政当局的法令约束。俄国在 1780 年发起组成武装中立同盟时，祭起的大旗则是"人类动机中的高贵情感"。当在相反的方向上采取权宜之计时，这些高贵的情感变得一文不值。

回到英国政治家如何使用海权作为武器的话题上来。之所以会发出拿捕所有谷物船的命令，如前所述，是因为法国对进口谷物暂时存在依赖。正是这种对谷物的需求迫使布列斯特舰队在 1794 年出海，目的是接护从美国返回本土的大规模谷物船队，这样就引发了 6 月 1 日的海战。需要注意一点，除了这次因法国谷物短缺的特殊条件而采取的例外措施，在整个战争期间没有采取通过切断粮食供应而削弱法国的其他措施。因为法国可以利用土地自己生产粮食，或者其他所需的东西。在战争的后续阶段宣布的封锁，限于法国控制的有限的海岸线，目的是阻断贸易或者将作战舰队封锁在港口之内，明确的军事目标则是留置其于港内或者在其离港后与其决战。

关于里奇蒙德公爵攻击法国海军基地的建议，没有任何进行过相关讨论的记载，如果说有过这种讨论的话。可以推测，不列颠拥有如此明显的海上优势，加上还有两个海上盟国，在战争爆发之时——1793 年秋天优势变得更加明显，因为法国失去了在土伦的海军——存在这样的认识，即单凭同盟国的海上联军就能有效制服残余的法国海军，因此没有必要召唤陆军参与建立制海权，或者阻止法国海军重整旗鼓，另外特别值得一提的是，皮特相信通过一两次战役就能结束战争。如果存在这样的估计，那么很不幸这种估计犯下的错误是过于乐观了。在经济方面的乐观主义是估计法国非常依赖殖民地贸易及相关的海运，如果丧失了殖民地及其出产，法国就会陷于瘫痪，其海军就会崩溃。在乐观程度上一点也不差的另外一个估计是不列颠的两个海上盟国——就在不久之前还是不列颠的敌人并且受到其沉重打击，只是通过暂时利益的细线与其联结在一起——要么将会采取有力行动，要么将会坚定立场。这些估计都没有成真。1794 年冬天，荷兰倒向了敌人的阵营。1795 年春天，西班牙同法国媾和。一年多之后，西班牙向不列颠宣战。

荷兰的背叛马上就产生了特定效果。荷兰海军的加入为衰败的法国海军增添了 49 艘主力战舰，尽管这些战舰在主力战舰中算是最小的型号，但它们绝对是不可忽视的增援力量。还有一个结果是敌人获取了从北海通往英格兰附近及进入波罗的海的侧翼通道，此外，又使法国人有望使用通向印度的通道上的海军基地，即好望角和锡兰的基地。在英国政治家和与东印度贸易有关的人士心里，法国占领好望角的危险始终挥之不去。在上一场战争中，这种担心促使形成了夺取好望角的意图和建议。1793 年，东印度公司已经提出要求，该位置应该牢牢控制在英国人手中，因为如果法国人企图占据该地，那么他们对荷兰公司弱小的守卫力量做出微不足道的抵抗一点也不抱指望。与此同时，东印度公司建议夺取印度洋上的两个法国岛屿基地，也就是毛里求斯和波旁①。然而政府什么事情也没有做，因为陆军和海军已经忙得不可开交了。当 1795 年荷兰的共和党带着荷兰投入法国的怀抱之后，来自好望角的危险变成了棘手问题，并且已经可以更加确定，于是以（荷兰）总督的名义迅速发动了以占领好望角为目标的远征，正如我们今天知道占领马达加斯加和冰岛的目的是阻止敌人使用这些地方。锡兰也受到关照，从马德拉斯②出发的远征部队于 7 月夺取了这个重要岛屿。可以看出，这两次占领的目标都具有战略性，英国的意图绝非是扩大殖民帝国的版图。事实上，好望角在当时及其后一段时间都被视为一个负担，而不是被视为一块殖民地，拥有该地成本很大，占有这个地方的唯一理由是满足海上力量和安全需要，尽管这个理由相当充分。驻在好望角的海军上将写道："（好望角）这里根本没有可能变得富饶，也不会出产任何想得出来的商品，我认为实际上不要指望这里繁荣起来或者成为一个富裕的殖民地……对我来说……这个殖民地，仅仅作为一个殖民地，永远不会给大不列颠带来任何好处。好望角作为一个基地可能给我们带来什么好处，或者落入另外一个国家之手会给大不列颠造成什么损害，则是与殖民考虑在本质上完全不同的问题。"③

我们必须回到 1794 年到 1796 年在地中海发生的事情上来。尽管西班牙在 1794 年还是一个正式的盟国，但是在地中海建立制海权的职责却大部分由英国舰队独立承担，西班牙舰队在土伦的行动态度暧昧，之后在整个 1794 年以及 1795 年春季都被拴在了西班牙沿海，支援陆军抗击法国跨越比利牛斯的

---

① 译者注：波旁（Bourbon）岛即今留尼汪岛（Réunion）。
② 译者注：马德拉斯（Mardras）即今印度金奈（Chennai）。
③ "Admiral Curtis to Lord Spencer, 12 Oct. 1800（Spencer Papers）".

入侵——这项任务完全可以由护卫舰兵力来承担，因为土伦舰队已经被英国舰队封锁在港内了。由于缺少西班牙的配合，其后果是当英国舰队从土伦撤离时，尚有 17 艘法国主力战舰未被摧毁①，这些战舰尽管有所损坏，但是法国人用高超的技能和效率使其恢复了作战状态。连续监视这支舰队需要在附近拥有一个基地，而这个位置显然就是科西嘉②。大臣们因此要求占领该岛，一支远征部队从英格兰出发，在科西嘉反法派的协助下于 1 月登陆，直到 8 月该岛才被完全占领。控制科西嘉可以一举两得，英国舰队得到了其所需要的基地，土伦的造船厂则无法继续获得岛上森林出产的木材和海军物资。纳尔逊在 1795 年写道，"法国的损失实际上非常大，在土伦建造的所有船舶，都需要这个岛来供应舷木、梁木、甲板木和直木……焦油、沥青和麻在土伦的船坞中用量极大"。法国人的所失也正是英国人的所得。"我们的海军船坞将得到优质的木材"——这在当时可是不小的好处，正如纳尔逊在 1795 年 5 月所说，"直布罗陀以东再也找不到一根桅杆"。随着战事发展，从波罗的海到爱奥尼亚海③的广阔土地被法国人控制，那些地方有丰富的木材、焦油和物料资源，为海军提供这些至关重要的原材料变得如同今天要确保石油供应一样紧迫。新西兰、澳大利亚、印度和加拿大贡献了他们生产的木材。"帝国的森林把英格兰从海军的灾难性后果中拯救了出来，在同拿破仑斗争期间，英国的林场和常规的外国供应并不充足。那些年的经验反映出一个世纪之前的人们努力让帝国在海军必需品方面做到自给自足是多么明智，哪怕为此付出的代价比较昂贵。"④

巴黎充分认识到了丢掉科西嘉的严重性，立即采取措施想重新夺回这个岛。由于英吉利海峡和北海通道被英国舰队封锁，法国因此失去了来自波罗的海的海军物资供应。于是，拥有多达 34 艘帆船的布雷斯特舰队被派往地中海，一支 1.8 万人的陆军在土伦集结。舰队遇到狂风而被迫返回港内，损毁

---

① "如果西班牙海军上将完成了所有作战任务，那么整个（法国舰队）都已经被焚毁了。但是，我现在对堂·兰加拉的行为一点也不感到惊讶，因为他告诉一个非常负责任的人……焚毁法国舰队可能符合英格兰的利益，却根本不符合西班牙的利益……" Lord Hood to H. Dundas, Jan. 1794.

② 译者注：科西嘉（Corsica）位于地中海，为法国最大、地中海第四大岛屿。

③ 译者注：爱奥尼亚海（Ionian Sea）为地中海的支海，在希腊以西、西西里岛以东和意大利东南之间。

④ Albion, *Forests and Sea Power*, p. 368.

严重，在这场狂风中也有大批英国商船受损。立即夺回科西嘉岛被认为极端重要，因此一些战舰被修复后立即就有一支由 6 艘帆船组成的分舰队受命再次出动。还没等到这支增援力量到达，土伦舰队的 15 艘帆船就出海掩护陆军通过。然而行动失败了，土伦舰队受到英国舰队的拦截，在局部发生的战斗中有 4 艘法国战舰沉没，其余返回基地。另一次失败同样也不具有决定性，6 月发生在比斯开湾的战斗因试图掩护受护船队去往布雷斯特而引发，此次失败令法国人确信争夺制海权只能徒劳无功，就像路易十六及其继承者在类似情形下所做的那样，他们再次采取了直接打击贸易的战略，手段是由主力战舰组成的分舰队以及大量更小型舰只组成的分散兵力，既有护卫舰也有劫掠船。尽管这种战争形式给英国海运造成了严重的损失，但是并不足以使其陷入瘫痪，主要作用是转移注意力。其效果是迫使不列颠分派大量兵力用于护航和巡洋行动，对主力战舰和巡洋舰的需求都很大，这就影响到了舰队主力的攻势行动。

1795 年下半年，海上形势进一步恶化。西班牙同法国媾和，法国答应协助其吞并葡萄牙。没有哪个不列颠的大臣容忍葡萄牙被占领，一支增援部队立即被派往里斯本。在地中海，法国分舰队给不布颠的船队造成了严重损失，因为既无足够兵力提供护航，又无足够兵力将法国人封锁在港内，究其原因，正如杰维斯上将①所说，"在每年的这个季节实际上无法封锁港口，岸上的风让海岸变得特别危险"。

歼灭法国的海上力量没有作为英国战略的首要目标，针对敌人停在港内的舰队发动陆海军联合打击的直接努力，让位给了针对法国在殖民地至关重要的资源进行间接和长期打击，其后果现在已经明显可见。殖民地战役从 1793 年一直持续到了 1796 年，尽管这些战役使法国财政收入显著下降并丧失了部分海外基地，但是既不足以瘫痪法国的政权，也不足以瘫痪法国的舰队。波拿巴②和他的陆军将领用他们从邻国勒索来的战利品和劫掠品充实了国库。英国陆军被疾病打垮了，而伯克早就预言过了。法国仍然能够组成舰队和分

① 译者注：即圣·文森特伯爵。
② 译者注：应是指拿破仑·波拿巴（Napoléon Bonaparte，1769—1821），即拿破仑一世。

舰队，从布雷斯特、罗什福尔和土伦出发去打击英国的海运，英国无法通过封锁来阻止它们，尽管可以通过护航和巡洋作战的防御体系来阻止它们的活动。不过多种形式的防御需要给海军造成了极为沉重的负担，有时会需要不断召唤海军，这种需要在每次大战中都会不可避免地出现。奥地利人和撒丁人不停地要求为他们在亚得里亚海和利翁湾的陆军提供海军支援，一支分舰队需要在北海保护船队以防范荷兰的舰队，在地中海的舰队补给线暴露在敌人打击之下，这条线的长度从大不列颠群岛西部航道直到地中海。事实上，海军为满足这些需要以及其他需要已经不堪重负，这在很大程度上是因为最初没有集中精力，同时也因为国家被迫采取了守势战略。

1796 年春季，好望角、锡兰和西印度群岛的一些位置——格林纳达、圣卢西亚、德梅拉拉①和埃塞奎博②，先后被夺占下来，英国海上力量剥夺了敌人的基地为己所用，实力获得增强。那个曾经的争论再次出现：这个国家应该把精力集中于海上并且拓展自身的商业利益，还是应该在欧洲大陆采取行动？严格的"海洋"学派思想再次出现，主张不列颠应该主要考虑商业问题。有一位作家指出，英国掌握了制海权，就处在这样一种地位上，可以让全世界的贸易围着自己转，把所有竞争者都排挤出去，通过剥夺其海外商业资源削弱法国和西班牙的实力。既然海上安全得到了保证，就应该集中精力于"航海和贸易，关注制造业，关注农业这个根本，关注穷苦劳工的状况……"可以把从军事上削弱法国的事情交给大陆上的那些政权。③ 但是这种自我孤立或者其他什么形式的政策，与以往一样没有得到政府太多的青睐。回答是法国有西班牙和荷兰作为盟友，意大利各政权被其玩弄于股掌之间，从马尔马拉海到特克塞尔，法国已经成为欧洲整个海岸线的主人。法国因此握有庞大的内陆资源。由于沿海通道仍然可以使用，斯尔凯特河、莱茵河和其他河流及运河都畅通无阻，所以法国的商品可以在整个欧洲自由流通。凭借这些优势，法国将会很快凌驾于英国之上，把法律强加给欧洲大陆的其余政权。"英国握有制海权使其无法得到的热带产品，法国将通过创新天赋找到替代品。

① 译者注：德梅拉拉（Demerara）为圭亚那地名。
② 译者注：埃塞奎博（Esequibo）为圭亚那地名。
③ *Annual Register*, 1796, pp. 194—197.

法国将找到办法侵蚀英国海军实力的根基，将在欧洲形成一个联盟或者实行武装中立来反对英国。为了恢复其东方贸易，法国将会采取的措施是放弃好望角航线，重新绕经波斯和红海的旧通道，并让英国商品在欧洲港口绝迹。在这样一个由法国主导、通过垄断海洋贸易而形成的联盟面前，掌握了制海权又有什么用呢？"就这样，拿破仑在国内促进工业和农业的发展及其构建的大陆经济封锁体系，早在实施的十年之前就被预见到了。孤立政策被否决了。

　　1796 年春季，地中海的制海权变得更加重要。当时，波拿巴自 3 月离开尼斯①后，率领其陆军迅速推进到萨沃纳②，目标是取道内陆经过阿尔卑斯山口入侵皮埃蒙特，山口位于阿尔卑斯山脉和亚平宁山脉交汇的最低点处。英国舰队当时的任务是配合奥地利陆军守卫意大利，为此舰队主力要监视实力相当的法国土伦舰队，同时派出一支分舰队在纳尔逊率领下威胁法国陆军的沿海交通线。用一个法国历史学家的话说，这支分舰队造成的压力"让法国陷入了极端不利的局面，被迫停下了沿滨海道路进军的步伐"。③ 纳尔逊让奥地利陆军将领十分清楚地了解到了英国建立制海权的目标和意图，他明确指出，"我的分舰队眼前没有任何其他目标，就是与他的陆军配合，尤其是在海上为陆军给养沿海岸线运输提供护航；如果他的一些船只遭受了损失，'我的上将'（杰维斯）将会找到另外的船只，我们将在任何时候不惜牺牲分舰队来协助陆军上将"。④

　　然而，尽管这项任务将会得到执行，法国人顺着沿海道路进军的步伐也可能被中断，但是分舰队全部由主力战舰组成而缺少护卫舰兵力，不可能完全阻止敌人成群结队的小船沿海岸从一个港口渗透到另一个港口，在炮船和岸炮的掩护下给陆军运送补给。由于不明白大型战舰无法在近岸活动，奥地利人抱怨这支分舰队没有尽力而为，不能理解为抓捕一些甚至只是几条敌人的小船就会使英国分舰队有两到三艘战舰沉没或者受损，其实是得不偿失。"如果不给予一次打击，那么敌人看上去既会成为陆上的主宰，也会成为海上

---

① 译者注：尼斯（Nice）位于法国东南部地中海沿岸。
② 译者注：萨沃纳（Savona）为意大利热那亚湾畔的港口城市。
③ Bouvier, *Bonaparte enItalie*.
④ "Nelson to Jervis, 13 Apr. 1796".

的主宰，意大利将会沦陷。"①

就在纳尔逊写下这些话的时候，意大利已经开始沦陷，原因是同盟国在陆上的失败。波拿巴的陆军已经占领了萨沃纳，舰队失去了一个宝贵的基地以及高度依赖的大部分补给，这些补给来自托斯卡纳。

1796年夏季，西班牙表现出来的敌意渐渐增强，这使得大臣们开始考虑如果西班牙对不列颠宣战，是否还有可能在地中海维持一支舰队。派出这支舰队的初衷是与西班牙的舰队一道，为奥地利和撒丁以及盟国陆军提供支援，保护英国的贸易。尽管前面提到西班牙指挥官的举动十分可疑，但是在1793年的土伦战役期间，皮特继续认为西班牙作为一个盟国，可以指望其提供配合。因此，直到1794年3月，他在海上方向的战略构想是西班牙将在地中海及西班牙的大西洋海岸承担主要任务，不列颠则主要在比斯开湾北部和"狭窄海域"展开行动。单就海军实力和基地上的便利而论，这一责任区分完全符合逻辑。西班牙舰队对土伦的法国舰队拥有极大优势，在卡塔赫纳和梅诺卡都有基地，完全能够监视土伦和其他法国港口，能够派出巡洋分舰队以费罗尔或科伦纳为基地，在传统巡洋海域活动以截断菲尼斯特雷角②外海的法国贸易。在这种安排下，英国舰队在地中海将负责直接防卫英国在这一海域的贸易以及在亚得里亚海和那不勒斯外海的其他活动，可能时则与西班牙配合实施封锁。英国以主要精力直接针对驻在布雷斯特的舰队，并在"狭窄海域"及北海行使制海权。然而这个设想忽视了西班牙人的喜怒无常。西班牙人无动于衷，西班牙海军的行动根本谈不上在海上实施强有力的封锁或者在大西洋进行不间断的巡航。在1794年和1795年期间，西班牙舰队偏离了真正的战略目标即法国的舰队，把他们的精力浪费在西班牙海岸外微不足道的作战行动上。

1796年7月，西班牙同法兰西缔结了一项双边互助条约，也就是圣伊尔德丰索条约③。根据该条约，两国互有协助对方的义务，一旦需要，即应派出

---

① "Nelson to Francis Drake, 19 Apr. 1796".
② 译者注：菲尼斯特雷角（Finisterre）位于西班牙加利西亚大区西海岸。
③ 译者注：西班牙与法国在西班牙国王的圣伊尔德丰索（San Ildefonso）宫签订的"攻守同盟"条约，规定一方遇有战争，另一方即应出兵援助，西班牙无权要求法国说明进行战争的原因。

一支由 15 艘战列舰组成的分舰队，以及一支 2.4 万人的地面部队。英国内阁不想让自己增添一个敌人，选择忽视这种对中立的公然背弃，考虑到存在条约在战时得到遵守的可能性，决定从地中海撤出舰队，将其部署在直布罗陀，同时撤离科西嘉。这一决定受到了陆军大臣邓达斯的警告："这无异于承认，无论什么时候法国和西班牙在进行战争（总会有一国在进行战争），我们必须放弃同地中海的所有联系，事实上是与整个南部欧洲的联系。"他进而指出①，这将明确无疑地意味着失去了英国舰队支持的意大利各政权会被迫倒向法国的怀抱，受到法国的保护，葡萄牙在惊吓之下也会步其后尘，极为严重地影响英国的海上地位。"在我看来，不放弃地中海的措施同当前和未来的海军实力、同这个国家的荣耀紧紧地联系在一起，同其他与我们在遥远之地的安全没有直接关系的任何措施相比，更应该保留的是这项措施。"他声称可能为此目的提供足够的兵力，他估计的数量为 30 艘风帆战列舰。海军大臣持有不同意见。他认为不但这些兵力不够用，而且所需的设施也不足。放弃那不勒斯已经让舰队无法使用一些关键的港口进行休整，科西嘉尽管仍然在英国手中，但是无法提供食物，仅仅是维持其守备兵力这项任务，面对驻在卡塔赫纳的西班牙舰队，就需要几乎整个英国舰队不间断地展开行动以便为供给船队提供保护。斯宾塞勋爵②指出，海军不可能同时在地中海保持一支舰队（经计算，为应对法国和西班牙联合舰队需要大约 40 艘帆船），而又在本土保持优势兵力以守卫王国及其贸易并保护葡萄牙，又要在殖民地海域继续展开行动（正在展开的行动以及准备展开的行动）。因此，必须放弃地中海。必须组成两支舰队，一支 30 艘帆船的舰队驻守"狭窄海域"应对布雷斯特舰队，另一支同样规模的舰队驻守里斯本应对加的斯舰队并保护葡萄牙以及驶往直布罗陀守备区的运输船队。③

　　就在大臣们还在讨论是否需要增援地中海，以应对可能出现的敌人联合

---

　　① "Dundas to Spencer, 28 Oct. 1796"（*Spencer Papers*, vol. I, p. 320）.

　　② 译者注：应是指第二代斯宾塞伯爵（2nd Earl of Spencer）乔治·约翰·斯宾塞（George John Spencer, 1758—1834），英国政治家，曾任海军大臣。

　　③ The important discussions between Pitt, Spencer, Dundas, and Grenville which took place in October and November 1796 will be found in *Spencer Papers*, vol. I, pp. 322—338. Cf. also *Dropmore Papers*, passim.

舰队（而且这支舰队可能被派往地中海）时，撤离的难题已经被形势发展的事实解决了。西班牙已经宣战，一支由 26 艘战列舰组成的西班牙舰队已经驶入加的斯内海并加入了在土伦的法国舰队。英国海军上将手中总共只有 14 艘战舰①，发现自己要面对一支有 38 艘帆船的联合舰队。劣势过于显著，即便西班牙舰队缺乏训练这一点已经众所周知，即便两个国家的舰队可能会缺乏团结一致。因此，科西嘉的部队迅速撤离，舰队则从直布罗陀撤出。尽管有一部分守备兵力在厄尔巴岛一直驻守到来年 4 月，后来还是撤离了，因为当舰队不复出现在该海域时，那个基地也就没有必要存在了。地中海现在已经成了法国人的湖，波拿巴理所当然欣喜无比。"赶走英国人对我们在意大利的军事行动取得胜利有重大影响。我们必须给那不勒斯造成更严峻的局面，这会给意大利人的士气造成最大影响，保证我们的交通顺畅，令那不勒斯甚至西西里都感到颤抖。"然而，他的广阔视野没有被局限在意大利。他清楚地认识到不列颠是他取得全面胜利的绊脚石，因此必须将其清除掉。巴黎的政府正在计划瓦解英国，办法是从布雷斯特入侵爱尔兰，从敦刻尔克入侵英格兰，波拿巴则寻求通过将英国赶出印度并切断东方贸易来削弱英国。1796 年冬季，他已经把目光投向了埃及。

斯宾塞勋爵在冬季勾画出了对舰队的安排。一支强大的舰队在本土守家卫国，应对奥什②和亨伯特③对爱尔兰的攻击并掩护进出大西洋通道和英吉利海峡的贸易；另一支舰队以里斯本为基地，纳尔逊将其职责定义为"守卫葡萄牙并把联合舰队抑留在地中海"。"把联合舰队抑留在地中海"也是王国国防的内在要求，因为位于海峡入口处的不列颠舰队正处在加的斯、土伦和布雷斯特舰队的交界点上。然而，坦率地说，这些安排是防御性的，对在地中海的奥地利盟友没有帮助，对敌人在大西洋贸易之外的事物没有威胁。

1796 年临近尾声，海上的形势变得愈发阴郁。放弃地中海之后，英国人

---

① 由于对一名上将能够指挥多大规模的派遣兵力在判断上出现了严重错误，该舰队比实际拥有数量少了 6 艘帆船。

② 译者注：应是指路易·拉扎尔·奥什（Louis Lazare Hoche，1768—1797），法国陆军将领，曾任法国布雷斯特海军司令。

③ 译者注：应是指让·约瑟夫·阿马布尔·亨伯特（Jean Joseph Amable Humbert，1767—1823），法国陆军将领，曾于 1798 年率军企图登陆爱尔兰支援爱尔兰叛军，不过登陆没有成功。

在那里的所有贸易宣告终结。杰维斯写道："英国人的航行没有安全可言，在地中海的任何一个海域，亚得里亚海、摩里亚①海域或者爱琴海，所有事情都由法国说了算。"舰队发生了一次兵变，原因是议会对水兵在招募、纪律、薪饷和休假等方面的抱怨始终不予理会。这个国家的本土受到入侵的威胁，一支 1 万人的陆军在最终平息了旺代暴动之后腾出手来，将从布列塔尼出发，那里的通道将处于加的斯和布雷斯特联合舰队的掩护之下。这一威胁因为杰维斯在圣文森特角②外海战胜了加的斯舰队而得以解除，但是新麻烦接踵而来。4 月，奥地利放弃了抵抗。奥地利事先并未与盟国协商，事实上在奥地利看来，正是由于盟国撤离了地中海而导致其无法继续斗争下去，撒丁人已经与法国人签署了预先的和平协议，奥地利也照此办理。皮特极为看重比利时相对于法国的独立性，同时比利时也是必需品的传统来源地，现在也落入法国之手。安特卫普的大型海军基地无疑已经成了法国海军的基地，在地中海，法国的海权得以加强。根据坎波福米奥和约③，和平得到确认，法国获得了爱奥尼亚岛以及规模不大的威尼斯海军。拿破仑认为自己现在可以放手在陆上和海上同时对付不列颠了。他说，手中握有这些岛屿，就能够尽可能支撑土崩瓦解中的土耳其帝国，直到支撑不下去，而一旦瓦解不可避免，就能够从中渔利。接下来必须占领马耳他，而这易如反掌。有了马耳他和科孚岛④，他将成为地中海的主人。其后，当马耳他被占领时，一位法国作家将其形容为"地中海的好望角"。接下来是埃及，埃及是"英格兰甲胄上的漏洞"。在致督政府的信中，拿破仑写道："我们现在必须马上集中海军力量，以便摧毁英格兰。然后，我们就能把整个欧洲踏在脚下。"让英格兰跪下来的关键点是印度，埃及则是通向印度的台阶。

　　尽管伦敦的部长们相信这个国家有能力抵御入侵或者其他任何形式的攻击，但是他们害怕战争的重负会超出民众的承受力。因此，1797 年 7 月，他

---

　　① 译者注：摩里亚（Morea）位于希腊伯罗奔尼撒半岛。

　　② 译者注：圣文森特角（Cape St. Vincent）是葡萄牙西南端的一个海岬，也是欧洲大陆的最南处。

　　③ 译者注：坎波福米奥和约是法国与奥地利为结束两国战争签订的和约，1797 年 10 月 17 日在今意大利东北部坎波福米奥村（Campo Formio）拿破仑的大本营签订。

　　④ 译者注：科孚岛（Corfu）是位于希腊西部伊奥尼亚海中的一处岛屿。

们派马姆斯伯里勋爵①到巴黎去，看看是否存在结束战争的可能性。为了实现和平，他们准备接受低地国家的局面并且归还不列颠占领的一些殖民地，但有四处除外。这几处殖民地被认为是英国海权的关键要素，也就是特立尼达、好望角、科钦和锡兰。然而督政府沉浸在胜利之中并且相信将继续取得胜利，拒绝了所有条件。督政府要求归还所有被占殖民地，没有例外，此外还要求对在土伦被俘获或被摧毁的法国船只做出赔偿。英国的大臣们认为这些要求无法接受。他们拒绝了这些要求，战争继续进行。

除了葡萄牙，英国已经没有盟国了，但是葡萄牙能提供的协助仅限于使用其港口，在这样的条件下如何战斗下去确实是一个问题。这个问题注定将变得更加严峻，因为波拿巴正在施加压力迫使葡萄牙停止提供其设施。对于斯宾塞勋爵来说，事情很清楚，"只要有可能就要保持在葡萄牙沿海和加的斯附近的态势，要继续抓住任何机会瘫痪西班牙的兵力"，但是如果舰队不能再利用塔霍的话，对于这种可能性是否还存在，圣·文森特勋爵②表示严重怀疑，因为他看不到有其他港口可以安全储存舰队的必需品。他写道："6月以来，也就在宫廷（里斯本）决定媾和以来的这段时间，我一直在想着一件事，要为舰队找到办法……在塔霍不再能用于存放必需品之后有什么办法来为舰队提供必要的保障。"直布罗陀的库房容易受到轰击，扎法林群岛③——一个可能的基地——既无淡水和食物，也没有休整设施，再说又离加的斯这个战场太远——这个理由同样适用于否定直布罗陀，除非风平浪静，否则在紧急状况下出海峡非常困难。圣·文森特甚至说，如果必须放弃塔霍，那么舰队就没法留在那个海域。④简言之，一系列的动作都能表明，英国的部长们和波拿巴都十分看重葡萄牙。幸运的是葡萄牙立场坚定，舰队可以继续使用塔霍。

---

① 译者注：应是指第一代马姆斯伯里伯爵（1st Earl of Malmesbury）詹姆斯·哈里斯（James Harris，1746—1820），英国外交家。
② 译者注：即第一代圣·文森特伯爵杰维斯上将。
③ 译者注：扎法林群岛（Zaffarine Islands）位于西班牙东北部塔拉戈纳（Tarragona）外海，由地中海中的三个小岛组成。
④ "St. Vincent to Spencer, 10 Jan. 1798 (*Spencer Papers*, vol. ii. p. 429)".

约翰·布鲁斯上校①是一位陆军的思想家，在他看来，英国人现在应该采取的方案是直接针对驻在其本国港口内的敌方舰队。在 1797 年 12 月 25 日提交的一份备忘录中，他写道："实践和经验以及不布颠及其敌人的实际情形似乎都表明，我们无法继续通过陆上战争分割法国的陆军，我们应该努力摧毁港内的军事力量，正在准备入侵的军事力量。"② 这个提议尽管未被采纳，却是不列颠传统理念在延续的一个有趣信号，这个传统理念就是同盟国一起采取行动时，英国应该运用海上力量削弱陆上的敌人，方式是分散或者侧翼攻击；在单独采取行动时，英国应该运用联合部队集中打击敌人的海上力量。

然而这时形势出现了新的变化，英国人的孤立状态有望结束，奥地利在 1798 年春季显示出有意重新回到战争中来。奥地利有时因为坎波福米奥和约强加的条件深感不安，现在感到当初的屈从过于匆忙，那些条件毫无疑问正在彻底颠覆整个欧洲。3 月，奥地利征询如果重新加入战团，不列颠是否能够提供补贴，派遣一支舰队进入地中海并做好准备继续作战至少一年，特别是坚持要不列颠尽快派出一支舰队，奥地利强调，除非做到这一点，否则法国人不但会马上成为意大利的主人，还将成为黎凡特的主人。③ 皮特和格伦威尔④马上着手处理此事，他们造访海军大臣征求意见，问是否能够在地中海部署一支舰队。海军大臣认为不可能。尽管可以在西西里找到基地，也能满足必需品的供应，然而这样做需要至少 70 艘主力战舰，但是现在只有 62 艘合适的战舰，并且没有人力可供配备这些战舰。⑤ 此时此刻好像出现了一个困局，但是不到三星期之后形势又有了新的变化。据悉，一支强大的武装力量正在土伦备战，既有战舰也有地面部队，目标可能是两西西里（王国）、葡萄牙或者爱尔兰——后两者之一被认为更有可能。在加的斯外海停留的舰队既无法阻止法国人从土伦出发对那不勒斯进行远征，也无法阻止其陆军在地中

---

① 译者注：疑指曾任爱丁堡大学教授的约翰·布鲁斯（John Bruce，1745—1826），曾受聘于亨利·邓达斯研究欧洲大陆实力均势和英国本土防御问题，1797 年继承其兄的孟加拉炮兵中校职衔，后任枢密院拉丁语秘书。著有《英印政府计划的历史考察》（*Historical View of Plans for the Government of British India*，1793）。

② *Castlereagh Correspondence*，vol. vi.，pp. 245—246.

③ "Prince Starchemberg to Grenville, 1 and 15 Apr. 1798（*Dropmore Papers*，vol. iv, pp. 153，168）".

④ 译者注：应是指威廉·格伦威尔（William Grenville，1759—1834），后来曾任英国首相。

⑤ "Spencer to Grenville, 6 Apr. 1798（*Spencer Papers*，vol. ii, p. 436）".

海的西班牙海岸登陆并向葡萄牙进军，又无法阻止其溜出海峡进入本土海域攻击爱尔兰。有且仅有一处能够兼顾这三个分散的目标——敌人的出发地：土伦。本土舰队或者加的斯舰队有被削弱的极大风险，内阁决定必须承担这些风险以应对从土伦发起的远征。因此，在加的斯外海领军的海军上将受命派出部分兵力，或者如果他认为合适，派出整个舰队进入地中海，去对付土伦的兵力。给他的指令告诉他，这支兵力的出现将阻止远征并鼓励奥地利采取行动。斯宾塞勋爵写道，"一支不列颠的分舰队出现在地中海，在当前的局面下，这一刻可以说整个欧洲的命运皆系于此"。为了让奥地利重新加入战争，为了保卫那不勒斯和葡萄牙，这是不得不采取的措施。"不可能不去考虑对大陆强国力量的依赖……如果凭借我们在地中海的出现可以鼓励奥地利向前迈出一步，其他大国也极有可能抓住时机同时采取行动，齐心协力结束战争，与此前设想的结果相比，这种结果可能就没有那么不利了。"① 由于没有基地舰队就无法行动，所以英国驻那不勒斯公使被告知，他应当说动两西西里的国王以及奥地利的代表，除非他们让舰队全面使用港口，否则舰队在地中海停留的时间无法得到保证。内阁授权圣·文森特，如果这些要求被拒绝了，就对意大利的所有港口和国家以动武相威胁。②

做出这种安排，政治家们表现出了极大的勇气。这涉及在这个国家面临入侵威胁且强大的敌人舰队还停留在布雷斯特和加的斯的情况下从本土水域调离战舰，尽管在圣文森特角和坎伯当③外海取得了胜利。④ 发来的颂词毫不夸张，他在听说了尼罗河战役的消息后写道："我深表敬佩，在入侵迫在眉睫而国内动荡不安的情况下，对文森特勋爵的大规模增援措施精密、大胆而

---

① "Spencer to St. Vincent, 29 Apr. 1798".
② "Grenville to Eden, 20 and 28 Apr. 1798".
③ 译者注：坎伯当（Camperdown）为荷兰海岸边的一个村落，1797 年 10 月 11 日英国舰队在其附近海域击败了荷兰舰队。
④ 3 月 21 日法国人可用于入侵的兵力分布于荷兰各港口、安特卫普、奥斯坦德、敦刻尔克和勒阿弗尔，兵力规模如下：

战舰	运输船	地面部队	马匹
护卫舰和小型护卫舰 18 艘	骑兵运输船 319 艘	70,034 人	5,394 匹
炮船 276 艘	步兵运输船 718 艘		

（值得）令人称道，超越了所有的希腊人、罗马人、英国人或者其他人。从来没有哪项作为如此英明。"勇气部分来自圣·文森特，他为分兵而承担了巨大责任。我们今天可以与之一比的决策是 1941 年倾举国之火炮、装甲和人力来保卫埃及。然而如果想促成另一个联盟，如果想防守那不勒斯、葡萄牙以及重要性稍逊的爱尔兰，那么就不能不冒英格兰被入侵的风险。有一件事给海军上将造成的压力特别大——如果让他在监视加的斯和与土伦舰队决战之间进行选择，他宁愿"击败土伦诸军的图谋"。

那个图谋是什么？大臣们认为有三个可能的目标——那不勒斯、葡萄牙和爱尔兰。毛奇有一句名言，经验告诉他，如果敌人看上去有三种选择，那么他通常会选择第四种，这句话放在土伦敌军身上同样适用，因为存在第四种选择——埃及。在 4 月 29 日的指令中没有提到埃及，但是法国派遣一支陆军取道红海到印度去的意图，在 5 月底已经从好望角、毛里求斯和印度以及截获的法国信件等若干渠道得到证实。6 月 10 日，疲惫不堪的邓达斯表达了一个被他称为"可能是心血来潮"的看法，他相信埃及和印度是波拿巴接下来的目标。尽管改变安排已经太迟——土伦法军已经启航——但是他们的确做出了应变，只要派出的分遣兵力能够及时抵达利翁湾，土伦外海的舰队将去掩护埃及。为了应对印度可能面临的威胁，作为第二项预防措施，一支位于好望角附近的分舰队立即被派往曼德海峡去拦截法国远征部队。

正如在过去的战争中那样，时间在这些事件的进程中起着关键作用。由于先前做出派遣分舰队进入地中海的决定用去了三个星期，加上战舰从英吉利海峡赶到加的斯以接替分遣部队所需要的时间，波拿巴已经在纳尔逊抵达之前离开了土伦，他的分遣部队已经到达了利翁湾。历史有另外一种"假如"。假如能够早三个星期做出决定，在重建地中海舰队的提议最早得到讨论时就做出决定，那么在阿布基尔①发生的会战极有可能在土伦以南的海上展开。机动不便的运输船队命运如何几乎没有疑问——这样在后来的岁月里，英法关系因为埃及问题而起的纠葛也就不会存在了。

1798 年 8 月 1 日在阿布基尔歼灭法国舰队以及英国重新夺回地中海制海

---

① 译者注：阿布基尔（Aboukir）为埃及地中海沿岸村庄。

权所带来的结果，一是此前保持中立的土耳其宫廷在其埃及省份被入侵后对法国宣战，二是那不勒斯和俄国加入联盟，三是俄土舰队进入地中海，把法国人从科孚和达尔马提亚海岸①的威尼斯领地赶走了。马耳他随后受到严密监视，英国通过一次远征占领了马翁港这个重要基地，此次远征由邓达斯下令实施，部队从直布罗陀出发完成远征。从财政形势上看，重新与土耳其开展贸易意义重大。舰队于 1796 年撤出之前，法国劫掠船就给该项贸易造成了严重损失，因为护卫舰不够用。同年 5 月，杰维斯写道："我得为地中海和黎凡特的每片海域提供护航，需要的巡洋战舰恐怕大大超出了我能提供的数量。"西班牙于 1796 年在战争中加入法国一方后，保险的费率急剧上升，航海条例在 1797 年再次暂缓实施，以使英国商品得以由中立国船只运送至土耳其。这种通过非武装实力的手段实现安全的意图最终只能是妄想，因为法国尽管在此前大肆宣扬"自由的船舶、自由的商品"这种论调，却对保护中立国船舶没有太大兴趣，英国的做法则不然。只是在通过尼罗河会战恢复制海权之后，贸易安全才重新得到了保证。②

重新取得在地中海的制海权，意味着费力不讨好的西印度群岛战略走向终结。西印度群岛的防卫此后主要依赖位于西部通道的强大舰队，如果受到敌人威胁则可派出分遣兵力予以清除。随着俄国、土耳其和那不勒斯这些新生力量加入战争，内阁必须决定来年即 1799 年采取何种战略。尽管俄土舰队出现在黎凡特使得印度的威胁得以解除，同时法国陆军被孤立分割在埃及且没有船队能将其运往别处，但是在地中海仍然存在对英国海权的诸多需求。

---

① 译者注：达尔马提亚海岸（Dalmatia）位于今克罗地亚。
② 英国与土耳其的贸易情况见下表：

年份	向土耳其出口（英镑）	自土耳其进口（英镑）
1796	132,796	150,184
1797	23,532	104,835
1798	58,583	42,285
1799	200,509	33,091
1800	157,456	199,773

1799 年对土出口增加额，主要是在土耳其宣战后提供的军需物资。Wood, *A History of the Levant Company*, p. 179.

指示给海军总司令的主要目标有四项：积极配合奥地利和那不勒斯陆军保护两西西里王国的海岸线；切断在埃及的法国陆军的所有供给与逃跑通道，据说这样将令其困饿而降——因为没有预计到埃及这个国家的资源能够支撑一支陆军，而精明强干的克莱伯①却使其成为可能；封锁马耳他；配合俄国和土耳其在爱琴海的兵力行动。在这些目标中，最重要的目标被界定得十分清楚。海军上将被告知"保护西西里海岸和那不勒斯海岸并与奥地利陆军积极配合，这是主要的目标，而分舰队主力应特别针对这一主要目标"，他则需要严格做到"在所有可能条件下，为国王陛下的盟国提供最热情和最无私的保护与支援，竭力沟通彼此的情况，最小心翼翼地避免任何盟友有任何理由产生怀疑、猜忌或者冒犯"。国际合作的理念从未得到如此清晰而准确的表达。

　　然而这些只是为地中海舰队指定的主要目标，1798 年冬季又有了其他方面的设想，形成了对敌人在北海和大西洋的海军基地发动攻击的积极政策。一位法国军事作家对英国的战略做出了这样的解读："从 1798 年 12 月起直到1800 年秋季这个阶段，可以称为英国的巅峰时刻，因为英国的陆上力量和海上力量的行动总体上处于攻势，圣詹姆斯宫②内阁的政策从未如此咄咄逼人。"③ 当时的指令草稿体现出了该战略的宏观意图："在欧洲战争的当前形势下，明智的判断是本国应尽可能集中精力歼灭敌人的海军部队。"第一个被选中的目标是驻扎在赫尔德④海军基地的荷兰舰队。俄国同意在 1799 年对荷兰发起猛烈攻击。远征的目标被确定为歼灭荷兰舰队，将法国人赶出荷兰，特别是要剥夺其海军基地。作为这一侧翼攻击的结果之一，则是把敌军地面部队从士瓦本⑤、瑞士和意大利吸引出来，从而有利于那些战区的盟国陆军。

　　这就是当时为来年大体勾画出来的海军战略，但是在国际战线方面仍然存在隔阂。尽管在奥地利的强烈要求下英国舰队重返地中海，继而取得了尼罗河之战的辉煌胜利，但是奥地利并没有全心全意投入战争。奥地利已经在 5

① 译者注：应是指让·巴底斯特·克莱伯（Jean Baptiste Kléber，1753—1800），当时率法国驻守埃及。
② 译者注：代指英国国王乔治三世，因其正式的王宫名为圣詹姆斯宫。
③ Desbrière，*Projets et tentatives*，vol. ii，p. 229.
④ 译者注：赫尔德（Helder）位于荷兰北部。
⑤ 译者注：士瓦本（Swabia）为德国西南部历史地区。

月同那不勒斯签下了共同防御条约，然而甚至到了 1798 年底，奥地利还没有明确加入同盟，并与俄国一起就增加补贴问题讨价还价，公开要求已经实行"武装中立"的普鲁士也加入同盟。对英国因掌握了制海权而在共同事业中所起的巨大作用，不列颠的大陆盟国缺乏足够认可，这一倾向已经屡见不鲜，甚至在当代也是如此。邓达斯极为厌恶这些提议，表示不同意向盟国支付大笔补贴，因为盟国并没有将补贴用于共同的事业，大多数情况下只是用于扩大他们自己的特别利益。1794 年，马姆斯伯里有过同样的观察，默伦多夫①的陆军在行动上总是虚与委蛇，英国按期提供了补贴，而拿到酬劳后他们就会故态复萌。② 邓达斯呼吁人们注意一个事实，尽管不列颠已经以各种形式向其盟国提供了帮助，而其自身也实现了安全，但是最近向地中海派出的分舰队"既是为了欧洲的整体利益也是为了本国的利益，这是事实……可以对俄国和奥地利公平合理地指出，本国以这支舰队为代价，认为自己已经为继续支持欧洲大陆上的战争提供了全额补贴"。此外，他不反对提供合理的补贴，但是比他们要求的数额要小，前提是那些大国切实与不列颠齐心协力，以实现结束战争的共同目标。他举例说明了在合作方式方面的建议，比如俄国可以派地面部队把法国人从荷兰赶走，各国共同参与夺占马耳他、防卫瑞士、夺占布雷斯特的行动，甚至可以在南美洲开辟新市场以加强财政体系，单是这样做就能够使补贴的支付成为可能。③

我们都知道，俄国配合在荷兰实施攻击的提议兑现了。然而，奥地利还在犹豫不决和讨价还价，直到 1799 年 3 月失去了做出选择的权利，法国督政府根据事态发展趋势对奥地利宣战了。因此，尽管英国海权在地中海的重建并没有直接、立即把奥地利带入同盟，但最终还是带来了期望中的结果。1799 年也因此开启了攻势作战的新阶段。英俄海陆联军兵发特克塞尔，达成了针对荷兰舰队的那部分意图，几乎全数俘获了在坎伯当会战中幸存的荷兰

---

① 译者注：应是指维夏德·约阿希姆·海因里希·冯·默伦多夫（Wichard Joachim · Heinrich von Mollendorf, 1724—1816），普鲁士陆军元帅。

② *Cambridge History of British Foreign Policy*, vol. Ⅰ, p. 250.

③ *Dropmore Papers*, vol. Ⅰ, p. 434.

战舰，但是未能实现将法国人赶出荷兰并有效吸引兵力的目标。之所以如此，部分原因是英俄两国陆军将领对如何进行野战缺乏共识，部队作战不利，更多的是因为远征军的派遣并不及时，而之所以不及时又是因为海运不足。同其他事件一样，海运成了瓶颈，而且需求极其庞大。英国的船队被召集起来把俄国的地面部队从波罗的海运至荷兰，由于没有足够的船只在同一时间装运所有部队，所以部队的抵达既慢且少。6月底，战斗的一年已经过去一半的时候，格伦威尔写信给他在德国的兄弟，要求他在权力范围内尽可能在波罗的海采购舰只，"因为再显然不过了，这里船只数量不足。在主管运输的人看来，困难超出了所有人的想象……"① 远征被延误的结果之一是若想形成对奥地利有利的牵制已经为时太晚。地面部队直到8月27日才登陆，奥地利人那时已经在诺维②战败。少量法国地面部队在9月10日之后出现在荷兰。

　　生性乐观的皮特期望在荷兰的战役能够及时结束，继而以联合部队攻击在布雷斯特的舰队。当时有充分理由发动这样一次攻击。一支法国舰队已于3月溜出布雷斯特，在地中海广泛发起袭击，袭扰了从大不列颠群岛西部航道到位于直布罗陀、马耳他、西西里和黎凡特的大大小小的海军基地，这支舰队刚刚回到布雷斯特，还带回了一支西班牙分舰队。③ 此时出现了全歼这支联合舰队的机会。皮特对消除这个没完没了的威胁存在强烈期待，表示希望对布雷斯特发动的攻击不要干扰到盟国把法国军队牢牢地牵制在瑞士。如果布雷斯特被占领而舰队被歼灭，"其后我们就可以高枕无忧地通过有限规模的防御性战争静观其变，直到法国的劣势自行演化出某种新秩序"。这可能需要联合俄军兵力在地中海实施一些牵制性打击。邓达斯持有同样的观点，他希望在1800年春末能组成一支8000人的英俄联军，但是他现在特别需要"一次痛快的尝试，一举歼灭法国和西班牙的海上军事力量"。④ 如果此举能够成功，

---

　　① "Grenville to Thomas Grenville, 26 June 1799（ibid. vol. iv, p. 204）". Cf. also *Spencer Papers*, vol. iii, part IV, passim.

　　② 译者注：诺维（Novi）为意大利北部城市。

　　③ For a full and well – analysed account of this raid cf. G. Douin, *La Campagne de Bruixen Méditerranée*, Mars – *Août 1799*（1923）. For British information and movements, Spencer Papers, vol. iii, pp. 43—103.

　　④ "Dundas to Grenville, 20 Sept. and 20 Oct. 1799（*Dropmore Papers*, vol. v）".

"在动摇法国实力的根基上比任何其他措施都有效"。不过在冬季之前没办法做到这一点，或者在俄国准备好之前做不到，俄国需要时间来集结陆军，所以得让法国人始终受到一系列威胁以作牵制。"瓦尔赫伦①、贝尔岛、加的斯和特内里费（远征部队）以及在地中海沿岸机动的 1 万名陆军，可能有效达成这一目标。"

可见，在三位英国大臣——皮特、格伦威尔和邓达斯，他们肩负着战略决策的重大职责——的眼里，歼灭布雷斯特舰队被认为是最重要的目标。这是一个主要目标而非只是牵制性目标——事实上，我们看到皮特认为在瑞士发起的战役只是为有利于夺占布雷斯特而进行的牵制而已。实现这一意图在很大程度上要依靠俄国的配合，而俄国却拒绝了。参加荷兰战役的那支俄国陆军，在海峡群岛②过冬后已经急匆匆地回到本国了，布雷斯特之事只能被搁置起来。接下来还是要做出决策，当前的提议包括对布列塔尼海岸的远征、在塞纳河口的攻击、占领贝尔岛以及派遣一支部队进入地中海配合奥地利的行动。1800 年春天来临之际，第二次反法同盟已经貌合神离。奥地利和俄国之间完全缺乏理解和信任，俄国与英国在北海的配合也已经中断，俄国的舰队忙于在地中海夺占爱奥尼亚诸岛，这一点让纳尔逊很反感，因为他希望俄国舰队能协助他封锁马耳他或者埃及。奥地利大臣图古特③不愿意表明或者暗示奥地利的意图，但内心深处对本国的战略自有盘算。不列颠的两个主要大陆盟国都不打算合作，普鲁士则刻意保持中立，大臣们必须决定以一己之力能够做些什么。1800 年初做出的最终决策是夺占贝尔岛，除了实行牵制以有利于奥地利行动外，也意在确保有基地提供给再次变得活跃的朱安党人④使用，让其能够得到武器弹药补给。行动于 6 月开始，不过在完成之前被邓达斯取消了。他命令部队转向地中海，然而他们抵达得太迟了，未能避免奥地

---

① 译者注：瓦尔赫伦（Walcheren）是位于荷兰西兰省斯海尔德河口的岛屿。

② 译者注：海峡群岛（the Channel Islands）是位于英格兰南海岸和法国北海岸之间的英国岛屿，法国称其为诺曼底群岛。

③ 译者注：应是指约翰·阿马德乌斯·弗朗茨·戴·帕乌拉·弗莱赫尔·冯·图古特（Johann Amadeus Franz de Paula Freiherr von Thugut，1736—1818），时任奥地利外交大臣。

④ 译者注：朱安党人（Chouans）指法国大革命时期发动起义的保皇派。

利人在马伦哥①被击败，之后则重新采取了攻击敌人基地的战略。另一支远征部队于 8 月从英格兰出发，去夺占位于费罗尔的西班牙基地。登陆没有遇到抵抗，未经战斗就重新登船，这次行动看起来异常古怪。9 月，另一支远征部队从地中海出发去夺占加的斯，但是得到这个城市发生了瘟疫的报告后，指挥员没敢登陆。

英国两栖力量的运用接连令人不快地无果而终，一次性动用了多达 8 万人却一无所获，令人极其失望。尽管从传统观点看，大臣们的意图并无不妥，而且在没有任何盟国配合的条件下，对原则的把握也相当合理，但是却注定徒劳无功，因为缺乏决断和连续性，因为兵力分散、长时间延误和准备不充分。此外，两栖作战这种特殊的作战样式，并不为当时的军事观点所认可。然而，单是这些理由，并非海上力量在这场伟大斗争的这个阶段没能更加有效地影响事态发展的全部原因。奥地利的冷漠和刻意的不信任与嫉妒，阻碍了从海上对其直接进行支援做出的任何计划或者准备。马伦哥会战中，双方势均力敌，哪怕有一小股英国兵力也足以使天平倾斜，从而有利于奥地利陆军。这一小股兵力本来可以就位，但是预期中的奥地利战役毫无动静，这支部队只能把精力用于别处。格伦威尔写道，"如果图古特先生能够把心思放在与我们作为盟国共同行动上，确切地说如果他愿意在意大利提供协助，拉菲尔·阿伯克龙比爵士②和他的英国陆军在奥地利开始行动之前就已经到了热那亚，那么意大利毫无疑问将能得到拯救"。③ 海上力量能够对这次战役提供的唯一支援就是封锁热那亚，并迫使法国守军投降。这支部队没能发挥出施加影响的最大威力——作为军事力量凭借海洋在任意点上进行机动，这全是因为不列颠的盟国存在偏见或者缺乏远见。第二次反法同盟的终结，在很大程度上也是出于这种原因。1800 年 12 月 3 日在霍亨林登④被击败后，奥地利于1801 年 2 月 9 日求和。

---

① 译者注：马伦哥（Marengo）为意大利地名，位于博尔米达河以东。
② 译者注：拉菲尔·阿伯克龙比爵士（Sir Ralph Abercrombie，1734—1801）是英国陆军的一名中将。
③ *Dropmore papers*, vol. vi, p. 300.
④ 译者注：霍亨林登（Hohenlinden）位于慕尼黑以东，是今德国巴伐利亚州的一个市镇。

尽管对布雷斯特、费罗尔和加的斯等海军基地的攻击无果而终，但是驻在那些港口及敦刻尔克的敌人舰队和分舰队却因为缺少补给几乎瘫痪，而这又源于英国轻型兵力在比斯开湾和英吉利海峡的袭扰活动。英国在英吉利海峡掌握了制海权，有效剥夺了布雷斯特从波罗的海获取海军必需品的正常渠道，那里的舰队不得不依赖来自比斯开湾以南各港口的物资——南特、罗什福尔和波尔多——要么结成船队沿海岸航行，要么依赖一些重型舰只和护卫舰的保护，而这些活动都受到英国轻型分舰队的袭扰。然而单靠这些港口并不能满足舰队所需，特别是产自波罗的海的圆材和撑木，因为这项供应被切断了，1799年已经需要把护卫舰分舰队安置在敦刻尔克，以便能够通过去往布雷斯特的陆路运去索具、圆木等诸如此类的必需品。"庞大的运输车队，满载着索具和各种必需品，每天都通过陆路到达"，一位法国观察家这样写道。尽管这些努力证明有可能在布雷斯特装备起舰队，但代价却是时间会耽误很久，事实上使得敦刻尔克和勒阿弗尔的护卫舰分舰队无法分身，布雷斯特的军需仓库几乎空空如也。1800年2月，海军部告知指挥轻型近岸分舰队的基茨上校①，"对你分舰队发挥的作用极为满意，你们成功地拦截了从南部港口运送给布雷斯特舰队的补给"。拿破仑在亚眠和约②签订之后，之所以没有急于重启战端，原因之一就是他需要重新充实他的海军仓库。在这次近岸战役中，充分体现出了轻型船只即巡洋舰和小型护卫舰在海域控制方面的重要作用，同时体现出了历史学家詹姆斯的评价确实有道理（前面已经引用过了），即准确衡量海权不能以主力战舰的数量作为唯一标准。③

1800年底，内阁发现自己再次面临威胁，各北方大国企图剥夺这个国家海上力量的某些权利，而正是行使这些权利才使英国得以削弱敌人的海军。如果凯瑟琳女皇发表的声明——尤其是把海军必需品排除在禁运品之外的声

---

① 译者注：基茨上校（Captain Keats）可能是指后来的理查德·古德温·基茨爵士（Sir Richard Goodwin Keats，1757—1834），英国海军将领。
② 译者注：《亚眠和约》（the Peace of Amiens）是1802年3月由英法在法国北部的亚眠缔结的休战条约。
③ Cf. G. Douin, *La Campagne de Bruixen Méditerranée*, pp. 36—39; J. "Tramond, Revue Maritime", June 1922, p. 759; *Spencer Papers*, vol. iii, p. 358.

明——获得承认，如果中立方船只可以自由地在法国港口为其舰队提供所需的物资，那么就无法瘫痪敌人的舰队。这些声明和其他声明，内容包括中立方船只在海军护航保护之下有免于被临检的权利，这项权利现在由各北方大国予以重申，俄国、瑞典、普鲁士和丹麦的舰队加起来规模达到 123 艘主力战舰、89 艘护卫舰，此外还有近 180 艘武装商船。这支力量在纸面上看似非常可怕，但是事实上并没有多么可怕。这些国家的舰队战备水平不佳，而且分散部署，哪怕这些舰只能够出海并且在一天之内就能集结在一起，但是作为一支作战力量，由诸多国家的舰只组成而彼此又不惯于共同行动，其实力便会大打折扣。英国内阁估计，一支由 15 艘战列舰组成的兵力就足以挑战联军。① 因此，对大臣们来说，迎接所谓"武装中立同盟"的挑战并不是什么难事，"武装中立同盟"的目标是切断英国在波罗的海的贸易，中断谷物的供应——这在当时可不是小事，因为英格兰严重缺粮——并确立向敌人供应其所需要的海军必需品的权利。普鲁士在其中承担的责任是切断英国在汉堡的海运，普鲁士国王向那里派出了一支陆军。

面对这种力量展示，皮特并未感到丧气。针对同盟想瓦解英国海权的企图，他毫不妥协地拒绝了其提出的要求。他拒绝接受"自由的船只、自由的商品"这种观念，伊丽莎白时代以来的前辈们同样拒绝接受。他坚定地坚持那些常识性原则，即禁运不仅涉及陆军装备，也包括海军装备在内。他坚持认为，如果在海上存在的敌方兵力使进入某个港口变得危险时，那么封锁这个港口就是合法行为。② 他否认中立方船队单是在有本国武装船只伴随的情况下就得以免于被临检，否认仅凭武装船只指挥官的话就能证明货物的合法性。尽管福克斯③在 1782 年对俄国做出了某些让步，但在当时的特殊形势下，英国与三个海洋强国进行的战争正处于不利局面，他坚持这种让步下不为例，

---

① 詹姆斯估计波罗的海最多会有 41 艘战舰出现，而在"最和谐的联合环境中"，在同一点上也至多能同时集结起 25 艘战舰。*Naval History*, vol. iii, p. 43.

② 美国内战期间，雷昂斯勋爵（Lord Lyons）提到北方对南方的封锁是合法封锁，理由完全同上。译者注：雷昂斯勋爵指理查德·比可顿·佩昂尔·莱昂斯（Richard Bickerton Pemell Lyons, 1817—1887），英国海军军官和外交官。

③ 译者注：应是指查尔斯·詹姆斯·福克斯（Charles James Fox, 1749—1806），时任下议院议员。

只是临时性的权宜之计，而不能成为其后的一个行事原则。现在不是为了俄国商人的利益牺牲英国利益的时候。"我们能允许法国完全自由地开展贸易吗？我们能容忍这个国家出口 1200 万英镑的商品，同时又进口商品，以增加私有资本和公共储备吗？我们能允许法国不受任何干扰地接收海军必需品并重整海军，而以我们的船员斗志受到打击为代价吗？……四个国家已经结伙制定出了海上法律的新条款，无视最严肃的条约和协议，想随心所欲地将这些条款强加给欧洲……问题在于，我们是否能容忍敌人的海军得到补充和补给，我们是否能容忍（敌人）被封锁的舰队得到战争储备和补给，我们是否能容忍中立国在单桅帆船或者渔船上升起旗帜，就能把南美的珍宝运送到西班牙的港口或者把波罗的海的海军必需品运送到布雷斯特和土伦。"①

皮特得到了他的反对者福克斯的支持："我想毫不迟疑地指出，作为一项一般性法律，自由的船舶并不能等同于自由的商品，作为一个公理，既不能获得万国法②的支持也不能获得常识的支持。"格伦威尔的观点同样很坦率。他指出，武装中立同盟自以为有权建立海上权利的新规则，并用武力来支撑起一个不利于英国根本利益的新体系。如果不列颠做出让步，"我们可能得立即解除海军武装，并且决定放弃进行进一步的征服，我们进行征服的目的是抵消法国在大陆上的攫取。"③

内阁因此立场坚定。他们不愿意只是消极地拒绝（武装中立）同盟的声明，而是要进一步瓦解这个北方同盟本身。英国做好的准备是夺占丹麦人在印度的领地以及丹麦人和瑞典人在西印度群岛的岛屿，计划在 3 月从安提瓜④出动一支部队占领圣·巴托罗缪、圣·托马斯、圣·马丁、圣·约翰和圣·克鲁斯⑤。一支 15 艘帆船的舰队则被派往波罗的海。

单凭一支舰队能不能在波罗的海达成预期的目标，圣·文森特对此表示

---

① *Parliamentary History*, 1801, pp. 1126 et seq.

② 译者注：《万国法》（*the Law of Nations*）即指国际法，又译《万国公法》。

③ *Dropmore Papers*, vol. vi, p. 400.

④ 译者注：安提瓜（Antigua）位于加勒比海小安的列斯群岛北部。

⑤ 译者注：圣·巴托罗缪（St. Bartholomew）、圣·托马斯（St. Thomas）、圣·马丁（St. Martin）、圣·约翰（St. John's）和圣·克鲁斯（St. Cruz）均为西印度群岛中的岛屿。

怀疑，他说除非舰队带着这个国家最好的 2 万人的地面部队并且有一名精明强干的指挥官，否则将一事无成。他不相信单纯的轰击。"战舰发射的炮弹是没有用处的武器，在最初的惊慌之后就会受到嘲笑"——这一预言在 4 月 2 日几乎成真。然而，感谢纳尔逊的能力和勇气，加上在哥本哈根战役之后的谈判过程中采取了相当虚张声势的手段，诱使丹麦人签订了停战协定。舰队解除了后顾之忧，现在可以进至波罗的海来应对位于瑞维尔①的俄国舰队了，但是在英国舰队抵达该港之前，俄国人已经撤退至防御严密的喀琅施塔得②要塞了。然而，现在已经没有采取行动的必要了，因为那个对英国充满敌意的沙皇③被刺杀了，新统治者决定与英国交好并承认其海上权利。瑞典也同意进行谈判，普鲁士从汉堡撤回了部队。不列颠尽管做出了某些让步，但是保住了自己的权利。然而，在让出的特权中包括扩大俄国运输海军物资的份额。格伦威尔强烈指责这种行为背离了原则，而且这项措施对某个特定大国特别有利，将在未来给英国应对荷兰和美国造成极大困难。④ 但是，武装中立就此瓦解了。

在大臣们保住这个国家在北欧的海上权利时，地中海又出现了一个影响海上权利的新麻烦。1800 年 9 月，在马耳他已被封锁两年之久的法国守备部队，终于困饿而降。至少在 1800 年 10 月之前，不列颠并没有表达保有该岛的意愿，而是准备将其交还给圣约翰骑士团⑤或者将其转交给沙皇，但是现在则在马耳他建立了守备部队。俄国尽管没有参与围攻行动，而是使用其驻地中海的舰队和陆军在爱奥尼亚海有所图谋，但是现在则对马耳他提出了声索。这一声索当时并未取得任何结果，但是后来给英俄关系造成了困扰，并在 1804 年严重影响到了第三次反法同盟的建立。

---

① 译者注：瑞维尔（Reval）即今爱沙尼亚首都塔林（Tallinn）。

② 译者注：喀琅施塔得（Cronstadt）位于芬兰湾，1703 年辟为要塞，后为俄罗斯重要军港。

③ 译者注：指叶卡捷琳娜二世去世后继位的俄国沙皇保罗一世（Paul Ⅰ，1754—1801），1801 年 3 月 23 日遇刺身亡。

④ "Grenville to Hawkesbury 15 July 1801 (*Dropmore Papers*, vol. vii, p. 30)".

⑤ 译者注：圣约翰骑士团（Knights of St. John）又称马耳他骑士团（Knight of Malta），全称为耶路撒冷、罗得岛和马耳他圣约翰主权军事医院骑士团（意大利语：Sovrano Militare Ordine Ospedaliero di San Giovanni di Gerusalemme di Rodi e di Malta），具有"准国家"性质。

英国在地中海重新建立起制海权，令拿破仑的计划遇到严重挫折，他因而把注意力转向了英国在葡萄牙的基地。西班牙受到鼓动去入侵葡萄牙，占领了阿连特茹①省，英国船队则被从葡萄牙的港口赶走了。为在一定程度上弥补失去塔霍造成的损失，一支英国远征军被派去夺占马德拉岛②，意图是仅在战时控制该岛；同时，又在东印度群岛的葡萄牙港口建立起英国的守备力量。

马耳他之围已解并得到牢固守备，英国政府决定将法国人赶出埃及。在英吉利海峡沿岸聚集的大批法国部队正欲发起入侵，英国政府并没有因此而恐惧，仰仗舰队和轻型舰队的保护，召集全国的地面部队组成一支陆军前往埃及。远征军在直布罗陀集结，由于海运力量有限等原因耽搁了一些时日，直到1800年10月还没有离开巨岩，也没能在1801年3月2日之前抵达埃及。联军在马马里斯③训练了一段时间，6天之后发起登陆作战，英国陆军于19日开进亚历山大。

为了配合这次大规模的远征，另一场小规模的远征也正在进行。1798年7月，有一支分舰队从英格兰被派往红海，去拦截波拿巴的陆军，以防止其取道红海去往印度。这支分舰队在东印度战区起到了四两拨千斤的作用，其存在对阿拉伯的统治者们——麦加④的教长、马斯喀特⑤的伊玛目、巴格达和其他小国的帕夏，准将这样称呼他们——构成了稳定的影响，他们的想法是抓住时机打击他们的土耳其领主，但是这支分舰队有实力切断来自上埃及⑥的粮食供应，而这些阿拉伯国家需要依赖这些粮食供应，在这种压力下他们被迫放弃了原有的想法。阿拉伯人还对在埃及的法国陆军构成了威胁，法国陆军

---

① 译者注：阿连特茹（Alemtejo）为葡萄牙南部历史省名，位于葡萄牙中南部，是葡萄牙七个大区之一。

② 译者注：马德拉岛（Madeira）位于非洲西海岸外，是马德拉群岛的主岛。

③ 译者注：马马里斯（Marmarice）位于土耳其南部，临地中海。

④ 译者注：麦加（Mecca）是伊斯兰教的第一圣地，坐落在今沙特阿拉伯西部山区。

⑤ 译者注：马斯喀特（Muscat）现为阿曼首都，地处波斯湾通向印度洋的要冲，三面环山，东南濒阿拉伯海，东北临阿曼湾。

⑥ 译者注：上埃及（Upper Egypt）指埃及南部地区，包括开罗南郊以南直到苏丹边境的尼罗河谷地，主要是农业区。

深恐在英国分舰队的支援下，这些狂野的沙漠勇士越过红海突入库赛尔①。德赛②在 1799 年 5 月写道："在红海的英国人可能令我们更加不安，我们必须在那里加倍努力……如果他们主宰了海洋，英国人就能够让成千上万狂热的穆斯林从那里拥过来，这些穆斯林很难被制服……以上帝的名义，占领库赛尔吧。"③ 在印度，尼罗河战役让这个国家受到的外部威胁得以解除，1799 年占领塞林伽巴丹④则消除了内部的危险，总督随即提出的建议是夺占法国和荷兰在东方的海军基地，即毛里求斯和巴达维亚⑤；但是当奥地利已经媾和的消息传到加尔各答，韦尔斯利勋爵⑥立刻意识到，由于已经不再有与奥地利在地中海沿岸进行合作的需求，所以在地中海的地面部队可能被要求在其他地区行动，而有可能的部署则是把法国人从埃及赶出去。如果采取这一行动，那么在印度的部队可能被要求在红海至上埃及发起牵制——我们已经知道这正是德赛在呼吁占领库赛尔时所惧怕的事情。计划中对巴达维亚实施的远征还未准备就绪——找不到足够的船来运输 3000 兵力，尽管印度港口内的船只全被征用了——这些兵力集结在亭可马里，该地方便向爪哇或者红海机动，可视情形而定。在 1801 年 2 月的第二个星期，远征军刚刚做好出发的准备，头年 10 月 10 日从伦敦发出的命令终于到了，远征部队几乎立即向红海进发，首先去孟买装载其余的兵力。远征部队在 5 月和 6 月间先后抵达红海，并与来自好望角的另一支部队会合，总兵力达到了 6000 人，最终于 7 月抵达尼罗河流域的基纳⑦，但是当时开罗已经被攻陷。尽管没能达成预先的牵制目标，但是这次战役作为一个战例却有很多耐人寻味之处，彰显了（印度）总督的主动性和远见，彰显了制海权带来的灵活性，彰显了时间的重要性。这次战役同

---

① 译者注：库赛尔（Kosseir）为埃及港口。

② 译者注：应是指路易·夏尔·安东瓦尼·德赛·德·维古（Louis Charles Antoine Desaix de Veygoux，1768—1800），法军将领。

③ For the operations and influence of this squadron on the situation in Egypt, Turkey, and Arabia, cf. *Spencer Papers*, vol. iv, part iii.

④ 译者注：塞林伽巴丹（Seringapatam）为历史上印度南部迈索尔国（Mysore）的首都。

⑤ 译者注：巴达维亚（Batavia）即今印度尼西亚的雅加达。

⑥ 译者注：应是指时任印度总督理查德·韦尔斯利（Richard Wellesley，1760—1842）。

⑦ 译者注：基纳（Kena）位于上埃及中部，尼罗河右岸。

时也表明，若想充分利用制海权带来的好处，那就需要有足够的海运能力。

埃及战役是英国海上力量与亚眠和约相关的最后一次大规模作战行动。英国获胜的消息直到 10 月 2 日才传到了伦敦。阿丁顿政府①急于实现和平，没有等到知悉在埃及的事态进展就已经签下了初步的和平协议。这个和平协议的达成过于仓促，放弃了除特立尼达和锡兰之外的几乎所有占领地，把好望角归还给了荷兰，把马耳他归还给了圣约翰骑士团。英国做出这些牺牲换回来的只是波拿巴答应撤出那不勒斯和各罗马国家，同时承认葡萄牙、土耳其及爱奥尼亚岛独立。格伦威尔感到悲观而皮特却审慎乐观，前者的说法是"我从未如此难于接受某种主张，竟然会以这些名义同意做出让步"，后者认为除了失去好望角之外，实际上没有什么好后悔的。他用下面这样的想法来宽慰自己："保护那些无助的盟国使我国占有优势地位，我们做出的让步尽管巨大，却是为了国运昌盛和繁荣兴旺而做出的牺牲，而不是出于怯懦和弱小。"

---

① 译者注：英国时任首相为亨利·阿丁顿（Henry Addington，1757—1844）。

第七章

拿破仑战争

　　亚眠和约被认为能带来长久的甚至永久的和平。"这不是普通的和约，"据说阿丁顿向法方代表劳里斯顿[1]将军保证，"这是世界上最强大的两个国家之间的和解"。[2] 尽管英国首相渴望并且相信英国可以迎来多年的和平，但是他也认识到"仍有必要保持审慎、谨慎和慎重"。此外，因为认为和平将能持久，海军大臣圣·文森特大规模裁减了海军。船厂关门大吉，木材和军需品采购被大量取消。海军审计长米德尔顿上将后来写道："那些严格的措施这下都被取消了，如果能够等到和平得以稳定再行取消可能对海军更有好处。我说服圣·文森特勋爵必须妥善考虑，然后再实施重塑方案。另一方面，这样做未免过于疯狂和愚蠢。"[3]

　　英国政府一味想采取削减武备的政策——削减不仅限于海军，陆军的削减幅度甚至更大——然而英吉利海峡对岸的强大敌人——也就是拿破仑，正在私底下积极准备重启战端。1802 年 6 月 2 日，他派德康[4]去印度同反对英国人的主要各邦统治者洽谈，希望重新夺回失去的法国领地并把英国人赶出印度。另一个使团在卡芬雅克[5]率领下前往马斯喀特，有意向伊玛目提供援助。布律纳[6]将军则赶往康斯坦丁堡示好土耳其宫廷并争取支持。厄尔巴于 8 月被吞并，塞巴斯蒂亚尼[7]上校于 9 月奉命前往埃及和近东，为在那里采取行动做准备，而部队则在科西嘉集结以重演 1798 年那一幕。皮埃蒙特被吞并，瑞士被占领。最后，我们知道海上力量在预期的入侵中将发挥重要作用，拿破仑正在忙于重整海军，建造战舰，充实枯竭的军需仓库，收复在西印度群岛的殖民地。在此前几年的斗争中，法国从西班牙手中得到两块重要的地盘。

---

　　① 译者注：应是指雅克－亚历山大－贝尔纳－洛·劳里斯顿（Jacques－Alexander－Bernard Law Lauriston，1768—1828），法国陆军将领，拿破仑的军校同学。

　　② "Moniteur, 16 Oct. 1801", quoted in *Letters of Lord St. Vincent*, vol. Ⅰ, p. 283.

　　③ *Barham Papers*, vol. iii, p. 69.

　　④ 译者注：应是指夏尔－马蒂厄－伊西多尔·德康（Charles－Mathieu－Isidore Decaen，1769—1832），法国陆军将领，1802 年 6 月 18 日被任命为驻印度法军总司令。

　　⑤ 译者注：应是指让－巴普蒂斯·卡芬雅克（Jean－Baptiste Cavaignac，1763—1829），法国政治家、军事家。

　　⑥ 译者注：应是指纪尧姆·布律纳（Guillaume Brune，1763—1815），法国陆军将领。

　　⑦ 译者注：应是指奥拉斯·弗朗索瓦·巴斯蒂安·塞巴斯蒂亚尼（Horace François Bastien Sébastiani de La Porta，1771—1851），法国军人、外交官和政治家，曾任海军部长、外交部长和国务部长。

1795 年的巴塞尔条约①把海地整体割让给了法国，所以现在整座岛屿及其重要的海军基地圣尼古拉斯角②都被牢牢地掌握在法国手中。1800 年，通过圣伊尔德丰索密约③，路易斯安娜④——这个原来法国的领地——又回到了法国手中，尽管直到亚眠和约签署后才公布于众。但是，1800 年海地整个岛屿发生起义，1801 年落入了杜桑·卢维杜尔⑤的黑人武装手中。舰队和陆军跨越大西洋的通道对他开放后，拿破仑马上把夺回海地作为其第一个目标。1801 年 12 月，一支 2.2 万人的陆军和一支由 35 艘战列舰组成的舰队在布雷斯特、罗什福尔、勒阿弗尔、法拉盛⑥、土伦和加的斯各港口备战，并从布雷斯特启航前去收复海地。

尽管最终取得了胜利，但这次冒险还是以失败告终，比英国人在西印度群岛遭遇的失败还要严重，而原因则别无二致。热病夺去了数千人的生命，导致远征失败的最后一击则是英格兰对法宣战并派西印度分舰队封锁了海地港，同时为黑人军队提供海上运输。宣战预示着在美洲的新兴法兰西帝国梦——以路易斯安娜为起点的帝国梦——破碎了，因为在其站稳脚跟之前，英国舰队将孤立殖民地和美洲，而那些地方对法国人的占领极为反感，在舰队的掩护下将能够到达密西西比并赶走不受欢迎的外来者。拿破仑现在需要集中其所有的力量用于实现主要目标——击败英格兰，为争取马上把损失降到最低而把殖民地卖给了美国，美国以每英亩 4 美分的价格得到了世界上最丰产的农业区。⑦ 当时的一位作家⑧指出了英国人如何看待这件事情。如果拿破仑能够守住路易斯安娜并收复海地，"他或许会希望，不仅能十分高兴地捣碎英国在西印度群岛的殖民地，甚至还能在未来的美国实行专制统治，就像

---

① 译者注：巴塞尔条约（Treaty of Basle）是 1795 年 7 月 22 日法国和西班牙在瑞士巴塞尔签署的条约。

② 译者注：圣尼古拉斯角（Cape St. Nicholas）位于海地东部。

③ 译者注：1796 年法西两国曾缔结过一个圣伊尔德丰索条约，密约与条约的缔结时间和具体内容不同。

④ 译者注：路易斯安娜（Louisiana）指法属路易斯安那领地，最初包括今美国中部由密西西比河口至加拿大边境的很大一部分地区。1803 年，拿破仑将整个路易斯安那领地以每英亩 4 美分的低价卖给美国，史称"路易斯安那购地案"（Louisiana Purchase）。此后，美国政府从路易斯安那领地中先后划分出 15 个州。

⑤ 译者注：杜桑·卢维杜尔（Toussaint Louverture, 1743—1803），拉丁美洲独立运动领袖，海地共和国的缔造者之一。

⑥ 译者注：法拉盛（Flushing）为荷兰西南部港口。

⑦ Encyclopaedia Britannica, article "Louisiana".

⑧ *Annual Register*, 1803, p. 337.

他的那些欧洲邻国一样。法国与西班牙的联合舰队和联合陆军将无法被大不列颠撼动，对于反法同盟来说也过于强大"。如果有一支强大的舰队以海地为基地，有一支强大的陆军驻在路易斯安娜，能够满足需要并对抗反击，那么拿破仑的法国人的美洲帝国梦真的可能成真。购买路易斯安娜被称为内战之后美国最大的历史事件。促成这一事件的原因之一是热病摧毁了法国陆军，同时英国宣战并使用海上力量进行战争，因而消除了法国守住路易斯安娜来抗击美洲人行动的任何可能。

这次宣战受到前述一系列事件的影响，但归根结底是因为英国传统的"低地国家政策"。拿破仑拒绝撤出荷兰是事件的源头，因为阿丁顿的英国政府再也不能容忍在安特卫普存在强大的海军和陆军蠢蠢欲动，此时的英国已不再是伊丽莎白时代的英格兰。此外，这项政策的根源在于特定的安全需求，即防止敌人跨越"狭窄海域"入侵联合王国，大不列颠帝国在印度的利益拓展则是一个次要而紧迫的原因。荷兰的统治者同时也是好望角的拥有者。默认这一局面，同时又放弃马耳他这个英国舰队能控制取道埃及通往东方的地中海基地，无异于自杀行为。因此，内阁把拿破仑放弃占有荷兰作为英国从马耳他实际撤离的必要条件。最初的安排是将该岛归还给圣约翰骑士团，但是骑士团古老的秩序实际上已经被法国打碎了，而骑士团的首领是教皇，他差不多已经成了拿破仑的家臣。因此，法国可以随时随心所欲地占领马耳他。如果英国海上力量被迫放弃在地中海中部的这个基地，则法国可以选择在任何时候重新上演波拿巴在埃及的冒险，并且吸取此前失败的教训，采取恰当的预防措施。

出于极端想避免战争的焦虑感，英国政府还是打算在十年之后放弃马耳他，但是不言自明的条件则是占有兰佩杜萨岛①这个不毛之地作为替代基地，而法国则要从荷兰和瑞士撤出。波拿巴断然拒绝了这项提议。② 议会两院在就此事进行辩论时，议题完全围绕马耳他展开。大臣们坚持认为，拒绝按照亚眠和约的条款撤出马耳他有充分的正当性，因为和约中规定的条件现在已经

---

① 译者注：兰佩杜萨岛（Lampedusa）为地中海中的岛屿，位于西西里岛与突尼斯之间。
② For a modern French survey cf. P. Coquelle, *Napoleon and England*, 1803—1813.

不复存在了。法国没有执行吕纳维尔条约①规定的条款，仍然占据着皮埃蒙特和荷兰。因此，不可能把马耳他若无其事地归还给骑士团。拿破仑公开并毫不掩饰地宣称，迟早要占领埃及，加之塞巴斯蒂亚尼上校撰写的法国政府报告已经公开发表，报告直白地提出了对埃及和土耳其的意图，在（英国）政府看来这是不能放弃这个印度唯一的安全屏障的强制性原因。皮特指出，这样做极其不明智。另一方面，反对的观点认为，占有马耳他并不足以支撑战争，兰佩杜萨作为一个替代基地也可以满足英国的需要，俄国做出的保证应该能够成真。那么，我们为什么要进行战争？有人这样来回答这个问题："我们进行战争是为了马耳他，但不仅仅是为了马耳他，还是为了埃及；不单是为了埃及，还是为了印度；不只是为了印度，还是为了大英帝国的完整和整个世界的正义、好运和自由。"辩论的结果是两院均支持政府的决定，夺回马耳他这个关键的海军基地，这个英国海权的要素之一，上议院的投票结果是142 比 10，下议院的投票结果是 398 比 67。

海军经过不合时宜的削减，宣战时所处的状态比十年之前要糟糕得多。1802 年，财政大臣在为 5 万名员额进行投票辩论时，针对格伦威尔勋爵提出的批评指出，这个数字对于和平时期而言已经过多了，但是考虑到法国和西班牙正在大张旗鼓地重整海军，因此应对战争又太少了，他对三个海上强国的实力做出了评估。他说，法国现在仅有 33 艘主力战舰，西班牙有 63 艘，荷兰只有 16 艘，三者之和是 112 艘。英国的主力战舰实力超出了这个总和 60 艘②，并且在护卫舰和单桅船方面拥有优势。在陆上，英国拥有 4 万名步兵和1.2 万名骑兵，分散进行守备且没有在海外服役，同样数量的部队已经征召但是尚未完成训练，另外还有 34.2 万名志愿兵响应了阿丁顿的号召，但是他们在作战方面作用有限。"如果拿破仑能够如他最初计划的那样越过海峡，我们对抗那些经验丰富的部队的手段根本不能满足作战需要。"

---

① 译者注：吕纳维尔条约（the Treaty of Lunéville）是第二次反法同盟战争后，法国与神圣罗马帝国之间签订的停战条约，于 1801 年 2 月 9 日签订。

② 这个数据只在数学意义上准确。詹姆斯记载的数字如下：英国在海上可用的战舰有 115 艘，在港内可用的战舰有 38 艘，在建或下令再建的战舰有 19 艘，总计 172 艘；西班牙、法国和荷兰总共拥有战舰 112 艘。*Naval History*, vol. iii, Appendix 12.

　　政府在这个阶段应该如何实施战争已经一目了然了。英国必须抵御海上入侵并阻止敌人对贸易的破坏。从军事实力差距的角度看，对对方的主要海军基地发动攻击没有任何可能性。唯一合适的攻击目标是海上贸易和敌人及其荷兰盟友的殖民地。打击殖民地的意图与从前一样，就是要削弱法国的财政实力，并通过夺占敌人的海外基地保护英国贸易免受零星攻击，这一措施的远期效果是巩固英国的财政地位，令盟国更加依赖英国。因此，最初的行动以封锁或者监视法国在港口内的舰队这种形式展开——一支舰队部署于布雷斯特外海，由主力战舰组成的分舰队则位于多恩斯①及罗什福尔、科伦纳和费罗尔外海（两个西班牙港口都停有法国舰只），轻型分舰队则部署于敦刻尔克和奥斯坦德外海，沿加来和瑟堡海岸及海峡群岛外海活动。拿破仑立即占领了汉诺威并企图控制汉堡，6月至7月间又下令封锁易北河和威悉河②，以此来封闭汉堡港和不来梅港③。一支强大的英国分舰队赶往地中海监视在土伦的法国舰队，另一支则在西印度群岛配合位于圣多明各④的黑人武装。远征部队被派出去夺占圣卢西亚和多巴哥⑤这两个早就体现出战略价值的要点，其他远征部队则去夺占荷兰在德梅拉拉、埃塞奎博、伯比斯⑥和苏里南⑦的领地。

　　在当时，这已经是英国攻势行动的范围极限了。这样做显然并不能带来决定性结果，但是能够防卫这个国家和这个国家的海外领地与贸易，限制拿破仑在远东和西方的海外野心，剥夺其无法生产的殖民地产品和海军物资，然而这一切只能构成损害而非致命一击，法国这个大陆强国可以从欧洲获取资源。因此，1804年5月，经过一年之久的单纯防御作战（即除了那些为封闭法国海域而实施的攻势行动），皮特重掌大权之后首先采取的措施就是与一个欧洲大陆国家结盟并在海上施加更大的压力，把已经存在的封锁从德意志境内河流扩大到法国所有海峡通道和北海诸港。这种封锁是实际有效的封锁，

　　① 译者注：多恩斯（the Downs）为位于英格兰东南部的丘陵。
　　② 译者注：威悉河（Weser）为德国境内发源的河流中第二长的河流，注入北海。
　　③ 译者注：不来梅港（Bremen）距威悉河入海口约120公里。
　　④ 译者注：圣多明各（San Domingo）现为多米尼加首都。
　　⑤ 译者注：多巴哥（Tobago）位于西印度群岛南端的大西洋上。
　　⑥ 译者注：伯比斯（Berbice）位于今圭亚那。
　　⑦ 译者注：苏里南（Surinam）位于南美洲北部，东邻法属圭亚那，南界巴西，西连圭亚那，北濒大西洋。

而不是停留在书面上的封锁，由上面提到的那些分舰队来具体执行。

显而易见的盟友是俄国。拿破仑毫不掩饰对土耳其的企图，沙皇早已深感忧虑，提议与不列颠在黎凡特展开合作，但是马耳他的所有权问题成了一块影响共识的绊脚石。沙皇坚持把马耳他交由他来控制，英国内阁则表示坚决反对。保有马耳他已经是英国政策的首要目标。俄国被告知，从保护印度和贸易的需求来看，以及从英国在这个位置阻止法国在和平时期突然入侵埃及的角度来看，放弃这个重要基地既无可能，也不明智。讨论进行了一年之久，英国政府的态度始终没有动摇，这也是 1803 年重启战端时定下的既定方针。"马耳他对于国王陛下的遥远领地的重要性显而易见，因为法国对埃及的企图昭然若揭，而这将使英国的印度领地陷于危险之中。在地中海占有一个港口的需求，不能依靠在战争来临时通过突然发动攻击来满足，一个现成可用的基地能够确保阻止法国人从本土港口出发开展海上行动，无论他们想针对哪个目标"，这个方针被描述为"对大不列颠的利益至关重要的考虑"。不过据宣称，盟国的利益并未被忽视。马尔格雷夫勋爵①写道，这些盟国特别是南欧盟国的利益，"同大不列颠占有马耳他紧密联系在一起"。② 不仅如此，"没有哪个海域比地中海更需要大不列颠的海军力量来阻止法国在战争期间对欧洲大陆的野心，或者在和平时期防范法国的活动突然死灰复燃。在这些海域为了共同事业而发挥海军作用的特定领地，最保险的基地正是马耳他。"③

掌握在不列颠手中，马耳他能够掩护埃及、希腊和土耳其；控制在法兰西手中，马耳他将处于随时可以攻击这些国家的地位。如果按照沙皇提出的建议将马耳他交给俄国，那么除非俄国的海军实力在地中海可以与法国的海军实力相匹敌，否则并不能阻止法国的入侵，这个岛就会形同中立，"除非建成一个基地供由战舰和运输船队组织的强大舰队使用，否则根本无法通过主动作战制止法国的行为"。换句话说，一个没有舰队的基地毫无用处，如同没

---

① 译者注：即第一代马尔格雷夫伯爵（1st Earl of Mulgrave）亨利·菲普斯（Henry Phipps，1755—1831），英国政治家，曾任外交大臣和海军大臣。

② "Lord Mulgrave to Count Worontzow, 7 May 1805（*Camden Society*, vol. vii, *Third Series*, p. 134. The whole correspondence is in this volume）".

③ The same to the same, 5 June 1805.

有哨兵的哨位。另外，俄国表示自己要为那不勒斯提供保护，然而离开英国的舰队以及得到英国舰队守护的运输船队，俄国根本无法提供这种保护。俄国在黑海和地中海之间的往来，只有在英国于马耳他建立起常态化存在之后才能有安全保证。

沙皇这一次不仅要求英国撤离海军基地，作为其加入联盟的一个价码，还坚持要求修改英国海商法。英国内阁在这一点上无比坚定。国务大臣指出，海商法在整个欧洲都得到承认和默认；其施行总是相当克制，其影响在许多情况下相当温和，只有在特定地区除外；在这些例外的情形中，俄国是一个受益者。让步只能严重损害不列颠的宝贵利益，甚至会彻底毁灭这些利益。

尽管被明确拒绝，沙皇还是接二连三地要求英国撤离马耳他并修改海商法，以不列颠绝对和无条件地接受他的要求作为结盟的必要前提。内阁坚持不做让步。如果沙皇仍然坚持，"国王大可相信他能支配的资源足以保护他的人民的利益与安全，击败狂妄和贪婪的欧洲敌人"。然而，政府表示愿意做出一项让步。他们愿意接受俄国在马耳他进行守备，前提是把梅诺卡作为另一个海军基地，"尽管相对来说，该岛在抵御入侵或者夺占方面的安全性根本没法与马耳他相提并论"，但是这项让步绝不能被认为与海商法存在任何微弱的联系，"陛下明确命令我重复……说明他的决心，不接受任何体现出对海商法做出哪怕一丁点儿修改的建议"。

简而言之，就这两件影响英国海权的极为重要的事情做出的明确声明起到了作用。沙皇放弃了他的要求，马耳他和海商法都保住了，不列颠与俄国的军事合作因此得以确定下来。为确保在中东粉碎拿破仑的图谋，一支英国远征部队被派往地中海守卫西西里，与来自黑海的俄国部队一起在爱奥尼亚诸岛和卡拉布里亚展开行动。给英国军队指挥官发出的指令强调了其部队的主要目标："至关重要的一点是西西里绝对不能落入法国人手中，保护该岛是远征军的首要任务。"

决定政策的整个推理链条以及施行政策的战略都很清晰。英国海上力量和俄国陆上力量在地中海联手对两个国家都意义重大，对南意大利保持独立意义重大。需要俄国的陆上力量来守卫卡拉布里亚和爱奥尼亚诸岛，但是离开了英国海权以作战舰只、基地和海运这三种形式的支撑，俄国部队既无法抵达那些地方，也没有办法在那里待下去。英国舰队需要马耳他作为基地，但是也需要保证补给，而这些补给只能从西西里和那不勒斯获得。"失掉从那不勒斯和西西里获得的所有补给，将给在地中海保持我们舰队的存在增添实质性的困难，迄今为止对土伦的有效封锁能否继续下去也不能确定无疑。"①

正在进行这些谈判的时候，西班牙方面又出现了新状况。在安妮女王和查塔姆战争中出现的老问题再次出现，也就是能否容忍西班牙的海上财富为法国人所用。在法国的重压之下，继1795年的圣伊尔德丰索条约②之后，西班牙又被诱使或者被迫使做出允诺，以被认为非中立的行动向法国提供大额补贴，允许法国海军分舰队在西班牙港口藏身，允许法国陆军部队和水兵穿越西班牙加入或者增援部队，并让法国人在事实上控制西班牙的造船厂。与此同时，西班牙的军工厂明显加大了生产量。阿丁顿政府容忍了所有这一切，没有提出抗议。皮特决定做一个了结。他要求西班牙停止一切战争准备。西班牙予以拒绝，而其在1804年7月采取的一系列行动则让伦敦认为西班牙企图再次同法国联手，只是在等待一笔价值150万银元的珍宝从蒙得维的亚③安全返回本土，然后就采取行动。一支小规模的英国护卫舰分舰队被派去进行拦截并扣留这笔珍宝，然而分舰队的优势过于微弱，不足以令西班牙护航舰队指挥官同意体面投降。他拒绝投降，结果是悲剧性地失去了自己的性命和整个船队。

事实上，这种情形属于在战争中才会发生的事件，特别是海战条件下才会出现的事件，尽管是否仅在战争状态下才会发生这种事情并不能确定。政治家需要回答的问题并非一个简单的问题，这个问题是能否对一个仍然处于中立的国家实施强制性行动，如果可以又应该在什么时间以哪种方式采取行动，或者被迫采取措施动用武力公开表明敌意是否会使本国处于有利地位。这个问题几乎同皮特的父亲在1761年需要应对的问题一模一样——小皮特想必肯定知道这个先例——他希望通过夺取返回本土的西班牙珍宝来制止其宣

---

① "Lord Harrowby to Lord G. Leveson – Gower, 10 October 1804". Pitt's instructions of 10 June which give a comprehensive survey of the British view and policy will be found in Corbett, *Campaign of Trafalgar*, Appendix A.

② 译者注：该条约实际缔结于1796年。

③ 译者注：蒙得维的亚（Monte Video）位于南美洲大西洋海岸，现为乌拉圭首都。

战，而且他相信西班牙正在等着这批珍宝一到就向法国投怀送抱。① 其他事件在细节上与此不同但是基本特征别无二致，在 1740 年和 1741 年的奥地利王位继承战争期间就已经发生过了。② 1807 年预防性地逼降丹麦舰队③也属此列，我们在当代也看到过被理解为召唤强制性行动针对中立国的局面——为阻止对达喀尔④守备部队的增援，在奥兰针对港内的战列舰"黎塞留"号发动了攻击，在叙利亚和伊拉克发动了陆上攻击。⑤

捕获西班牙珍宝船在议会引发了一些指责，指责来自反对皮特的那些人，基本观点是这次行动针对中立方而没有宣战，这有悖于公共道德，对西班牙人的行为宽容了这么久之后，在这个特定的时机施加压力并不妥当。更实际和更恰当的批评则是此次使用的兵力过于弱小。政府充满激情地为自己的行动进行了辩解，指出这个国家正在面临危险，而且从西班牙一个时期以来的政策可以直接推导出这样的结论。皮特问道，如果政府无动于衷并且不采取措施，那么何以阻止或者遏制西班牙参战？如果在费罗尔的西班牙分舰队已经同法国人一起出海，攻击并赶走实施封锁的英国分舰队，护送一支陆军入侵爱尔兰，那么情况又会如何？下议院以 313 票对 106 票支持政府的行动。

西班牙宣战了，按照马德里的观点，发生类似的事件之后必须宣战。有了这个新盟友，拿破仑把他的计划扩展为入侵英格兰。接下来的"特拉法尔加战役"由若干个法国和西班牙分舰队分别实施的大规模行动构成，其意图是在英吉利海峡取得优势，压倒不列颠赖以进行海上防御的力量——大舰队和那些小舰队，以使在出发港集结的数百艘驳船可以畅通无阻地越过海峡实施登陆。那些大规模行动如何被比斯开湾的英国舰队挫败，纳尔逊又如何跨越大西洋追击维尔纳夫⑥，这些都是在海军战略领域耳熟能详的故事了。8 月 9 日，当得知联合舰队没有进入英吉利海峡而是进入费罗尔的时候，拿破仑意

① Cf. Corbett, *England in the Seven Year's War*, vol. ii, pp. 183—184, and his comments on that action.
② Cf. Richmond, *The Navy in the War of 1739—1748*, vol. I, pp. 89 and 105.
③ 译者注：丹麦于 1807 年 8 月被迫加入拿破仑的"大陆体系"，英国派遣海军舰队逼迫丹麦交出舰队，遭拒绝后发起攻击，丹麦政府其后投降并交出舰队。
④ 译者注：达喀尔（Dakar）位于佛得角半岛、大西洋东岸，现为塞内加尔共和国首都。
⑤ 译者注：史称达喀尔战役，又称"威吓"行动，旨在解除法国维希政府的武装。
⑥ 译者注：维尔纳夫（Silvestre de Villeneuve，1763—1806），法国海军将领，特拉法尔加海战时法国舰队的指挥官。

识到入侵英格兰已经没有可能。他立刻把目光转向欧洲大陆，第三次反法同盟在欧洲大陆已经呼之欲出。6 天之后，他从博洛涅①开拔进军神圣罗马帝国，以便在反法同盟采取有效行动之前首先打垮奥地利。"我想在 11 月之前打击奥地利人，以便腾出手来对付俄国人。"已经到达加的斯的法西联合舰队领受了新的任务，进入地中海配合南意大利的法国陆军收复西西里，以便在地中海重建法国的势力范围。舰队为此目的从加的斯启航，在 10 月 21 日的行动中战败于特拉法尔加角。

因此，主导和控制这一系列事件的因素正是海权。海权屏卫着这个国家，同时也壮大了英国的国力并使其得以赢得盟友；海权是俄国成为盟国的条件，又把一支英国陆军带进了地中海；海权还面临着把在南意大利建立法国势力的那支陆军驱赶出去的需要，而这种需要又令维尔纳夫不得不在大海上接受自己的命运。② 这次胜利使地中海尽在英国掌握中，拿破仑被迫采用其他手段来消除主宰欧洲之路上的障碍。入侵失败了，由重型舰只组成的分舰队和分散部署的轻型舰只发起的零星攻击没能造成严重损失，他在 1801 年至 1803 年踏足印度的计划被证明根本无法实施。然而，印度始终是英国政府的焦虑所在。1805 年 7 月，敌人的舰队和分舰队在大西洋上不知所踪，甚至在知道其企图之前，英国内阁就出于对印度安全的关注并相信自身有能力应对法国各支舰队在别处的挑战，决定重新占领好望角。于是，1805 年 8 月，一支远征部队准备第四次夺占好望角③，以便保有这一通往东方的交通线要点。这次远征达到了目的，如果失去了在地中海的制海权，英国现在也有了另一条通向印度的通道，英国人民的后代有充分理由对此深怀感激。

然而在陆上，却是拿破仑势如破竹。在特拉法尔加海战前四天，一支奥地利陆军在乌尔姆④被击败；12 月 2 日，另一支陆军在奥斯特利茨⑤战败；26

---

① 译者注：博洛涅（Boulogne）为法国北部港口，也译布伦。

② 译者注：指在特拉法尔加海战中维尔纳夫率领的法国舰队被纳尔逊率领的英国舰队击败。1805 年 10 月 21 日，双方舰队在西班牙特拉法加角外海相遇，战斗持续 5 小时，法国舰队遭受毁灭性打击，维尔纳夫被俘，18 艘战舰当场被俘。此役之后，法国海军精锐尽丧，从此一蹶不振，拿破仑被迫放弃进攻英国本土的计划，而英国海上霸主的地位得以巩固。

③ 前三次分别是在 1781 年、1783 年和 1795 年。

④ 译者注：乌尔姆（Ulm）是德国巴登－符腾堡州的一座城市，位于多瑙河畔。

⑤ 译者注：奥斯特利茨（Austerlitz）为位于今捷克境内的一个村庄。

日，奥地利在普雷斯堡①求和。第三次反法同盟被粉碎了。在接下来的一个月，指望普鲁士与英国和俄国合作的期望也落空了，因为普鲁士接受了拿破仑允诺的汉诺威，切断了与其他国家的联系。拿破仑感到自己在北欧已经站稳脚跟，再次把注意力转向地中海，想方设法把波旁王朝的势力从两西西里（王国）赶走，以自己的哥哥约瑟夫②取而代之。一支法国陆军在北意大利已经没有任务，现在进军那不勒斯，那里不久前被俄英联军占领了。那不勒斯只能被放弃了，俄国人匆忙中紧急撤往科孚，英国人则撤向墨西拿，在那里要完成的首要目标也正是他们被派到地中海的最初目的——守卫西西里以使得盟国可以在东地中海行使制海权。

现在，控制西西里的确成了影响战争进程的主要因素。1806 年 2 月，不列颠与法兰西开始就所有分歧展开谈判，以探讨实现和平的可能性。在谈判中，双方对许多事务都看法相左，在汉诺威、印度、圣卢西亚、多巴哥、苏里南和好望角及西西里等战略要点的相关问题上针锋相对。出于已经提到的海军战略考虑，英国政府中甚至是和平主义者以及对法国友好的大臣——例如一向有此种表现的福克斯——也坚持要控制西西里岛。拿破仑则坚持认为，不列颠控制西西里以及占有马耳他为法国通向亚得里亚海和黎凡特的交通设置了无法逾越的障碍，强烈要求英国至少撤离西西里并与那不勒斯王国缔结友好关系。拿破仑让他的哥哥约瑟夫领有那不勒斯，他在 7 月致信约瑟夫，"无论和平还是战争，我们都要拥有西西里"。尽管他最初拒绝了英国对其他海外基地的声索，但最终还是做出了让步，然而在西西里问题上，他却毫不退让。于是，从 2 月到 10 月进行的谈判无果而终。霍兰·罗斯博士③指出："这样，西西里就成为战争继续下去的主要原因，马耳他则是这场战争的开端。在这一刻，如同自 1792 年 11 月以来的所有冲突一样，法国与英国之间的争执最终转向了海军战略问题。在海上，1793 年、1797 年、1803 年和1806年依次出现的海军战略问题分别是斯凯尔特、直布罗陀、马耳他和西西里。

① 译者注：普雷斯堡（Pressburg）即今斯洛伐克的布拉迪斯拉发。
② 译者注：即约瑟夫·波拿巴（Joseph Bonaparte，1768—1844），1806 年被拿破仑立为那不勒斯国王。
③ 译者注：即约翰·霍兰·罗斯（John Holland Rose，1855—1942），英国著名历史学家，曾任剑桥大学教授。

真正决定胜负的因素是法国对荷属尼德兰的控制和主宰地中海。这种确信无疑促使哪怕是奉行和平主义的大臣们也在相关事务上立场坚定，首先是保证东海岸的安全，最后是同印度的联系。当前，大不列颠必须默许法国人对荷兰领土的控制又通过占领好望角来减低危险，而拿破仑的黎凡特图谋现在则迫使大不列颠同时占有马耳他和西西里。"①

1806 年夏季，对西西里的防御伴随着一次在南意大利展开的小规模战役，不具决定性且对战争进程影响甚微，因为能够动用的兵力不足以牵制在北欧主战场作战的法军兵力。在北欧，普鲁士终于奋起反抗拿破仑，结果是 10 月 14 日有一支陆军在耶拿②被歼灭，拿破仑由此控制了威悉河、易北河、特拉维河③和奥得河④流域以及整个波罗的海海岸线，东到维斯杜拉河⑤。进入柏林前，他于 11 月 21 日颁布了"柏林敕令"⑥，宣布英国为一个受到封锁的国家，禁止与其发生所有商业往来，公布了所有英国商品的限价并勒令关押所有通英分子。⑦ 他的盟国得到指令，把所有这些措施付诸实施。拿破仑没能通过入侵、攻击海上贸易和摧毁东方帝国来征服这个海权国家，现在转而把精力放在了通过切断其出口市场来摧毁英国。与此同时，他采取措施来增强自身的海上实力，其后采取的措施形式多种多样，希望借此变得强大，届时可以在海上挑战英国。

"柏林敕令"号称是对英国 1806 年 5 月 16 日封锁令的报复行为，英国的封锁令宣布封锁从塞纳河口到奥斯坦德河口的法国海岸。拿破仑指称这一封锁为非法行为，宣称封锁行为只适用于筑城地点且仅在有足够兵力保证封锁的条件下才有效，他指出这一封锁不满足这一条件。指称封锁仅限于针对筑城地点没有国际法依据，同时尽管兵力充足的确是构成合法封锁的要件，但是以此为借口做出的指责却缺乏正当性，因为 1806 年 5 月宣布的封锁得到了

---

① *Cambridge History of British Foreign Policy*, vol. Ⅰ, p. 355.

② 译者注：耶拿（Jena）现为德国图林根州的第三大城市。

③ 译者注：特拉维河（Travel）为德国境内河流，注入波罗的海。

④ 译者注：奥得河（Oder）发源于捷克奥得山，流经波兰和德国，注入波罗的海。

⑤ 译者注：维斯杜拉河（Vistula）为波兰境内最长河流，注入波罗的海。

⑥ 译者注：史称"大陆封锁令"。

⑦ The full text of the decree will be found in *Annual Register*, 1806, p. 201.

足够的兵力支撑。此次封锁由福克斯来实施，根据卡斯尔雷①的意见②，他要与海军部保持沟通，在确信得到足够的兵力之前不要建立封锁。这可不是"停留在纸面上的封锁"。此外，就算这个法令的初衷是对英国封锁法国做出的回应，事实上也经过了三个月的考虑，但是在战争爆发之初这一措施就被提了出来。1793 年 9 月，雅各宾政府已经通过了一项航海法案，主旨是禁止任何外国船舶运输进口商品，而只能运输本国生产的商品，这一措施直接指向英国的出口贸易。1794 年和 1795 年，这项把英国商品挡在欧洲大陆之外的措施都持续得到实施，葡萄牙因拒绝执行而刺激到了法国，1796 年法国企图令葡萄牙失去独立地位，将其并入西班牙。1794 年，有一位法国发言人宣称，"从塔霍河到厄尔巴岛，大陆上没有哪一处允许英国人踏足"。③ 1806 年的目的与 1793 年的目的一模一样——阻止英国流通其出口商品和殖民地货物，这是英国得以通过提供补贴吸引盟国并保持伙伴关系的财富来源，切断这个来源就能实现对英国的抵制。柏林敕令本质上是一种有意和有预谋的政策行为，而不是一种报复性行为。其所宣称要报复的对象，则属于海上战争原则允许范围内存在的措施。在一个半世纪之前，英国政治家就已经做出预言，如果某个大国想努力在欧洲建立军事主导权，那么这个大国就可能做出这种尝试，并且存在这种可能性的根本原因之一在于这个大国认为不列颠将会干预欧洲大陆的斗争，而且会针对可能成为主导者的一方，因为这会令这个大国本身也处于危险之中，因此封锁不列颠就成为关键。

英国内阁对柏林敕令做出的回应是在 1807 年 1 月 7 日发布了一项枢密院令，其目的是"限制敌人的暴行，令其为自身的恶行尝到恶果"。枢密院令禁止船只在属于法国及其盟国的港口或者由法国及其盟国控制的港口开展贸易。在最初阶段，这只是一种报复性行为，而不是为了让法国因为饥困而退让；也不是在二十年的战争中一以贯之的措施④，枢密院令的目的随着时间的推移发生了某些改变。丹麦人马上提出了抗议，受益于战争创造的条件，他们在

① 译者注：即卡斯尔雷子爵（Viscount Castleragh, 1769—1822），时任英国外交大臣。
② In the debate of 18 Feb. 1813; *Parliamentary History*, 1813, p. 599.
③ Quoted in E. F. Hecksher, *The Continental System*, p. 57.
④ Heckscher, op. cit., p. 44.

法国港口与法国在北欧和地中海的盟国港口之间建立起了繁忙的运输贸易。枢密院令打断了这项贸易。英国内阁不接受丹麦人提出的抗议，指出事实上枢密院令是对法国敕令做出的回应，敕令对所有未参战国家展现出了敌意，如果未参战国家不进行反抗，也就丧失了自身的中立性。霍威克①勋爵写道，"准确地说，中立不包括利用交战国之间存在的各种态势为中立方增加利益，而应严格和善意地保持公正立场，因而不向处于战争中的任何一方提供便利，特别是在适用和平时期的贸易惯例方面保持克制，不向战争的一方提供任何逃避另一方敌意的协助。"这一观点并不为当时的中立方所接受，我们今天也能看到，这一观点也不为近来的中立方所接受。

作为一种战略压力，枢密院令对既已存在的军事形势没有太大的直接影响。最大的战略需要是协助俄国，看起来在攻击耶拿之后，拿破仑下一步将进攻俄国。1806 年 12 月，迪穆里埃②将军坚持认为拿破仑必将这么做，迪穆里埃预言北欧将会整体陷落，除非不列颠采取某些更加积极的措施，而放弃当前采取的那些"懒散"措施。他指出，波罗的海有成群结队的法国海盗，丹麦正在倒向法国而其海军不久将会加入拿破仑的海军，俄国将在求和之后失去波兰。所有北欧国家包括瑞典在内将被迫加入反英同盟，1808 年左右将会形成一个强大的海军同盟，有能力对不列颠发动联合打击。在迪穆里埃看来，派出一支英国舰队到波罗的海无济于事，应该实行范围更广的政策，针对在意大利的法国人发动大规模的牵制作战行动。他坚信，这是英国海上力量能够为共同事业做出的最大努力。

这并不是英国政府仅有的选择。在拿破仑的影响之下，土耳其宫廷于1806 年 12 月对俄宣战，困住了俄国的部队，需要英国伸出援手去解救。另外，也可以派出联军部队去往波罗的海，或者再次利用法国军事力量大部分还在北德意志和波兰的机会，对法国海岸发起牵制性打击。所有这些措施都得到了评估，但是英格兰只有 1.1 万至 1.2 万人的地面部队能够用于海外作

---

① 译者注：应是指查尔斯·格雷（Charles Grey, 1764—1845），当时的爵位为"霍威克子爵"（Viscount Howick），后为第二代格雷伯爵（2nd Earl Grey），曾任海军大臣、外务大臣和英国首相。

② 译者注：夏尔·弗朗索瓦·迪穆里埃（Charles Francois du Perier Dumouriez, 1739—1823），曾为法军将领，1804 年移居英国。

战，运送这些部队的舰船也没有就位，因此这些措施都不可行。① 1807 年春季，一支舰队被派往达达尼尔以迫使土耳其宫廷求和，但是由于没有任何地面部队随行，土耳其人嗤之以鼻，舰队被迫灰溜溜地撤离了。6 月，由 7000 人组成的一支小部队去往波罗的海协助瑞典人防守施特拉尔松德②。然而，福克斯内阁采取的这些措施既微不足道又很不及时，既未能对俄国有任何帮助，也未能阻止拿破仑进军俄国，而这正是他发布敕令的动机所在。1807 年 2 月拿破仑受阻于艾劳③，6 月又在弗里兰德④溃败。尽管沙皇之前曾经承诺不会单独媾和，但是随即提出停火并与拿破仑在提尔希特⑤达成协议，从这份协议中可以明显看出法国皇帝想取得制海权的渴望。他为法国海军取得了位于科托尔⑥和爱奥尼亚岛的东地中海基地，而在一系列秘密条款中，沙皇同意其陆军和海军同拿破仑并肩作战，共同针对不列颠。瑞典、丹麦、葡萄牙和奥地利被强迫向不列颠关闭港口，如果不列颠不接受就向其宣战。这些国家的海军为其所用，拿破仑将拥有超过 100 艘主力战舰，他将用这些战舰重启海上战争。

俄国已经媾和的消息很快传到了伦敦，但是秘密条款的内容却不得而知。然而，坎宁⑦的部门清楚地知道，可能即将出现一个北方联盟。丹麦的态度在过去一年中始终不算友好，一支法国陆军则在荷尔施泰因⑧前线集结，从那里可以快速入侵丹麦。丹麦舰队的 18 艘帆船危在旦夕，松德海峡将被封闭。坎宁完全是根据推理采取行动，立即组织了一支 1.9 万人的强大远征部队，去增援已经在波罗的海的 7000—8000 人的部队，护航和支援兵力则是一支由 25 艘风帆战列舰组成的舰队，同时派出大批轻型舰只去捕获哥本哈根的丹麦舰队。此举招致的批评，主要是过去的多次同类行动都在内部公开，不进行保

---

① Thus Fortescue："As had been the case in almost every year since 1793, whenever a really favourable opportunity occurred for striking a heavy blow against France, there had been on British troops at hand to take advantage of it." *History of the Army*, vol. ⅵ, p. 35; also p. 54.

② 译者注：施特拉尔松德（Stralsund）是德国濒临东海的一座城市，靠波罗的海。

③ 译者注：艾劳（Eylau）位于东普鲁士。

④ 译者注：弗里兰德（Friedland）原本属于俄国，位于今加里宁格勒附近。

⑤ 译者注：提尔希特（Tilsit）位于当时的俄国与普鲁士边境。

⑥ 译者注：科托尔（Cattaro）在今黑山共和国南岸，临亚得里亚海。

⑦ 译者注：应是指乔治·坎宁（George Canning，1770—1827），时任英国外交大臣。

⑧ 译者注：荷尔施泰因（Halstein）当时是一个位于神圣罗马帝国最北端的小公国。

密，而此次远征则完全不同，甚至连海军部都不知道此举的真实意图。海军上将是从国务大臣那里接受了攻击哥本哈根的命令。海军部给他的指令则是配合瑞典国王，保护去往波美拉尼亚①的增援部队，确保波罗的海的英国贸易和海军必需品供应的安全。只有海军大臣马尔格雷夫知道此行的真实目的地，这样做的目的是保密。"多于一个人知道都不利于保密。"② 当联合部队抵达哥本哈根后，丹麦舰队请求投降，前提是保证在战争结束时将舰队完好无损地交还给丹麦，并希望优势明显的英国军队能够接受。然而这一请求被拒绝了，城市受到轰击，部队登陆，舰队的绝大部分战舰——14 艘战列舰和 9 艘护卫舰——被带回了英格兰。

此次行动同捕获西班牙珍宝船队一样受到了议会两院的强烈批评。政府辩称其行动的出发点是阻止拿破仑夺取丹麦舰队，有充分的理由预测他有这种企图，因此这样做非常合理。从战略上考虑，政府毫无疑问有充分的理由这样去做。从政治上考虑，此次行动是否过于冒险则很成问题，尽管避免了拿破仑获得他梦寐以求的 18 艘主力战舰，但是引发了丹麦更加强烈的敌意，也损害了英国的声誉。马汉对此事的评论是：广泛表达出来的谴责"有失公允"。英国政府知道那支舰队可能落入拿破仑手里，英国没有重犯皮特在 1804 年犯下的派出过于弱小的兵力的错误，而是派出了足够多的兵力，让对方陷入了无望的境地，因而只能选择投降。"在顽固的丹麦政府面前优柔寡断，将会变得异常脆弱。"③

在欧洲的另一端，拿破仑正准备通过葡萄牙打击不列颠。1807 年 8 月，他向葡萄牙发出最后通牒，强令其对不列颠关闭所有港口，没收英国船只和财产并对英宣战。10 月，一支法西联军进军葡萄牙，最终达成了肢解葡萄牙的协议。夺取葡萄牙海军被赋予了重要意义。指挥法国陆军的朱诺④得到命令，不要浪费任何精力，不要耽搁一天时间，直插里斯本。他被告知，"你必须在 12 月 1 日抵达里斯本"。两星期之后，他又被告知加快速度。"里斯本就

---

① 译者注：波美拉尼亚（Pomeranian）位于波兰北部中北欧波罗的海沿岸地区。
② Sir James Graham, *Report of the Select Committee on the Board of Admiralty 1861*, pp. 123, 157.
③ Mahan, *Influence of Sea Power upon the French Revolution and Empire*, vol. iii, p. 277.
④ 译者注：应是指让·安多歇·朱诺（Jean Andoche Junot, 1771—1813），法军将领。

是一切……你必须径直进军里斯本，抵达后即夺取舰队和军火库……你现在前进的速度太慢，准确地说慢了十天。"尽管朱诺紧赶慢赶，拿破仑的如意算盘还是没能如愿，因为英国海上力量已经到了哥本哈根，当他的疲惫之师在11月末到达塔霍河岸边时，只能眼睁睁地看着葡萄牙舰队的8艘战列舰和其他大小舰只在英国分舰队伴随下驶往巴西，上面载着葡萄牙的国王及其宫廷和大笔财富。不久之后，根据与葡萄牙达成的协议，英国部队进驻马德拉岛，由此确保可以使用通向好望角航线上的一处重要基地。

通过在哥本哈根和里斯本的这两次行动，英国内阁至少使25艘主力战舰未能为拿破仑夺取。即便其中某些战舰已经老旧，但它们仍是一支不可轻视的力量，这可是拿破仑日思夜想的兵力。他的失望之情从其怒火中烧中可见一斑。

出于这种失望，这位皇帝在米兰重申了柏林敕令中提到的措施，英国内阁再次以枢密院令的形式加以反击。斗争演变成了经济战，法国这个陆权国家试图对英国商业关闭所有欧洲港口，英国这个海权国家则阻止中立方同法国开展贸易，不列颠指定的项目除外。马汉将这种斗争生动地描述为"帝国军队化身为把英国拦在市场之外的海岸卫兵，英国战舰变成了财政镰刀禁止法国开展贸易。中立国的船队则把脸面放在一边，哪一方给钱就为哪一方服务，另一方则视其为资敌"。① 这种斗争的结果，取决于到底是欧洲大陆依赖英国及其海外供应更多一些，还是英国依赖大陆作为其出口市场更多一些。战争双方都企图切断对方的命脉，哪个国家能坚持到底呢？由于陆权国家和海权国家的行为都影响到了中立方，因此斗争的结果还取决于哪一方给中立国造成的损害更大，哪一方更令中立国憎恨。在这方面，由于欧洲大陆的各个国家憎恨法国的专横行为，所以总体上形势对其不利。尽管各国非常反感英国人在海上实行的高压政策，但是又认为可以两害相权取其轻。普鲁士的大臣豪格维茨②写道，"英国人在海上的专断行为当然造成了不便，但是大陆

_____

① Mahan, op. cit., vol. ii, p. 288.
② 译者注：应是指克里斯蒂安·奥古斯特·冯·豪格维茨（Christian August Graf von Haugwitz, 1752—1832），曾任普鲁士外交大臣。

上的暴政毫无疑问更加危险"。近来有一位法国作家①写道，"耐力的比拼由法国在没有任何一个盟友可靠的情况下首先挑起，欧洲受到我们的恐吓和侵蚀，没有任何利益不受挑战，因而感到惊恐和厌恶"。中立国当然反对英国的海上行动，之前就出现过两次武装中立以及俄国强迫不列颠放弃海商法的尝试，但是对英国采取的某些特定措施反对声音并不大，可能是因为在某种程度上默认不列颠的这些行为是真正在为所有国家的自由而战。著名法学家威廉·斯科特爵士②指出，中立国家自身也与打败公敌存在直接和实际的利益关系。

1808 年初，不列颠在这场伟大的斗争中实际上是孤军奋战。西西里和撒丁得到英国陆上和海上武装的保护，因而得以保持独立性，但是并未在反对拿破仑的事业中积极出力。瑞典尽管始终在反抗威胁和哄骗，但是现在处于被俄国侵略的危险之中。瑞典向英国求援，作为回应，有一支分舰队被派往波罗的海，兵力包括 16 艘战列舰和伴随的护卫舰及轻型舰只，同时还有载运 1 万人地面部队的运输船队，整个舰队的战舰和运输船只数量达到了 62 艘。然而，同瑞典国王的军事合作没有实现，因为他的提议没有现实可行性，地面部队稍后撤离了。不过在其后五年间，分舰队仍然留在了波罗的海。起初，这支分舰队同瑞典海军合作，目标是保卫瑞典免受可能的侵略，将俄国舰队封锁于其基地之内，并保护通向瑞典的海上通道——类似于 1715 年至 1726 年在诺里斯和宾③率领下的分舰队所承担的任务。瑞典因此而得救，如果没有这种援助，瑞典完全没有能力保护自己。然而单靠海军力量无法保护芬兰，芬兰直接靠近大陆，这个省份落入了俄国人手中④；单靠海军力量也无法阻止疲惫不堪而又内部分裂的瑞典在 1809 年与俄国媾和，条件包括同意加入"大陆体系"⑤并向英国舰队关闭港口。尽管瑞典仍然在法律上保持中立，但可以

---

① Émile Dard, *Napoleon and Talleyrand*, translation by C. Turner, p. 60.

② 译者注：威廉·斯科特爵士（Sir William Scott，1745—1836），英国著名法学家，曾长期担任海军部高等法院大法官（1798—1828）。

③ 译者注：即乔治·宾（George Byng，1618—1685），英国海军将领。

④ 译者注：芬兰在历史上曾由瑞典统治。1808 年，芬兰被俄国军队占领，芬兰脱离瑞典，成为俄国统治下的自治大公国，并由沙皇兼任大公直到 1917 年。

⑤ 译者注：指拿破仑试图通过柏林敕令建立的对英封锁体系，又称大陆封锁体系。

被认为存在资敌行为，而伦敦清楚地知道瑞典是在压力之下才如此行事，并不会积极参与敌对行动，因此没有采取针对瑞典的行动。此外，瑞典关闭港口也只是一种没有实际意义的姿态，因为它既没有意愿也没有力量来封闭港口，只有少数重要港口除外。这样做与拿破仑对英国贸易完全关闭所有欧洲港口的企图相距甚远，他要求瑞典海军积极协助建立他所希望的大规模舰队，1810 年强迫瑞典宣战，然而驱逐令在很大程度上形同虚设。在英国分舰队保护下，中立国船只装运英国商品进入波罗的海港口，其中就包括俄国的港口。俄国由于法国人的敕令中断了贸易而遭受了很大损失，本来就拒绝服从拿破仑提出的拿捕波罗的海大规模船队的要求。柏林敕令和米兰敕令①对北欧贸易造成的打击后果有多大，可以从以下事实中找到答案，1806 年其价值为 757 万英镑，受到关闭港口的影响，在 1808 年下降到了 200 万英镑，不过在 1810 年又恢复为 770 万英镑。由于拿破仑采取了进一步的措施，主要是发布了特里亚农敕令和枫丹白露敕令②，这一贸易的价值再次显著下降。尽管瑞典宣战了，但是在波罗的海指挥作战的海军上将詹姆斯·索马里兹③明智地保持了克制，并得到政府的充分认可，唾手可得的瑞典船队没有受到袭扰，瑞典舰队也没有受到攻击。

自 1808 年之后接下来的五年中，英国分舰队控制着波罗的海，没有进行过值得一提的作战行动——只同丹麦和俄国舰船有过一些规模相对较小的接触——没法与在半岛和欧洲展开的大规模陆上会战相提并论，但是这种对波罗的海悄然无声和不事张扬的控制对欧洲局势影响深远。拿破仑扼杀不列颠的企图受到回击，运载英国商品的船队驶入波罗的海，返回本土时装载着海军必需品——木材、焦油和装备持续壮大中的海军的急需物资。最后但同样重要的是俄国终于鼓起勇气反抗拿破仑的强压。在俄国宣战之际，瑞典的一位政治家致信索马里兹表示祝贺，对其运用英国分舰队的方式评论指出："你们是促成俄国敢于对法宣战的首要因素。如果在我们对英国宣战时你们开火

----

① 译者注：为强化大陆封锁体系，拿破仑于 1807 年 11 月和 12 月又先后颁布了两项米兰敕令。
② 译者注：特里亚农敕令和枫丹白露敕令均于 1810 年颁布。
③ 译者注：詹姆斯·索马里兹（James Saumarez，1757—1836），英国海军将领。

了，那会满盘皆输，而整个欧洲都会被奴役。"①

同样是在分舰队 1808 年去往波罗的海的那个春季，西班牙奋起反抗拿破仑，稍后则是葡萄牙。多方都在寻求不列颠的帮助，由于卡斯尔雷对英国军事体系进行了改革，不列颠得以比之前更好地满足他们的需求。西班牙人的反抗造成了极大的军事牵制，通常被比喻为"西班牙溃疡"，按照威灵顿的说法，有 24 万拿破仑的精锐部队被牵制住了，并且造成了 4 万人的损失。然而影响不仅限于此，影响还波及了波罗的海，迫使法国皇帝从"海关部队"中抽调部分兵力前往西班牙，对波罗的海各港口的控制因而受到削弱。此外还使得拿破仑无法继续使用许多西班牙的殖民地港口，法国劫掠船队正是从这些港口出发袭击英国船队，进而使法国希望获得的急需殖民地商品失去了来源。

半岛战争提供了海权创造出显著战略优势的经典战例，牢固地建立起了制海权，大不列颠得以在范围广阔的战区发动战役并维持这场为时四年的战争，最大限度地陷敌于困境之中。

半岛战争在 1809 年还处于开端阶段，另一场针对荷兰的远征就发动了，投入的总兵力多达 4 万人。政府出于什么原因背离了集中兵力于一个单一目标这个根本原则？今人可以一目了然地看出，西班牙当时是英国以海权为基础的特定力量形式能够得到最有效运用的战区，在西班牙进行的战争要求不列颠投入其所能动员的全部军事力量。

瓦尔赫伦远征的初衷是感到有必要诱使首鼠两端的普鲁士国王把赌注投向盟国方面。奥地利已经再次加入战团，在阿尔卑斯轻取拿破仑，普鲁士国王开始寻思加入即将获胜的阵营可能会让其得保平安，但是他还没有下定决心。普鲁士使团已经到了伦敦，并向英国政府允诺普鲁士在奥地利与法国开战后马上起事，因而恳请英国向汉诺威提供援助以形成牵制并坚定普鲁士国王的决心。为此，英国舰队应封闭德意志各河口并向德意志运输给养。这是英国提供协助的一种可能方式，但是还有另外一种可能方式。拿破仑长期致力于开发利用斯凯尔特的海军资源，一支由 8 艘主力战舰和多艘护卫舰组成

---

① Ross, *Life of Admiral Lord de Saumarez*, vol. ii, p, 293.

的强大法国分舰队驻在法拉盛，安特卫普的造船厂则储备了大批军需品，船台上有 20 艘战舰正在建造。摧毁这支部队和那些军需物资，意味着能显著增强英国的海权实力，将使大批战舰腾出手来保护正在受到沉重打击的贸易，还将有利于满足为保护海上交通线而在半岛新发起的战役对海军提出的新需求。在荷兰发动一次攻击可以实现这一意图并将形成牵制，因为拿破仑极为看重安特卫普，不会容忍对其安全造成的威胁。正是出于这些考虑，决策的天平更多地倒向把荷兰而不是汉诺威作为牵制性作战行动的目标。还有另外一个因素影响着决策。尽管最初的目的是诱使普鲁士国王加入盟国阵营，但是长期以来的经验表明不能对这个人有所指望，即便远征汉诺威，他还是有可能不愿意加入战团，英国陆军的行动对他不会有什么触动。

即便认定牵制行动可取，并且可能达成普鲁士加入战争的结果，减轻奥地利面临的压力，又能够削弱敌人的海上力量，还是存在这样一个问题有待回答：相对小规模的兵力——如果事实上只投入 4 万人——能否比用于加强在西班牙的陆军收益更大？如果这些兵力不投入西班牙，那么能否取得最有决定意义的结果？尽管法国皇帝在哥本哈根和塔霍付出的努力以令他失望的结局而告终，但是海军在战争的这个阶段还没能对敌形成明显优势，在不需要召唤陆军帮忙的情况下就能够宣称已经建立起了制海权吗？事态本身的发展证明可以，但是当时还不能这么肯定。单是法国据估计就拥有将近 60 艘战列舰，分散部署于其本国港口以及在国外占领的港口，另有将近 30 艘正在建造，在这些战舰之外还有 104 艘可供调遣——也就是荷兰的 17 艘，瑞典的 11 艘，丹麦的 16 艘和俄国的 60 艘，不计正在建造的战舰，总数也超过了 160 艘。1809 年初，英国已经征召和可以征召的战舰数量是 127 艘。哪怕考虑到统一指挥问题，考虑到俄国人出了名的效率低下，考虑到数个敌对国家和附属国各自的兵力难以融合在一起等因素，英国的海上优势也没有太明显的压倒性，以至于可以进行冒险，或者轻视拿破仑掌握的海上实力。英国实力的进一步增长已经快到极限了，因为尽管在本土港口还有船只可用，但是为其配备人手却是一个极大的难题，事实上这个问题已经引起了同美国的摩擦，而且也是造成 1812 年不幸爆发战争的主要因素之一。①

最后，还存在另外一个考虑。在半岛展开的作战行动本质上仍然是防御性的，使用的兵力被认为不足以很快达成目标，与此同时还有一个为此支付战争费用的问题，而不能在西班牙增兵的理由之一正是没有那么多钱。

综上所述，出于这些考虑，政府倾向于选择荷兰而不是汉诺威作为展开牵制作战的战区，在荷兰展开牵制行动的同时，对斯凯尔特的法国海军兵力展开攻击，对在西班牙的陆军进行增援。此次作战有政治上和军事上的双重目的。在政治上，激励欧洲大陆国家特别是普鲁士反对拿破仑；在军事上，形成有利于奥地利的牵制效果，摧毁位于斯凯尔特的战舰以及法拉盛和安特卫普的船厂、港口及通往这些地点的陆上防御工事。达成所有这些目标的关键条件是快速行动、隐蔽突然和高效领导，不幸的是这些条件都不充分。时间上的浪费影响了行动的速度。时间之所以被浪费，首先是因为政府做决策时一拖再拖。当然，卡斯尔雷肯定会否认在实际准备过程中存在任何可以避免的延误，他的说法是"陆军本身和运输陆军的舰船都不可能预先准备好"，然而搜寻和征集运输船只的速度极为缓慢。尽管存在延误的确是无可避免的情况，但是究其原因也是因为没有制定相应政策来保持一支随时可以使用的运输力量，以便应对战争条件发生变化的不时之需——巴勒姆②早在战争之初就认为这种政策极为重要。由于一开始就出现延误，远征也被推迟发起，这时已经失去了形成有利于奥地利的牵制以及诱使普鲁士参战的良机，因为奥地利当时已经在瓦格拉姆战役③中失利，而普鲁士则畏惧加入战争。时间上的浪费还导致其他军事目标也无法达成。布朗里格④这位精干的陆军将领写道："如果远征部队能够在 8 月抵达赞德弗利特⑤，那么就会胜利在望。"但是部队

---

① 译者注：英国当时强迫被抓获的美国海员加入英国海军，成为英美之间爆发战争的重要原因之一。

② 译者注：即查尔斯·米德尔顿。

③ 译者注：瓦格拉姆战役是第五次反法同盟的最后一战。1809 年 7 月 3 日，法国皇帝拿破仑率兵 17 万渡过多瑙河，在奥地利维也纳东北 16 公里处的村庄瓦格拉姆（Wagram）与奥军决战。人数较少的奥地利一方（只有 12 万人）无力歼灭法军，被迫撤围，虽然双方的损失差不多，但由于不久后奥地利求和，这次战役就成为拿破仑的最后一次绝对性胜利。

④ 译者注：应是指罗伯特·布朗里格爵士（Sir Robert Brownrigg，1759—1833），英国陆军将领，曾任锡兰总督。

⑤ 译者注：赞德弗利特（Sandfliet）位于比利时的安特卫普。

迟迟抵达妨碍了胜利，登陆之后在指挥方面出现的拖拉进一步妨碍了胜利，使得还有可能取胜的机会也彻底丧失了。战争中时间的重要意义已是老生常谈。"除了时间，什么都可以找我要"，这是拿破仑的名言。克伦威尔指出，"绝对不能浪费时间，时间无比宝贵"。德雷克则认为，"时间和地点上有利，军事行动就已经成功了一半，良机一去不复回"。我们在当前这个时代已经体验过时间意味着什么，也看到过尽管有这些教导，但时间就是被无可挽回地错失掉了。可以毫不夸张地讲，在瓦尔赫伦的失利主要是因为所有人都疏忽了时间的重要性，从大臣到军事指挥员无一例外。时间在准备阶段就被浪费了，在实施阶段又被挥霍了。

然而这次远征终归还是让拿破仑惴惴不安，这种感受在他的辉煌人生中还从未经历过。同时，单纯从说教的角度批评这次行动违背了集中的原则也有失公允。不能认为陆军上校亨德森①的评论无足轻重，他的评论反映出了英国的一个根本战略原则："远征失利了，灾难性的失利。尽管如此，这次远征还是践行了著名的格言，也就是海上强国的陆上力量和海上力量应当把敌人的海军兵力作为首要目标，这是战略打击的优先顺序。"作为一次牵制作战，法军将领迪穆里埃对其给予了高度评价，称其为"最出色和最合理的牵制"。如果政府的决策能够早一点，如果保证运输力量随时可用的政策能够出台，如果查塔姆在制订计划时能够更细致一些，如果由沃尔夫②或者其他许多英国指挥官中的一个，包括我们今天的这些指挥官来实施，那么，有充分理由相信这次远征能够取得胜利，而远征的胜利将会影响深远。这样将能让许多战舰腾出手来保护贸易和在西班牙的陆军交通线，这条交通线就是他们的生命线，但是他们自己却对其无能为力③——就连威灵顿都抱怨说缺乏保护，但还是没有投入足够的资金——这些事情还会在某种程度上影响与为海军提供海员相关的难题，而这些难题又是引发 1812 年战争的重要原因之一。

──────────

① 译者注：应是指乔治·弗朗西斯·罗伯特·亨德森（George Francis Robert Henderson，1854—1903），英国著名军事历史学家，1892 年起在英国参谋学院（the British Staff College）讲授军事史。

② 译者注：应是指詹姆斯·彼得·沃尔夫（James Peter Wolfe，1727—1759），英国陆军著名将领。

③ There were squadrons at Rochefort, l'Orient, and Brest and the "in visible squadron" of Allemand, whose inactivity is difficult to understand, for the Peninsular convoys were lightly protected. For a criticism of the inactivity of the French navy at this time cf. Admiral Degouy, Revue Maritime, February 1932.

确有必要改善对贸易的保护，因为海运正在遭受损失。有鉴于此，尽管政府已经在波罗的海、地中海和西班牙及葡萄牙海岸面临艰巨任务，但还是被迫要再次把注意力转向西印度群岛。那里有两件事情相当紧迫——为海运提供更多保护，为英国商品出口扩大市场，这是英国维持其作战实力、养活其国内人口和维系其与盟国关系的能力支撑。① 西班牙战争已经打开了某些新市场，但是只有通向这些新市场的通道畅通无阻才能获得利润。西印度群岛在英国海上商业中占到了四分之一的份额，西印度群岛的法国海盗仍然在造成严重损失。因此，英国从 1808 年到 1811 年进行了一系列的殖民地远征作战，目标与 1793 年到 1796 年进行的西印度群岛战役不同，那时的目标带有明显的进攻性——粉碎法国的海上实力与经济实力。现在的目标主要是防御性的，尽管在具体措施上带有攻势特征。依据亚眠和约，所有被占领的法国海外基地都归还给了法国，马提尼克和瓜德鲁普再次成为袭商战的老巢，保护海运需要大量的小型巡洋舰只，船员则因为气候和疾病造成的伤害而不断替换。终结这种代价高昂而又令人困扰的局面成为当务之急，因此在 1808 年到 1810 年期间有大批远征部队被派去夺取法国占领的圭亚那、马提尼克、瓜德鲁普和圣多明哥等西印度岛屿以及非洲的塞内加尔。另一些远征部队则从印度出发去夺取印度洋上的毛里求斯和留尼汪岛，因为从毛里求斯出发的法国护卫舰和海盗船给加尔各答的贸易造成了严重损失。在 1810 年夺取该岛后，劫掠被有效制止了。也就是说，其他殖民地都在和平名义下还给了法国，卡斯尔雷给出的理由是"这样做只是权宜之计，为的是让法国放弃军事行动而转到和平的商业轨道上来"，继续保有毛里求斯，"不是因为占有它可能创造任何商业价值，而是因为在战时它是一个海上的大麻烦，对我们的商业极为不利。在上两场战争中，毛里求斯被占领给我们的商业造成的损失无可估量"。继夺取毛里求斯之后，英国又夺取了爪哇这个荷兰的基地，因为那里威胁着对华贸易的安全。

在波罗的海、地中海、印度群岛的许多此类作战行动，以及在半岛对陆

---

① For a general outline of the post – Trafalgar war at sea, and the influence of the need of new market, cf. Corbett, *Napoleon and the British Navy* (Creighton Lecture, Quarterly Review, April 1922).

军的支援，还有使用巡洋舰和护卫舰队对所有贸易通道实施的保护，使得英国海军在 1809 年到 1812 年需要大量的主力战舰和巡洋战舰。1812 年，压力开始变小。同年 3 月，俄国对法宣战。同年 7 月，英国与俄国和瑞典签订和平协议。这样一来，在波罗的海不再需要存在强大的分舰队了，但是因此而空出来的战舰直到来年才能被用于别处，因为在另作他用之前需要进行整修。虽然如释重负，但是法国在欧洲海域仍然保有强大的作战实力，数量为 60 艘至 70 艘主力战舰和大批巡洋舰，分布在法国、荷兰和意大利的港口。这些力量必须被正视。英国舰队有 108 艘帆船可用①，对于履行使命任务来说远远说不上有余，因为不但欧洲海域需要战舰，遥远之地也需要战舰驻扎，以便在合适的位置应对那些溜到大洋上的小型分舰队，并加强护航以及提供轮换。泛泛而言，敌人在斯凯尔特、土伦和法国西部港口的主力，充其量只是由与其实力相当的兵力在监视。巡洋舰需求量极大。尽管夺取马提尼克和瓜德鲁普这两个法国基地减轻了在西大西洋保护贸易的负担，但是在 1812 年战争开始时，从哈利法克斯到加勒比和墨西哥湾至少还需要 77 艘巡洋舰②，须知巡洋舰的需求量不能用敌方巡洋舰的数量来衡量，而是要用完成任务需要征召的舰只数量来计算。

正是在这样的条件下，1812 年夏季爆发了同美国的一场新的战争，或者说扩展为同美国的战争。这场最让人痛心又最无必要的战争，直接的诱因有两个：英国政府为回应法国的柏林敕令和米兰敕令而发布的枢密院令，以及英国为满足舰队急需而在海上从美国船只上强行抓走船员的行为。英国抓走大量美国船队海员并强迫他们在英国海军服役，此类行为愈演愈烈。

美国的海上商业活动与丹麦类似，从战争给中立国创造的机会中大量获利，在旷日持久的欧洲战争中，这种商业活动急剧增长③。船队吨位翻了一番，从 60 万吨增长到了 120 万吨，每年大约增长 7 万吨，这又造成船员数量

---

① 与 243 艘的总数存在显著区别。总数中有部分为港内战舰，有部分状况不佳无法出海。能够配备的人力则是影响战舰服役数量的主要因素。

② 即 3 艘主力战舰，17 艘护卫舰，57 艘单桅帆船，以及 31 艘小型船只。

③ 出口数字包含国内商品以及再出口的外国商品，以后者为主。1811 年时，再出口萎缩为 16,000,000 英镑，1807 年时为 69,500,000 英镑。Mahan, *War of 1812*, vol. Ⅰ, p. 221. Hecksher, *the Continental System*, p. 103.

增加了 4200 名，其中 2500 名为英国人①，正是这一点促成了英国从美国船只上强征海员的行动。这股欣欣向荣的势头先是受到法国敕令和英国枢密院令的遏制，最终被美国政府在 1807 年 12 月以禁运法案这种报复性措施扼杀了。法案禁止美国船只驶入交战双方的港口，目的是通过中止提供美国的商品和服务给交战双方造成经济压力，令交战双方被迫取消其采取的措施。与此同时，美国思想界有一派强烈反对同英格兰决裂，来自罗阿诺克②的约翰·伦道夫③将这种观点概括为"挡在法国主宰整个世界道路上的唯一阻碍只可能是英国海军，舍此则美国和欧洲必将沦陷"。④

　　禁运法案注定会陷入尴尬，随着半岛战争的爆发，其效力如果说不是完全丧失了，也是大部分丧失了，向英国贸易开放了西班牙和葡萄牙的港口以及西班牙殖民地的港口，提供替代的资源与市场，允许使用英国的船队，同时不允许法国劫掠船队使用加勒比的西班牙基地。在美国内部，反对的声音非常强烈，因为这给美国的海运和出口造成了损害，同时未能产生期望的结果。1809 年春季法案被撤销，取而代之的是一项"互不往来"法案，禁止同交战国家进行商业往来，但是哪一方放弃其之前的恶意政策，则法案对其不发生效力。不列颠现在正在进行半岛战争，需要向陆军提供美国生产的粮食并需要由美国人来运送，准备取消枢密院令，前提条件是得到一项承诺：互不往来法案继续对法国有效。英国修改了 1807 年 11 月封锁的范围，将其限定为法国和荷兰海岸及拿破仑占领的意大利港口，这样就为美国船队提供了贸易机会。不幸的是谈判破裂了，原因不一而足——误解、不信任、个人立场，还有偏见。然而，单是这些原因还不足以阻止同美国就枢密院令问题达成协议。造成谈判破裂的另一个原因显而易见，内阁更为看重枢密院令中涵盖的经济措施，而不是可能因美国的服务和供应而受益的半岛战争。因为在西班牙的陆军采购粮食的最佳渠道是美国，并且由美国人来运输。坎宁及其

---

① Alison Phillips and Reede, *Neutrality*, vol. ii, p. 116.
② 译者注：罗阿诺克（Roanoke）是美国弗吉尼亚州西南部城市，临罗阿诺克河。
③ 译者注：约翰·伦道夫（John Randolph, 1753—1813），美国政治家，曾参加美国制宪会议，曾任司法部长和国务卿。
④ Sears, *Jefferson and the Embargo*, p. 267.

同僚从一开始就确信在西班牙的战役能够有效牵制拿破仑的兵力，但是这个观点并不被议会和举国上下普遍认可。正是出于这种原因而违背了那条正确的原则，即永远不要采取可能造成出现新敌人的措施。尽管（1809 年 6 月 28 日的）塔拉韦拉会战①被颂扬为一场伟大的胜利，但是部队后续却撤回到托雷斯维德拉斯②防线，而这一举动被反对西班牙战争战略的那些人解读为半岛战争将不会带来决定性成果。应该在陆上同敌人的陆军作战还是应该在海上采取经济战的古老争议再次涌动。贸易被压制，到处都是破产和失业，税负过重，不满丛生，在西班牙的战争代价之大前所未有，国家此外还肩负着许多其他义务。由于对这场战争强烈不满，伦敦城出现了要求从西班牙撤出陆军的请愿——诉求是让西班牙人自己去打他们自己的仗。兰斯唐勋爵③早就（在 1809 年 6 月 8 日）严厉谴责这场西班牙战争。他说，大臣们知道西班牙无法提供任何帮助，他们的错误堪称"不可理喻的无能、盲目，不可救药的狂妄、顽固"。欧洲永远无法通过这种远征获得拯救，必须慎重使用不列颠的资源。他提出了一项决议案，谴责对这支陆军面临的风险缺乏预见，没有证据表明最终会取得好的结果。尽管他的动议被 65 票对 33 票加以否决④，但是他的观点在国内得到了广泛支持。在 1809 年的最后几个月里，《年度记录本》⑤ 的一位作者写道，"大陆上的战争既未能给我们带来希望，也未能给我们增加谈资"。只是在威灵顿乐观主义的行为处事之下，政府才得以继续在西班牙做出努力，至少又过了一整年，人们才认识到半岛战争的意义和影响。这样就有可能理解为什么政府没有轻易放弃在枢密院令中其所认定的主要意图，即便如此艰难，还是要坚持在西班牙做出努力，除了不被普遍认可，这项努力还被视为并不重要。另外，尽管美国已经通过数项法案和多次抗议表示出了敌意，这些法案也造成了并不致命的损害，但是政府并不认为美国会走向战争

---

　　① 译者注：塔拉韦拉会战（Battle of Talavera）是半岛战争期间的一次著名战役，发生在位于马德里西南部葡萄牙边境通往西班牙首都的大道上，英西联军在塔拉韦拉战胜法军。

　　② 译者注：托雷斯维德拉斯（Torres Vedras）位于葡萄牙境内。

　　③ 译者注：应是指第三代兰斯唐侯爵（3rd Marquess of Landsdowne）亨利·佩蒂·弗茨·莫里斯（Henry Petty Fitz Maurice，1780—1863），英国政治家，曾任财政大臣、枢密院议长等职。

　　④ *Annual Register*，1810，p. 238.

　　⑤ 译者注：《年度记录本》（*Annual Register*）为创刊于 1758 年的英国刊物，每年一卷，记录过去一年中发生的世界大事。

这个极端。

1810 年，另一个因素开始影响枢密院令的继续施行。法国的敕令连同英国的枢密院令，在很大程度上瘫痪了俄国的贸易，沙皇发现他同法国的盟友关系成为拖累，而且代价高昂。因此，此时似乎并非放松经济控制的时候，而是应该拉紧绞索扣并采取一切可能的措施促使沙皇与拿破仑决裂。他在 1810 年 12 月迈出了公开对抗的第一步，允许中立方船队运入英国殖民地货物。

1811 年，协商持续了一整年却没有任何结果。尽管美国很明显已经怒火中烧，而且某个政党已经愤怒地提出要与英国一战，而这与征服加拿大的目标完全无关①，但英国的大臣们还是坚信枢密院令不会导致战争。迟至 1812 年 3 月，首相还在宣称政府会坚定地实施枢密院令。美国驻伦敦代表报告说，他看不到任何一点关系破裂的迹象或者担忧，或者是为应对这种事态而进行的任何准备。② 尽管如此，内阁也有一些不安。反对枢密院令的情绪在国内日益高涨，原因是出口贸易情况持续糟糕以及由此造成的严重失业。1812 年春季有两件事情给政府提供了撤销枢密院令的契机。3 月，俄国对法宣战；5 月 12 日，美国政府从巴黎发出一份声明，签发日期为 4 月 11 日，大意是冒犯他国的法国敕令实际上已经于 1810 年 11 月被撤销了。尽管用摄政王③的话讲，这份声明的真实性"极其可疑"，但是内阁大可假意相信，因为这份声明使得撤销枢密院令有了一个体面的台阶。与此同时，俄国宣战也使枢密院令得以生效的理由不复存在了。枢密院令有助于迫使拿破仑入侵西班牙并与俄国疏远，这些目的已经达到了。现在，与美国保持和平关系被赋予了更加重要的意义，因为半岛战争已经毫无疑问地成了英国的主要任务，必须倾尽全力完成这项任务，以便最大限度地吸引拿破仑在俄国的兵力。为此，英国需要美国协助向位于西班牙的陆军供应粮食，并由美国来运输这些粮食。这样就形

---

① John Randolph, who had continuously opposed war and the Embargo said, in December 1811, that throughout the discussion he had heard but one monotonous cry, like the whippoorwill, "Canada, Canada, Canada", Julius M. Platt, "Footnote to the War of 1812", American Mercury, Oct. 1827.

② Mahan, *Sea Power in Its Relations to the War of* 1812, vol. I, p. 271.

③ 译者注：英国当时由乔治三世的长子即后来的乔治四世（George IV, 1762—1830）摄政。

成了撤销枢密院令的决策，前提是美国废止其针对英国商业的禁止性法案。6
月 23 日——由于首相遇刺耽误了一个月的时间——枢密院令被撤销了。

　　撤销来得太迟了。一个星期之前的 6 月 17 日，美国已经宣战，众议院的
投票结果是 79 票赞成、39 票反对，参议院的投票结果是 19 票赞成、13 票反
对。战争就这样于 6 月 19 日正式开始了，美国的巡洋分舰队已经出海去攻击
英国的船队，入侵加拿大的作战已经发起。①

　　战争爆发时，位于西大西洋的英国分舰队约有 70 艘战舰，分散执行针对
法国劫掠船队的护航任务，活动于巴哈马群岛②至纽芬兰一线，在美国沿海实
际上可以动用的兵力以哈利法克斯为基地，编制仅为 1 艘主力战舰、8 艘护卫
舰和 16 艘小型舰只。这些兵力的对手是一支小规模的美国海军，拥有 6 艘护
卫舰，其中 3 艘为比英国海军战舰性能更强的战舰，相当于后来的重型装甲
巡洋舰，其余兵力为 3 艘单桅帆船和 7 艘小型船只。然而，在这些兵力之外，
美国在战时可以动员不少于 515 艘劫掠船。③ 其中的 2/3 来自 6 个州，马萨诸
塞（150 艘）、纽约（102 艘）、宾夕法尼亚（31 艘）、新罕布什尔（16 艘）、
缅因（15 艘）和康涅狄格（11 艘），许多在适航性上进行了特殊设计。英国
在加拿大登陆的兵力数量约为 4500 人，其中只有约 3000 人胜任岗位。美国
招募的陆军数量约为 6000 人，另有大约 5 万名民兵，但是这些民兵未经训练
且只愿意为保卫本州而战。

　　7 月底，美国宣战的消息传到了伦敦。内阁相信撤销枢密院令已经消除了
争端的源头，消息传到华盛顿之后应当能够马上平息争端，所以没有发出开
始敌对行动的命令，而是给在西大西洋负责指挥的海军上将发出指令，指示
他开始就马上中止战争进行谈判。然而和平的阻碍还有一个未被消除：强行
征召海员问题。美国的要求是必须停止这一做法，同时提出要保证防止不正

　　① For detailed studies of the preliminaries of the war, cf. Mahan, *Sea Power in Its Relation to the War of 1812*;
Sears, *Jefferson and the Embargo*; Philips and Reede, *Neutrality*, vol. ii; *Edinburgh Review*, 1808—1813; *Cambridge
History of British Foreign Policy*, vol. I, pp. 397, 523; *Parliamentary History*, 1808—1813, passim; T. Roosevelt,
Naval Operations of the War... of 1812—1815; Julius W. Platt, *Footnote to the War of 1812*, American Mercury, Oc-
tober 1827; A. L. Burt, *The United States*, *Great Britain and North America*; Adams, *History of the United States*; Lu-
cas, *The Canadian War of 1812*; Stephens, *War in Disguise or the Fraud of the Neutral Flags*.
　　② 译者注：巴哈马群岛（the Bahamas）地处美国佛罗里达州以东，古巴和加勒比海以北。
　　③ MacLay, *History of American Privateers*, p. 506.

当的征召并实行归化入籍制度，英国内阁表示不能同意。卡斯尔雷指出，"政府不能同意放弃行使这项权利，这是帝国海军力量的重要根基"，除非能够达成这样一个目标：通过放弃国籍和虚假入籍而造成的海员流失不再继续发生。英国政府对美国倡议的措施能否收到成效表示怀疑。美国进而要求不列颠承诺未来避免建立英国式的封锁，如果接受这一要求则意味着承认 1806 年的封锁为非法行为，而事实上并不是。由于存在这些分歧，持续到 10 月底的谈判宣告破裂。

在等待美国人做出回复期间，英国的陆上兵力和海上兵力只是展开了防御性的作战行动，陆军决定性地粉碎了美国入侵加拿大的企图，海上的分舰队则采取措施来加强对贸易的保护，在海上追逐美国的护卫舰队兵力，这些兵力在宣战之后立即采取了攻击行动。由于没有宣布或尝试进行封锁，美国的战备活动没有受到影响，美国的战舰和劫掠船大摇大摆地进出他们的港口。12 月，停止争端明显已无可能，英国下达了封锁特拉华湾和切萨皮克湾的命令。直到这时，英国才真正开始他们的战争行动。

接下来的大规模作战行动在两个战区展开，大洋之上和美国沿海，以及构成加拿大前沿的大湖地区。战争进程可以被分为三个阶段，英国在各个阶段采取的战略由当时可以动用的兵力分别实施。

第一个阶段的积极战争行为开始于 1812 年 12 月，英国主要采取了守势行动，在大洋之上，主要意图是保护海运，采取的两项措施是护航及封锁切萨皮克湾和特拉华湾。这些封锁行动属于军事封锁而非经济封锁，意在阻止敌方战舰出海进行袭商战。中立国船只可以自由出海，部分是因为这些船队串通了一些美国商人，向加拿大以及盟国运送补给，部分是因为分舰队兵力实在有限，没有办法对各港口实施严密封锁并控制沿海通道。然而，某些施加经济压力的措施收到了成效，因为美国的对外和沿海航运都被阻断了，但是为船队护航提供护卫舰和单桅帆船的需求占用了所有可用的兵力。由于提供的保护并不充分，在战争的最初几个月，英国航运还是遭受了严重损失，在西印度群岛尤其严重。

在加拿大前线，局面主要依赖在三个大湖上活动的海军力量。由于入侵加拿大只能通过水路，穿越大湖区，所以影响入侵和防御的主要因素都是制海权。惠灵顿公爵稍后断言，"除非能够在大湖区建立起海军优势，否则我和其他任何人都没有可能在征服的道路上取得胜利"。双方在一开始就都认识到了这一点，交战双方都着手建立一支用于作战的海军，在各自的湖岸边建造小型舰只。造船因而成了大湖海权的主导因素，而在这方面美国人占有优势，因为他们手中的资源既多又能就近取用。他们以特有的充沛精力开发利用这些资源，他们技巧熟练而又精神百倍。造船竞赛在 1814 年如火如荼地展开，甚至还建造了大型护卫舰和战列舰，"竞赛变得近乎狂热，仅仅从造船来看，前一分钟一方刚刚造完了一艘舰，另一方就会立即到港内，不造出一艘更大的舰绝不罢手"。① 为夺取制海权，双方在 1813 年和 1814 年进行了多次艰苦战斗，美国的小型舰队在 1814 年建立起了明显优势并控制了伊利湖、休伦湖和苏必利尔湖②。然而，由于拿破仑在次年 4 月投降，欧洲战事出现转折，英国得以从法国派出增援兵力，部分抵达加拿大前线投入直接防御，其余通过牵制行动对大洋海岸进行间接防御，导致美国人没能充分利用其制海权。

战争开始时位于西大西洋的海军兵力很快就被证明数量不足，难以满足封锁、护航和巡洋作战等诸多方面的需要，最终的统计数量显示，需要建立一支强大的巡洋力量。兵力从最初的大约 70 艘③增加为 11 月的 85 艘④，但是仍然不够，于是在 1813 年又增加到了 98 艘。⑤ 除此之外，尚有另外 40 艘舰只被调派去东大西洋、亚速尔地区和其他海域巡洋，以应对结成分舰队或单独发动袭击的敌舰。这样，英国总共动用了不下 140 艘战舰，或者说与应对法国在加勒比和西大西洋的攻击相比，所需的战舰数量翻了一番，这就需要征召更多数量的海员服役，远远超过因为弃籍而流失的海员数量。尽管英国实施封锁足够行之有效，敌人的大型舰船都滞留在自己的港内——1813 年 1月之前这些舰船进行过三次大规模的劫掠——但是没有办法让成群结队的劫掠船也都滞留在港内。在对法战争中，应对这种分散形式的作战，根本办法

① T. Roosevelt, *Naval Operations of the War of 1812—1815*, p. 189.
② 译者注：伊利湖（Lake Erie）、休伦湖（Lake Michigan）和苏必利尔湖（Lake Superior）均位于美加边境的北美五大湖地区。
③ Vide ante, p. 244.
④ 含 6 艘战列舰、64 艘护卫舰和单桅帆船及 15 艘小型舰只。
⑤ 计有 11 艘战列舰、75 艘护卫舰和单桅帆船及 12 艘小型舰只。

是夺取敌人的基地，但是此时英国能够从欧洲抽出的军事力量有限，还不可能在对美战争中采取这种办法，尽管已经认识到这是一种好办法。

战争的第二个阶段开始于 1813 年春季，这时分舰队已经加强了兵力，封锁变得更为严密。3 月，封锁沿着海岸线进一步扩展。纽约港、查尔斯顿港和萨凡纳港①以及密西西比通道都被纳入封锁范围，舰船和陆战分遣队联手袭击了沿海的河口和港口。现在的战略明显带有攻势特征，如同对付法国那样，对向沿海地区提供物资的美国沿海贸易和交通实施打击。海上货物流通陷于瘫痪，陆上牛马车辆运输昂贵、缓慢而又不能满足需求，使得这些地区的社群遭遇极大不便而不堪忍受。尽管劫掠船队继续构成损害，但是护航使得英国航运的安全得到了有效保证。

战争的第三个阶段自对法战争结束后开始，战舰和地面部队都可以放手使用。拿破仑被放逐到厄尔巴岛后不到三个星期，3000 人的英国地面部队就得到命令从纪龙德②启航，前往尼亚加拉地区减轻加拿大前线的压力。另有数量为 1.5 万人至 2 万人不等的其他地面部队稍后启航，前往大西洋海岸。国务大臣巴瑟斯特③勋爵发出的第一批指令，开篇就直白地表明了内阁当前的意图："判断认为，在美国海岸上展开的牵制行动，对防御上加拿大和下加拿大④的陆军有利……"扩大袭击范围的政策令整个沿海地区惊恐不安。"从马里兰到佐治亚，拿起武器的民兵真的有数十万人。"⑤ 报复情绪不幸随之蔓延开来，特别是美国部队焚毁了（加拿大的）约克镇⑥，而（英军）焚毁华盛顿这座城市也是非军事行为之一。其后，战火进一步蔓延。陆海军联合行动的目标不再限于为协防加拿大而进行的牵制，目标变成了进攻。1813 年 9 月，第二批指令明确了进攻的意图，其中指出重点目标在于两个方面："首先是取得密西西比河口的制海权，以切断美国海上交通的主要通道。其次是占领一

---

① 译者注：纽约港（New York）、查尔斯顿港（Charleston）和萨凡纳港（Savannah），分别位于美国东北部哈得孙河河口、南卡罗来纳州东南沿海科佩尔（Cooper）河与阿什莱（Ashley）河汇合处及佐治亚州东南部萨凡纳河口。

② 译者注：纪龙德（Gironde）为法国地名。

③ 译者注：应是指亨利·巴瑟斯特（Henry Bathurst，1762—1834），时任英国外交国务大臣。

④ 译者注：1791 年，英国议会通过的一项法案将加拿大殖民地划分为上加拿大和下加拿大两个部分。

⑤ T. Roosevelt, op. cit., p. 230.

⑥ 译者注：今加拿大多伦多市。

些重要和有价值的地方以使我们在和谈中处于有利地位，或者将其作为实现和平的代价割让给我们。"① 对新奥尔良②的攻击实际上在 1815 年 2 月签订和平条约之后才发起，签约的消息当时还没有传到美国，英国这次失利的攻击代价极为惨重。

和平谈判在 1814 年春季就开始了。俄国作为调停方提出的建议美国接受了，但是英国拒绝了，原因涉及对海上权利问题的讨论，在英国政府看来，相关讨论没有基于普遍的认识，俄国缺乏公信力，其对那些海上权利的态度在 1780 年和 1801 年都有所体现。和谈多月仍无进展，主要原因是两国在强征服役问题上争执不下。此外，英国代表坚持让美国割让处于英国占领之下的缅因省，强调其目的是满足防御的需要。不列颠在北美处于弱势，有权通过获得这处地方并在大湖地区建立起绝对优势作为军事壁垒。幸运的是此时欧洲前景不妙，英国因此不再坚持这个可能会让战争久拖不决的主张，这个主张也会让合众国各州紧密团结起来，而各州现在已经厌倦了这场战争并急于求得和平，因此最终放弃把解决强征问题作为结束敌对状态的前提条件。1814 年 12 月 24 日，双方在根特③签署和约，1815 年 2 月 17 日和约在华盛顿生效。

战争就这样结束了，双方都没能达到投身战争时定下的目标。英国把保有其所珍视的海上权利作为政策基石，以便在抵抗拿破仑的战争中取胜。在撤销了枢密院令之后，强征服役成为剩下的一块绊脚石，英国认为这是为海军配备人力所必须采取的措施。英国拒绝放弃这项措施使自己陷入了一场战争，这又增加了对海员的需求，而且船队及其海员的损失相当可观。尽管英国反过来也进行了劫掠，但是所得显然抵不上所失。美国进行战争的目的是改善其贸易状况，保护其海员的权利，以及征服加拿大。阻碍美国贸易的那些措施早在战争正式开始之前就消除了，美国几乎失去了其掌握的所有贸易，也没有在强征服役问题上得偿所愿，并在谈判过程中撤回了相关要求，也没

---

① "Instructions for the Expedition to New Orleans, 8 Sept. 1814". For the importance attached by Jefferson to New Orleans, see ante, p. 215.
② 译者注：新奥尔良（New Orleans）是美国路易斯安那州南部的一座海港城市。
③ 译者注：根特（Ghent）位于比利时西北部。

能达成征服加拿大的意图。早一些撤销枢密院令会不会让英国的利益在欧洲战争中受损，以及这样做能否避免同美国的战争，到现在也没有形成定论。但是最终的结果，对英国来说，由于在影响其海权的两件事情上毫不妥协，所以在增强自己海战实力的同时也给自己增添了另一个敌人，而这又令本已让其极端焦虑的水兵短缺问题雪上加霜。西奥多·罗斯福①认识到了两国政府的麻烦所在。"通常很难认识到一个问题，在两国人民的冲突中，不仅各方都认为自己是正确的一方，而且从各自的立场出发双方的确都没有错。"事实上，各方都有自己主张的特定原则。需要做出决定的现实问题是各方应该对自己珍视的原则做出何种程度的主张才算恰当，才不至于引发战争。②

英国政治家在 1813 年和 1814 年欧洲和会强调的东西，反映出他们对在这场长期战争中遇到的海上难题自有理解。在三件事情上，他们的态度可圈可点且无比正确：坚持认为存在维护英国海上权利的需要；认为阻止任何强权占领低地国家这种由来已久的战略需要意义重大；在殖民地战争问题上，认为其不是帝国主义扩张的手段，而是要为英国的海上力量提供作战所需的必要基地。

1813 年和会一开始就讨论了海上权利问题。大陆强国尽管依靠英国的海权才获得拯救和独立，却寻求削弱英国海商法的效力。在这个问题上，卡斯尔雷态度坚决："和会可以把大不列颠排斥在外，但是不能排斥其海上权利，如果大陆强国明白自己想要什么，那么就别在这个问题上横生枝节。"阿伯丁勋爵③同样直言不讳。他告诉法国全权代表圣阿尔南④，英格兰愿意为实现欧洲和平做出巨大牺牲，"但是这与那些法国自以为立场正义的海上权利无关，大不列颠不会考虑放弃其认为符合海上准则的实践，在这个问题上英国不会做出任何退让。"拿破仑在 1814 年的夏蒂荣大会⑤上再次企图削弱英国的海上

---

① 译者注：西奥多·罗斯福（Theodore Roosevelt, 1858—1919），即老罗斯福，美国第 26 任总统。

② T. Roosevelt, op. cit.

③ 译者注：应是指第四代阿伯丁伯爵（4th Earl of Aberdeen）乔治·汉密尔顿·戈登（George Hamilton Gordon, 1784—1860），英国政治家，曾两次出任英国外交大臣，后来曾任英国首相。

④ 译者注：应是指圣 - 阿尔南·奥古斯特男爵（Baron de Saint - Aignan Auguste, 1770—1858），法国军官、外交官。

⑤ 译者注：指 1814 年 2 月在法国夏蒂荣（Chatillon）召开的外交代表大会。

权利，当时他仍在希求取得军事上的胜利。他说，"每个法国人都宁愿选择死亡，也不会答应让我们被英格兰奴役的条件"。他以欧洲权利的保护者自居，反对英国人的贪婪，我们近些年已经多次听到他的论调仍在回荡，声称"英格兰发动了没完没了的战争，迫使他进行防御性的战争以阻止邻国受到侵略"。① 不过他的哄骗对全权代表们全无效果。大会规程宣布支持英国的声明，不对海上行为准则进行讨论，认为英国提出的要求与其他国家没有冲突，而法国人坚持提出这个问题"与大会的目标相左"，因为这个问题会妨碍和平的实现。梅特涅②评论指出，所有各方都清楚英国在这个问题上不会让步，这一点不言自明。

在低地国家和安特卫普及其与英国海权的问题上，卡尔斯雷的立场同样坚定。拿破仑极为明确地表达了他对继续拥有安特卫普的要求。他声称，"我必须拥有安特卫普，因为失去此地法国就无法拥有一支舰队。我愿意放弃所有殖民地，如果这样做我就能够继续为法国保有斯凯尔特河口"。对此，卡尔斯雷回应指出："摧毁那个军火库对我们的安全来说至关重要。让法国占有该地，无异于强行指控大不列颠是长期战争的始作俑者。我们在这场战争中为欧洲大陆做了所有一切之后，他们理应为了我们和他们自己消除这个对各方来说都存在的危险源头。"

安特卫普不仅是一个在平时和战时都需要持续加以监视的基地，在战争期间还是一个特别重要的造船场所，因为在英国海军封锁了经北海到达布雷斯的海路后，产自法国北部和德意志的木材可以通过莱茵河和默兹河的内河水道运抵那里的船厂。除非英国舰队也控制了波罗的海，否则那里的圆材也能被送到安特卫普去。

第三件事情是殖民地，这个问题涉及如何处置那些在战争期间从敌人手里夺取的地方，当时的战略目标是剥夺敌人的资源和海军基地，并为反对敌人而获取海军基地。卡尔斯雷明确拒绝出于经济价值继续占有其中任何一个地方。"他们（英国人）不想出于单纯的商业价值而继续占有那些殖民地中的

---

① *Memoirs of Caulainvourt*, vol. iii, p. 393.
② 译者注：应是指克莱门斯·冯·梅特涅（Klemens von Metternich，1773—1859），奥地利外交家，1809年出任奥地利外交大臣。

任何一个地方，如果将其物归原主能够使其他国家更加乐意讲求和平之道，那么他们将高兴之至。他们想达成的目标只是在自己拥有的殖民地上安居乐业和得保安全。"这就再次以直截了当的方式回应了对英国政治意图的反复指责，即挑动热爱和平的欧洲人民进行战争，以便从中渔利，扩大英国的版图和贸易范围，而把盟友抛在一边任其自生自灭。英国继续占有的地方只是那些历经二十年战争而战略意义得到彰显的地方，而且不是全部的地方。所以，甚至是梅诺卡、马提尼克和瓜德鲁普这些地方也物归原主，荷兰在东印度群岛的富饶岛屿也同样如此。马耳他、多巴哥、圣卢西亚、毛里求斯、德梅拉拉、埃塞奎博、伯比斯和好望角被留了下来，为留下最后那个地方，英国向荷兰支付了 200 万英镑。毫不夸张地讲，如果当时没有决定保住好望角，如果之前没有决定继续占有直布罗陀，那么 1939 年开始的战争将会是另外一种样子。

最后，我们用卡尔斯雷的话作为总结。从战争经验出发，他深知在和平时期维持军事体系的必要性，特别是深知国家力量在战时运用的特殊方式，也就是出于前面提到的战略考虑攻击敌人的海外所有之物。"我们的体系应该经过精心设计，以防备战争会突然爆发，以使我们在本土可以随时能够保证安全，与此同时充分利用海上优势尽早对敌人的殖民地给予致命一击。"①

① *Castlereagh Correspondence*, vol. v, pp. 29—30.

第八章

19世纪和20世纪的海权
（1815—1914）

当和平在 1815 年终告到来的时候，英国的海权在三个要素的各个方面都达到了一个顶峰。在战舰方面，英国舰队与全世界舰队加起来相比也有优势，拥有超过 200 艘战列舰，将近 300 艘护卫舰和小型护卫舰，小型舰队拥有的小型舰只数量超过 400 艘；在各主要海域——地中海、西大西洋、好望角通道和东印度群岛——都有基地；英国的商业海运占据了世界贸易的大部分份额，其海员队伍在航海条例的促进下得到恢复，为英国提供了充足的水兵来源。在航运业背后，兴旺发达的造船工业提供了重要支撑。不过却存在一个弱点：没有任何机构负责为海军提供足够的和训练有素的水兵，或者在战争规模扩大时这样做，这个弱点已经存在了许多年，从威廉国王时代到乔治三世时代都有经验表明应该存在这样一个机构。尽管有若干个委员会多次提出过设立常备水兵队伍的建议，尽管从 17 世纪的笛福到 18 世纪的汤姆林森①，再到 19 世纪的马里亚特②的作品，以及卡斯尔雷的观念，都主张"你的体系应当具备相应的实力，以应对战争爆发时急剧增长的需要"，海军还是依赖两种源于中世纪的方式从平时实力扩展为战时编制——也就是支付赏金和强行征召。事实反复证明，这两种方式效用不足，正当性也不足。议会在平息海军水兵的牢骚方面无动于衷，这是造成 1796 年令国家陷入危险之中的大规模兵变的主要原因，弗农上将早在半个世纪之前就预言了这一切，同时这又是诱发 1812 年与美国发生战争的刺激因素之一，但议会还是没有采取任何措施来加以改进，也没有为已经服役的舰队兵力提供充分的训练。1839 年，海军大臣以"人力配备体系太差"为由辞职，这一问题被严重忽视带来的恶果在 1840 年显露出来，法国在叙利亚造成了严峻事态，当时花费了四个月的时间才为地中海舰队征召到其急需的 4000 人。1854 年进行对俄战争时，恶果再次暴露出来，舰队经过长时间延误后才被派往波罗的海，而且人员不齐，缺乏训练，纪律松懈，用舰队司令的话说，根本就不适合出征。全部水兵加起来大约不超过 3300 人，都是海岸警备队员和帆缆兵，政治家们根本没有关注到

---

① 译者注：应是指罗伯特·汤姆林森（Robert Tomlinson，1735—1813），曾追随爱德华·霍克，并在霍克辞职后为其百般辩护。

② 译者注：应是指弗雷德里克·马里亚特（Frederick Marryat，1792—1848），英国小说家，曾为英国海军军官。

战争的需要，海军大臣指出："如果你能在每艘舰上找到 300 个强干的水兵，我会极为震惊。"在波罗的海的海军上将不断被责令依靠来自北欧国家的那些声名狼藉的临时服役者补足舰员队伍。

1815 年实现的和平仅仅持续了八年时间就被西班牙出现的事态打破了，这些事态给英国海权造成了很大影响。西班牙国王为镇压自由派和共和派运动而采取的措施在 1823 年引发了一场革命，这对欧洲意味着威胁。三年之后，路易十八得到了除英国之外各强国的授权，派出一支陆军进入西班牙镇压革命，恢复王室统治。英国单方强烈反对对西班牙内部事务进行干预，理由之一是预感到干预的目的之一是恢复波旁王朝对半岛的主宰，而这正是波旁同盟在之前整个世纪的时间里对英国构成的威胁。不过英国并不准备采取积极措施对抗法国，因为那样需要出动一支陆军，而英国当时没有这样一支陆军，英国表示不会允许反抗马德里的西班牙殖民地受到镇压。在那些海外地区，英国可以有效使用海上力量，而面对这种力量，没有欧洲国家的陆军能够抵达殖民地冲突现场。置身在这场运动之外的门罗主义诞生了。坎宁指出，如果法国占领西班牙，至少也要把殖民地排除在外。尽管在干预西班牙问题上洁身自好，但在出现葡萄牙有可能被西班牙入侵并吞并的迹象时，英国却准备走得更远。1826 年，坎宁派遣一支 4000 人的陆军去守卫里斯本。这种对里斯本的特别关心，主要源于塔霍极其重要的战略位置。帕麦斯顿①这样来认识这个问题："只要想象一下，如果葡萄牙成了西班牙的一部分，西班牙在法国鼓动下同英格兰交战，那么我们的海军态势将会如何呢？从加来到马赛之间的所有港口——圣马洛、瑟堡、布雷斯特、罗什福尔、科伦纳、比戈、塔霍、加的斯、卡塔赫纳、马翁港和土伦——都在敌人一方手里，我们和马耳他之间就只有直布罗陀。"换言之，法国和西班牙结成的海上联盟可以利用塔霍这个位置给英国同地中海的海上交通造成最严重的干扰，从而影响到英国在地中海的实力，进而影响到英国在外交政策和印度安全方面的所有考虑。

影响英国海权的事件接踵而至。1830 年，法国开始在北非扩张。阿尔及

---

① 译者注：亨利·约翰·坦普尔·帕麦斯顿（Henry John Temple Palmerston，1784—1865），又译巴麦尊，英国政治家，曾两任英国首相。

利亚存在海盗成为法国向当地州长找碴的借口。据说把这些害群之马从非洲清理掉是"法国的神圣责任"，法国为欧洲肩负的责任。顺便说一句，那些害群之马已经不复存在，因为早在1816年英国轰击阿尔及利亚之后就被有效歼灭了。在英格兰，这一举动被认为值得严重怀疑，被解读为这表明法国有意在非洲北海岸建立海军基地，从而对经过地中海的英国海上通道构成威胁。四年之后，这种疑虑变得更加严重，因为阿尔及利亚被正式吞并了。英法关系本就因法方在1823年和1830年的行动而变得冷淡，现在明显变得更加冷淡。

与此同时，一系列直接影响英国海上安全的其他事件正在地中海东部周边酝酿。在那里，俄国的政策似乎将会威胁到土耳其的完整。皮特当政时就认为土耳其的完整是英国至关重要的利益，这种认识现在并未改变。形成这种观念的主要原因是，如果俄国征服了土耳其，包括占领君士坦丁堡并控制马尔马拉海以及达达尼尔海峡①，就能自由出入地中海并从这个坚不可摧的基地发起作战行动。一旦形成这种局面，则将有一支舰队威胁到通向埃及的通道并置印度于危险之中，因为俄国的陆军将能够得到快速隐蔽装载并被运送至埃及，仿照拿破仑在1798年的企图取道红海南下，抢在英国增援力量之前到达印度，而英国的增援力量需要绕过好望角经过长途跋涉才能到达印度。拿破仑时代的海军军官认为这是不可能发生的事情，因为载运大规模陆军的舰队将在红海遇到拦截。

1831年，土耳其的完整无疑受到了威胁，当时埃及总督穆罕默德·阿里②——埃及那时还是土耳其的一个省——发动叛乱并入侵叙利亚，一路势如破竹，推进到阿勒颇③和大马士革④。陷入极端险境的苏丹向英国求援。帕麦斯顿此时并不相信英国的利益也被牵涉其中，除了向苏丹表示同情并对穆罕默德的侵略行为进行谴责之外，他什么都没有做。没有任何实际行动的同情，

---

　　①　译者注：达达尼尔海峡（Dardanelles Strait）是土耳其西南部连接爱琴海和马尔马拉海的要冲，也是亚洲与欧洲两大陆的分界线，与马尔马拉海和博斯普鲁斯海峡并称土耳其海峡。
　　②　译者注：穆罕默德·阿里（Mehemet Ali，1760—1849），奥斯曼土耳其帝国驻埃及总督，穆罕默德·阿里王朝的创始人，现代埃及的奠基者。
　　③　译者注：阿勒颇（Aleppo）位于叙利亚北部。
　　④　译者注：大马士革（Damascus）现为叙利亚首都。

既不能让苏丹满意，也未能让苏丹得到支援。正在英国政府只动嘴上功夫的时候，俄国开始行动了。沙皇向土耳其派出了一支舰队和一支陆军，在达达尼尔海峡防范从埃及来的部队。作为对此举的回报，他通过 1833 年 7 月 18 日签署的帝国码头条约①得到了俄国长期以来梦寐以求的特权，可以随时派遣军舰通过达达尼尔海峡。这正是四十年来英国始终想阻止出现的结果。这对英国来说是一次严重的外交失败，并使俄英关系坠入低谷。1834 年，惠灵顿公爵告诉俄国大使，"只要这个条约还有效，我们就不可能对贵国政府的所作所为听之任之，尽管我们愿意在所有方面做出善意理解"。

改变俄国单方并独家使用达达尼尔海峡的局面，有两种办法可供选择。要么海峡向所有战舰关闭，一如过去一直被关闭一样，承认其为土耳其内水并承认土耳其对其拥有完全主权；要么对所有国家战舰开放，没有例外。英国政治家当时必须要决定的问题，其后又不止一次面临的问题，实际上是一个海权问题。到底哪种办法更为有利？是英国能够向黑海派出舰队，还是俄国不能向地中海派出舰队？在这个问题上，英国的大臣们在不同的时期都有不同的看法。1835 年，威灵顿无疑有明确的倾向。当帕麦斯顿询问他建议采取哪种办法时，他毫不迟疑地回答："关闭海峡。在那些海域，我们距离我们的资源地很远，俄国人则靠他们的资源地很近。"索尔兹伯里勋爵②起初看法相同，后来改变了观点，并主张开放海峡。显而易见，有利与否在任何时候都要视情形而定。例如，当时希望土耳其人控制海峡的考虑之一，是在同俄国的战争中，土耳其肯定会与英国结盟，因此海峡也会对英国舰队开放。但是在任何情况下，俄国的单方特权都被认为有违英国利益和英国的海上安全。因此对条约的反对没有放松，尽管这一条约从未真正发生过效力，但是直到 1839 年一直有效。1839 年，沙皇接受现实形势并宣称愿意接受英国关于由土耳其控制海峡的原则主张。

1838 年，另外两个与英国海权的重要利益都有关系的局面出现了，一个

---

① 译者注：帝国码头条约（Treaty of Unkiar‐Skelessi）的秘密条款规定，俄罗斯有义务对土耳其提供军事保护，作为条件，俄罗斯可以随时要求土耳其封锁连接黑海和地中海的海峡，不让外国军舰通过。

② 译者注：应是指第二代索尔兹伯里侯爵（2nd Marquess of Salisbury）詹姆斯·布朗罗·威廉·塞西尔（James Brownlow William Cecil, 1791—1868），英国政治家。

出现在地中海西部周边，另一个出现在地中海东部周边。在西部，法国向突尼斯总督提出了部分领土要求。由于对阿尔及利亚的例子记忆犹新，英国的大臣们认为这是法国在非洲海岸扩张领土的前奏，最终将在突尼斯建设另一个海军基地，一系列法国基地将从奥兰延伸到狭窄的西西里海峡。英国因此表示强烈反对，结果是法国放弃夺取突尼斯，但是此事意义重大，英法关系再次恶化。在英国，普遍的看法是法国正在采取一项目标明确的政策，想在全世界获取海军基地，最终目的是在战时攻击英国的商业或者在出现有利时机时发起打击。1838 年 9 月 11 日的《泰晤士报》反映出了这类看法。"让大不列颠的商人们看看周围吧，让他们把目光转向塞内加尔、奥兰、阿尔及利亚、突尼斯、希腊、那不勒斯、亚马孙河、墨西哥湾和加利福尼亚湾，他们将会看到在每个地方都有法国的机构存在，它们是英国商业当然的敌人。"

在地中海东部周边，埃及的帕夏再次威胁土耳其。伦敦没有忘记俄国在之前的叛乱中进行干预造成的后果，也不能不顾及这种后果重现的可能性。如果再次出现这样的局面，不能期望俄国克制自己不去占领君士坦丁堡和达达尼尔海峡，因此，阻止穆罕默德·阿里被认为是至关重要之事。英国寻求同其他一些国家合作开展国际行动，然而这并不容易实现。法国公众的观点是强烈支持埃及帕夏，根据亨利·布尔沃爵士[1]的说法，"因为按照法国外交部的传统，法国将站在支持埃及的立场上"。拿破仑的远征使得这项政策在法国深入人心。如果法国是英国的敌人，那么这是一项自然而然的政策，但是如果两国关系密切而友好，那么这项政策将不可思议，"因为印度的主人不会允许法国成为主人，直接或者间接地走向主宰印度的道路"。[2] 事态在 1839 年底发展到了构成威胁的程度，当时有一支强大的舰队在土伦整装待发。由于俄国舰队被封闭在黑海之内，因此（法国）在地中海唯一可能的敌人就是英格兰，由于法国媒体正在发动猛烈的舆论攻势，要求英国承认穆罕默德·阿里独立并把直布罗陀归还给西班牙，所以英国认为这支舰队的战备就是战争

---

① 译者注：亨利·布尔沃爵士（Sir Henry Bulwer, 1801—1872），英国外交家和作家。
② Bulwer, *Life of Palmerston*, vol. ii, p. 292.

的前奏。四国同盟①的存在受到了影响，面对这种局面，法国没有放手一搏。帕麦斯顿认为兹事体大，如果法国立场顽固，他已经做好了不惜一战的充分准备。在一封充满个性色彩的快信中，他告诉英国驻巴黎大使，"以最友好和最不冒犯的语气"对法国提出警告，如果法国敢于发起挑衅，英国将不会拒绝应战，"如果挑起战争，法国将肯定会在战争结束之前失去战舰、殖民地和商业，其在阿尔及利亚的陆军将不会让法国继续焦虑，穆罕默德·阿里则必定要被扔进尼罗河"。②一支英国舰队解决了这个麻烦。这支舰队同盟国象征性派出的一些分舰队一同去了叙利亚，在阿克③击败了帕夏，终结了他的光辉生涯。

在英法关系剑拔弩张的这个时期，法国海军实力急剧上升，这使得英国深感不安。英国的疑惧在1844年得到了印证，握有实权的法国海军上将儒安维尔亲王④在《两大陆评论》⑤上发表了一篇文章，指出如果在充分准备之后对英格兰发动突然打击，那么对英战争并不可怕。由于新式蒸汽动力海军已经在总体上取代了风帆动力海军，英国的海军优势已经被极大地削弱了。现在地中海出现了一支占据优势的法国舰队，能够突然袭击英国的分舰队并将其歼灭；位于英吉利海峡的蒸汽分舰队能够在一夜之间把地面部队送到英格兰；贸易航线上的巡洋舰能够彻底破坏英国的商业。这篇火药味十足的文章在英国引发了极大关注。两年之后，法国又出台了一个规模庞大且耗资巨大的造舰计划，其中蒸汽战舰占了主体。抵御入侵的防务问题因此变得与过去完全不同了。海军防务始终依赖的东西在蒸汽动力时代来临之际被认为不再可靠了，帕麦斯顿指出，没有办法阻止3万人趁着夜幕越过海峡。威灵顿的看法是，在多佛至朴次茅斯之间的海岸，除了多佛城堡之外，没有哪个地点不是步兵可以在任何时间、任何风力或者任何气象条件下登陆的地方。所有

---

① 译者注：1834年4月22日，由英国、法国和西班牙、葡萄牙两国开明的王权继承者组成四国同盟，以反对西、葡两国保守的王权继承者。

② "Palmerston to Bulwer, 22 Sept. 1840". Lord Malmesbury (Memoirs of an Ex – Minister) refers to the tension in September 1840 and again from 1844 to 1852.

③ 译者注：阿克（Acre）位于地中海东岸今以色列境内。

④ 译者注：儒安维尔亲王（Price de Joinville, 1818—1900）是法国卡佩王朝国王路易·菲利普一世的长子，海军军官、作家和艺术家。

⑤ 译者注：《两大陆评论》（Revue des Deux Mondes）是法国的一本月刊，创刊于1829年。

人都马上把关注点放在了当地防务上——堡垒、守备队和民兵——所有措施都不能单独发挥作用，这一点在 1667 年德·鲁伊特尔溯泰晤士河而上时就得到了证明。

1848 年，路易·菲利普①逊位，焦虑情绪暂时得到缓解。1849 年，法国提议如果英国削减海军武备到一定水平，法国也将削减自己的武备。帕麦斯顿拒绝了这项提议，明确回复说英国的海军实力不能仅由某个外国来决定，这个提议于是作罢。然而，两国之间直接因为海权问题而变得剑拔弩张的关系在 1854 年戛然而止，双方投身于一项共同的事业——反对俄国。

在 1854—1855 年的英法对俄战争中，关于如何使用英国海上力量的问题，不止一位政治家提出了不同的主张。英国应该为共同事业做出什么贡献？派遣一支陆军同一支法国陆军共同行动是自然之事，但是英国陆军不仅规模很小，而且装备不良。此外，分头指挥之下，两军在合作方面存在的困难也是众所周知的。俄国这样的陆军大国能不能通过陆上行动被打垮，有些人对此表示严重怀疑，其中就包括克拉伦登勋爵②，他倾向于采用施加经济压力的办法。"克拉伦登认为我们能够战胜俄国，但是应该通过封锁其港口并毁灭其商业而不是通过陆上军事行动来打败俄国，这可能需要两三年甚至更多的时间，但是最终一定能够成功。"③ 另一方面，马姆斯伯里勋爵④则认为海军和陆军的行动都有必要，但是在战争后期他表示懊悔，懊悔陆军的行动没有限于由法国来实施，海军的行动没有限于由英国来实施，这样一种安排才能够避免分散指挥造成的摩擦，还能确保英国对法国和俄国都保有海上优势。⑤ 然而，这种安排能否让陆上力量和海上力量之间配合得更紧密则值得怀疑。

在这场战争中，盟国的主要努力集中在陆上的克里米亚。英国陆军指挥

---

① 译者注：即法国奥尔良王朝的唯一君主路易·菲利普一世（Louis Philippe Ⅰ，1773—1850），1830 年法国七月革命后即位，1848 年二月革命后逊位。

② 译者注：应是指英国政治活动家、外交家乔治·威廉·弗雷德里克·维利尔斯·克拉伦登（George William Frederick Villiers Clarendon，1800—1870），多次出任英国外交大臣。

③ *Greville Memoirs*，20 April 1855.

④ 译者注：应是指第三代马姆斯伯里勋爵（3rd Earl of Malmesbury）詹姆斯·哈里斯（James Harris，1807—1889），英国政治家，曾任外交大臣。

⑤ Malmesbury，*Memoirs*，vol. ii，pp. 34—36.

官雷格兰勋爵①被告知，他的首要任务是阻止俄国陆军进军君士坦丁堡。"做到这一点最有效的方式将是夺占塞瓦斯托波尔，这将令俄国陆军无法使用海路"，迫使其经过崎岖的陆路前往土耳其。仅就海上作战而论，奇怪的是相关的大臣们看来对过去的经验毫无所知，期望海军的战舰攻击并摧毁黑海和波罗的海的俄国坚固堡垒。过去，每个水兵都会谴责这种战舰使用方式，而且这种使用方式在实践中也总会失败，除非是攻击弱敌或者防御薄弱的地点，例如海盗在阿尔及利亚的据点。这次也没有成功，只有在敖德萨②是一个例外，但代价是损失巨大。这样一来，盟国海上力量承担的主要职责是确保通道畅通并向位于克里米亚的陆军提供补给，阻止俄国的波罗的海舰队进入北海并攻击英国海岸及沿海贸易，通过威胁在波罗的海实施登陆牵制其兵力，不使俄国从那里派遣部队到克里米亚。海军上将得到的命令是，他的首要任务是歼灭俄国舰队。对俄国航运关闭海峡自动产生的经济压力，对战争结果影响甚微，因为俄国并不依赖进口维系其国民生活或者为陆军提供军火，俄国短暂中止出口也能够轻易渡过难关。此外，俄国的海上商业可以借助中立国船队流通，与盟国舰队并不相干。由于英国和法国在海上劫掠问题上意见相左，各自放弃了对海上权利的特定主张，英国人在一项他们过去苦苦坚持的权利上做出了让步，不再阻止中立方船队运送敌人的商品。这一安排最初只是权宜之计，为的是在战争期间与盟国协调行动，然而英国其后在 1856 年通过签署巴黎宣言③放弃了某些其最为珍视的传统海上权利，其中包括捕获敌方财产的权力，除非中立方船队运送的是走私品。接受这些大陆主义的观点并非出于道义，也不牵涉承认旧有理念存在道德缺失。之所以做出退让，是因为据信将来没有可能继续行使捕获的权利，"代价可能会是全人类与我们为敌"。④ 另外据认为，放弃这项权利将带来消除劫掠行为的结果，这种回报对

---

① 译者注：雷格兰勋爵（Lord Raglan），原名菲茨罗伊·索默塞（Fitzroy Somerset, 1788—1855），英国陆军将领。

② 译者注：敖德萨（Odessa）在乌克兰南部，位于德涅斯特河流入黑海的海口东北 30 公里处。

③ 译者注：即《巴黎海战宣言》（*Paris Declaration on Naval War*），由英国、法国、俄国、奥地利、普鲁士、土耳其和撒丁在巴黎签署，同日生效。截至 1999 年，已有 51 个国家批准或加入。

④ "Lord Clarendon to Lord Palmerston, 6 Apr. 1856". Quoted by Sir William Malkin in *the British Yearbook of International Law*, 1927, p. 26.

英国足够有利，因为海运面临的严重危险将不复存在，甚至还抱有一种期望，最终一定会实现罗伯特·莫里尔爵士①所说的"海上私有财产的彻底解放"。经济压力的影响以及海上捕获在其中所起的作用，则被忘记了或者被忽视了。实际上，权宜之计不是做出让步的主导原则，单以权宜为基础做出的让步通常最终都不会取得成效。劫掠船队消失之后，国家拥有的武装船舶取而代之，经过特别建造且全副武装的商业驱逐舰即装甲巡洋舰正在兴起，最新式的装甲巡洋舰则是德国人所谓的"袖珍战列舰"。后来，又出现了法国人的鱼雷艇小舰队、德国人的潜艇，以及飞机和水雷。英国在安全方面一无所获，海上力量的行动却被戴上了镣铐。索尔兹伯里勋爵②在 1871 年的演说中指出，在宣言发表之前英国海军曾经是"阻止并最终制服拿破仑的有力工具……我们那时有实力宣布总体封锁，有实力搜寻中立国船队以及敌方商品。由于你们实行不计后果的乌托邦主义，丢掉了这两件武器……我相信在签署巴黎宣言之后，舰队只剩下了阻止敌人入侵我国海岸的价值，在其他方面就几乎没有什么价值了"。③ 1859 年，约翰·罗素勋爵④对豁免"海上私有财产"表示强烈反对。

英法在战争期间合作，在和平时期却再起敌对情绪。法国和俄国迅速走到一起，再次出现了两个国家的海军联手对抗英国的可能性。1858 年的一份海军部纪要指出："在决定英国应该拥有战舰的数量以及海军的总体实力时，需要记住法国和俄国的海军极有可能联起手来与我们对抗。"铁甲战舰的出现极大地影响了海上形势，英国海军以木制战舰为主体，这些战舰都已经过时，法国则开始瞄准英国海军的规模重建海军。两个国家开始因为争夺海上优势而撕破脸面，海军验船师在 1858 年 7 月撰文指出，"除非立即采取超常措施加快建造战列舰，否则在最强级别的舰级上，法国人明年底就会对我们拥有

---

① 译者注：罗伯特·莫里尔爵士（Sir Robert Morier, 1828—1876），英国外交家。
② 译者注：指第三代索尔兹伯里侯爵罗伯特·加斯科因－塞西尔。
③ Hansard, 6 Mar. 1871, p. 1364.
④ 译者注：约翰·罗素（John Russell, 1792—1878），英国著名政治家，曾两次出任英国首相。

实际优势"。① 其结果是英法关系陷入了严重的紧张状态。1861年，拿破仑三世②试图让局面有所缓和，他向马姆斯伯里勋爵保证新法国海军不会对英国构成威胁。"让我们双方分别建造自己认为合理的数量，你应该拥有的数量两倍于我，因为这是你保护自己的主要手段。"同年早些时候，海军大臣提出的方案是限制两国海军的规模，以这种方式确保英国对法国拥有优势。帕麦斯顿拒绝了海军大臣的方案，理由同他拒绝拿破仑三世的提议一样——大不列颠的海军实力不能单单按照法国一家拥有的实力来确定，其他强国的海军也必须考虑在内。他说，"同任何一个国家达成这样一种协议都会让英格兰的行动自由权和政策自主权受到严重限制，我们永远不能接受"，这种协议还会导致"各国没完没了地对彼此的船厂和海军进行刨根问底的监督，以防止协议受到破坏，这就会带来一而再、再而三的争吵，同时也对国民的自尊心造成伤害"。③ 1887年，查尔斯·迪尔克爵士④的观点反映出了同样的原则。"很容易就能把意大利在巨舰方面的优势一笔勾销，并且断言意大利肯定会与我们结盟。但是当我们的国家处于生死存亡之际，不存在什么肯定的东西。"⑤

敌对情绪仍在继续，地中海的紧张形势尤其敏感。在当时的英国政治家看来，法国的目标就是要把英国从地中海赶出去。因此，帕麦斯顿于1865年发布了一份声明，指责法国的长期政策是"让地中海变成法兰西湖"，而且法国每次在非洲海岸占领更多领地的行为都是在贯彻这种政策。他的观点是这一进程必须被阻止，拥有海上优势的英国能够"把他们从夺取的基地赶出去，尽管这样做可能令我们付出许多努力、许多生命和许多金钱，但是长痛不如短痛"。

通向印度的地中海通道尽头不在埃及，它一直延伸到红海，甚至在苏伊士运河开凿之前就是如此。因为在1839年占领了亚丁⑥，帕麦斯顿相当重视

---

① Quoted in J. P. Baxter, *Introduction to the Ironclad Warship* (1933), p. 120.

② 译者注：全名夏尔·路易·拿破仑·波拿巴（Charles Louis Napoleon Bonaparte, 1808—1873），法兰西第二共和国总统及法兰西第二帝国皇帝。

③ Quoted in J. P. Baxter, op. cit., p. 323.

④ 译者注：查尔斯·迪尔克爵士（Sir Charles Dilke, 1843—1911），英国政治家。

⑤ *Fortnightly Review*, 1887, p. 789.

⑥ 译者注：亚丁（Aden）为也门地名，位于阿拉伯半岛的西南端，扼守红海通向印度洋的门户，素有欧、亚、非三洲海上交通要冲之称，也是世界著名港口。

红海通道的安全，他不希望看到土耳其或者法国使非洲沿岸各民族失去独立，并在那里建立海军基地从而威胁到这条通道的安全。他反对法国在1862年买下奥博克①后继续扩张利益。然而格莱斯顿②持有不同意见，他对这条通道并不看重。他在1871年指出，即便（苏伊士）运河被封锁而红海被关闭，能够造成的损失也无非是与印度的交通平均延长三个星期而已，"这对我们维系印度帝国并不构成生死存亡的影响"。因此，他的政府对意大利在红海的扩张没有提出反对，尽管外交部在1880年和1881年都提出了不同的意见。腾特顿勋爵③当时（1881年6月）这样来表述他的观点，如果由于政治上的麻木而不去阻止意大利在阿萨布④建立殖民地，将会"直接危害英国对红海的控制"，同时指出英国在战时要么必须与意大利结盟，要么必须夺取马萨瓦⑤。法国在印度支那和马达加斯加扩大殖民占领范围，使得法国的利益延伸进了红海并促使英国鼓励意大利在厄立特里亚建立殖民地，以抗衡在那些海域的法国海上力量。⑥

1870年，普法战争的爆发打断了英法之间的海军竞赛。国际事务的走向难以预测，以既有政治格局来计算海军实力或者期待长久和平的到来因而也变得十分困难，这些难题这一次都显现了出来。1870年6月，外交部常务次长对格兰维尔勋爵⑦说，在他的长期经验里，从来没有经历过外交事务有如此之久的平静期。六个星期之后，法国和德国开启了战争，英国政府面临的问题是如果比利时遭受入侵，那么英国是否需要依据1839年条约⑧进行干预。

---

① 译者注：奥博克（Obock）为吉布提塔朱拉湾岸港口。

② 译者注：应是指威廉·尤尔特·格莱斯顿（William Ewart Gladstone，1809—1898），英国著名政治家，曾四次出任英国首相。

③ 译者注：应是指第三代腾特顿男爵（3rd Baron Tenterden）查尔斯·斯图亚特·奥布里·阿博特（Charles Stuart Aubrey Abbott，1834—1882）。

④ 译者注：阿萨布（Assab）为埃塞俄比亚港口。

⑤ 译者注：马萨瓦（Massawa）为厄立特里亚北部港市，东临红海。

⑥ For an examination of the Red Sea policy of Italy see Miss Agatha Ramm, "Great Britain and the Planting of Italian Powers in the Red Sea, 1868—1885", in the *English Historical Review*, May 1944, to whom I am indebted for this information.

⑦ 译者注：应是指格兰维尔·乔治·莱韦森·高尔（Granville George Leveson Gower，1815—1891），时任英国外交大臣。

⑧ 译者注：即伦敦条约，也称1839年公约，于1839年4月19日签署。在条约中，欧洲承认比利时的独立与中立地位，条约签署方有义务保证比利时的中立地位。

　　战争期间，法国的资源当然要投向陆军，但是刚刚从失败的阴影中走出来之后，法国就开始努力重建海军并实行殖民扩张政策。1883 年，（英国）海军大臣评论指出，"法国正在快马加鞭"，为的是抢回在过去六年里失去的时间，尽管这也很自然，但是英国必须扩大自己的造舰计划。这一年，英国有 8 艘战舰下水，法国则有 4 艘下水。随着三国同盟①的建立，法国和俄国再次走到了一起，在英国人看来，再次出现了两个敌人联手对抗英国的危险，因为在世界上的许多地方，三个国家都有利益冲突——埃及、摩洛哥、阿富汗、波斯湾以及后来的暹罗和马达加斯加。与此同时，澳大利亚和南非殖民地在快速发展，英国的海运规模也在扩大，英国海上力量肩负的责任成倍增长。

　　在（19 世纪）80 年代中期，对这些责任以及海军现有能力不足以履行使命的认识，成为许多文章的主题。公众压力起到了效果。1889 年英国通过了一项海军防务法案，决定扩大舰队规模，采用"两强标准"并公之于众。在 1855 年对俄战争之后，曾经有人建议采取这一标准，但是被否决了。这不是什么新鲜事——实际上，不过是再次回到英国政府在整个 18 世纪应对波旁王朝联盟的政策上罢了。霍克在执掌海军部时，遵循的指导思想是"我们的敌人特别钟情于海军，我们的舰队只能按照整个波旁王朝的实力来确定规模"。②1889 年明确的"两强标准"被认为是一个最低标准，被理解为只涉及战列舰部队，确切地说只涉及欧洲大陆而不包含美国的战列舰。海军大臣在 1893 年 12 月指出，"它已经是国家政策最基本的组成部分，这是满足国家安全需要的最低标准，其基本要求和目标是我们的舰队相当于欧洲两个次强海军加起来的实力"。他对"相当"没有给出精确的数量指标，但是其含义十分清楚。海军要有能力在战争中对抗两支次强的海军，这意味着在数量上要多于对手，换句话说，要拥有显著的兵力优势。有的人把这种优势理解为兵力比敌人多出 10%，有的人则认为要综合考虑舰队执行任务的具体情况、在海上坚持作

---

① 译者注：指德国、奥匈帝国和意大利于 1882 年结成的秘密同盟。

② "It would have saved England many millions if this maxim had not been constantly set aside when wars were over, and the supposed exigencies of the Chancellor of the Exchequer brought to bear upon First Lords of the Admiralty"（Professor Montagu Burrows, *Life of Hawke*, p. 455）.

战准备承受的损失、依照经验保持封锁所需要的比例、敌人选择的作战时机及其全部实际参战兵力，以及英国舰队必须随时保持战备状态的需要，按照这些考虑，需要有40%的兵力冗余。①

数量标准不适用于巡洋舰或者更小的舰只，当时的海军官兵和政治家都清楚，这些舰只的数量取决于必须要执行的任务，而不是直接根据潜在敌人的舰只数量来决定。1896年，海军大臣（戈申②）指出，巡洋舰计划"不以与其他国家的巡洋舰数量对比为依据，因为这些国家所处的条件与我国完全不同，我们决定这个问题的依据是我们有哪些东西必须进行守卫，我们必须采取什么样的行动，我们必须在哪个方向上保护粮食的供给，我们拥有哪些资源"。③后来成为海军大臣的普雷蒂曼④在1903年同样指出，这个标准只适用于战列舰，"因为在巡洋舰上不存在所谓相当的问题"。他接着说道，兵力的标准不是一个比较对手而得出的标准，而是"考虑需要保护的利益的重要性而得出的比例"。尽管对"两强标准"的内涵有各种不同的理解，但其总体目标相当明确。⑤

在对战舰需求进行评估和调整的时候，海权的第二个要素——基地，也开始得到了早就应有的更多关注，对这个问题的长期忽视导致海外基地守备力量和防御工事薄弱，加煤站都处于堡垒之外。⑥推动这件事情的人是布拉西勋爵。⑦在第三个要素即海运方面，战时皇家粮食供应委员会⑧在1904年发出提醒，本国依赖海军提供安全保证，"同时我们在稍低一些的程度上依赖广泛分布的商船队及其实力开展贸易，获取无论在何处可能存在的所有资源"。

---

① For an account of the various ways in which the policy of battleships' strength was understood cf. E. L. Woodward, *Great Britain and the German Navy*, Appendix XII.

② 译者注：乔治·戈申（George Goschen，1831—1907），英国政治家和金融家，曾任英国海军大臣。

③ Hansard, vol. xxxvii. p. 1520（2 Mar. 1896）.

④ 译者注：应是指欧内斯特·乔治.普雷蒂曼（Ernest George Pretyman，1860—1931）。

⑤ The manner in which sea officers calculated the needs of the country in cruisers was set out in a speech by Admiral Sir Geoffrey Phipps Hornby to the Chamber of Commerce in May 1888（*The Times*, 28 May 1888）. The Admiral estimated the needs at 186 cruisers.

⑥ Cf. *Naval Annual*, 1887. Chap. vi.

⑦ 译者注：应是指托马斯·奥尔纳特·布拉西（Thomas Allnutt Brassey，1836—1918），英国政治家，《布拉西海军年鉴》（*Brassey's Naval Annual*）的创建人。

⑧ 译者注：英文名称为"the Royal Commission of Food Supplies in War"。

1881 年，卡纳冯①委员会则提到了地中海通道在战时或许不得不被放弃的可能性，同时还存在着苏伊士运河被敌人封闭的可能性。尽管海军在若干年里都坚持认为这条通道可以保持畅通，运河能够守住，但是 1896 年还是考虑在好望角和毛里求斯修建船坞。

随着海军的扩增，自然出现了一个国家范围内的难题，即增加的防务负担如何承担和分担的问题。现有文献对这个主题没有进行过细致讨论，但是鉴于这个问题在过去八十年的英国防务领域占有重要的一席之地，这里有必要稍加提及。

殖民地在其自身防御中应该发挥何种作用，这个问题此前就已经出现过。1865 年通过的一项殖民地海军防务法案决定，各殖民地依靠自身财力组建小规模海军部队，殖民地陆上的内部安全职责到 1873 年已经移交给了大部分的殖民地。从那时开始，政府就已经认识到殖民地分担的防务负担并不足够。格莱斯顿当时评论指出，既然殖民地享受到了实质性的自由，就应该在英国的总体防务中有所担当。他指出："政治上最大的错误，莫过于设想你可以把自由带来的好处和利益同负担区分开来……换句话说，各殖民地应该分担自己的份额……"②

在 19 世纪的前八十年里，有一派作家开始关注到，海军在执行保护英国海外利益方面存在任务上的不足，在保护领地方面和保护商业方面都存在缺陷，而且事实上联合王国的纳税人已经不堪重负，因此呼吁这些负担由全世界的英国人共同体来分担。在 1887 年的殖民地会议③上，开普殖民地④代表为此提议在所有殖民地对所有外国商品开征 2% 的进口税，这笔税收均用于防务。尽管这项提议得到了一些殖民地的支持，但是并没有得到讨论。两年之

---

① 译者注：应是指第四代卡纳冯伯爵（4th Earl of Carnarvon）亨利·霍华德·莫利纽克斯·赫伯特（Henry Howard Molyneux Herbert, 1831—1890），英国政治家，曾参与英国的殖民地事务。

② Morley, *Life of Gladstone*, vol. I, p. 132; cf. also Knaplund, *Gladstgone and Britain's Imperial Policy*, passim.

③ 译者注：英国政府在 1887 年组织召开了第一次殖民地会议，1907 年改称帝国会议，1944 年易名为英联邦总理会议，1975 年改称英联邦首脑会议。

④ 译者注：即现南非开普敦及其周边地区。

后，丹雷文勋爵①又提出了同样的建议，指出"帝国的防务，保卫贸易和国家的与帝国的商业，对本国来说是真正的外交政治"。他接着指出，"除非我们建立起帝国防务的专项资金，否则就会陷于危殆……这项资金要超越党派政治，在帝国内部创建并由帝国负责管理，由宗主国和自治的殖民地公平分担，由本土的海军和陆军当局会同各殖民地代表一同开支"。②

持续增长的防务支出和需求，在 1887 年的殖民地会议上引起了关注，在 1902 年的会议上再次得到了讨论。殖民地事务大臣呼吁关注按人口计算在海军防务支出方面存在的不公平现象，他给出了以下数据：联合王国为 15 先令，开普殖民地为 1 先令 10.5 便士，澳大利亚联邦为 1 先令 0.5 便士，加拿大自治领为零，纳塔尔③为 10 先令 9.5 便士，新西兰为 1 先令 0.25 便士。他接着指出，海军需要保护的海上贸易，在 1900 年价值为 1100 万先令至 1200 万先令。"在这个庞大的数目中，至少有四分之一的贸易额与联合王国纳税人的利益无关，无论是作为数额如此之大的购买方还是出售方。这些贸易发生在殖民地内部或者英国自治领之间，以及发生在海外和外国。联合王国的纳税人承担了最大的份额，联合王国与各领地分享海外利益，但是同分享的利益相比承担的义务并不少，这些利益并没有被联合王国独享，而是由其海外领地共享。"④

为了整个帝国做出共同努力的需要一目了然，然而尽管在接下来的若干年里取得了一些进展，防务负担还是没有公平分担。就在 1914 年战争爆发前不久，已故的洛锡安勋爵⑤在 1910 年 11 月的《圆桌》⑥ 上给出了下列数字，以说明 1909 年至 1910 年的人均防务负担：

---

① 译者注：应是指第四代丹雷文伯爵（4th Earl of Dunraven）温德姆·温德姆 – 昆（Windham Wyndham – quin，1841—1926），英国政治家。

② Nineteenth Century, Feb. 1889.

③ 译者注：纳塔尔（Natal）位于南非东部，东临印度洋。1843 年被英国侵占，1844 年沦为开普殖民地的一个省，1856 年成为单独殖民地，1910 年成为南非联邦的一个省。

④ Cmd. 1299 of 1902, p. 19.

⑤ 译者注：即第十一代洛锡安侯爵（11th Marquess of Lothian）菲利普·亨利·克尔（Philip Henry Kerr，1882—1940），曾任《圆桌》（Round Table）编辑。

⑥ 译者注：《圆桌》（Round Table）是英国主张帝国邦联制度的"围桌集团"（the Round Table Movement）创办的一本期刊。

英镑	海军防务			海军和陆军		
大不列颠	0	15	6	1	3	0
加拿大	—	—	—	—	3	1
澳大利亚	—	1	6	—	7	0
南非	—	1	6	—		
新西兰	—	2	2.5		6	2

　　尽管在这个时期海军实现了复兴，但普遍认为这一时期海军的使命局限于发挥防御作用：防止英国受到侵略，防止殖民地受到攻击或者被吞并，保护贸易。由于战争的目标永远不能通过单纯的防御来实现——这一点有大量陆上战争和海上战争的经验作为证据——作战力量的使命不能局限于必要的防守，正好相反，在防御的过程中只有击败敌人的进攻才有可能达到确保安全的目标。在两个半世纪的斗争中，英国政治家对于海上力量的进攻作用曾经极为看重——通过切断敌人的外部交通线给敌人以经济压力——现在却被抛在了脑后。在考虑精减问题的争论中，有人想竭力证明放弃海上捕获权对大不列颠和大英帝国有利，在战争中应该采取一切措施避免贸易受到损害。其描绘出的诱人前景是如果商船免于被捕获，则可以降低建设海军的成本，乐观的估计是如果敌人观察到违反规则将失去便利，那么敌人也会遵守这些规则。因此，当时形成了以促进"自由的海洋"为企图的宣传攻势，在这场宣传攻势中，与海上捕获以及海军保证捕获权的实力相关的所有教导都被抛在了脑后。1898 年，这种论调达到了顶点，海军大臣则在一份备忘录中发出了现实主义的声音："我知道，据说如果我们接受对国际法规则做出改变，取消战时对商船进行捕获的规则，那么我们可以让自己摆脱特定的危险（也就是我们的商业被切断的危险）。但是，一个民族的生存不应依赖于遵守在和平时期制定出来的技术性的交战规则，而是其他更可靠的东西。我们清楚地知道，如果决定胜利的关键因素是违反规则，那么就会找到充分的理由，可能以进行报复作为借口，因为违犯这些法律所面临的制裁不过是停留在一纸协

议上的权威而已。"

针对保护海运的能力以及根据书面规则做出豁免的谬论，西普里安·布里奇①海军上将提出了不乏预见性的见解。他断言，只有为商业提供了足够的海军防卫并且安排得当，豁免才存在可行性。在和平时期制定的现有规则中找不到任何证据，但战争中的人类行为则都能证明这种观念与之相悖："指望激战正酣的国家按照在完全不同的条件下制定出来的规则约束自己的行动，无异于想用唱歌来不让狗咬人，只能徒劳无功……针对交战方行为达成的国际协议和制定的国际规则，只有具备了通过物质手段强制交战方遵行的实力，才有可能让协议和规则受到尊重。"②

我们在两次对德战争中的经验可以证明上述观点。

在 19 世纪和 20 世纪之交，在英国海权的各要素上，英国政治家面临的难题可谓多种多样。然而从本质上看，这些难题与前几代人不得不面对的难题并无区别——不外乎作战舰队的实力、巡洋舰和小舰队舰只的需求、海运及造船能力、基地的重要性，以及交战权等这些问题。不过某些难题属于新问题，可能其中最大的问题是为保持海上力量而在帝国内部进行合作，这是帝国安全之所系。尽管还有许多事情有待完成，但是这个至关重要的事情已经引起了重视。负担虽然沉重，但是有望及时得到公平分担。有一位海军历史学家③在 1902 年写下的文字，注意到了这种乐观主义的存在。他首先评论指出，"在实力上与潜在对手旗鼓相当的海军并不能保护庞大的商业"，进而又指出，"单靠联合王国的资源能否承受重压，这是政治界的财政家需要解决的问题。现在看来，所有商业大国都面临着前所未有的防务需求，这种局面意味着针对任何可能的敌对联盟保持毫无争议的优势，已经超出了国家回应挑战的能力，当挑战来临时商业强国只能勉强维持其地位。大不列颠的历史命运看似已经注定，但是由于出现了一个新的因素，即存在着强大而又爱国

---

① 译者注：西普里安·布里奇（Cyprian Bridge，1839—1924），英国海军将领，著有《海战》（*Naval Warfare*）一书。

② Admiral Sir Cyprian Bridge, *Naval Warfare*, p. 161.

③ 译者注：应是指迈克尔·奥本海姆（Michael Oppenheim），他在 1902 年编辑整理了《威廉·蒙森爵士的海军小册子》（*The Naval Tracts of Sir William Monson*）第一卷和第二卷。

的殖民地，这是殖民国家中其他角力者所不具备的有利条件。迄今为止，其他国家的殖民地只是要求提供保护而不是强大到足以参加对其所属帝国的防御。如果殖民地同其宗主国一样视海上主权为死生之事，及时认清这个道理并且分担各自的责任，那么帝国就能经受住新的历史考验"。①

---

① M. Oppenheim, *The Naval Tracts of Sir William Monson*, vol. I, p. 26.

第九章

德国战争 (1914—1945)

德国作为一个新兴海军强国而崛起，给海上格局带来了显著变化。尽管直到 1894 年才出现了建立一支德国海军的冲动，1898 年的"海军法案"① 才首次明确表示要建立德国海军，但是德国人的海上强国梦其实由来已久。从俾斯麦②的政策观点看，那些"蕞尔"小邦早在 1869 年就对自身的安全深感疑惧。根据莫莱勋爵③的记载，荷兰公使曾告知英国驻维也纳大使，俾斯麦早在 1865 年就请他理解：没有殖民地，普鲁士就不可能成为一个海上强国，他之所以渴望获得荷兰，与其说是想得到荷兰本身，不如说是更想得到荷兰的殖民地。④ 根据冯·比洛⑤后来的记载，陆军上将冯·普莱森⑥的观点是此事关系德国的最高利益，"不仅要把丹麦握在手中，还要控制荷兰及其殖民地，哪怕只是为了满足对加煤站的迫切需求也要这么做"。⑦ 上将得到的劝告是实现这种期望只能从长计议，因为这将导致与所有大国包括美国发生惨烈冲突。冯·比洛还有记载表明，德国海军参谋部希望在南美洲获取港口作为海军基地。

1898 年出台海军法案之后，德国又于 1902 年⑧出台了第二个海军法案，在海军建设规模上显著扩大，同时在南非战争⑨期间举国表现出对英国的敌意，大有不共戴天之势。在这种情况下，英国政府有充分理由把德国近乎疯狂的海军政策理解为对自身构成了威胁。英国现在不仅要面对俄国和法国，还要面对德国。为此，英国在 1902 年与日本缔结友好条约，此举缓解了远东局势并使英国得以缩减驻在中国的分舰队，以便加强在欧洲海域的舰队实力。

---

① 译者注：19 世纪末 20 世纪初，德国先后出台了四个海军法案。1898 年的第一个海军法案，提出到 1904 年德国海军舰队应配有主力舰 19 艘、海防装甲舰 8 艘、巡洋舰 42 艘，所需费用 4.8 亿多马克；1900 年的第二个海军法案，规定到 1917 年把舰队数量翻番，即应配备有 38 艘主力舰，14 艘重巡洋舰、38 艘轻巡洋舰和约 100 艘鱼雷艇，需耗资 18.6 亿多马克；1906 年通过第三个海军法案，决定开始建造无畏舰；1908 年通过第四个海军法案，规定自 1908 年至 1911 年每年建造 4 艘无畏舰。

② 译者注：全名奥托·爱德华·利奥波德·冯·俾斯麦（Otto Eduard Leopold von Bismarck，1815—1898），著名政治家，德意志帝国首任宰相。

③ 译者注：应是指约翰·莫莱（John Morley，1838—1923），英国政治家、文学家，曾任枢密院议长。

④ Morley, *Life of Gladstone*, vol. ii, p. 320.

⑤ 译者注：全名伯恩哈德·海因里希·卡尔·马丁·冯·比洛（Bernhard Heinrich Karl Martin von Bülow，1849—1929），著名政治家，曾任德意志帝国宰相。

⑥ 译者注：全名汉斯·冯·普莱森（Hans von Plessen，1841—1929），德意志帝国陆军将领。

⑦ von Bülow, *Memoirs*, vol. ii, chap. vii, passim.

⑧ 译者注：应为 1900 年。

⑨ 译者注：即 1899 年至 1902 年进行的第二次布尔战争，也称南非战争。

德国的政策日益显露出侵略特征，迫使法国和英国在 1904 年缔结了友好条约，共同面临来自德国的危险令两国不能不捐弃前嫌。俄国舰队在 1904—1905 年同日本进行的战争中被歼灭，来自俄国的威胁得以消除。此时的问题是应该如何理解英国海军政策中既定的"两强标准"。在进行计算时美国一直被排除在外，日本是一个盟国，同法国缔结有友好条约；意大利尽管也是三国同盟的一员，但是针对英国采取行动的可能性可以排除；奥地利海军虽然也不容忽视，但是规模有限。因此，尽管在接下来的几年中政府宣称"两强标准"仍然有效并将继续坚持，但是造舰计划转为应对德国的挑战。有人提出了一项"二条龙骨对一条龙骨"的政策，但是推迟到 1912 年才开始实行。海军大臣在 1912 年 3 月 18 日就海军评估情况进行了介绍，宣称当前的"标准"是在"无畏"级战列舰上保持 60% 的数量优势，但是只有在老式战列舰保持性能良好的条件下这一数量才够用。他指出，最初采取的"两强标准"针对的是法国和俄国联手对抗英国的可能，这一标准已经不合时宜，现在修正为在最新式战列舰数量上超出德国 60%。这一数字没有把应对奥地利舰队考虑在内。应对奥地利舰队以及对付意大利可能的敌对行动是法国盟友的责任，法国的新型战舰已经从布雷斯特移驻土伦。

如果说"光荣孤立"理论真实存在过，那么现在也烟消云散了，正如 18 世纪的英国政治家主张同欧洲强国合作对于维护英国海权至关重要，爱德华·格雷①爵士在 1911 年提出了同样的主张。他在当年召开的帝国会议上告诉各自治领总理，不列颠的政策取决于海权。如果一个大国或者国家集团通过逐一攻击或摧毁对手主宰了欧洲，那不列颠不得不面对的联军将不是两国联军，而是五国联军。该联盟拥有的资源和基地将使其能够占领全世界，英国对此无能为力。这一论点几乎与在 18 世纪反对孤立的人们提出的论点一字不差，三十年后美国总统②在孤立这个同样的主题上所表达的观点也与其别无二致："必须一次又一次地向认为美国海军不可战胜的人们解释，唯有英国海军得以保存，这个观点才是正确的。这是一个简单的算术问题。因为如果美

---

① 译者注：爱德华·格雷（Edward Grey，1862—1933），英国政治家，曾任英国外交国务大臣长达 11 年。

② 译者注：指富兰克林·德拉诺·罗斯福（Franklin Delano Roosevelt，1882—1945），美国第 32 任总统。

国之外的世界落入轴心国的魔掌，那么轴心国将控制欧洲的所有造船设施，以及英伦三岛和远东的造船设施，在设施规模和造船能力上将会远远超出美洲国家的总和——不仅是超出，而且是超过两倍或者三倍。在这种局面下，即便美国投入所有资源让我们的海军实力翻一番甚至翻两番，控制了世界其余地方的轴心国也有足够的人力和物质资源，造出数量几倍于我们的战舰。"①

　　1907 年，就在德国开足马力发展海上力量时，第二次召开的海牙会议②讨论了交战方权利和中立方权利的特定原则问题，这些问题因为俄国人在日俄战争中的所作所为而凸显出来。③ 此次会议和次年在伦敦召开的一次后续会议④，强化了巴黎宣言⑤限定的条件，注定要进一步令英国海上力量的进攻能力受到限制。美国在 1899 年率先以"自由海洋"这个诱人的名义提出要废除海上捕获的权利，这一提议被再次提起，但是由于支持者太少而未被采纳。另一项提议与哪些性质的货品可以被合法地列为禁运品有关，这一提议在海牙会议上得到了某些国家的认可，在伦敦海军会议上又被提起。英国政治家们主张废除所有禁运品——令人震惊地背离了前辈们三个世纪以来一直坚持的立场。万幸这一提议未得到支持，同时还对走私行为的不同程度做出了界定。首席检察官在 1801 年对这一术语的原始含义和逻辑含义做出过解释，指出"所有条款都是为了并且有助于方便对敌人进行恰当的禁运"——这一解释准确地指出了其最初得到适用的含义——其后则被人为地附加了新的含义，在"有条件禁运品"和"无条件禁运品"以及外部禁运品清单之间做出了严格的和法律上的区分。这种做法完全脱离了战争的现实，从"自由"商品中包括飞机、皮棉和铁矿石这种事实就可见一斑。英国接受不列颠的海权实力任由削弱，主要原因之一是认为英格兰不会卷入未来的欧洲战争中，其立场将会是保持中立，作为中立方其利益在于商业不被交战方干扰。另一方面，

_____

① *The Times*, 12 Sept. 1941.
② 第一次会议在沙皇提议下于 1899 年在海牙召开，会议形成了一些柏拉图式的解决方案，没有实际成果。
③ 译者注：1899 年和 1907 年在荷兰海牙召开了两次国际和平会议，又称海牙会议。第二次海牙会议重新审定了 3 个公约，通过了 10 个新公约，许多至今仍然有效。
④ 译者注：即伦敦海军会议，由英国发起，于 1908 年 12 月至 1909 年 2 月在伦敦召开，系统讨论海战法规则和惯例及建立国际捕获法庭事宜。
⑤ Vide ante, p. 266.

　　如果英国同另外一个国家开战，商业得以保全也符合英国的利益，因为这是英国的薄弱环节，也是英国生存的根本。此外，蒸汽战舰使得对海运的攻击变得更加容易，防御则更加困难，同时海上力量对敌人构成的压力又被认为远比从前更小。因此，削弱海上力量的进攻能力被认为最符合英国的利益。不仅存在废除禁运的主张，与此同时，所谓海上"私有财产"应被豁免的呼声也广泛存在。有一位著名律师要求"无害船只和清白货品应当免受攻击，哪怕其由敌国公民所有"，这一要求存在的问题是何为"无害"以及什么货品算是"清白"。据称，行使捕获权并不能"带给敌人严重到任由我们处置的压力"，因为各中立国可以让敌人得到供应。这种论点没有注意到经济压力是通过多种手段累积得到的结果，而非单一手段造成的结果。正如单一兵种并不能赢得会战的胜利，只有依靠所有兵种协同作战才能取胜。简单明了的事实是如果特定商品支撑敌人继续战争，那么剥夺敌人这些商品的来源在军事上就是正确的行为，将这些商品列入禁运品清单就有正当性。①

　　得出经济压力不具有影响性这种结论的主要历史依据，不是在过去的长期战争中取得的丰富经验，而是从 19 世纪的最近几场战争中得到的有限经验，进行这些战争的国家并不会因为海上商业的损失而轻易受到影响。普鲁士同丹麦、奥地利和法国的战争，以及日俄战争、美西战争和南美洲国家之间的战争，无论是在战争性质上，还是在战争规模上，都不适合把经济压力作为一国军械库中的重要武器。封锁在美国内战中起到的作用以及这场战争中交战权的扩展则被视而不见，单个邻国之间进行的战争与国家联盟之间进行的大规模战争——也就是世界上所有主要国家或者大多数主要国家参加的战争——截然不同，这一点也被视若无睹。当各国的庞大陆军必须为其战争工业从全世界几乎没有限度地攫取资源时，当各交战国要尽全力从海外来源地进口粮食物资以满足国内所需时，情况就会与依据有限斗争做出的估计迥然不同。最近的例证，1914—1918 年和 1939—1945 年发生的两场战争，都让这一点变得一目了然。

---

　　① In the course of this controversy two authoritative papers were written by Admiral Mahan and Sir Julian Corbett, appearing in the admiral's book *Some Neglected Aspects of War*.

在这场争论中，为支持废除捕获海上"私有财产"，有一个论据被随心所欲地提了出来，宣称在陆战中私有财产拥有豁免权。[1] 两次德国战争已经清楚地表明这种观念完全错误，而普法战争则早就已经证明过这一点。为支持废除海上捕获而引证的另外一个理由，是交战方无权对与争端无关的中立方通过中止其正常贸易而造成伤害。事实上，中立方不但没有因为开展正常贸易遭受损失，反而总是会获得巨额利润，无论过去还是现在都是如此。1914—1915 年，美国商人或者船队借战争之机获利不菲，与盟国的贸易增长了 6.39 亿美元，与欧洲中立国家的贸易增长了 2.17 亿美元。下一财年的数字分别是同盟国的 19.54 亿美元和同中立国的 1.73 亿美元。相形之下则是同盟国的贸易损失，但是贸易额在这两年中的净增长也达到了 21.19 亿美元，增加的贸易额全部来自继续进行战争所需的商品，逻辑上都属于禁运品。[2]

尽管海权作为带给敌人经济压力的手段这一效能被显著削弱，但是以极端方式使用仍然保有威力。在切断德国外部供给线方面，预见得到的主要困难在于其能够通过邻近的中立方港口获得所需货品，这一点不可避免地发生了。经过各种伪装的商品，源源不断地涌入了中立邻国。利奥兰·詹金斯爵士当年的经历[3]，在 1914—1918 年的战争中再次大规模重现。各个中立国家倾尽全力规避英国的控制，并抗拒对这种不正常而又利润最大的商业活动进行任何限制。在 1914 年战争爆发之初，事情已经变得很明显，如果想阻止德国获得进行战争所需的各种原材料，伦敦宣言对禁运做出的限制——英国及其他大国都拒绝批准这个宣言——就必须被废除。此外，军事力量与平民人口很快就变得不可能严格区分。男性和女性公民都参加军火生产或者其他形式的战争活动，在这种情况下，美国教授加纳[4]指出，"无条件禁运品和有条件禁运品之间的区别及其运输规则，特别是伦敦宣言提出的规则，基本上已

① Cf. M. Jacques Dumas, *Les Aspects économiques du Droit de Prise* (2 vols., 1926). The first volume was written before the war of 1914, the latter after. The present writer expressed a contrary view in *The British Year Book of International Law* (1928).

② *Proceedings of the Academy of Political Science*, vol. xvi, no, 2, p. 67: article by Mr. Charles Warren, "Assistant Attorney – General of the United States".

③ Vide ante, pp, 56—57.

④ 译者注：应是指詹姆斯·威尔福德·加纳（James Wilford Garner, 1871—1938），美国伊利诺伊大学政治学教授。

经丧失原则基础或者逻辑基础"。英国通过八项枢密院令逐步并且妥当地扩大了禁运品清单的范围。所谓的对德"封锁",不仅通过在敌人港口之外部署战舰和捕获禁运品来实施,还通过其他一系列措施来实现,其中就包括说服中立国中止与敌人的交通往来。

关于在对德战争中采取何种军事战略的讨论,自然又遇到了那个老问题,即国家实力是应该被用于在军事行动的主战区加强盟国的陆军,还是应该被用于通过在其他地方展开侧翼攻击或者牵制行动来削弱敌人并夺取制海权。答案是支持大陆作战。对实施联军作战没有进行过任何形式的准备,原因在于主导的思想是"大陆"学派的思想,主要受到法国的影响,无法理解海上力量的使用与影响。这个学派坚决反对在法国和佛兰德斯主战场之外的任何地方展开军事行动,甚至连小规模的登陆艇部队也被解散了,因为他们坚定地认为使用登陆艇进行的作战行动根本不会发生。敌人在中国、太平洋和非洲的海外基地应该被夺取还是置之不理,有人提议对这个问题进行审视,但是没有人理会。最后,在1914年末和1915年春季,有人建议利用制海权针对达达尼尔采取联合行动,目标是给土耳其的首都以致命一击,打开海峡以建立同俄国的联系,这个建议也遭到强烈反对。以最具威力的方式使用英国海上力量的良机被错失了,之所以会错失良机,是因为缺乏准备,因为迟缓,因为违背了在过去的成功行动中进行规划和准备的几乎所有有益原则,从内阁发出指令到运输装载无不如此。此后的国际努力,集中在通过封锁施加经济压力和在西线采取军事行动上。某些人惧怕的入侵,在英国的海上优势面前从来没有变成真正的危险,但是这种恐惧导致大量地面部队在英国按兵不动,直至战争进行到第三年还是没有动作。然而,真正的危险——这个国家的海上交通线被切断的危险,却的确出现了,德国孤注一掷地发动了猛烈的无差别潜艇战。古老的教训不得不再次被汲取,其中最重要的一条是,护航是最有效的防御手段,而护航要想行之有效,轻型和小型舰只的数量必须充足,为大批船队机动提供充分保护,而且装备的武器要与护航的需要相匹配。

在17世纪和18世纪的战争中,可以观察到促成殖民地远征战略的主要原因存在于四个方面:剥夺敌人投入殖民地贸易的船队和海员;摧毁敌人的殖民地商业,其在法国的对外贸易中一度占到了三分之一的份额,因此成为财力的重要来源；保护英国的殖民地；通过夺取其在海外的海军基地，削弱敌人攻击贸易的实力。德国的殖民地既不能以提供海运和海员的形式增强其海军实力，也不能增加其财政实力——德国的整个殖民地贸易在其贸易总额中只占到不足 1%。另外，宗主国同其殖民地的联系既已被切断，哪怕殖民地的商品可以摆脱外围海域的控制借中立方船队输送至中立国，在战时也无太大的军事意义或者全局性影响。不过，殖民地具有两个重要的军事特征：驻在殖民地的军队威胁着相邻的英国领地；殖民地为在大西洋、印度洋和南太平洋打击商业提供了基地。

　　问题是对这些殖民地是否采取行动、采取何种行动，这一点在 1914 年 8 月 4 日战争爆发之前没有得到任何考虑，因此没有进行任何的相应准备。战争在 1914 年 8 月爆发之后，政府临时组织了一系列远征行动①，目标是保护相邻的英国领地并夺取敌人的海军基地以及无线电台，这些电台为敌人与在国外巡航的舰艇提供了通信手段。1916 年，德国作家把德国巡洋作战的失败归结为缺少海外基地。当时，德国的胜利似乎已经指日可待，德国的海军作家们寄希望于能够重回殖民地，预言在非洲建立一系列防守牢固的基地，德国的巡洋舰和潜艇未来从那里出发可以有效对英国、澳大利亚和印度在大西洋及印度洋的交通线发动打击。② 因此在殖民地战役中，目标是防御性的——保护殖民地并保护贸易。

　　与在从前的那些斗争中一样，英国海权的三个要素为最终取得胜利奠定了基础。所有类型的海军作战平台——水面的、水下的和空中的平台——取得并保持了制海权，得以保护补给运输和增援盟国的陆军机动，尽管在 1917—1918 年潜艇战最猛烈之际遇到了许多困难。但是，在战前和战后，法国作家和出版家们都在贬低英国海权的价值，这真是非同寻常。战前，克莱蒙梭先生③对英国的海权不屑一顾。在事实面前，他在 1917 年——当时正在

---

　　① By Australia against New Guinea, New Zealand against Samoa, South Africa against German SW. Africa; Imperial forces against the East African and West African naval bases and Togoland.

　　② Lloyd George, *The Truth about the Peace Treaties*, vol. I, pp. 114—115, 123—131, 534 et seq.

　　③ 译者注：应是指乔治·克莱蒙梭（Georges Clemenceau，1841—1929），法国政治家，曾任法兰西第三共和国总理。

进行 1918 年战役的准备——写给威尔逊总统①的信中被迫表示："在战争的这个决定性时刻，1918 年的军事行动将在法国前线展开，法国陆军一刻都不能离开机动车辆、飞机以及火炮运输依赖的油料。油料供应中断将使我们的陆军马上瘫痪，可能迫使我们接受对盟国不利的和平条件。"

至于其他两个要素，海外基地让盟国作战舰艇和商船得以立足，并且可以在各大洋和各海域找到能够满足其所需的设施，只有水泄不通的波罗的海是一个例外；离开了海运业提供的工具，国家和陆军的供应以及陆军本身都无法输送；造船业为作战舰队的扩充和整修以及商业船队的修理和替代提供了不可或缺的能力，商船队遭受的损失大约有 900 万吨。最后，不列颠海上权利的行使经常面临极为微妙和困难的条件，使得敌人的外部交通最终中断，给其造成的经济压力既能导致其在军事上失败，又能够与这种军事上的失败共同促成其投降。然而这种经济压力往往收效缓慢，可能许多个月也见不到效果，或者无法令敌人受到严重损失。之所以会收效缓慢，主要是因为中立国家会不断而坚定地进行反对，反对英国主张或者重申其拥有的海上权利，那些权利意在阻止中立国家从事的数量极大而又利润最大的贸易活动。毫不夸张地讲，如果不是在巴黎和伦敦放弃了那些海上权利，致使反对意见得到认可，加上反对意见本身也存在，那么最终促成德国侵略者失败和垮台的经济压力会早些取得效果，成千上万条生命将会因此而得到拯救——在持续到 1917 年和 1918 年的战争中，英国有 60 万人牺牲或者失踪，另有 100 万人负伤，盟国和敌国军队的伤亡数量甚至更大，此外还可以避免给战后重建难题添加额外的庞大财富消耗。生命的损失、财富的消耗以及国民情感的伤害，都是因为中立国家的个体为了发财而造成的代价。如果第一次德国战争能够尽早结束，那么第二次德国战争不是没有不再发生的可能，那些坚持发财致富的国家也就不至于在 1940—1945 年处于被占领状态了。

在和平会议期间，两件关乎英国海权根本的事情被提及，在一个世纪之前的和谈过程中，这两件事情也被提起过——海上权利以及敌国殖民地的处

---

① 译者注：应是指托马斯·伍德罗·威尔逊（Thomas Woodrow Wilson，1856—1924），美国第 28 任总统。

置。卡尔斯雷在他那个时代就曾明确拒绝讨论海商法问题[1]，英国首相在1919 年同样坚决和快速地拒绝讨论关于所谓"自由海洋"的提议，他十分清楚这种讨论毫无意义且英国永远不会接受。英国内阁在一个世纪之前就坚持继续占有威胁到英国海上交通的敌国殖民地，出于同样的原因，内阁在1919年坚持占有特定的德国殖民地。劳合·乔治先生[2]指出："要求我们把这些难以对付的海军基地和航空基地归还给德国人，未免太过分了，德国人正是从这些基地出发来攻击我们的交通线。除非国际和平的基础得到巩固，任何扩张国家或者野心国家的贪婪与野心都无法动摇这个基地。"[3] 继续占有的殖民地大多位于大西洋和非洲东海岸，德国海军战略家曾企图在这些地方如愿建立起海军基地，部分位于对大洋洲构成威胁的新几内亚和萨摩亚[4]。位于太平洋和中国的其他德国基地则被日本接管，我们已经看到，日本接下来在那些基地站稳了脚跟，并在1941 年及其之后充分利用了那些基地。

凡尔赛条约[5]瓦解了德国的海军，限制其兵力不得超过 8 艘装甲巡洋舰、若干艘轻型巡洋舰和一支小型舰队，不得建造潜艇和飞机，不得实际或者企图在殖民地建立基地，英国海军实力需要确定一个新标准。单纯从战略上的观点看，不考虑既有的政治因素——美国加紧建设海军、英日条约、同法国的关系及同意大利的关系，以及削减开支的需要——可能从过去三个世纪决定英国海军实力的那些原则中找到妥当的解决方案。那些原则可以用一句话来概括，这句话在当代的讨论中会以这样或者那样的形式反复出现：英国海军的作战力量应当有足够的实力，保证大英帝国及其海上交通的安全，无论任何地点，无论按照正常推理世界形势将发生何种变化。这是自伊丽莎白时代以来，一代又一代英国政治家自觉或不自觉地用以指导实践的学说，这一学说具有悠久的历史底蕴。因此，当英国的领土及利益实际上局限在"狭窄海域"时，海军的能力需求是能有效应对这些海域内的任何一个国家或者国

---

① Vide ante, p. 255.

② 译者注：指戴维·劳合·乔治（David Lloyd George，1863—1945），英国政治家，第一次世界大战后期曾任英国战时内阁首相。

③ Lloyd George, *The Truth about the Peace Treaties*, vol. Ⅰ, p. 686,

④ 译者注：萨摩亚（Samoa）位于太平洋南部。

⑤ 译者注：又称凡尔赛和约。

家集团，一度是西班牙，一度是联合省，一度是联起手来的联合省和法兰西。随着商业的发展，随着国际格局的演变，加上在共同事业中担负着对盟国的义务，那些利益拓展到了地中海，两个波旁王朝国家的舰队和基地在大西洋与地中海形成整体，对英国海军的能力需求是有足够实力在这两个海域同时应对这样的两个国家。英国海军不再是一洋海军，而是一支两洋海军。在 19世纪，事态的发展使得法国和俄国可能联起手来，决定英国海军实力的需求同样是在两个海域对抗两个强国，而在太平洋则强度稍低。在 1914—1918 年战争结束之后，一个新兴海洋强国在远东崛起，在其意图——把德国从东方海域赶出去——已经实现之后，作为盟国提供的支持已经在事实上不复存在，这个国家接下来在中国的行为令人难以理解，其在海军方面的意图则通过建造 16 艘主力战舰的计划表露无遗，大不列颠的战略需求不再仅限于欧洲海域。为了英国的利益和领地的安全，需要在东方有一支舰队存在。一个横跨两个半球的帝国，只能由一支横跨两个半球的海军来守卫，其在三大洋的舰队得以处在其他大国的主要聚集点与需要得到守护的领地或者利益之间。在俄国可能成为对手的时候，这已经成为确定英国在东方海域的海军实力的原则。1901 年，英国在东方的舰队吨位约为 17 万吨，俄国在东方的舰队约为12 万吨，兰斯唐勋爵评论指出，"如果俄国的吨位增加到 20 万吨，我们必须按比例加强我们的实力"。[1] 在英日同盟条约最终文本的第三章中，这一意图被表述为"在远东保持对任何第三方的海军优势"。

杰利科勋爵[2]对这个显而易见而又事关根本的原则有清晰的认识，1919年他提议建立一支由 16 艘主力战舰组成的东方舰队，并配备相应比例的巡洋舰和小型舰只，由大不列颠、澳大利亚和新西兰这三个相关者共同创建，其中一个基地应该位于新加坡，这个位置恰好处于日本主要基地和印度的交汇点上，另一个方向则有澳大利亚。这支舰队将为那些领地提供保护，并为直接保护整个交通体系提供巡洋力量。他建议由相关三方分担这支舰队的费用。设立一个基地的提议被采纳了，马来联邦得到了财政援助，但是组建舰队的

---

① "Lord Lansdowne to Sir Claud Macdonald, 16 Dec. 1901 (Gooch and Temperley, *British Documents*, vol. iii, p. 107)".

② 译者注：指约翰·拉什沃思·杰利科（John Rushworth Jellicoe, 1859—1935），英国海军著名将领。

提议被否决了。①

关于标准的决定直到 1921 年才得以明确，放弃对英国需求的传统理解，宣布了一个"一强标准"，海军大臣将其内涵定义为"海军在实力上不能比任何一国的海军实力弱"。② 海军部认为，比"海军应当保持足够实力，在面对任何其他国家时，能够确保大英帝国及其海上交通的安全"这个定义更精确一些。③

1921 年 11 月至 1922 年 2 月召开的华盛顿会议达成了协议，召开此次会议的意图是避免各海洋强国——大不列颠、美国、日本、法国和意大利——开展海军军备竞赛，特别是美国与日本之间的竞赛，这与英国海上安全的传统原则完全背离。协议按照特定一国的实力来衡量英国的实力，这个特定国家就是美国；这一评估形式在 1861 年被帕麦斯顿明确拒绝过。协议没有为横跨两个半球的大英帝国提供其所需的横跨两个半球的海军。单从数字的角度看，协议允许英国拥有的战列舰吨位，在欧洲符合"两强标准"，实际上相比法国和意大利加在一起还占有数量上的优势——在当时看来，法国和意大利没有结盟的可能，两国之间相互竞争且关系已然紧张。协议还给了（英国）相比日本 40% 的优势，考虑到以下事实，这一优势并不过分：英国在远东的领地完全依赖海上力量，而英国舰队要在远离其资源的海域活动，其交通线的端点容易遭受攻击，而日本则靠近其资源，没有漫长的交通线需要保护。然而，只有把整个英国舰队派往远东，在欧洲海域不留一兵一卒，才有对日优势可言。除非欧洲局势异常平静才能冒险为之，然而，永远不能指望这种局面会在现实中出现。事实上，假设英国只是在同某一个欧洲国家交战，也必须考虑日本采取敌对行动的可能性，反之亦然。英国能够部署的兵力，在数字上不可能多过那些现实以及潜在敌对国家兵力的总和，这样就会诱使一个"心怀不满"的西方国家或者东方国家采取行动或者威胁采取行动，因为数字上不相上下远不是战略上旗鼓相当，更不是海上安全所依赖的战略优势。

1922 年之后，局势进一步恶化。在此之前，还可以辩解说日本作为一个

---

① For details, cf. Bacon, *Life of John Rushworth*, Earl Jellicoe, chap. xxv, part I and ii.
② Cmd. 1191 of 1921, p. 2.
③ Cmd. 1581 of 1921, p. 10.

盟国，为确定标准奠定了基础。然而，随着英日同盟关系的瓦解，随着日本对条约为其实力设置的限制越发不满且公开表露出来，随着日本对中国采取更加残酷的行动，日本只能被作为一个潜在的敌人来看待了。

如果说关于主力战舰的条约条款将大英帝国置于不利地位，那么后续关于巡洋舰和小型舰只实力的条约则对英国更加不利。我们清楚地知道，一代又一代英国政治家，无一例外地认为"两强标准"同样适用于这两级战舰。历史的整个教益和事实的简单逻辑不容置疑地证明了以下原则的正确性：巡洋兵力的实力不能依据或者说不能主要依据与另外一个强国的类似舰只进行数量对比来确定，而是依据这些舰只被赋予完成的使命任务以及使用这些舰只的方式来决定。因此，佩洛①这位伟大的海军老兵才会在 1810 年就东印度群岛巡洋作战兵力需求问题的报告中这样写道："委员会必须明白，计算用于印度的实际兵力需求，绝对不能以敌人的数量为依据，法国人没有贸易需要保护，荷兰人的贸易寥寥无几。英国的殖民地贸易体量巨大，本身就构成一个需要得到保护的至关重要的目标，如此分散而又孤立的目标需要非常庞大的兵力才能充分提供安全保障。"在 1810 年这是真理，在一个世纪之后这还是真理。需要数量极大的巡洋战舰来对付"埃姆登"② 号这一条舰，来对付冯·斯佩③由 5 艘战舰组成的分舰队，来对付 1915—1919 年武装商船发动的分散袭击，水兵们对这些记忆犹新。然而政治家们在 1930 年把这些经验教训都抛在了脑后，无论是过去的那些经验教训，还是最近的那些经验教训。他们建设英国海军巡洋作战力量的依据是对比另外一个单一的国家——美国，这个国家的需求与大英帝国的需求完全不同，（英国）巡洋舰的数量被缩减为水兵们认为所需数量的一半多一些，在最近的战争中则远远不足所需数量的一半。④

对小型舰只的需求存在同样的误解。依据外国潜艇的数量来决定英国小

① 译者注：指爱德华·佩洛爵士（Sir Edward Pellew, 1757—1833），英国海军著名将领，曾任东印度公司舰队总司令。
② 译者注："埃姆登"（Emden）号是德国在第一次世界大战前建造的一艘轻型巡洋舰。
③ 译者注：指马克西米利安·约翰内斯·玛利亚·胡伯特·冯·斯佩（Maximilian Johannes Maria Hubert von Spee, 1861—1914）。
④ The number of cruisers in 1918 was 109 and 21 were being built, making 130 in all. The number decided on by the Government of 1930 was 50. See Appendix Ⅵ Table Ⅳ.

型舰只的实力并不恰当。这种荒谬的观点在 1930 年和 1931 年的两份敕令书中都有体现。驱逐舰的吨位当时总计 20 万吨，据称可以进行削减，"如果其他国家潜艇的吨位也相应削减"，所要实现的意图则被表述为"在法国潜艇的吨位和英国驱逐舰的吨位之间形成一个令人满意的均势"——这句话语焉不详。实际上，对从所有战争中得到的教训完全无视到何种程度，特别是从刚刚结束的战争中得到的教训完全无视到何种程度，很难用几句话来概括。尽管盟国需要的小型舰艇不少于 700 艘，其中单是在本土海域就投入了 279 艘英国舰艇，然而所有英国小型舰艇支队所属舰艇只占其中的五分之一，也就是 16 个支队下辖的 144 艘舰艇，其中有 7 个支队总计 63 艘舰艇被指定用来反潜。

英国的政治家们不止一次地沉浸在对持久和平的期待之中，这导致海军多次被裁减，其结果则被证明对国家十分不幸。我们已经看到，纽卡斯尔公爵[1]无视海军部的意见，在 1772 年执意要进行裁减，这为 1778—1783 年在海上遭遇的不幸打开了方便之门，理由是他从没"看到曾经有过当前这样风平浪静的形势发展"。1792 年，皮特信心满满地预言会有十五年的和平。1801年，阿丁顿相信亚眠和约将促成长久的和平以及法国和英国的和解。1930 年2 月，英国首相在类似的问题上走得更远，为削减巡洋作战兵力，辩解说有理由期待未来一个时期不会发生冲突。他的继任者在 1932 年 11 月 10 日自信地宣布，他的同僚甚少有人认为会发生另一场战争。到了 1936 年春季，甚至还有一位反对党大臣对形势发展做出了错误的解读，竟然把小规模的建造计划描述为不过是以恐慌为前提，在泰然自若和随遇而安的氛围中投出了自己的一票。[2] 可以肯定地说，举国上下都存在一种错觉，国联盟约[3]、洛迦诺公

① 译者注：应是指第二代纽卡斯尔公爵（2nd Duke of Newcastle）亨利·菲恩斯·佩勒姆·克林顿（Henry Fiennes Pelham Clinton, 1720—1796），第一代纽卡斯尔公爵、英国首相托马斯·佩勒姆·霍利斯的侄子。

② Hansard, vol. cccx, no. 70, col. 75, debate of 16 March 1936; vol. cccxii, no. 96, col. 2309, debate of 28 May 1936.

③ 译者注："Covenant of the League"，全称为"国际联盟盟约"（Covenant of the League of Nations），为建立国际联盟而制定的规则。

约①和巴黎非战公约②共同消除了战争的危险，因此有意地对德国和意大利的举动视而不见。有些人则被嘲讽为"战争贩子"，他们回望过去的经历，有太多的条约和承诺没有得到履行，回想起小皮特曾经说过的话，"招致攻击的节约是不好的节约，因为这种所谓节约造成的不幸后果，需要付出高昂的代价才能弥补"。

1935年签署的英德条约③令大不列颠进一步处于不利地位，原因正是采用了这些错误的计算方法。条约让德国海军得以复兴。华盛顿协议④规定了战列舰和巡洋舰建造的最大规模，凡尔赛和约禁止德国建造这些战舰，现在则允许德国建造，德国可以拥有的战列舰和巡洋舰实力达到英国的35%。凡尔赛和约禁止德国建造潜艇，现在允许其潜艇实力达到英国的100%。英德条约的生效，使得德国和日本的战列舰实力加起来可以达到英国战列舰实力的95%⑤，但是这要看日本是否遵守华盛顿条约，而对这一点显然不能有什么期望。日本在极为不满的情况下接受了条约，海军当局和少壮派军官表示强烈反对，1930年的伦敦条约⑥则在日本受到更为严厉的批判。最终，日本在前一年（1934年）的12月宣布彻底退出华盛顿条约。日本的行为绝非一时心血来潮。日本已经入侵满洲里，在中国关上了"打开的大门"，扬言自己有权利、有意图随心所欲地建设海军，只要自己认为必要，任何规模都可以。

因此，有充分理由对日本海军的扩张和德国海军的复兴同时加以关注。与18世纪法国和俄国的发展对英国构成的威胁相比，这两个强国现在的发展构成的威胁一点都不低，而在18世纪英国海军政策采用的是"两强标准"。

---

① 译者注："the Treaty of Locarno"，又译罗加诺公约，1925年10月16日英国、法国、德国、意大利、比利时、捷克斯洛伐克、波兰等七国在瑞士洛迦诺举行的会议上通过的8个文件的总称。

② 译者注："Pact of Paris"，简称非战公约，亦称凯洛格-白里安公约（Kellogg-Briand Pact）。

③ 译者注：即英德海军协定（Anglo-German Naval Agreement），主要内容是德国海军水面舰艇总吨位不超过英联邦国家海军水面舰艇总吨位的35%；德国保证，潜艇吨位不超过英联邦国家海军潜艇总吨位的45%。

④ 译者注：即华盛顿海军条约，五国关于限制海军军备条约，由美国、英国、日本、法国和意大利于1922年在华盛顿会议期间签订。

⑤ 德国为35%，日本为60%。

⑥ 译者注：即伦敦海军条约，又称第一次伦敦海军条约，指1930年4月由华盛顿海军条约缔约国在伦敦海军军备会议（即第二次伦敦海军军备会议）上签订的《限制和削减海军军备条约》，条约有效期到1936年12月31日，法国与意大利最终未加入条约。

我们知道那个时候"两强标准"的含义①，指的是英国必须有能力对抗除美国之外的两个最强海洋国家加在一起的海军力量。与此同时，英国那个时候已经认识到战舰数量上的数目相当并不能确保战略安全，关键在于优势的幅度。那时的估计是必要的优势至少要达到10%，而一些杰出的战略思想家则认为这个优势要达到40%。对于一场要同时面对两个欧洲强国的战争来说，这两种或高一些或低一些的评估在计算上是否准确姑且不论，如果一场战争是面对某个欧洲强国，而另一场战争发生在世界的另一端，敌人在本国海域作战，又有庞大的海军体系作为后盾，那么5%的优势显然完全不够。此外，意大利正以扩张的姿态跃跃欲试。英意交往中的传统友好关系已经消亡，意大利作家正把英国视为本国扩张道路上的绊脚石，这条道路是让意大利伟大起来的必由之路。②

　　看到以往始终庇护自己的盾牌已经不再可靠，澳大利亚和新西兰非常自然地生发出了一种焦虑感，或者说危机感。澳大利亚的作家指出，在未来的某个时候，这个时候或许不会很遥远，如果大不列颠卷入了一场欧洲战争，那么整个英国舰队都会投入欧洲海域，日本就有机会占领其觊觎已久的南大洋领土。③ 反过来说，因为这些退让而导致海上实力虚弱，如果英国同日本进行战争，则欧洲的"不满"国家就有机会在地中海、德国前殖民地和其他地方实现自己的愿望。非常不幸，在自治领或者帝国会议上没有认识到防务问题的真正解决之道，也就是整个帝国共同努力以横跨两个半球为标准重建海上力量。自治领会议上有人提议，通过当地防务手段——陆上力量、潜艇、水雷和飞机——提供安全保障，这些手段的规模与700万的澳大利亚人口以及7000万或者更多的日本人口相比不成比例，谁都应该明白这些手段根本起不到作用，也无法为马来各邦或者印度提供安全保障，而大洋洲的安全与其紧密相关。

---

① Vide ante, pp. 270—271.
② Cf. *Albert Lumbroso in Napoleone eil Mediterraneo* (1934), in which Napoleon is presented as the champion of the freedom of the seas and England as the inveterate enemy of Europe and the tyrant of the sea.
③ Rt. Hon. W. M. Hughes, "Australia and War Today", Albatross, "Japan and the Defence of Australia"; also articles in the current Australian press.

　　海上作战工具现在已不再限于战列舰、巡洋舰和小型舰只，飞机已经登上了战争舞台。在1914—1918年的战争中，海军建立了一支海军空中勤务部队，发挥了相当重要的作用且运行高效。为了回应孤陋寡闻者的吵闹，这支宝贵的力量被解散了，海军失去了航空力量。英国的政治家们未能理解飞机已经成为海军兵力的有机组成部分，这个有机组成部分和其他的有机组成部分一样承担着克敌制胜的任务，以实现对海洋的主宰和控制。这个海上作战兵种只有同其他海上作战兵种——水面上的作战兵种和水面下的作战兵种——最紧密地结合在一起，才能进行高效的训练和管理。英国的政治家们看不到的东西，对于其他两个海上强国——美国和日本——的政治家们来说却是明摆着的事情。两国政治家的正确观点，经受住了战争的严峻考验。[①]　直到战争在1939年爆发的前一年，所有恢复海军航空兵的提议都受到了大臣们的反对，结果是英国海军航空兵严重落后于另外两个强国。

　　作战工具这个海权的要素被以各种方式缩减了规模，基地这个要素同样不受重视。在爱尔兰的基地被放弃了，尽管反对放弃的理由十分充分且有大量经验可以证明这些理由，但最终还是政府说了算。海军部在1921年明确告诉丘吉尔先生[②]，如果不能使用爱尔兰的基地，"战时向这个岛提供补给将会十分困难，或许几乎就不可能"。[③]　丘吉尔则说，"有种危险应该得到考虑并且不能排除，这就是爱尔兰可能会选择中立……如果我们同某个强国开战，谁能保证南爱尔兰不会宣布中立？……在我们需要的时候，可能拒绝我们使用港口，我们保护英国人民免受物资匮乏甚至饥荒的努力就会遇到最严重的阻碍"。在海权的这个要素上，同样的疏失在1924年又一次得到体现，当时有人主张放弃在新加坡建设基地，这个主张没有实现，因为取消合同的花费比继续完成合同的花费还要高，但这项工程一度还是停了下来，足足耽误了

---

①　Admiral E. J. King of the United States Navy reported that "the uniform success which has characterized our naval air operations is unmistakably the result of an organization which was based on the conviction that air operations should be planned, directed and executed by naval officers who are naval aviators" (U. S. Navy Report covering Combat Operations up to 1 March 1944).

②　译者注：即温斯顿·丘吉尔（Winston Churchill，1874—1965），英国著名政治家，曾任英国首相。1921年，丘吉尔任殖民地事务部大臣，兼任空军大臣，负责与爱尔兰新芬党谈判，最终允许爱尔兰成为英国的一个自治领。

③　For the discussion in Parliament see Hansard, vol. cccxxxv, col. 1071 et seq. of 5 May 1938.

一年半的时间才完工。[1] 这一举动反映出政府对基地的重要性缺乏理解，或者对建设该基地的紧迫性没有足够认识。

在海权的第三个因素——海运和造船业方面，受到诸多因素的影响，在1919—1938 年期间出现了明显的滑坡，但是造成英国海运下滑趋势不受控制的主要原因，则是首相所说的"不计后果地引入了外国资本"。[2] 1914 年，英国海运规模占到全世界的41%，1938 年 6 月下降到了 26.4%。内阁的政策被亚历山大·肖先生（克雷格迈尔勋爵）[3] 形容为"撒手不管……任由我们的帝国贸易航线被外国资本占据，这是一种冷漠、消极和短视的政策……结局将是英国海运的毁灭"。[4] 造船业也同时陷入衰退，其在战争中的重要性被政治家们遗忘了，如同战舰、基地和商船队的重要性也被遗忘了一样。

最后，在"自由海洋"的口号下，在英国、法国和美国出现了鼓吹或者阉割英国海上权利的浪潮。在朱利安·科贝特爵士看来，"自由海洋"这个口号"充斥着人们的耳朵、混淆着人们的视听"。这场反对保留英国海上权利的宣传攻势，发生在战争刚刚结束之际。这场战争的经验教训表明，对海上力量的行动施加限制在事实上延长了战争的进程、增加了战争的代价，只是在重新申明和重新行使这些权利之后，盟国才有获得胜利的可能。通过放弃这些权利大不列颠可以得到哪些方便被一一罗列了出来，然而对英国及其盟国可能因此而面临哪些不利，则要么避而不谈，要么矢口否认。有人信誓旦旦地说，如果放弃海上捕获权，那么英国的商业在战时将会安全流通，饥馑的风险将不复存在，英国将不用再为保护商船队而保持一支昂贵的巡洋舰队。如果违反条约有利可图，那么不择手段的敌人才不会去遵守什么条约，如果商船队没有得到保护或者保护力量不足，那么违反条约的诱惑就会更大，对这种可能性则轻描淡写，完全不顾德国人在争取胜利的道路上违反了所有条约这个事实——从入侵比利时到击沉医院船，再到水雷战和潜艇战。从俾斯

---

[1] *The Times*, 11 Feb. 1942.

[2] Mr. Baldwin, 4 Nov. 1935.

[3] 译者注：即第二代克雷格迈尔男爵亚历山大·肖（Alexander Shaw, 2nd Baron Craigmyle, 1883—1944），英国政治家、律师。

[4] *The Times*, 7 Nov. 1933.

麦开始，德国的政治家和作家都明确定义过德国的信条，那就是一旦条约不再对德国有利，也就不再对德国具有约束力。封锁应予以废除，"自由海洋"倡议的一位主要鼓吹者，认为这个战略手段"现在看上去也没有那么重要。我们都知道在 1914—1918 年的战争中封锁是对抗德国的强大武器，但是当时的条件异乎寻常并且可能不会再出现类似的条件，因为法国、俄国和英格兰结盟对抗德国的情形不太可能再次出现"。① 万幸，这场运动无果而终。

关于海权有许多奇谈怪论，这回在人们头脑中占据位置的是这样一种观念：可能在战舰和"进攻性"的工具以及"防御性"的工具之间做出区分。"战列舰"在某些人的眼中是进攻性的，在另外一些人的眼中却是防御性的。某些人宣称，"重型"巡洋舰是进攻性的，而"轻型"巡洋舰则是防御性的。潜艇在战争中给商船队造成了严重损失，那些不喜欢潜艇的人因而宣称潜艇是最明显的进攻性工具，作为防御性工具的价值很小，甚至可以忽略不计。其他人则看中潜艇这种武器可以作为对抗强大海上国家的"弹弓"，成为"弱者的武器"，认为潜艇本身纯粹是防御性的工具，完全不能对平民造成伤害。至于说航空母舰，被那些因为地理条件没有需要或者领土可能受到飞机打击的人列为进攻性工具。似乎唯一被免于贴上进攻性标签的舰艇就是驱逐舰了，事实上驱逐舰可以在限制性水域攻击商船并对缺乏防备的沿海目标进行轰击。这些讨论反映出了总体上对战争的无知，特别是对海上战争的无知，各国代表都试图以"进攻性特征"为名除掉那些对本国利益不利的武器，又以单纯防御性质为借口保留自己希望拥有的武器。②

在两次德国战争的间歇期，德国海军学说出现了变化。由于即便通过重建舰队拥有了实力，还是没有可能以传统模式争夺制海权，即以海上重兵集团歼灭敌之重兵集团，德国海军思想家转而开始学习法国人的学说，即直接打击敌人的商船队，这是其两个西方敌人的命脉，也是其维系军事努力的根基。有位德国海军将领写道，"在未来，1916 年在日德兰发生的那种大型战列

---

① Colonel E. M. House, *The freedom of the Seas*, Tract No. II of the National Council for the Prevention of War.

② The Reports of the Conference of the League of Nations on Limitation and Reduction of Armaments, held at Geneva in April 1932, give the discussions. A summary will be found of a part of the arguments in *The Times*, 28 Apr. 1932. See also Fortnightly Review, Apr. 1932, *British Naval Policy*.

舰之间的对决不会多见，更多地实施袭商战将会成为海军战略中的主要作战任务"。^① 潜艇在 1914 年的战争中已经展现出破坏性的威力，尽管潜艇战最终失败了，但是距离实现目标只有一步之遥，只是因为同盟国大量增加了小型舰艇兵力，才得以挫败潜艇战的图谋。德国巡洋作战的失败，主要是因为英国巡洋作战力量占有优势，再加上德国缺乏海外基地。德国仍然缺乏海外基地，但是英国的巡洋作战力量在数量上被显著压缩，而且主要由火力较弱的战舰组成。运用重型巡洋舰的机遇之门敞开了。德国效仿了俄国和法国在 18 世纪和 19 世纪的做法，当时这两个国家尝试建造装甲巡洋舰用于进行袭商战。^② 利用凡尔赛和约允许其拥有的战舰吨位，德国开始建造重型装甲巡洋舰，英国为其起的绰号叫"袖珍战列舰"。这些战舰比任何一种"华盛顿型"巡洋舰^③的威力都要大，比战列舰航速快，在补给舰保障下续航力更强，补给舰可在若干海域预先约定的会合点与巡洋舰会合。华盛顿条约和伦敦条约的条款，使得英国的实力在规模或者数量上都无法应付这些战舰，之前则通过建造同类战舰来回应俄国和法国的同类海军政策。德军参谋部指出，为对付哪怕只是一艘这样的重型袭商驱逐舰，也至少需要三艘或者四艘英国现有类型的巡洋舰进行护航，然而受到那些条约的限制，英国的巡洋舰数量有限，不足以为太多的船队提供必要的护航保障，而这些船队又是维持帝国供给所必需的。德国人有理由做出估计，这些重型、快速和装备精良的战舰不需要太多，就能对抗英国能够投入的护航兵力。这些护航兵力武备不足，拉普拉塔河之战^④已经证明了这一点。"斯佩伯爵"号^⑤的舷侧火力为 4700 磅，三艘英舰的舷侧火力总和加起来只有 3136 磅。

本就不足的英国巡洋舰兵力还要应召去应对装备精良的辅助舰艇发动分

---

① Vice-Admiral A. Meurer in Militär Wochenblatt, 1928, no. 20. In the same sense Vice-Admiral Wolfgang Wegener wrote in 1926 a study of sea warfare entitled *The Naval Strategy of the World War*. E. W. Kruse in Neuzeitliche Seekriegsführung expounded the doctrine of cruiser warfare.

② e. g. Minin, *Dupuy de Lôme*, *Rurik*, and *Rossiya*.

③ 译者注：即条约型重巡洋舰，华盛顿条约规定巡洋舰的标准排水量不得超过 1 万吨、主炮口径不得超过 203 毫米，但未限制巡洋舰的数量。其后各国争相按照这些标准建造的巡洋舰，被称为条约型巡洋舰。

④ 译者注：即拉普拉塔河口海战（Battle of the River Plate），1939 年 12 月 13 日在阿根廷及乌拉圭外海的拉普拉塔河口海域发生的一次海上战斗。

⑤ 译者注："斯佩伯爵"号（Admiral Graf Spee）是纳粹德国海军的一艘袖珍战列舰。

散攻击，这在之前的战争中就屡见不鲜。① 除了这些新式的游击战兵器，设计精巧的新型水雷也给英国造成了损失，而且要分派相当部分兵力来摧毁这些水雷或者使其失效。最后，德国人在德国的基地集中于赫尔戈兰湾②的"潮湿三角地带"③，进入广阔大洋面临某些困难，德国作家已经指出夺取挪威的港口是理想的出路。这些港口无法被监视，从那里出发突袭英国实施封锁的分舰队甚为方便，而且方便对从纳尔维克④运出铁矿石的船队提供保护。依据最新签订的英德条约⑤，德国可以建造战列舰和战列巡洋舰，可以利用这些战舰来攻击英国的贸易船队和封锁兵力。这些战舰的用途首先是充当威力异常强大的巡洋作战兵力，对威力弱小的护航巡洋舰构成压倒性优势，从而迫使敌人分派数量有限的战列舰用于护航。⑥

在第二次对德战争的初始阶段，盟国海上力量的进攻性使用局限于把陆军部队安全输送到法国，以及切断德国的外部海上供应。这些海上供应主要是两种，即粮食和战争工业物资。在粮食方面，德国主要靠自给。德国的粮食产量可以满足自身83%的需求，俄德协定⑦的签订使得德国可以放手发动战争，不仅消除了两线作战的危险，还可以随意进入所有的东南欧粮食产地。为了中断德国战争工业所需原材料的运输，特别是石油、镍、橡胶、铝、铜、硝酸盐、钢铁和油脂的供应，盟军立即使用可以动用的所有手段封闭了英吉利海峡。欧洲各中立国立即提出抗议，俄国尤其强烈反对切断"和平人口"必需品的供应。1941 年 6 月受到德国攻击后，俄国就不再提出抗议了。⑧

---

① e. g. The Speiermark, sun by H. M. A. S. Sydney, was an 18 – knot ship of 9,400 tons, armed with six 5 ∗ 9 guns and underwater torpedo tubes, carrying a crew of 400 officers and men. She sank nine ships, some of them neutrals, in the Atlantic and Indian Oceans.

② 译者注：赫尔戈兰湾（Heligoland Bight）位于北海东南部水域，处于德国北岸与日德兰半岛西岸之间的海湾。

③ 译者注：指位于易北河河口和威悉河河口之间的平地和北海浅滩。

④ 译者注：纳尔维克（Narvik）为挪威北部城市。

⑤ 译者注：指 1935 年英国和德国签订的关于两国海军军备力量的条约，即英德海军协定。

⑥ E. W. Kruse in Neuzeitliche Seekriegsführung.

⑦ 译者注：指苏德互不侵犯条约，又称苏德条约，由苏联与德国于 1939 年 8 月 23 日在莫斯科签订。

⑧ In the first six weeks of the war the allied navies seized over 500,000 tons of contraband, mainly petrol, iron, aluminum, copper, and phosphates. Of the seizures about 14 per cent. Could be classified as foodstuffs, but of these 9 per cent. Were fatty commodities capable of use in the manufacture of explosives. (The Times, 2 Nov. and 6 Nov. 1939. Cf. also Sir William Beveridge on blockade policy, The Times, 26 Oct.)

在上一场战争中，不使敌人从外部得到供应的实力受到严重限制，因为实施"封锁"采用的许多手段都受到反对，直到美国加入战争才有所改观。1939 年的战争没有出现这种困难，原因有两个。第一，美国在 1935 年 8 月通过了一项"中立法案"，实际上放弃了海上的中立权，不与交战国家发生联系，意图借此避免在 1917 年将其卷入战争的那些争端和事件再次发生。美国船舶被禁止进入交战行动正在进行的海域，一旦有战争爆发则被禁止载运交战国的战争物资或者进入交战国港口。后来，当轴心国占领了除西班牙半岛之外的所有海岸后，那些方便的后门——中立国港口，曾在此前的战争中让敌人大加利用——便不再对美国船舶开放了。剩下来的后门只有西班牙和葡萄牙的港口，以及俄国受到攻击并加入战争前在太平洋的港口，还有法国被占领后在地中海的港口，但是这些港口在 1942 年也被德国占领了。

主张"自由海洋"的人鼓吹，如果商船免于被捕获，英国的海上贸易将会得到安全保证，这种令人心生安逸的理念在第二次对德战争中很快就被德国人用行动证明站不住脚。德国在短暂的停火期间签署了一项协定，协定规定潜艇有义务遵守同水面舰艇一样的捕获规则，禁止在未发出警告的情况下击沉商船，或者置商船上的船员与乘客于危险之中。这一规则尽管在战争初期得到了某种程度的遵守——击沉"雅典娜"号①显然是一个例外——但是很快就形同虚设。无论在白天还是在黑夜，商船可能在任何气象条件下被击沉，事先不会得到任何警告。小型船只被轰击，医院船被击沉②，水雷被布在开放水域。中立国也未能幸免，其商船被未加区别地予以摧毁，与第一次德国战争别无二致。U 型潜艇、水雷、水面舰艇和飞机及其他手段，共造成 490 艘中立国船舶沉没，吨位总计 142 万吨。中立国的领土也被入侵和劫掠。为夺取德国作家觊觎的挪威海军基地，丹麦和挪威在未受警告的情况下被入侵。毫无疑问，丹麦的冰岛群岛和法罗群岛③将会遭遇同样的命运。如果那里也建立起德国的海军基地，将对英国海上力量极为不利，因此英国部队毫不迟疑

---

① 译者注：1939 年 9 月 3 日，英国邮轮"雅典娜"号（Athenia）在北海海域航行，在未接收到任何警告的情况下被一艘潜艇击沉，共造成 112 人死亡，其中有 28 名美国人。

② Thirty-six attacks on hospital ships were reported between May 1940 and May 1942.

③ 译者注：法罗群岛（Faroes）介于挪威海和北大西洋中间，处于挪威到冰岛之间距离一半的位置。

地夺取了那些岛屿。

1940 年春季和夏季，盟国在法国和比利时遭遇了一连串灾难性的失败。继挪威和丹麦被入侵后，荷兰和比利时也被入侵，紧接着，盟国陆军在法国彻底失利。法国签订了休战协定，从北角①到比利牛斯的整个欧洲西海岸尽被德国控制，这条海岸线上遍布令人艳羡的基地。法国海军的协助没有了，意大利宣战了。意大利投入战争的舰队拥有 6 艘主力战舰、19 艘巡洋舰、49 艘大型舰艇和大约 70 艘小型舰艇以及 100 艘潜艇，整个意大利空军也投入了战争。意大利在撒丁、西西里和非洲海岸的侧翼建有基地，距离从突尼斯到埃及边境的地中海通道很近。法国舰队在休战协定签订后不再为英国提供支援，这支舰队的实力为主力战舰 9 艘、巡洋舰 18 艘、驱逐舰约 70 艘，还有潜艇 100 艘。不再提供支援的还有法国海军的飞机，以及在西地中海的法国海军基地。在法国和意大利发生的变局，"里外里"带来的损失是 15 艘主力战舰、37 艘巡洋舰、将近 200 艘驱逐舰和鱼雷艇及 200 艘潜艇，此外还有两国的空军部队。英国在中地中海的基地马耳他，现在很容易受到西西里之敌的轰击，然而其防空问题却未得到重视。在直布罗陀和亚历山大之间，2000 海里的距离没有海军基地可用。

在凡尔赛和约签订以来的二十年中，若干项条约削弱了英国的海权，限制了英国应对新形势的能力，其后果很快显现了出来。尽管根据 1935 年的条约，在战列舰方面大不列颠仍然对德国拥有约三分之一的实力优势，但是允许德国建造主力战舰，这成了造成困扰的一个新因素。如果那些重型战舰单舰或者编队出现在贸易通道上，那么英国就需要以同类战舰组成护航队，英国所需主力战舰的数量就不能直接参照敌人主力战舰的数量来确定，而是要根据同时需要组成多少个护航队以及可能受到攻击的范围来确定。换言之，当战列舰被当成"巡洋舰"使用，那么在贸易通道上，这些战列舰就要按照"巡洋舰标准"来进行计算，同时还要以明显的兵力优势来应对位于北海的敌战列舰造成的持续威胁。这样一来，当"沙恩霍斯特"号和"格奈泽瑙"

---

① 译者注：北角（the North Cape）为挪威北方的一个海岬，号称欧洲大陆的最北方。

号①在大西洋上出没时，就必须从主力舰队分派部分战列舰为船队护航。1941
年，在"俾斯麦"号②发动突袭时，"罗德尼"号③正忙于护航。1941 年 5 月
追逐"俾斯麦"号的时候，英国投入的舰艇多达 5 艘战列舰、2 艘航空母舰、
3 艘巡洋舰、3 艘驱逐舰，另有海岸司令部④数量不固定的大量飞机。在本土
水域对战列舰的这些需求必须得到满足，而意大利的 6 艘战舰组成的战列舰
编队也必须至少准备同样数量的战列舰来对付。在北海、大西洋和地中海的
兵力需求，不能仅用在数字上与敌人相当的战列舰来满足，从这个角度看，
英国已有的兵力优势并不富裕。不过如果日本有所异动，英国在远东没有任
何战列舰兵力可用。这种可能性很快就变得无法再忽视了，日本舰队在 1940
年 6 月进入了中南半岛海域，日本明确要求英国军队撤出中国，与此同时宣
布了在亚洲建立"新秩序"的政令。同年 9 月，日本与轴心国签署了三国同
盟条约⑤。多久之后在远东就会出现对战列舰的需求，现在已经可以猜测出
来了。

　　战列舰的形势如此严峻，巡洋舰的形势同样不容乐观，这都是拜伦敦条
约错误规定的标准所赐。德国这个敌人在挪威和大西洋沿岸建有基地，可以
通过大洋通道派出巡洋舰和辅助舰，专门危害商船队的安全，英国的巡洋舰
数量连对付武装商船都捉襟见肘，"拉瓦尔品第"号和"杰维斯湾"号⑥都因
为常规战舰不足而付出了牺牲的代价。在地中海，意大利这个敌人的巡洋舰
兵力并未发动袭商战——因为英国商船都已经从地中海改道好望角——但是
构成了意大利作战舰队的主体，为抑制敌人并维护通向马耳他和埃及的军事
交通线，英国需要投入大量的巡洋舰。与此同时，在更加遥远的海域，还需
要另外的巡洋舰以对付发动袭击的武装船舶，而日本的态度则高度可疑，如
有可能需要留有少量巡洋舰加以防备。

---

　　① 译者注："沙恩霍斯特"号（Scharnhorst）和"格奈泽瑙"号（Gneisenau）都是德国海军的战列巡洋
舰。
　　② 译者注："俾斯麦"号（Bismarck）是德国海军的一艘战列巡洋舰。
　　③ 译者注："罗德尼"号（Rodney）是英国海军的一艘战列舰。
　　④ 译者注：海岸司令部隶属英国空军，主要任务是本土防空。
　　⑤ 译者注：即德意日三国同盟条约，通称三国轴心协定，又称柏林公约，条约有效期为十年。
　　⑥ 译者注："拉瓦尔品第"号（Rawalpindi）和"杰维斯湾"号（Jervis Bay）都是由客轮改装而成的
"辅助"巡洋舰，分别在 1939 年 11 月和 1940 年 11 月执行护航任务时被德国海军战舰击沉。

　　小型舰艇的形势也是如此，甚至更加糟糕，更令人不安。小型舰艇的削减，依据也是前面提到的完全错误的估计，战争爆发时驱逐舰的数量被削减到了 178 艘。挪威战役和敦克尔刻撤退后，其中有大约 70 艘失去了战斗力或者被击沉，只余下 100 艘左右——不了解战争爆发以来共有多少艘驱逐舰下水——用来满足以下需求：在大西洋、英吉利海峡和北海进行护航；参加抵御入侵的准备，入侵可能从荷兰、比利时和法国在英吉利海峡及大西洋西海岸的港口或者挪威和丹麦的港口同时发起；为在地中海对付意大利人提供小型舰队。

　　1940 年 6 月法国陷落后，英国政府面临的形势极其危险，因为英国在海上拥有的兵力优势微乎其微。总体上分析，大不列颠在海上是"三线"作战，仅就物质手段和数字计算来看，"三线"均面临陆上、海上和空中兵力不足的困难。在英吉利海峡和北海这条"本土前线"，超过 20 个师的德国地面部队正在集结，这些部队装备精良、士气高昂，装载部队的登陆艇和运输船也已经就位。在大西洋、印度洋和太平洋的贸易通道这条"大洋前线"，德国的重型巡洋舰、辅助巡洋舰和潜艇威胁着英国的海上交通线，可以预计不久之后驻在欧洲西部的挪威和法国港口的德国重型巡洋舰就将加入这条前线，驻在法国西部小型机场的飞机也将在其作战半径内威胁英国的海上交通线。在从直布罗陀到红海的"地中海前线"，整个意大利海军和空军的数量明显超过英国的海军和空军兵力，威胁着几乎整条地中海通道的安全，而且能够方便地掩护意大利本土陆军的机动，支援已经在北非和埃塞俄比亚的意大利陆军和空军，在这些地方意大利与英国的兵力对比不低于 10∶1。在任何一条前线上失败，对英国及大英帝国来说都是致命的失败：如果"本土前线"陷落而英伦诸岛被入侵，那将直接带来致命后果；如果"大洋前线"守不住而英伦诸岛与外界被割裂开来，致命后果会出现得稍慢一些；如果失去了对地中海的控制，那致命后果出现得可能更慢，但是终将出现。一旦出现最后这种灾难性局面，则埃及将被征服，苏伊士运河和红海将成为意大利陆军前往埃塞俄比亚、亚丁和东非殖民地的通道，意大利战舰可以从东非已占基地出发，在印度洋的贸易航线和军事交通线上大开杀戒。意大利在地中海取得胜利的直接后果之一，必然是鼓励日本加入战团，如前所述，日本的态度或者说其最终意图已经昭然若揭。

因此，控制地中海的重要意义，主要存在于军事方面而非商业方面。对贸易的保护不构成其组成部分，因为其意图并非想维持通过地中海中转的贸易或者与地中海国家进行的贸易，正常条件下这些贸易占到英国进口的五分之一。若干年前英国就已经充分认识到这一点，除非意大利的海军和空军已经不足为虑，否则就没有可能保护贸易，但是在错误的指导下曾经有过这种尝试，导致把用于对敌进攻的作战力量转为用于进行护航的防御性行动。在好望角，最近几年增加了运输船队的维修和补给设施，因此已经有所准备。通过地中海运输的物资有一种具有重要的军事意义——石油。部分石油从波斯湾取道红海进入地中海，部分石油经过管道从伊拉克输送至海法①，部分石油来自黑海。但是黑海的石油哪怕不是全部也是绝大多数供在黑海及黎凡特地区作战的部队使用，或者供远东地区使用。② 控制地中海不仅在防御方面地位突出。意大利实际上要经过直布罗陀海峡、苏伊士运河和达达尼尔海峡获得其所有的石油供应，德国从罗马尼亚经海路进口的石油达到进口量的三分之一 ——在总量中占比很大，其另外的三分之二进口量已经因为在大西洋实施的封锁而被切断。

这些考虑都有最为紧迫的重要性，在英国当前决心进行的斗争中影响到了国家的生存，地中海的最终结果具有深远影响。意大利已经大张旗鼓地表明了其意图，那就是扼控地中海的两个大门——直布罗陀海峡和苏伊士运河，占领地中海的中央位置——马耳他。这样，意大利将会毫无争议地成为这片内海的唯一主人，英国将无法再同 1794 年获取直布罗陀之后那样，通过在地中海使用海上力量影响欧洲事务的发展进程。如前所述，在英国参加过的所有反对欧洲可能的主宰者的大规模同盟战争中，从反对路易十四的战争到反对拿破仑的战争，地中海都是一个至关重要的战场。正是在地中海这个战场，英国能够做出最具影响力的军事贡献，与在共同事业中在经济压力方面做出的贡献一样显著。如果英国被永久性地逐出地中海，英国的基地和埃及领地

---

① 译者注：海法（Haifa）为位于今以色列北部的港口。

② 1936 年进口的原油总量为 111,114,000 吨，其中 14.4% 来自黑海和中东（海法），18.7% 经过苏伊士运河，两项合计 33.1%；10.2% 来自美国，51.5% 来自中美洲和南美洲，5.2% 来自其他地区。

落入另一个强国手中，那么英国的海权实力将会被极大削弱，除非英国能够付出极大代价组织一次规模庞大的军事远征，重新夺回自己的基地。帕麦斯顿曾经指出："防患于未然，远比亡羊补牢强得多。"

在每一条"前线"上——本土前线、大洋前线和地中海前线——1940年夏季和秋季，制海权都是英国得以生存下去的必不可少的条件之一。

在"本土前线"，最大的危险是受到入侵。7月16日①希特勒发出了入侵英格兰的指令，目标据称是"扫清英国本土这个继续对德战争的基地"。② 为陆军打开一个安全的入侵通道，第一个关键条件是从物质上和精神上摧毁英国的皇家空军。掌握和控制海上通道这项任务由德国空军承担，从8月8日开始从空中对英吉利海峡内的船队和英格兰南部的小型机场发动分散攻击，目的是让英国空军从天空中消失，摧毁英国空军的基地和资源。这种攻击仍在进行的时候，大批驳船正沿海岸机动，这些驳船主要在荷兰建造，部分来自德国、比利时和荷兰的内地。海岸炮台为这些船舶提供掩护，以对付英国的小型舰队，驳船的集结点则是多佛海峡和英吉利海峡内的港口。德国的第十六集团军计划从奥斯坦德、加来、博洛涅、敦克尔刻和索姆河口③出发，在马加特④至黑斯廷斯⑤一线登陆；第九集团军在迪耶普、卡昂⑥和勒阿弗尔集结，准备在布赖顿⑦至伯恩默斯⑧一线登陆。空降部队将被空投到苏塞克斯⑨的不列颠海岸后方。陆军第二梯队将在瑟堡装载，在伯恩默斯上陆。一旦在登陆点站稳了脚跟，大批商船和驳船将在鹿特丹和安特卫普集结，装运预备队、弹药和其他补给。其他船队则在汉堡和不来梅港出发。

如何为这支大型舰队开辟道路是第一个难题，在登陆之后如何保持补给线畅通则是第二个难题，这是德军的参谋们必须解决的问题。德国海军的大型战舰都部署在波罗的海港口，少量轻型舰艇位于北海的德国港口；表面上

---

① According to the Report of the Chief of the Staff of the United States of Army of Oct. 1945 no orders were issued to prepare for the invasion of Britain before 2 July.

② *The Times*, 5 Dec. 1945. "Speech of Sir Hartley Shawcross at Nuremberg".

③ 译者注：索姆河（Somme River）为法国北部河流，河口位于拉芒什海峡（英吉利海峡）。

④ 译者注：马加特（Margate）位于英国肯特郡海滨。

⑤ 译者注：黑斯廷斯（Hastings）为英国地名，临多佛海峡。

⑥ 译者注：卡昂（Caen）是法国西北部一个城市，位于诺曼底地区。

⑦ 译者注：布赖顿（Brighton）是英格兰南部海滨城市。

⑧ 译者注：伯恩默斯（Bournemouth）是英格兰西南部的一个镇，临英吉利海峡。

⑨ 译者注：苏塞克斯（Sussex）位于英格兰南部海滨。

看德国海军兵力不会为陆军通道提供直接防御，尽管这些兵力可能拦截来自北部基地的英国海军增援兵力，或者以其他方式实施牵制。英国的战斗机和皇家空军怎样彻底挫败了这一企图，这一点已经众所周知。8月8日至9月15日期间，德国纳粹空军在企图控制"狭窄海域"的过程中遭受了极为严重的损失，之后放弃了这一企图，转而开始轰炸内陆城市。如果英国空军遭受严重损失而不能继续对侵略者构成严重威胁，那么实施入侵似乎尚存某些希望。然而还有另外一个障碍，那就是英国的巡洋舰、小型舰艇和潜艇，它们将会清除掉运输船队。"凯塞林元帅①声称，他要求发起入侵是因为在德国普遍认为英格兰已是强弩之末。德国武装力量总参谋长凯特尔元帅②则认为风险在于英国舰队的存在，他指出陆军已经就位而空军却受到天气限制，海军则在犹豫不决。与此同时，德国空军在针对英格兰的空中闪电战中经受了不可弥补的损失，其轰炸机部队再也没能恢复元气。"③

即便在渡海及后续登陆过程中遭受的损失不足以令陆军瘫痪，也还存在保证增援部队、装备和弹药运输方面的难题。据报告，雷德尔元帅④曾明确声明，德国海军没有强大到可以在面对英国海上力量时确保重要补给持续稳定，正因如此，陆军上将冯·布劳希奇⑤决定放弃实施入侵计划。

海军能够在多大程度上做出有效抗击，首先是抗击入侵肯特、苏塞克斯和多赛特⑥的陆军航渡和卸载，然后是抗击来自荷兰和德国港口的增援和补给，这一点只有当英国的巡洋舰和小型舰艇在当时的兵力和部署情况完全公开之后才能判断。针对在"狭窄海域"抗击驳运登陆问题，公认的原则是使用大量轻型舰艇——小型巡洋舰和小型快艇——实施直接抗击，在我们今天所处的时代，潜艇可以作为补充兵力。哈尔丹勋爵⑦在1909年将抵御入侵的

---

① 译者注：阿尔贝特·凯塞林（Albert Kesselring, 1885—1960），纳粹德国空军元帅。

② 译者注：威廉·鲍德温·约翰·古斯塔夫·凯特尔（Wilhelm Bodewin Johann Gustav Keitel, 1882—1946），曾任德军最高统帅部总参谋长，战后被判处绞刑。

③ Report of the Chief of Staff of the United States Army, recording conversations with General Jodl, F. - M. Kesselring, and F. - M. Keitel, October 1945.

④ 译者注：埃里希·约翰·阿尔伯特·雷德尔（Erich Raeder, 1876—1960），纳粹德国海军元帅，1943年2月辞去海军总司令，战后被判处终身监禁，1955年获释。

⑤ 译者注：瓦尔特·冯·布劳希奇（Walther von Brauchitsch, 1881—1948），纳粹德国陆军总司令（1938—1941），德国陆军元帅。

⑥ 译者注：多赛特（Dorset）为位于英格兰西南部的一个郡。

⑦ 译者注：理查德·伯顿·哈尔丹（Richard Burdon Haldane, 1856—1928），英国政治家和哲学家，1905年出任陆军部长。

第一道防线定义为"在本土水域的舰队以及保卫海岸线的驱逐舰和潜艇部队",他指出,"我们必须保证其实力水平足够阻止敌军运输船团的出现"。[1]海军元帅 A. K. 威尔逊爵士[2]持有相同的观点。在那之后,出现了两个新的影响因素——空军可以作为极具威力的后援,潜艇的出现对小型舰艇部队提出了新的要求。1940 年 9 月,本土水域的海军小型水面舰艇数量难以称得上庞大。前面提到的那些条约对巡洋舰和小型舰艇做出了限制,英国保留下来的这些巡洋作战舰艇,在数量上不足以为船队提供必要护航的同时又能满足其他许多方面的需求,在每场战争中都会出现对小型舰艇的需求,更谈不上"实力水平足够阻止敌军运输船团的出现"。此外,在挪威战役和敦克尔刻撤退过程中遭受的损失,加上由于意大利参战而需要向地中海派出大量分遣兵力,使得小型舰艇的防御实力被进一步削弱。然而幸运的是,在挪威战役中敌人的巡洋舰和驱逐舰兵力在纳尔维克和奥斯陆损失严重,巡洋作战兵力和轻型舰艇兵力受到实质性削弱,导致其直接保护运输的能力不足——这就证明,抓住一切机会歼灭敌人的作战力量这条原则正确无比。尽管如此,在北海南部和英吉利海峡的英国轻型舰艇兵力还是过于薄弱,拦截驳船可能力有未逮,因为这些驳船将从许多集结港出发,有若干条航渡通道,可以在掩护之下通过多佛海峡,作为主要通道的英吉利海峡可以得到法国海岸重型炮台的掩护。某些英国的小型舰艇编队还有可能受到牵制,例如德国海军兵力可以在攻击发起时在北海的港口采取行动——显然,敌人完全可以发起这种牵制性行动。

因此,尽管那些既少又破的英国小型舰艇肯定能在东海岸和英吉利海峡痛击入侵者——在其短暂的航渡途中和卸载之际——但是不能说敌人的地面部队主力到不了岸上。当然,这些部队若想坚持下去相当困难,德国海军参谋部对此已经有充分考虑。还有一件事,如果敌人的计划整体上已经暴露出来,比如对其部队何时发起攻击以及主要交通线位于何处已经不再需要猜测,那么其他地方可以在巡洋舰和小型舰艇方面提供增援,例如在北部基地和克

---

① Haldane, *Autobiography*, p. 119.

② 译者注:亚瑟·尼维特·威尔逊(Arthur Knyvet Wilson, 1842—1921),英国海军将领,曾任海军大臣。

莱德湾①及利物浦商港②都有兵力可用。但是，这些兵力抵达需要增援的地点需要一些时间。这在很大程度上还要看敌人是否能够夺取靠近通道的港口，从而使得英国巡洋作战舰艇被迫使用更远的基地，这样将相当不利。时间永远是最重要的影响因素。有多大把握能够阻止敌人前进到其所期望的位置，只能由军事当局做出判断，但是无论有多大把握，这个国家都可能因为在此前若干年内盲目而无知地削减其海上轻型舰艇兵力，导致本土受到伤害甚至遭遇失败。其后迟迟开始的重建，不再认为战争没有实际可能，也不再抱有随遇而安的心态了。

水面轻型舰艇兵力薄弱，而挫败敌人的入侵企图又极端依赖这些兵力，这一点在"大洋前线"同样表现得很明显。1940年春季和夏季，被击沉的商船数量庞大，但是仍然处于可以承受的限度之内。1940年6月及之后，英国能够提供的保护总体上不够充分，船队的损失随即告急，损失主要是因为受到潜艇攻击，同时也是因为触雷。③9月底，局面有所改善，因为根据首相在8月的提议签署了协议，首批50艘美国驱逐舰将会抵达，条件是这些舰艇由位于牙买加、圣卢西亚、特立尼达、安提瓜和英属圭亚那等地的基地提供保障，而这些基地将由美国租借，租借期限为99年，位于纽芬兰和百慕大的两个基地由美国免费使用。然而，尽管得到了这些援助，商船的损失速度还是要大于维修或者补充的速度，显然需要提供更多的保护。英国的造船工业已经开足马力建造更多的作战舰艇，同时又认识到防空兵力也需要得到加强。

---

① 译者注：克莱德湾（Clyde）在英国苏格兰西岸克莱德河的入海口。
② 译者注：利物浦商港（Port of Liverpool）位于英格兰西北部默西河口。
③ 1940年3月至1941年6月英国航运损失，见下表（1941年6月之后损失数据未公开）：

月　份	数　量	吨位	月　份	数　量	吨位
1940年3月	14	39,467	1940年11月	65	299,816
1940年4月	21	75,258	1940年12月	55	230,307
1940年5月	31	75,151	1941年1月	41	205,473
1940年6月	65	269,783	1941年2月	68	275,574
1940年7月	69	290,270	1941年3月	85	348,118
1940年8月	58	282,432	1941年4月	72	346,408
1940年9月	60	307,427	1941年5月	77	380,035
1940年10月	66	299,399	1941年6月	52	228,284

战争开始时，"海岸司令部"只有各型飞机 171 架。现在，首相提出海岸司令部必须"在保护贸易方面比到目前为止发挥更大的作用"，该司令部必须扩充实力并转由海军部指挥，以便确保行动一致。[①] 在议会下院进行的这次辩论表明，多数议员尚未认识到飞机是海军的有机组成部分这一事实。

"地中海前线"涵盖整个内陆海域以及法属西非海岸外的大西洋海域，这条前线形势严峻，不仅是由于意大利已参战，还由于存在这样一种可能性：轴心国家可能有机会动用法国海军，其绝大部分兵力位于地中海沿岸港口——土伦、亚历山大、奥兰和米尔斯克比尔[②]——在此之前，法国海军曾经从这些港口出发同英国海军并肩作战。6 月，英国首相在一度拒绝之后，同意了当时的法国政府提出的请求，即法国可以不再履行不得单独媾和的条约义务，唯一的前提条件是在法德停战谈判结束前必须采取有效措施，使法国海军兵力不会落入敌国手中。然而法国政府解体后，取而代之的维希政权[③]对这一条件置之不理。这就使得形势危险起来，维希政府释放约 400 名被英国击落的飞行员这一行为令形势更加恶化。英国内阁在 9 月 3 日开会并决定夺取在英国和埃及港口内的所有法国战舰，如有必要则使用武力，同时要求驻奥兰及米尔斯克比尔基地的法国战舰移驻不列颠、西印度群岛或者美国，也可以选择将其摧毁。一支强大的分舰队被派往奥兰去传达这一要求。在这一要求被无条件地拒绝之后，英国分舰队开火了，港内的 4 艘主力战舰 2 艘被击沉，2 艘被击伤并在短期内无法再开动。[④] 内阁发出的命令让人深感遗憾，法国海军上将的举动也不是无可指摘。1813 年的事件与此次有很大不同，普鲁士陆军上将约克[⑤]对何为忠诚于最高统治者有更为全面的认识。他得到的命令是维持与拿破仑的同盟关系，从莫斯科撤退，约克认识到普鲁士国王并没有

① Hansard, vol. ccclxvii, no. 8, col. 687, debate of 10 Dec. 1940.
② 译者注：米尔斯克比尔（Mers el Kebir）位于阿尔及利亚奥兰附近。
③ 译者注：维希政权或维希政府是二战期间在德国攻入法国并迫使法国投降后，扶持法国政府要员组建的政府，存在于 1940 年 7 月至 1945 年间，实际首都在法国南部小城维希（Vichy）。
④ See Appendix VIII for a more detailed discussion of this unhappy event and the subsequent episode at Dakar.
⑤ 译者注：指普鲁士陆军将领约翰·大卫·路德维希·约克·冯·瓦滕堡伯爵（Johann David Ludwig Graf Yorck von Wartenburg，1759—1830）。1813 年德意志解放战争期间，他不顾当时普鲁士和法国是盟国，在未得到国王批准的情况下，果断与俄军联手，导致普鲁士与法国解除盟约，加入了反法同盟。约克的行为事后得到了国王的认可，他本人也被视为英雄。

遵从其本人的意志，而只是充当执行法国皇帝命令的附庸。因此，他没有执行国王的命令，而是带着普鲁士陆军加入了（反法）同盟的大业，通过此举为把他的国家从拿破仑的奴役下解放出来做出了突出贡献。他回复指出，"我的心在滴血，我没有遵从自己的职责来进行战争……国王希望我遵从命令，但是他的意志并不自由"。维希对德国所负的责任与腓特烈·威廉对拿破仑所负的责任只存在细微差别。如果海军上将让苏尔[①]能令自己对忠诚的理解有约克和施泰因[②]那样视野开阔，那么在非洲的战争进程会被缩短，而法国将会早日赢得自由并且少一些苦难。

在地中海，有事实表明维持住海上和埃及的局面具有重要意义——这两件事密不可分——同时也会令大臣们对凭借海军防务和空中防务使联合王国免受入侵充满信心，这个事实就是尽管英国仍然处于威胁之下，但依然向东方战场派出了增援力量。首相在10月谈道："我们成功地对中东和其他地方的英国陆军实施了增援。大批船队源源不断地穿越未知的大洋海域，航渡过程安全顺利，整个帝国的力量都被动员起来，我相信这种力量将使我们能够及时弥补在防务方面存在的巨大缺口，这个缺口是由维希背信弃义造成的。"[③]信心需要勇气，政府在1798年表现出来的那种勇气。[④] 然而那些陆上和海上的增援兵力在抵达埃及和叙利亚这两个处于危险之中的国家之前，需要在海上长途跋涉三个月绕过好望角才行。重新打开地中海这个通道是一件被极其渴望之事。

为了打开地中海通道，1940年冬季英国采取了相关措施。英国分舰队补充了部分重型战舰以弥补失去法国支援造成的损失，但是与意大利比起来，英国在巡洋舰、小型舰艇和空中兵力的数量上仍然处于劣势，意大利还在地中海东部建有基地。意大利在10月对希腊发动了进攻，英国则乘机占领了克

---

① 译者注：马塞尔-布鲁诺·让苏尔（Marcel-Bruno Gensoul，1880—1973），时为驻米尔斯克比尔的法国分舰队司令。

② 译者注：应是指海因里希·弗雷德里希·卡尔·冯·施泰因（Heinrich Friedrich Karl von Stein，1757—1831），通称施泰因男爵（Baron vom und zum Stein），普鲁士政治家，曾拒绝普鲁士国王要求其主持对法和谈的命令。1807年，施泰因出任首相，1808年在拿破仑逼迫下被普鲁士国王免职。

③ Hansard, vol. ccclxv, No. Ⅱ, cols. 297—298, debate of 10 Oct. 1940.

④ Ante, pp. 196—197.

里特岛并因此在苏扎湾①有了一个可以使用的基地。用首相的话来讲，这个基地将使得我们能够显著地加强海军和空军的活动并扩大作战半径，恰好处在从亚历山大到意大利塔兰托②基地的半路上，也处在敌人向非洲运送补给的半路上。（英国）舰队航空兵在 11 月使意大利驻塔兰托舰队部分瘫痪，陆军在 12 月对托布鲁克③发起攻击并于次年 1 月攻克该地，形势得到了进一步的改善。掌握了这两个前进基地，打击意大利地中海交通线的实力得到了实质性增强，政府在 5 月表明了"誓死"守住这两个基地的决心。守住两个基地的实力则取决于在政策上如何理解作战力量的主要方向。

我们已经看到，我在前面提到过的"海洋"学派与"大陆"学派战略思想在观念上的冲突，几乎在每场大规模战争中都会出现，在第二次对德战争中再次出现了。尽管这一次的冲突在观点上有了新的表现形式，但是仍然带有之前那些争论中存在的本质特征。

"海洋"学派认为，在一场英国式的战争中，制海权作为首要目标这一点不证自明，夺取制海权必须在所有行动中居于优先地位。取得制海权是必须奠定的基础，没有制海权作为基础就无法建立起进攻性战役的结构。在战争的最初阶段，所有军种应该联合起来集中全力建立起制海权，因此，摧毁构成海权的要素或者对制海权构成威胁的要素，应该优先于其他所有目标。该学派认识到完全的和绝对的制海权——也就是不受任何挑战的制海权——永远不可能实现，因此总会分散部分精力来实施防御，但是与建立制海权无关或者不利于建立制海权的其他攻势行动都应当避免。事实上，这也正是威灵顿对这条基本原则的明确认识："我们能够取得胜利的唯一方式是集中使用我们的力量实现单一的目标。"只要必要限度的制海权建立起来了，海上交通线也就安全了——这里的"安全"一词指的是战争意义上的安全——这样才能运输维持国家生活的货物和作战部队的武器物资，然后并且只能是在然后，才可能以决战为目的发起攻势作战，在方式上则只要英国的资源可以得到最恰当的使用即可——可以对敌人的国家及其附属国发起军事入侵，也可以对

---

① 译者注：苏扎湾（Suda Bay）为希腊地名，位于克里特岛附近。
② 译者注：塔兰托（Taranto）为意大利东南部城市，濒临伊奥尼亚海。
③ 译者注：托布鲁克（Tobruk）位于利比亚北部。

敌人发起空袭。如果战争的发展趋势允许，此类攻势行动可以不针对或者尽可能不针对敌人的物资供应，即不必击沉敌人的船队并使其战争物资受到损失。这并不意味着除非敌人在海上的反抗已经被有效粉碎了，才能开始在海外发起战役行动。正好相反，在海外展开的陆上作战行动对完成建立制海权这项任务来说必不可少，这一点与过去进行的伟大斗争并没有区别。1940 年，地中海周边成了开展这些作战行动的战场。

以新面目示人的"大陆"学派提出了这样一个观点：航空兵部队的发展在战略中构成了一个全新的影响因素，这个因素使得迄今为止公认的那些古老战争原则过时了。据称，航空兵可以直接打击敌人的肌体、心脏、腹部以及敌人的神经。通过轰炸，不仅能摧毁敌人的资源，摧毁敌人生产所有战争物质手段的设施——军工厂、造船厂和燃油厂——还能摧毁敌人在港内和船台上的战舰①，以及敌人的内部交通手段——铁路、运河、内陆港口——甚至能摧毁敌国民众抵抗的意志。该学派宣称，现代战争与传统战争的不同之处在于其"国民性"：过去的战争是由王朝或者政府进行的战争，现代的战争是由全体民众进行的战争。这样一来，敌国民众本身而不仅是武装力量，已经成为潜在的攻击目标。"因此，通过粉碎其抵抗实力与继续斗争的意志来打败敌人的国家，成为战争的最终目标。"空军掌握着粉碎那种意志的新威力。"陆军和海军在影响敌国的士气之前，必须首先击败敌人的武装力量，空军则因为可以在三维空间中行动，可以直接打击敌人整个国家的士气而不需要首先打败敌人的空军。"② 从这个前提出发，接下来的逻辑就是平民是一种正当的攻击目标，而这种手段能以最快速度和最小代价结束战争。这种学说的不太极端的鼓吹者，则不承认存在单独的空中战争，并承认需要与其他两个军种合作。③ 还有一个学派走得更远，视海军和陆军为一堆垃圾，主张单独使用空军作为武器。④

在这两种相互冲突的战略构想中做出抉择，一如既往地属于政治家们的

---

① "Most important of all, the Air can destroy and damage the sources of submarine production."
② Air Vice - Marshal E. L. Gossage, *The Air Force*, p. 26 (1937).
③ Ibid., p. 27.
④ e. g. Alexander Seversky, *Victory through Air Power* (1942).

事情。他们要决定目标的主次，并为达成主要目标尽最大可能地分配力量，同时又要兼顾防御和政策不可避免地提出的其他需求。因此，现在的问题是可用的空军兵力不足，无法在同一时间满足在地中海前线和大洋前线为夺取制海权而进行斗争的海军和陆军兵力提出的需求，而又对作为物质和精神目标的德国城市和工业实施有效的攻势作战，这些目标被认为是空军的优先打击对象。

最终的决策是以最大可能打击德国境内的目标。因此，在挫败德国的入侵企图到德国在1941年6月22日进攻俄国并将其拖入战争之前的数个月当中，空中作战行动主要是直接打击柏林、埃森①、斯科达②、科隆③、杜塞尔多夫④、曼海姆⑤、汉堡和汉诺威的城市和工厂。接下来打击的次要目标对海上战争有两方面的直接帮助——对位于汉堡、不来梅、埃姆登⑥和基尔⑦的德国造船设施实施轰炸，对布雷斯特的德国巡洋舰实施打击。在地中海和大洋上发起战役，则被视为更次要的目标。

对造船厂及造船设施的轰炸，毫无疑问地令德国的潜艇产出量降低了，然而同样毫无疑问的是，并没能因此而阻止船队的损失进一步上升，而且数字已经达到了危险的水平。虽然说这种轰炸的确降低了潜艇的产出量，但是并未能阻止德国潜艇兵力的规模急剧而有效地扩张，1939年德国大约只有60艘潜艇，1945年则增长到了逾800艘。⑧ 给德国潜艇造成损失的方式众所周知，从中可以得出的结论是"海洋"学派的观点是正确的主张，即不能认为对船队提供保护最行之有效的方式是在基地内和船台上摧毁潜艇，而是应该通过水面舰艇部队和航空兵部队在公海大洋上协同作战来寻求安全。据报告，

① 译者注：埃森（Essen）是德国西部北莱茵威斯特法伦州的一个城市。
② 译者注：斯科达（Skoda）应是指位于捷克境内的斯科达兵工厂，捷克当时属纳粹德国建立的波希米亚和摩拉维亚保护国，斯科达兵工厂为纳粹德国军队生产了大量军火。
③ 译者注：科隆（Cologne）是德国西部莱茵河畔的历史文化名城和重工业城市。
④ 译者注：杜塞尔多夫（Düsseldorf）位于德国莱茵河畔。
⑤ 译者注：曼海姆（Mannheim）是德国巴登—符腾堡州的第二大城市。
⑥ 译者注：埃姆登（Emden）是德国主要港口之一，在北海多拉尔特湾右岸、埃姆斯河口附近。
⑦ 译者注：基尔（Kiel）是德国北部港口城市，位于波罗的海基尔湾。
⑧ The ascertained losses of German submarines have been given as 713, and over 100 were available for disposal or destruction by the allies at the end of the war. Since the above was written, more extended figures have been published; which do not, however, alter the arguments above.

有 550 艘德国潜艇在海上被摧毁，只有 37 艘在船厂内被摧毁。"海洋"学派的观点是通过增加岸基航空兵和舰载航空兵的数量来增强海上实力，这些飞机通过与海军的水面舰艇协同作战能够更好地满足国家需要，其效果要比对陆袭击好得多，因为在海上摧毁的 550 艘潜艇有半数以上要归功于飞机。此外，对船队进行保护的效率在 1943 年大大提高了，这是因为在漫长的等待之后，海军航空兵部队终于得到了显著加强，可以合理推导出的结论是如果减少对德国城市的攻击架次，完全可以更早做到这一点，价值 2.3 亿英镑的 3,520 艘英国商船将可能免遭于难，作为战争急需物资的许多货物将不会沉入海底，而是到达作战部队手里，整个战争期间所有战场遇到的海运瓶颈将不会那么严重，整个世界的战后重建工作也会更加从容。

另一方面，对驻在布雷斯特的德国巡洋舰的轰炸回报显著。德国的两艘战列巡洋舰在大西洋巡洋作战中击沉了大约 20 艘商船，抵达布雷斯特后即开始受到轰炸。尽管轰炸没能将其摧毁，但是却让其失去了战斗力，由于受损严重，它们不得不在港内停靠了十个月之后才得以再次出海，意图是重返波罗的海，其中一艘再也没能浮在海面上，另外一艘则在攻击北极护航船队时反被击沉。

在地中海，急需向这个战场派出尽可能多的飞机并且持续在那里保持轰炸。"海洋"学派认为，把敌人从非洲赶出去并夺取其基地，要比通过轰炸德意志帝国的城市从而降低德国的军火产量或者打击其民心士气重要得多。从这些基地出发可以轰炸西西里和撒丁的机场，敌人的飞机正是从这些机场起飞来攻击护航船队，而且可以有效地打击并瘫痪意大利的舰队。此时（1941年），竭尽所能加快歼灭意大利舰队具有特别重要的意义，因为日本的威胁趋于明显，这就需要有一支舰队能够尽快腾出手来奔赴远东。舰队航空兵在 1940 年 11 月对驻塔兰托的意大利舰队实施了成功打击，如果能够有重型轰炸机对其进行后续打击，那么完全可以扩大战果，舰载飞机的"战术胜利"将会变得更加完美，而无论在陆上还是在海上都应该追求完美的胜利。创新性地使用重型轰炸机将达成彻底歼灭其舰队的目的，而不只是取得暂时瘫痪的结果。占领七个月之后，克里特岛在 1941 年 6 月又被敌人占领了，这是因为该岛缺少机场，缺少飞机，缺少防空火力，同时因为绕经好望角的海上长途运输艰险而费时。如果内阁的战略思想此时能够把制海权置于首要地位，把轰炸德国放在次要位置，那么至少能够满足克里特岛防御在这三个方面的需求。该岛的价值受到了充分重视，坚守到底的决心也信誓旦旦，所缺乏的是手段，而这些手段被用到了其他意图上。

1941 年 6 月 22 日，德国进攻俄国并把这个中立国家拖入战争，新的局面出现了。大不列颠不再是单枪匹马地进行战争，英国在大陆有了盟国。然而，对政治家们来说，在"海洋"政策与"大陆"政策之间做出抉择仍然至为关键。英国作为一个盟国进行战争时通常会出现的那个老问题又出现了，即英国应该以何种方式最有效地使用其武装力量来援助盟国从而促进其共同事业。首相指出："我们的资源尽管丰富，但是总有限度，在何处以及在何时使用我们的资源来扩大共同努力的主要领域，这当然是一个问题。"①

泛泛而谈，英国向俄国提供帮助的方式无非有两种，这与在过去的战争中通常采取的方式没有区别——削弱敌人和补强盟国。前者主要是通过侧翼攻击或牵制性作战起到作用，后者则主要是向盟国提供金钱、军火或者其所需要的物资。

那时，这种牵制性的或者翼侧的攻击在军事上被不准确地称为开辟"第二战场"——之所以说不准确，是因为英国已经不只在一个战场上作战了——这在当时根本没有可能实现，因为整个英国能够动用或者提供的地面部队，都被投入到地中海战场，在北非、叙利亚和伊拉克参加会战。由于受到日本的威胁，英国还向远东地区派出了增援部队，第一批增援部队在 5 月到达新加坡，后续又有来自联合王国、澳大利亚和印度的增援部队在 8 月抵达。7 月下旬，日本占领了法属印度支那，随后又有地面部队主力在那里登陆，这足以表明确有必要采取这种预防性措施。

因此，这时能够协助俄国的"武器"只能是空中和海上的力量了。

通过空袭、降低其各种军火的生产量、阻断其内部运输体系和尽可能阻断入侵俄国的德国陆军输送，能够起到削弱德国这个敌人的作用。这种形式

① "Mr. Churchill on 14 Aug. 1941".

的翼侧攻击如果成功，将会进一步达到牵制的效果，迫使敌人将用于入侵俄国攻势作战的相当兵力转为用于保护这些方面的利益。此外，与从前一样，轰炸预期还会产生打击敌国民众士气的效果，"大陆"学派对这种效果相当看重。

补强俄国这个盟国的目标，可以通过向其提供武器和各种物资来实现。俄国的需求十分庞大，因为在德国最初的突然袭击中，俄国的战争物资和工厂损失惨重。俄国需要立即得到大批坦克和飞机，以及成千上万吨的油料和原料。[1] 向北极地区运送货品的 739 艘货船有 62 艘损毁——损失率达到 8.4%。[2] 俄国陆军急需的这些供应，只能越过大西洋、北海和北冰洋通过海路运达，或者通过经好望角到波斯湾和里海的漫长海路运抵。第三条通道要跨越太平洋，却被日本拦住了去路，日本对美国船队驶往符拉迪沃斯托克[3]提出了抗议——这进一步表明其存在敌对意图。英国海上力量面临着额外的需求，既需要运送货物的船队，又需要保护船队的战舰。由于遭受了极为严重的损失——到 1941 年 6 月底，有 1,028 艘英国商船（总计 4,605,132 吨）被击沉[4]——海运已经不堪重负，尽管在其后的一个季度局面得到改善，但是由于损失率达到了三分之一，争夺制海权的斗争还远远没有结束。首相在 9 月对全国发出了警告，"在赢得大西洋战役这个问题上，不要再夸夸其谈了"。巨大的损失在继续或者说重复发生，在若干个月的时间里，损失的速度达到了补充速度的四倍甚至五倍，这样下去的结果只能有一个：英国将会失败。德国潜艇的生产量还在增长，新装备和新设备将会得到使用。一点都不用怀疑，需要付出极大努力才能在大西洋建立起制海权。有一位德国海军将军也

---

[1] According to a Russian statement issued in June 1944, Great Britain, the United States, and Canada had by then dispatched to Russia over 101 million tons of munitions and supplies. These included 14,698 aircraft, 9,214 tanks, 219,975 turcks and transport vehicles, 40 million shells, 1,311 million cartridges, 240,000 tons of explosives, 5,395 guns. The raw materials were principally petrol, aluminium, copper, zinc, nickel, steel and steel rails, tin, lead, and cobalt.

[2] *The Times*, 20 Mar. 1945.

[3] 译者注：符拉迪沃斯托克（Vladivostok）即海参崴，位于亚欧大陆东面的阿穆尔半岛最南端。

[4] The total of British, allied, and neutral shipping, all of which were capable of serving the needs of supply, that had been lost by the end of Junes was 1,738 vessels of 7,118,112 tons.

毫不含糊地指明了海上斗争具有决定性的特征，加多将军①指出："这场战争取决于大西洋战役的结果，取决于我们自己在打破封锁的斗争中能不能成功地扩大我们的供给基础。"②

地中海方向的需求同样巨大。1941 年夏季，形势极为严峻。由于缺少飞机，克里特陷于敌手。北非战役在开始阶段进展顺利，英国陆军推进到了班加西，但是之后形势急转直下，敌军抵近了埃及边境，英国部队同时还在为收复叙利亚和伊拉克的基地而英勇战斗。在海上，护航船队向马耳他运送了大批急需物资，途中困难重重，商船和护航兵力都有损失。增援力量还在绕道好望角的路上，尼罗河集团军③则正在重整旗鼓，准备发动新的攻势。然而，敌人的增援兵力与补给也越过地中海到了德国和意大利陆军手中。控制地中海对俄国和英国都至关重要，尽管英国没有所需物资必须穿越地中海，但是如果轴心国主宰了这片海域，那么将会使其在埃及赢得胜利，并占有伊拉克和波斯的产油区，进而有办法从那里把石油运回自己的港口。轴心国的军队沿红海而下进入印度洋的通道将会大开，并可在印度洋切断经波斯湾运往俄国的补给。最后，这将会令日本立即趁机加入战团。另一方面，把敌人从非洲赶出去是畅通地中海交通线的第一步，这将会缩短通往波斯湾和远东的路程，减轻运输吨位不足的困难，使得补给可以更快到达俄国且损失更小。同样重要的是，鉴于日本敌意日趋明显，可以因此腾出部分战舰前往远东。因此，如果能够在非洲取胜，那么意大利的舰队也将随即被歼。为了实现在非洲的胜利，首先就要切断敌人陆军的交通线，令其无法获得增援兵力和军火及燃料，敌军就无法把英国陆军从利比亚赶回埃及。对这两个盟国来说，在地中海尽最大可能集中所有军种的兵力——陆军、海军和空军——就成为最重要的事情了。

从宏观的角度看，大臣们需要做出的决定是两种行动方案中哪一种最能够为饱受压力的俄军提供帮助，现在需要决定优先顺序及其后续安排。由于

① 译者注：应是指赖因霍尔德·加多（Reinhold Gadow，1882—1946），德国海军少将。
② Quoted in *The Times*, 5 Sept. 1941.
③ 译者注：1941 年 9 月改称第八集团军。

不可能同时为两种行动方案提供足够的空军兵力，那么目标应该放在通过打击其有生力量、交通和士气来削弱敌人上，还是应该放在夺取制海权上？如果选择前者，那么就不能优先满足正在进行"大西洋决战"的海上力量对轰炸兵力的需求，而是要优先满足正在进行地中海战役的陆上和海上兵力提出的需求。如果选择后者，那么就要从轰炸德国的兵力中抽调部分力量来满足地中海战役的需求。而在对德国的轰炸中，那些对海上斗争的胜利能够提供最直接帮助的目标，将优先于德国的内陆目标及其占领的地盘。向地中海战场分配的空中兵力，在数量上受到两方面的现实限制——维持兵力的实力以及可以利用的运输吨位，因为吨位是一个主要的决定因素，所以与保持和增加吨位相关的措施可能得到优先考虑。

　　1940 年和 1941 年，在决定这个重大的战略问题时，优先权被给予了对德国的轰炸。对德国内陆目标的攻击成了轰炸机司令部关注的重点，地中海战役和"大西洋会战"的制海权问题则再次居于次要地位。在轰炸目标中，有时会有 40%——但不总是这样——直接针对位于博洛涅、勒阿弗尔、敦刻尔克、瑟堡、圣纳泽尔[1]、加来、洛里昂、波尔多、奥斯坦德、安特卫普、艾莫伊登[2]和鹿特丹等基地的潜艇和小型舰艇，针对埃姆登、汉堡、基尔、不来梅和威廉港的造船厂和修船所，还有位于奥格斯堡[3]的机械制造厂，那里生产潜艇发动机。当这场战争的整个历史都公之于世时，将有可能判断在这个时期共同事业因为针对德国的工业、交通和士气的打击获利更多，还是因为在北非遭到反击而损失更大，这些损失中就有陆军丢掉了托布鲁克，此外还有此后在海上遭受的极其惨重的损失。

　　1941 年 12 月，一场新战争在远东打响了，伴随而来的是美国参战以及轴心国对美国宣战，这就让人们很快确信"大西洋会战"还没有取胜这样一个警告所言不虚，认识到迫切需要发展和利用一切手段、措施和工具来歼灭敌

---

　　① 译者注：圣纳泽尔（Saint‑Nazaire）是法国大西洋卢瓦尔省城镇和海港，位于法国大西洋西海岸，法国卢瓦尔河口右岸。
　　② 译者注：艾莫伊登（Ijmuiden）位于荷兰北海运河入海口。
　　③ 译者注：奥格斯堡（Augsburg）是德国中南部城市。

人的潜艇兵力。在海岸司令部的指挥下，空军和海军兵力在大西洋的配合更加紧密。1941 年下半年，舰载航空兵开始为船队护航并取得了令人满意的效果，尽管由于在爱尔兰缺少基地而导致防御困难。1941 年上半年，在西北方港口航道附近活动的德国潜艇主力，被驱赶到了西部航道以外的大西洋开阔海域，在那里可以进行规避航行。因此，在 1941 年夏季和秋季，德国潜艇的活动范围很广，从格陵兰直到西非沿岸。在广阔大洋上搜寻目标总是收获不大，而在港口航道附近进行搜寻则会事半功倍。因此，到了 1941 年的年底，损失尽管仍然严重，但是已经显著下降了。然而美国参战后，损失再次急剧上升。德国潜艇部队立即集中攻击美国海岸线外的美国船队，活动范围从纽芬兰直到加勒比，并深入到了墨西哥湾，在委内瑞拉的石油港口外海，油轮受到特别关注，大批高价值的船只被击沉，美国沿海也有大批商船被击沉。美国很快就认识到海上和空中行动必须彻底整合的需要，因此大西洋和太平洋海岸各军种的所有飞机都由海军司令部统一指挥。[1] 尽管付出了最艰苦的努力，包括许多英国反潜力量被派去协助美国部队，船队在 1942 年夏季的损失还是达到了战争开始以来前所未有的规模，在这场战役中增加飞机数量的需求极为紧迫，因为海运的损失已经严重到令盟国的事业前途黯淡。德国最高统帅部十分清楚在大西洋的这场斗争对德国事关重大。他们认为，事实上这与他们在俄国进行的战役密不可分。（大西洋的斗争）连同为争夺制海权而在北非和整个地中海进行的另一场战役，要求盟国明确地把打击德国工业生产和民心士气的作战行动放在次要位置，因为盟国现在拥有的资源和开发出的手段还不能与有效影响俄国战局的使命相匹配。德国的城市和交通无疑受到了沉重打击，但是敌人对盟国海上交通的打击更沉重，这些打击造成的后果并不能因为得到补充而及时缓解。重建一家工厂的速度要比建造一艘战舰快得多，也比在非洲夺回失地快得多。有一位军事评论家在当时就写道，"一个科隆，哪怕是六个科隆也无法比得上一个托布鲁克"[2]。

---

[1] By joint decree of the Army and Navy Departments of 28 Mar. 1942.

[2] General H. Rowan Robinson in *The Times*, 27 June 1942.

在远东，那个新敌人风头正劲。在瘫痪了珍珠港的美国太平洋舰队之后，日本在海上取得了压倒性优势，马不停蹄地开始了一系列蓄谋已久的远征行动，扑向英国、荷兰和美国在太平洋的领地。日本海军至少拥有 12 艘战列舰、43 艘大大小小的巡洋舰、6 艘或者更多的航空母舰、160 多艘驱逐舰或小型舰艇以及 140 艘潜艇。对抗这支强大海军的盟国海军兵力，只有区区 18 艘巡洋舰、24 艘驱逐舰和 40 艘潜艇，而且分散在各处执行任务。在宣战的一个星期前刚刚抵达新加坡的 2 艘英国战列舰则被击沉了。在敌人拥有极大的战列舰兵力优势的情况下，派出这 2 艘战列舰单独行动的战略意图何在，迄今没有人做出说明。

敌对状态持续了八周之后，为保障远东舰队而在新加坡耗费巨资兴建的大型基地陷落了。敌人坐享了新加坡所有的便利条件，包括将其用作与维希政府勾结的前进基地。守备部队增加到 9 万人之后，是否可能在新加坡坚守更长一些时间，现在不应该用可能或者应当来讨论这样一个问题。然而，有一件事情确定无疑且得到了承认。除非到来的援兵既能够驱逐敌人，又能够确保英国的海上交通线和防守兵力安全无虞，否则新加坡的陷落根本无法避免，只是早一些还是晚一些的问题，这同整个战争期间那些孤立的海上或陆上堡垒不可避免地被攻陷没有什么不同。伦敦德里、直布罗陀和马耳他是因兵力雄厚而能够坚守的典型，而之所以能够坚守，只是因为在许多情况下都及时得到了海上支援；米德尔堡①、梅诺卡、约克城、库特②和巴黎，则与其他许多需要防守的地方一样，因为被切断了与外部的联系并被围困，最终只能选择投降。大英帝国的海外领地、占有地和基地的根本防御原则是当地防御需要有足够的实力，能够与敌人对抗相当长的时间，直到海军兵力抵达并夺取或者恢复制海权，因而能够给守备部队提供足够的增援与补给。把殖民当局或者军事指挥员当成替罪羊，在提振平民的战斗精神或者发展抵抗手段以便实施防御甚至挫败攻击方面，指责他们有所疏失或者措施不力，只能是

---

① 译者注：米德尔堡（Middelburg）是荷兰西南部北海沿岸港口城市。
② 译者注：库特（Kut）为伊拉克东部城市，位于底格里斯河北岸。

于事无补。同样，把基地的丢失归结为错误地注重海上防御而忽视陆上防御，或者拒绝把防御任务交给空军的提议，也只能是徒劳无益。早在二十年前，英国就已经充分认识到了这样一个问题：针对新加坡的任何企图都将会是先在马来半岛本土登陆，对新加坡基地的防御将是一场野战，防御存在时间限度——一支在兵力上对日本占有优势的舰队需要花费多少时间才能抵达当地，这是一个关键问题。新加坡基地是为了保障一支舰队的需要而建的，但是那支必要的舰队却没有建立起来。在 18 世纪和 19 世纪采用"两强标准"时所坚持的传统原则被抛弃了——这条原则就是海军应当能够在英国拥有至关重要利益的若干个海域，应对任何可能的国家或集团的联手攻击。一支仅能顾及一个半球的海军能够守住横跨两个半球的帝国，正是这种幻觉决定了新加坡的命运。① 伯克发出的警告直面真相，在所有公共部门中，对海军不容横加干预，不容有丝毫急功近利，海军的失败会带来一系列严重的后果，这一点在太平洋遭遇的不幸与危险中能够找到充分的证据。

当丹麦被德国占领之后，政府在 1939 年迅速采取行动，阻止了德国对冰岛和法罗群岛的占领②，这一点值得称道。这一次，政府立即着手阻止日本占领马达加斯加。迭戈－苏瓦雷斯③这个令人垂涎的基地如果落在日本人手中，他们的巡洋舰和潜艇就会给过往好望角航道经印度洋到埃及和波斯湾的护航舰队造成致命威胁，从而需要极大地加强护航兵力，而这将进一步让英国在巡洋舰和小型舰艇方面捉襟见肘，英国将举步维艰甚至无能为力。远征部队于 1942 年 3 月从英格兰启航，5 月 5 日在迭戈—苏瓦雷斯登陆。法国地面部队进行了抵抗，英军经过四个月的作战才彻底征服了全岛，并交由"自由法国"的军队进行守卫。在夺取这个可能为敌所用的基地期间，英国还对好望角地区发起了几次远征，远征的原因和面临的形势都差不多，就是为了避免好望角变成法国海军的基地。④

---

① Cf. *Fortnightly Review*, March 1942, pp. 240 et seq.
② Ante, p. 302.
③ 译者注：迭戈－苏瓦雷斯（Diego Suarez）为马达加斯加港口。
④ Ante, pp. 225—226.

由于海上力量不足，马来亚①和婆罗洲②的基地丢掉了，澳大利亚和新西兰面临紧迫危险。然而，美国派出了足够的海军兵力，把那些受到威胁的领地从被占领的危险中拯救了出来。美国舰队和小型舰艇编队在珊瑚海③、瓜达尔卡纳尔④外海以及中途岛海域击败了日本人，这些胜利成为东方战争的转折点。美国在海上取得的胜利，为美国陆军和海军实施大规模联合作战创造了条件。另一方面，由于在运输和登陆船舶这个海权的基本要素方面存在欠缺，无法从海上发起作战行动，（英国）第十四集团军被迫在缅甸发起了把日军赶出去的战役，这场战役波澜壮阔然而异常艰难。无论我们对太平洋战争的哪个阶段进行检讨，都要直接面对这样一个事实：所有事情都取决于对海上交通线的控制。

整个 1942 年夏季，严重的海运损失仍在继续，这让首相在 9 月 8 日的一次演讲中认识到，"我们必须把海上的斗争作为盟国所有努力的基础"。截至此时，事实证明轰炸工业基础的政策收到了减少甚至中止海上损失进一步上升的成效——被击沉的商船数量在 1942 年 11 月达到了最大值——然而这种效果起到的作用并不直接，这是因为英国虽然制造出了越来越多的飞机，却大多被用于摧毁德国的生产能力，用来满足海上战役迫切需求的数量反而越来越少。直到这一年的年末，情况才有了显著改观，航程更大的新型飞机被投放到了大西洋战场，加上水面舰艇部队和空军部队在"大西洋战役"中的配合更加紧密，在 1943 年的头几个月里，被击沉的商船数量降到了令人满意的水平。尽管如此，还是有一种思想学派认为空中战争单独存在，独立于陆上战争和海上战争，并要求集中全力轰炸德国，其他什么事情都不要做，甚至主张撤回所有参与反潜作战和非洲作战的飞机。这可能算是再糟糕不过的政策了。

---

① 译者注：即英属马来亚（British Malaya），简称马来亚（Malaya）。
② 译者注：婆罗洲（Borneo）即加里曼丹岛（Kalimantan Island），是世界第三大岛。
③ 译者注：珊瑚海（Coral Sea）是世界上最大的海，位于太平洋西南部海域，澳大利亚和新几内亚以东，新喀里多尼亚和新赫布里底岛以西，所罗门群岛以南。
④ 译者注：瓜达尔卡纳尔（Guadalcanal）简称瓜岛，位于南太平洋所罗门群岛的东南端。

1942 年的最后几个月，战争进入了一个新阶段，从为争夺制海权而斗争，转为对制海权的利用。大洋上的作战形势得到了改善，地中海的局面也发生了转折。10 月 23 日，英国陆军在阿拉曼①发起攻势行动，击退了敌人并追击到了突尼斯。两个星期之后，渡海而来的美国和英国陆军在北非的卡萨布兰卡②、奥兰和阿尔及利亚登陆，由超过 500 艘船只进行运输并由 350 艘战舰及飞机提供保护。历次战争中海权影响陆上作战行动的例证屡见不鲜，但是这一次的影响程度最深，甚至超过了在半岛战争中的影响程度。敌人的潜艇虽然一度在美国水域取得了一些胜利，但是（盟国）最终还是建立起了制海权，正是依靠这种制海权，大规模船队才得以跨越大西洋和比斯开湾。保密工作做得很好，达成了彻底的突然性，远征部队的启航时间以及登陆地点敌人都不知道。尽管在地中海的制海权此时（11 月）在范围上还未能大到覆盖地中海西部，因而未能阻止轴心国的援兵抵达突尼斯，但是已经能够严重制约非洲军团的油料补给，德国陆军有一位将军将其归结为失败的主要原因，而此时德军距离埃及这个目的地只有一步之遥。增援并未让轴心国摆脱灾难，随着基地向西延伸，轴心国陆军的交通线被尽数切断，只有少量敌军得以逃脱。

把敌人从北非赶走并未能在地中海建立起全面的制海权。尽管意大利舰队的巡洋舰兵力和轻型舰艇兵力损失严重，但是其大型战舰和小型战舰实力仍然不容轻视，除非将其解决掉，否则其就可以作为一支牵制性兵力，同时可对交通线构成威胁，阻止增援远东的部队进行调动。轴心国的空军也还留在原来的地方，其给交通线造成的危险并未因（北非战役的）胜利而消除，因为轴心国空军的主要基地不在北非而在西西里和撒丁。最后，还有敌人的潜艇，在突尼斯受到威胁的时候，潜艇仍然能够利用意大利的基地以及被德国占领的土伦展开行动。

因此，在非洲取胜之后，顺理成章的事情就是入侵西西里，可能还有撒丁和科西嘉，继而入侵意大利，第一步则是要让敌人失去在塔兰托、布林迪

---

① 译者注：阿拉曼（Alamein）为埃及北部城镇。
② 译者注：卡萨布兰卡（Casablanca）位于摩洛哥西部大西洋沿岸，又名达尔贝达（Dar el Beida）。

西①和那不勒斯的海军基地。这样一来，残余下来的舰艇就会被赶到北部港口——斯培西亚②、热那亚和威尼斯——远离海上通道。因此，两栖作战的盟国军队稍后就在西西里登陆了，征服该岛之后又向大陆挺进。9月8日，意大利无条件投降。在地中海的斗争结束了，制海权已经尽在掌握。敌人还能够从尚余的基地出发对海上交通线构成干扰，但是相对来说已经微不足道了。

5月中旬，突尼斯守军投降时，大洋之上围绕制海权的斗争也到了一个决定性的阶段，而在3月份的时候，干扰一度加剧，造成了相当可观的损失。到了夏季，补充的吨位已经超过了损失的吨位，而被摧毁的潜艇也多过了被摧毁的商船。这个有利的结果要归功于护航力量的加强，在水面和空中都加强了护航力量，同时又引入了长航程的岸基飞机，配备了新的装备和武器。9月，在亚速尔群岛建立了一个基地，根据1393年签订的一项古老条约，该基地由葡萄牙转交给英国使用，参加护航的舰艇在使用效能上得到了提高。

到了1943年秋季，西半球两个战场——地中海和大西洋——的制海权都稳稳在握，这是陆军、海军和空军针对敌人武装力量进行联合作战的结果。被控制的海洋现在成了可以安全通过的桥梁，盟国的地面部队可以通过这座桥梁抵近任何一个选定的敌人或者其占领的地盘。德国本土以及仍然被其占领的国家，现在都处于威胁之下。德国在突尼斯损失了大约10个师的兵力，在斯大林格勒损失了20个师甚至更多，为了顽抗到底并把盟军挡在帝国真正的领土之外，有80个甚至更多个师的兵力分散在挪威、丹麦、荷兰和意大利北部的海岸线上进行防御，同时对付这些国家的人民。海权在握的盟国，也掌握了主动权。盟国可以选择在何处、何时以及如何发出下一击——占领整个意大利将使德国南部地区处于轰炸机的作战半径之内，或者选择在法国南部、西部或北部登陆，也可以选择在荷兰或者其他地方登陆。

盟国已经做出了决定。大规模进攻法国的行动将在诺曼底海岸展开，同时由法美联合地面部队从意大利出发在法国南部实施小规模登陆。海运在这

---

① 译者注：布林迪西（Brindisi）是意大利东南部城市。
② 译者注：斯培西亚（Spezia）位于意大利北部利古里亚海东北岸的西佩齐亚海湾内。

个决策中是一个重要的影响因素。位于意大利的法美联合地面部队经海路在比斯开湾沿岸登陆，还是随同陆军主力在诺曼底登陆，这个问题经过讨论，在诺曼底登陆符合在决定性地点最大限度地集中兵力这个原则并且可以确保能够突破防线，但是从输送吨位的角度出发，最终做出的决定是在法国南部实施小规模登陆。① 毋庸置疑，为登陆诺曼底需要进行规模庞大而又高度复杂的准备工作，当然不只这一次如此。在 1942 年以来的两年中，在英国和俄国都有一些无知而又无礼的人，不断叫嚷着要开辟"第二战场"以减轻苏联军队承受的压力。生产登陆艇和修建"人工"港就需要一年的时间，而没有这些东西根本就无法实施作战行动，实际上希特勒就认为："如果我们守住了港口，我们就守住了欧洲。"造船工业能力在这个大事件中发挥的作用，雄辩地证明了其作为一个海权基本要素的地位，正是由于拥有了海权才使得这次行动得以实施，而正是由于具备了运输和上岸的手段才使得行动实际可行。然而，即便形成了如此巨大的吨位规模，可用的登陆舰艇数量还是不足以满足本土水域、地中海和远东的全部军事需求。之前因被潜艇击沉而遭受的海运损失以及进行补充的急迫需求，占用了造船工业大量的人力和物资，这些人力和物资原本可以用来生产登陆舰艇。

1943 年 7 月，决定在诺曼底实施登陆并着手进行准备的时候，已经能正确地估计到在可以预见的时期内能够掌握的制海权，可以满足从海上发起进攻的需要。做出这种估计，并不意味着认为大洋通道上存在的所有可能的危险都已消除。（敌人）不仅现有的已知潜艇兵力规模庞大，而且还会有大批新式潜艇完成建造。海运的损失在 1944 年至 1945 年冬季有所上升，1945 年春季 U 型潜艇从挪威尚存的基地出发实施了一次全力以赴的大规模攻击。北极护航船队需要杀出一条血路才能抵达俄国的港口，而在陆军穿越法国和比利时向前推进期间，（敌人的）潜艇和轻型水面舰艇对陆军的补给不遗余力地进行了拦截并封锁了通向安特卫普的通道。一如从前，这种情形以及在 1939 年 9 月开始对海运实施的快速打击都提醒我们，零零星星的作战不是只在战争初

① *The Times*, 18 Dec. 1945.

始阶段才会存在，而是可能持续到战争的最后一天。持续了六年的第二次对德战争，应该让这个国家深刻地认识到同时存在的两方面需要，一方面是要形成保护海上商业的原则，另一方面是要拥有随时能用的手段，这种手段以两种形式存在：所有类型的物质条件以及经过训练来掌握这些物质条件的官兵。必须有一个国家所属的部门承担起制定原则的职责，这个部门同时必须负责说明以下需求：作战工具的数量与种类、这些工具可以满足何种使用上的考虑以及为运用这些工具配备和训练什么样的人力。

德国投降之后，日本也投降了，比预期得要快一些。当盟国粉碎并歼灭其海上力量后，日本的最终失败已经不可避免。日本在四年前参战时曾经拥有一支强大的海军，现在——1945 年 8 月——只剩下 1 艘受损的战列舰、2 艘重型巡洋舰和 2 艘轻型巡洋舰、4 艘航空母舰（全部受损且空无一人）、数十艘尚能出海的驱逐舰以及大约 50 艘潜艇。日本的商船队在 1939 年总吨位达到了 650 万吨，战争期间又通过建造和俘获增加了 250 万吨，现在只剩下了不足 200 万吨。日本的所有海外基地均已丧失或者无法再使用，除了本岛与朝鲜之间的海域，其他所有海域均已不能用作补给通道来满足其自身的粮食和原料需求，或者满足那些分散在各侵占地区的陆军提出的需求。然而，日本在本土、中国和印度尼西亚还有 500 万军队，其空军有超过 1.1 万架轰炸机和战斗机，但是这些武力并不能挽救日本，尽管这些力量在各地还能进行或长期或短期的抵抗。盟国现在已经掌握了全面的制海权，可以用三种方式威胁日本：入侵其本岛、从空中和海上轰炸其工厂和城市以及封锁，切断其能够从大陆和沿海渔场获取的食物供应。尼米兹海军上将[1]指出，"我们拥有的海上力量可以让我们使用所有的其他资源，我们留给日本的选择是投降或者晚一些灭亡，但是一定会灭亡。我们取得的胜利，源于在指挥上从最高层到最基层都实现了融为一体的团队协作"。

他的这些话集中阐述了关于海权的两个根本性和永恒性的事实。海权令其拥有者得以充分利用自己的资源，从全世界获取资源以满足战争对原料和

---

① 译者注：即切斯特·威廉·尼米兹（Chester William Nimitz，1885—1966），美国海军将领。

制成品的需求，把这些货物运往需要的地方，把其他军种的作战部队运往在广阔战场上能够得到最有效使用的任何地点。海权自身不能赢得战争，但是能够让战争取得胜利。正如英国首相指出的那样，海权是胜利不可或缺的"基石"。赢得战争的胜利，依靠各个国家、最高统帅部和各个军种"融为一体的团队协作"。

此中并无新道理。没有什么道理能够跨越三个多世纪的海上战争告诉给我们。事实上，德雷克 1578 年在圣朱利安斯湾①说过的一席话，道出了一个放之四海而皆准的道理："先生们，你们得和水手们一道干粗活，水手们也要和先生们一样出力。"②

---

① 译者注：圣朱利安斯湾（Saint Julian's Bay）位于南大西洋西福克兰群岛海域。

② 译者注：德雷克的原话为"I must have the gentleman to haul and draw with the mariner, and the mariner with the gentleman. I would know him, that would refuse to set his hand to a rope, but I know there is not any such here"，意思是要求船上的所有人都要齐心协力。

附 录

附录1　邓达斯和卡斯尔雷论
英国战争原则 （1801—1815）

　　以下摘录邓达斯和卡斯尔雷分别在 1801 年和 1814 年做出的论述，以说明在拿破仑战争期间，他们在制定英国战略时对殖民地作战所处地位的理解。可以看到，两位政治家都把敌人的殖民地视为战场。拥有海上优势而陆上实力有限的大不列颠，在其参加的任何一场战争中都能够在这个战场上发挥出最大的影响力。

　　1801 年 3 月①，邓达斯在为 1793 年以来的英国战略进行辩解时指出："在我们对这场战争的进展做出判断之前，首先有必要决定在敌对行为中英国应该以何种原则作为指导，其次有必要确定在这场战争中这些原则被贯彻到了何种程度，再次有必要明确战事进行到目前取得了何种结果，并与我们在历史上其他时期的战争记录进行比较。关于第一点，从我们作为岛国的条件出发，从我们人口有限而不能展开大规模陆上作战的条件出发，从我们对商业和航海严重依赖的条件出发，我必须指出，无论战争的起因可能有哪些，很显然我们所要关注的首要目标是竭尽可能以最有效的方式增加维持我国海军优势所要依赖的资源，与此同时竭尽可能不使敌人在这个方面的竞争中得偿所愿。航海和商业不可分割地联结在一起，我国必须成为最强大的海洋国家，拥有最广阔的海岸地带。我不得不勉为其难地指出，如果有可能，在这些前提之下必然会出现的结果是我们应该尽早开始一场战争，切断敌人的商业资源，从而使我们能够确定无疑地削弱或者摧毁敌人的海军资源。我想不需要我向在座诸位证明那些有目共睹的事实，我国贸易对远方领地和殖民地商业存在极端依赖。因此，进行一场英国式战争的那些人就必然要担负切断

---

　　① *Parliamentary History*, vol. xxxvi, p. 1071.

敌人殖民地资源的任务，这就好比指挥一支庞大陆军的上将需要去摧毁或者拦截对手的军火。我坚信对敌人的殖民地采取进攻性行动是大不列颠进行任何战争都应该关注的首要目标，因此在敌对行动甫一发生时，我就毫不迟疑地将其作为我国政策的根本信条，这种性质的作战行动不应该受到任何限制，除了可能需要在本土保留必要的预备兵力以确保大不列颠及爱尔兰联合王国^①的安全。这一点尽管再明显也不过了，但并不是促使大不列颠政府夺取敌人国外领地的唯一原因。这是这个国家卷入任何一场战争必然会带来的结果，但特别是如果与此同时还伴随有一场波及范围很大的大陆性战争，我们的制造商必然会失去大量传统市场，这样夺取敌人在远方的领地和殖民地所能取得的成效，就成了提供新的、有利可图的市场，以替代那些暂时被关闭的市场。"

邓达斯接下来指出，这也是1793年到1801年指导战争的基本原则。1793年，英国夺取了多巴哥、圣皮埃尔和密克隆^②，取得了在纽芬兰、本地治里^③和圣多明哥部分海域的捕鱼权。在土伦的法国舰队部分被俘获，部分被摧毁。1794年，攻占了马提尼克、瓜德鲁普、圣卢西亚、圣特斯^④、玛丽加兰特^⑤和德塞亚达^⑥。1795年，夺占了马六甲和亭可马里，其后占领了整个锡兰和好望角。1796年，攻取了安波那^⑦和班达^⑧，以及荷兰在东印度群岛的属地和在西印度群岛的德梅拉拉、埃塞奎博和伯比斯。1797年，法国在马达加斯加的定居点被摧毁，特立尼达被攻占，一并俘获了驻在那里的4艘战列舰。1798年夺占了梅诺卡，1799年夺占了苏里南，1800年则夺下了戈雷^⑨、库拉索^⑩和马耳他岛。

---

① 译者注：1801年，英国在合并爱尔兰后正式名称成为大不列颠及爱尔兰联合王国。1921年，英国允许爱尔兰南部26郡成立爱尔兰自由邦，1937年成立爱尔兰共和国。1949年，英国承认爱尔兰独立。

② 译者注：密克隆（Miquelon）是位于北美洲加拿大纽芬兰岛以南25公里北大西洋中的岛屿。

③ 译者注：本地治里（Pondicherry）位于印度东岸。

④ 译者注：圣特斯（Saintes）岛邻近瓜德鲁普。

⑤ 译者注：玛丽加兰特（Mariegalante）为加勒比海小安地列斯群岛的岛屿。

⑥ 译者注：德塞亚达（Deseada）为阿根廷岛屿，亦称企鹅岛（isla de los Pingüinos）。

⑦ 译者注：安波那（Amboyna）位于印度尼西亚东部。

⑧ 译者注：班达（Banda）为印度尼西亚班达海东北部十余座小火山组成的岛群。

⑨ 译者注：戈雷（Goree）是塞内加尔的最大港口，也是西非的第二大港。

⑩ 译者注：库拉索（Curaçao）是位于加勒比海南部、靠近委内瑞拉海岸的一座岛屿。

他接着谈到了 1799 年对荷兰、费罗尔和加的斯的远征，这些远征都失败了，但是都有明确的目标。这些远征关系到并影响着大陆上的战役，直接目标是位于特克塞尔的荷兰舰队和位于费罗尔及加的斯的西班牙舰队。歼灭这些港口内的海军兵力意义重大，在一个针对大不列颠的新海军同盟正于北方形成的时候，意义尤其重大。他指出，令敌人在特克塞尔损失了 10 艘风帆战列舰，在西班牙港口损失了数量不详的风帆战列舰，正是这些远征最重要的价值所在。

针对敌人殖民地的打击，在英国式的战争中应当占据最重要的地位，卡斯尔雷在战争结束前再次阐述了这一观点。他在当时写道，"我们掌握的威力应当在一场战争的开始就得到迅速增强，应当使我们在本土马上就能保证安全，应当通过对敌人的殖民地尽早展开打击，以充分享受海上优势带给我们的胜利果实"。[①] 夺占敌人的殖民地之所以重要，不仅是因为能够让敌人失去资源的来源，殖民地还为敌人发动针对英国商业的袭击提供了基地。

邓达斯为执行"海上"政策进行的辩护，虽然列举了从敌人那里夺取的殖民地，但是并没有说明或者估计这种夺取对战争进程产生的影响，或者是否达成了瘫痪敌人抑或削弱其海权的预期目的，或者提高了敌人的战争代价和生活成本。我们现在能够知道，这些占领并没有产生在整体上影响战争进程的预期成效，如果以同等规模的兵力在欧洲某处前线实施联合作战，将更能影响战争进程。

另一方面，马汉为"皮特受到太多嘲笑的夺取'糖做的岛屿'的政策"进行了辩解，不是由于其对战争的整体进程产生了影响，而是因为殖民地具有"作为不动产的价值，作为在起草条约时当成所有物进行交换的价值，作为巡洋作战基地的价值……"他认为，法国在 1778 年占领一系列小岛的军事行动不过是在浪费精力，但是"当一国的海军拥有压倒性的优势——例如1794 年后的英国——而敌人仅能利用成群结队的小型劫掠船发动袭商战的时候，正确的军事政策就应该是捣毁劫掠船队麇集的巢穴"。[②] 同被夺取的殖民

---

① *Castlereagh Correspondence*, vol. v, pp. 29—30.
② *Influence of Sea Power on the French Revolution and Empire*, vol. ii, p. 252.

地进行贸易，好处之一是可以增加财政收入以继续进行战争。除了需要新市场，敌人在殖民地的基地也很重要，邓达斯指出了这一点，朱利安·科贝特爵士在对特拉法尔加海战之后的英国战略进行分析时也谈到了这一点。① "特拉法尔加海战结束后不到一年，拿破仑的袭商分舰队就从海上绝迹了，尽管还有一些劫掠船在海外基地活动。在劫掠船活动的基地被我们占领之前，这些基地对我们来说就是一根刺。除此之外，想要我们的海权有活力，就需要有新的市场和新的供应来源，以弥补拿破仑令我们失去的市场和供应来源。"因此，拿破仑的政策是通过重新组建他的舰队把英国的贸易排除在欧洲之外并增加英国的海军负担，以此来扼杀英国，英国的回应则是"通过联合作战夺占新市场并歼灭其新海军"。这场战争是一场消耗战。为了能够坚持到新同盟建立起来——在奥斯特里茨战役②之后看上去困难重重——英国不但必须要保护其海外商业，还要扩大其海外商业。

①　Creighton Lecture, 11 Oct. 1921 (Quarterly Review, April 1922, p. 238).
②　译者注：1805 年 12 月 2 日，法国军队在今捷克境内的奥斯特里茨取得了对俄奥联军的决定性胜利。

附录 2　保护殖民地和贸易

在保护殖民地和贸易方面，海军部在 1812 年战争期间对两个大的原则进行的检讨值得注意。

在殖民地方面，西印度群岛守备部队总司令乔治·贝克维斯爵士①向国务大臣巴瑟斯特勋爵正式表达不满，原因是西印度群岛海军兵力不足导致安全堪忧。海军部回复指出："如果乔治·贝克维斯爵士的意思是海军部应该对若干个西印度岛屿负责，使其免受入侵，那么海军大臣对他的提议完全不能苟同。尽管前去监视敌人港口的国王陛下的军官充满激情而又小心谨慎，不能保证封锁毫无缝隙，毫无疑问会有分舰队在未被注意到的情况下溜到海上，这就要出动国王陛下的战舰。"追击敌人不会有任何迟疑，因而极有可能歼灭敌远征部队中的海军兵力。然而，各殖民地首先必须依靠由总司令掌握的军事手段做好防御。

海军部在 1756 年针对梅诺卡失陷的备忘录中就阐述了殖民地防御的这个根本原则②，之所以会确定这个原则，是因为没有可能在所有的远方领地，或许在任何领地都不可能保持一支与敌人可能派出的兵力相当的海军兵力，"最好的实际上也是最保险的唯一办法，在于把敌人的兵力封锁在港口之内"。对港内敌人舰队的封锁构成了第一道防线，快速追击是第二道防线，能够坚持到救兵到来的当地防御则是第三道防线。托马斯·霍兰德爵士③在 1887 年用文字阐述了同样的观点，他在同年召开的殖民地会议上概要阐述了殖民地防御的原则："澳大利亚殖民地防御的总体标准，建立在敌人仅能够向那些海域派出小规模分舰队这个事实的基础之上，也就是说最多只会有寥寥无几的铁

---

① 译者注：乔治·贝克维斯（George Beckwith，1753—1823），时为英国陆军中将、殖民地总督。
② *Papers relating to the Loss of Minorca*, p. 96（Navy Records Society）.
③ 译者注：托马斯·E·霍兰德（Thomas Erskine Holland，1835—1926），英国法学家。

甲舰抵近澳大利亚港口，而无法对这些港口实施规模可观的远征。但是敌人在行动上的这种有限性——已经被广泛承认并作为行动的前提——只是因为帝国在欧洲水域保持有一支强大的铁甲舰队……这支舰队的用途是封住敌人的港口，追踪和拦截任何针对远方殖民地的远征部队。"①

这一思想的连续性和连贯性，在 1912 年关于海军防务问题的一份备忘录中有所体现，这份备忘录对来自加拿大政府的请求做出了回复："海军霸主有两种：整体性的和局部性的。整体性的海军霸主拥有的实力，使其可以在面对最强大的敌国海军或者敌对国家的联合海军时，在会战中击败敌人并令其在海上绝迹，无论在任何海域都可做到这一点。局部性的海军霸主具备的实力，使其可以向远方战场适时派出兵力或者常态保持兵力，这些兵力足以击败敌人，或者将其拖住，直至在决定性的战场取得决定性的胜利。大不列颠的整体性海上霸主地位是拱卫国王陛下各伟大自治领之安全和利益的首要屏障，每当存在针对这些自治领的任何图谋不轨的计划或对其政策和安全有损害的可能时，这种海上霸主地位都会将这种可能性消除殆尽。"②

这个原则一目了然。远方殖民地能够得到的照顾使其免受大规模攻击，途径是在敌出发地附近海域驻扎有大规模兵力，可以没有困难地加以调遣，或者在敌人的兵力出发后，有能力以优势兵力快速进行追击。直到最近几年，欧洲的"出发地"只有北海、英吉利海峡、比斯开湾和地中海。当远东出现了一个富有野心的海上强国后，考虑到东方领地的安全问题，这个原则的适用范围也扩大到了远东海域。由于在日本远征部队的出发地海域没有能够进行拦截的主力部队，或者拦截行动失败以及追击不够快速，才导致日本陆军机动的通道畅通无阻，以武力跨越海洋进入了太平洋的许多英国和荷兰岛屿及占领地。尽管当地存在守备兵力，但是其抵抗能力有限，无法坚持到救兵抵达，而能够提供援助的救兵也不存在，整个海军主力都陷在了欧洲战场。澳大利亚得到了援兵，但是这些援兵只是美国的海军。出于节约经费的考虑使得只能在一个半球作战的海军要来防守横跨两个半球的帝国，事实证明代

---

① *Parliamentary Papers*, 1887, vol. ivi, statement of 5 Apr. 1887.
② Ibid. 1912, Cmd. 6513 of Dec. 1912.

价高昂，伯克在 1763 年发出的警示得到了事实的充分证明。

　　1812 年战争期间，在对贸易进行保护的问题上，西印度群岛海军总司令抱怨说他的分舰队兵力不够用。这支分舰队计有 11 艘主力战舰、35 艘护卫舰和 38 艘单桅帆船，事实证明，面对少量护卫舰和大量劫掠船在大西洋发起的攻击，这支力量难以提供充分的保护。海军部回复指出，改进的办法在于加强封锁和护航。"你必须提供常态化和经常性的护航"，如果做到了这一点，"贸易就可能不会遭受严重损害"。这里得到强调的是"严重"一词，谁都无法保证绝对安全，哪怕战舰再多也不行。最终损失的商船超过 1400 艘，但是相对于整个英国海运来说，这个数字只占到很小的比重。为商船护航要求拥有大量的巡洋作战舰船，包括小型战舰以及大型护卫舰，离开了这些战舰就根本无法保护数量庞大的船队。那时候的政治家们和当代的政治家们必须懂得，"巡洋舰"的数量不能根据敌人大大小小的战舰数量来决定，而是要根据需要护航的船队数量、需要受到监视的基地数量和单个护航队的战斗力而定。由于攻击无处不在，所以防御也必须无处不在。在拿破仑战争和两次德国战争中，都出现了扩大巡洋舰和小型舰船兵力规模的需求，并且在兵力规模得到有效扩大之前都遭受了重大损失，这种高昂的代价提醒人们，在任何时候都需要保持必要的兵力规模，无论这些兵力是"巡洋舰""护卫舰"还是其他类型的装备，也无论这些兵力是水面舰艇还是飞机。和平时期吝啬，战争中就会付出高昂的代价。

附录 3 1807 年枢密院令

总共有十四项枢密院令。

1. 1807 年 1 月 7 日枢密院令。此项枢密院令指出法国政府违反了战争惯例，禁止所有国家同大不列颠发生商业往来并宣布这个国家处于被封锁状态，尽管法国舰队停靠在港内。英国有权进行报复。法国的敕令也有同样的禁止条款，不列颠有权"通过使用大批分舰队和巡洋战舰出现在敌人的港口及海岸"实施报复。换言之，以合规的形式实施封锁。但是由于不愿意因为采取这种极端的措施而令非参战国家受到妨碍，"在采取特定措施限制暴力的施行并对法国的不义之恶予以驳斥之前，国王陛下不允许采取极端的措施"。因此，枢密院令禁止任何船舶同法国境内的港口或者法国拥有的港口进行贸易，同时禁止任何船舶同在法国控制下英国船舶无法进行贸易的港口发生贸易关系。往来此类港口的中立国船舶将被英国战舰勒令中止航程，如有违反则后果自负。

2. 1807 年 2 月 4 日枢密院令。装运特定品类货物驶往英国的船舶不受任何限制，即谷物、羊毛、西班牙葡萄酒、生丝、皮革、沥青、圆材、板材、桅杆、帆桁、硫黄、软木和其他原材料。

3. 1807 年 2 月 18 日枢密院令。来自不来梅、汉堡和其他北德意志港口的船舶和商品，如果同英国进行贸易则可自由往来，尽管这些港口可能处于法国的控制之下。

4. 1807 年 8 月 19 日枢密院令。来自梅克伦堡①、奥尔登堡②、帕彭堡③和

---

① 译者注：梅克伦堡（Mecklenburg）为德国东北部历史地区名，今属梅克伦堡—前波默恩州。
② 译者注：奥尔登堡（Oldenburg）是德国西北部的一座城市，在下萨克森州境内。
③ 译者注：帕彭堡（Papenburg）位于德国北部。

科尼普豪森①的船舶，如非往来联合王国的港口，不得在任何敌对港口进行贸易。

5. 1807 年 11 月 2 日枢密院令（即"封锁令"）。鉴于 1807 年 1 月 7 日枢密院令没能迫使敌人撤销其敕令，或者使得中立国愿意介入以促成其撤销，正好相反，法国及其盟国以及其他与大不列颠交战国家的港口和地方都更加严格地执行禁令，所有港口都禁止接纳英国船舶，敌人的殖民地"需要遵守同样的限制，视同实际上已被国王陛下的军队封锁"。同时鉴于某些未参战国家屈从于法国的命令而接受了原产地证明制度，以证明商船所载货物不含联合王国的产品，这一制度也是针对英国贸易的战争体系的组成部分，作为报复措施，持有此种证明的任何船舶都将付出代价。

（需要注意的是，该项枢密院令的初衷不是中断与上述沿海地区的贸易。除了作为报复措施，其进一步的意图是增强作为英国海权要素之一的海运，通过迫使敌人通过英国港口进行贸易来保持国家的财政收入水平，而这正是拿破仑想要打击的目标。斯宾塞·珀西瓦尔②指出，"枢密院令的目标不是摧毁欧洲大陆的贸易，而是迫使欧洲大陆同我们进行贸易"。③）

6. 1807 年 11 月 2 日枢密院令。放宽航海条例的限制，允许外国商品通过外国船舶进口。

7. 1807 年 11 月 2 日枢密院令。法国宣布交战国向中立国出售船舶为非法，法国的贸易因为由中立国运输而整体上受到保护，枢密院令视这些贸易行为属非法行为。

其余七项枢密院令于 1807 年 11 月和 12 月颁布，主要规定了航线选择、审查许可和其他细节问题。

布鲁厄姆④和其他一些人反对这些枢密院令。布鲁厄姆认为其与国际法相悖，所谓作为报复措施不过是一种借口，实质上直接针对中立国家，而英国

---

① 译者注：科尼普豪森（Kniphausen）位于德国威廉港郊区。
② 译者注：斯宾塞·珀西瓦尔（Spencer Perceval, 1762—1812），英国政治家，1809 年出任英国首相，1812 年 5 月 11 日遇刺身亡。
③ *Cobbett's Parliamentary Debates*, vol. xxi, p. 1152.
④ 译者注：应是指亨利·彼得·布鲁厄姆（Henry Peter Brougham, 1778—1868），英国政治家，曾任大法官兼上议院议长。

没有权力损害中立国家的利益，除非这些国家屈从敌人的错误行为而使自己成为同谋。他认为这些措施不会生效，难以阻止中立国同法国进行贸易并迫使这些国家以有利可图的方式同英国进行贸易。无论敌人的敕令有何种企图，其执行敕令的实力仅限于对特定船舶关闭港口——其余内容则只是"不切实际的威胁和冒犯，不构成我们侵犯中立国家的借口，无论中立国家对这些敕令感到愤愤不平，还是安之若素"。他指出，姑且承认法国政府能够识破中立国家的伎俩并阻止这些国家的货物直接由本国船舶运入欧洲大陆，法国人能够做的事情最多也就是如此。英国同中立国家的直接贸易以及通过这些国家同受法国影响的国家进行的贸易，都将继续下去——这个论点的前提是那些中立国家能够自由行事，然而拿破仑恰恰不会允许出现这种情况。

附录4　伯克论 1793 年的战争战略

1793 年 8 月致梅西伯爵[①]："如果我对当前联盟的实质所作的估计是正确的，这不是一场同法国的战争，而是一场同雅各宾派的战争……我们所进行的战争事关根本原则并有典范意义，这不是一城一地之事，雅各宾主义的帝国无远弗届，必须从源头上加以根除。"

1793 年 9 月 22 日致吉尔伯特·艾略特爵士[②]："我不禁在想，我们又一次采取了错误的方针，我们得定下决心，要么考虑让我们自己与整个法国进行战争，而这只是出于一般的政治观点，要么我们就要支持某些共和派来建立他们的政权，并粉碎这个不幸国家残余的保皇党。如果让我来理解当前斗争的精神实质，我们现在卷入了一场内战。但是从一个长远和宏观的视角来看，从远比内战通常表现出来的目标更为深远和全面的目标来看……我强烈地感到这种观念合理而正当，我始终对普瓦图的形势发展更加关注，实际上我认为那里发生的事情远比同盟国在佛兰德斯那边取得的进展更重要。这些勇敢而又坚定的人，几乎赤手空拳，已经斗争并且胜利地斗争了六个月之久，事实上只是凭着勇气和坚忍，在面对共同的敌人时却做出了更大的贡献，比整个欧洲的常备军加在一起夺取的地方还要多，尽管这些常备军在战场上有不下于 40 万人之多并且投入了诸多强大王国的所有资源。然而他们却只有 4 万人，装备很差，各方面的条件都很差……我们到哪里能找到这样的 4 万人并把他们插入敌国的心脏，在不下于百倍于此的人口中找到这么多这样的人？我知道我们出于形势快速发展而急着要向佛兰德斯派出主力部队。我并不反对采取这样的措施，但是我对此感到失望，我相当肯定地认为，如果这些部

---

① 译者注：应是指梅西 – 亚金多伯爵（Sir Mercy – Argenteau）佛罗里蒙·克劳德（Florimond Claudede，1727—1794），时为奥地利驻法国大使。

② 译者注：吉尔伯特·艾略特爵士（Sir Gilbert Elliot，1751—1814），英国著名政治家和外交官。

队有四分之一被派往普瓦图，那么形势就会变得对我们有利。"

1793 年 10 月 7 日致亨利·邓达斯："旺代之变在我看来是这场战争中最为重要的事件，请容我建议应该在那里展开最优先和最积极的努力。现在做的每件事情，都是与法国这个国家为敌，而没有区分原因、个人和政党。这场已经进行了八个月的战争是反对雅各宾派的战争，这是这场战争的唯一原则。他们在敌人最薄弱和最脆弱之处下手。在这里，我们可以用相对较小的代价造成可能的决定性影响。在其他地方，尽管耗费甚巨而又血流成河，却没有取得什么进展。如果考虑到尽早并且最终解决战争问题，我实在不能相信拟议中的远征马提尼克所能带来的好处，能够与在旺代强力推进相提并论……在热带进行的所有行动，都会付出巨大的生命代价。"

附录5　卡斯尔雷对英美争端性质的说明

在1813年2月18日的演讲中，卡斯尔雷提出的议案是决心同美国进行战争，他对内阁当时持有的看法进行了说明。"枢密院令是摆在各国面前的一个重大问题，在美洲通常被称为非法封锁以及强行征召海员……"他进而指出，由于单是撤销1806年的封锁并不能令其满意，美国政府要求大不列颠放弃在未来行使与枢密院令和封锁有关的权利。

在过去三年中，美国并没有对1806年的封锁发出抱怨。这一封锁根本不是什么非法行为，而是一次完全合法的封锁。"此次封锁符合国际法的一般和公认准则，即实施封锁的国家掌握有维持封锁的实力。"命令实施封锁的福克斯在发布命令之前询问了海军部，在询问其是否有足够兵力实施封锁并得到肯定的答复后才发布了封锁的命令，既有足够的兵力又实际使用了足够的兵力来维持封锁状态。

宣称撤销枢密院令已经消除了封锁造成的问题，卡斯尔雷接下来指出，挡在和平道路上的唯一问题是英国强征在美国商船上服务的海员的权利。没有什么问题比这个问题更让英国关注了，因为这个问题关系到英国安全的一个主要特征，即支撑起海军实力。"对这项权利的行使并非仅仅是出于大不列颠的方便，而是出于作为一个国家的根本：放弃这项权利不仅会不方便，而且会危及国家的安全甚至是生存。"

他把美国人的抱怨区分为两部分：第一，美国公民被抓捕并被强迫在英国战舰上服役；第二，美国船舶被登临并有人员被带离，这些人员无论出身如何都应受到船旗国的保护。

据称有1.5万至2万名美国公民被强征，关于这一点，卡斯尔雷既不认可这个数字，也不承认这种意图。1811年1月对这个问题进行过总体评估，在总共14.5万名被征召的人员中，有3500人声称拥有美国公民身份，但是核查发现其中只有约四分之一的人身份真实有效。"然而，我们可以设想，声称者中如果有一半的人的确是美国公民，或者能够设法证明自己是美国公民，那么只有 1600 人或者 1700 人是想通过宣称拥有美国国籍而要求获得自由。现在，议会是否相信会有人如此糊涂，或者英国政府已经陷入了如此窘境，以至于为了区区 1700 名水兵，国王陛下的政府就会毫无必要地刺激一个中立国家的自尊，或者侵犯一国与另一国之间必然存在的正义吗……"

大不列颠坚持有权进行临检，不是为了抓捕美国的海员，更大和更重要的目的是保护自己，不使本国公民流失。国籍证明可以通过伪造的手段获得，一个人通过虚假的宣誓就把自己变成了一名美国公民，或者依据美国法律实现归化并因而不再效忠自己的祖国，这些做法都无法被接受。他指出，我们不得不"在对美国或者其他任何国家做出让步之前仔细考虑我们的安全问题，我们可能要放弃的是我们保护自身的手段，对这种权利的行使过去从来没有受到质疑，未来也不能受到质疑"。

从根本上说，症结在于历届英国议会长期以来都未建立起一个合理的制度，用这样的制度来为海军配备人力，减轻服役的艰苦程度和纪律的严苛程度。正是由于这种长期和不断的疏失，造成了自查理二世以来舰队在人力配备上困难重重，并且造成了斯皮特海德兵变和"诺尔"号兵变。[①] 在辩论当中，只有一个发言者似乎认识到了因放弃国籍而造成的人员流失正是缘于这种原因。盖洛威伯爵[②]颇有些战战兢兢地建议考虑这样一个问题："从他们当中选拔出更多的军士并且在薪水方面更大方一些"，会不会消除放弃国籍的现象？

---

① 译者注：1797 年 4 月 15 日，驻在斯皮特海德港（Spithead）的英国海军水兵为争取改善生活待遇发动了一次兵变，史称斯皮特海德兵变；诺尔号（Nore）是英国海军的一艘风帆战舰，1797 年发生过兵变。

② 译者注：应是指第八代盖洛威伯爵（8th Earl of Galloway）乔治·斯图亚特（George Stewart，1768—1834），时为英国海军上将。

附录6　造船业与海权

在 18 世纪和 20 世纪的大规模战争中经历的损失，足以证明造船业在建造、维修和装备战舰与商船方面占据至关重要的地位。表一、表二和表三给出了几类舰船的损失情况。除了弥补这些损失，和平时期扩大海军编制和战争时期壮大海军实力，都依赖于造船业。

表四给出了 1793—1815 年对法战争期间和 1914—1918 年对德战争期间，三种主要类型战舰构成的"巡洋"兵力的增长情况。尽管不同时期的物质条件不同，但是在两件事情上存在相通之处："轻型"巡洋舰和小型战舰数量急剧增长，"重型"巡洋舰数量则出现下降。"七年战争"（在 1759—1763 年期间）的经验说明了同样的问题，护卫舰从战争开始时的 82 艘增加到了 123 艘，增加的 50% 都是"轻型"巡洋舰，数量为 58 艘；"重型"巡洋舰却几乎减少了一半，从 38 艘减少到了 21 艘。

除了表四列出的那些类型的巡洋舰，在第一次德国战争中还因为潜艇和水雷的发展而需要大量的小型辅助舰艇，从 1914 年 8 月的 12 艘增加到 1918 年 11 月的 5081 艘，其中有 1520 艘拖网渔船、1365 艘舢板和 507 艘摩托艇。第二次德国战争有同样的经历，只是在规模上更大。

所有这些小型舰艇以及作战舰艇和其他类型的兵力增长，都需要配备相应的官兵。因此，在和平时期保持海洋人口的数量以及建立一个机构来扩大海洋人口的数量，这对政治家们来说同保持造船工业所有部门齐整一样重要。

表一　在 18 世纪的大规模战争中舰船损失情况

时期	舰级	损失		总数	备注
		战损	海难		
1739—1748	主力舰	1	5	6	
	巡洋舰	7	9	16	
	护卫舰	11	20	31	
	小计	19	34	53	
1756—1763	主力舰	1	13	14	
	巡洋舰	6	13	19	
	护卫舰	11	8	19	
	小计	18	34	52	这里的主力舰指的是战列舰；巡洋舰部分指的是装备有40—56门火炮的"重型"护卫舰，部分指的是装备有20—38门火炮的轻型护卫舰。
1775—1783	主力舰	1	15	16	
	巡洋舰	38	36	74	
	护卫舰	76	39	115	
	小计	115	90	205	
1793—1801	主力舰	3	16	19	
	巡洋舰	9	51	60	
	护卫舰	35	79	114	
	小计	47	146	193	
1803—1805	主力舰	1	11	12	
	巡洋舰	19	39	58	
	护卫舰	79	156	235	
	小计	99	206	305	

表二　在第一次世界大战中的舰艇损失情况

种类	战损	失事	总计
主力舰	14	2	16
巡洋舰	18	7	25
驱逐舰	45	23	68
潜艇	54	–	54

表三　在第二次世界大战中的舰艇损失情况

皇家海军		自治领	
主力舰	5	加拿大	
航空母舰	8	驱逐舰	6
巡洋舰	28	轻型艇	17
驱逐舰	128	澳大利亚	
潜艇	77	巡洋舰	3
武装商船巡洋舰	16	驱逐舰	4
轻型护卫舰	20	其他	6
护卫舰	20		
小型护航舰	11		
扫雷舰	51		
拖网渔船	240		
漂网渔船	48		
布雷舰	6		
游艇	10		
炮舰	7		
小快艇	3		
炮艇	1		
小艇	63		

表四 战时英国巡洋作战舰只的增长

时间	44—56 门火炮的重型护卫舰		20—38 门火炮的护卫舰		10—18 门火炮的小型护航舰		10—14 门火炮的小型护航舰	
	在役	订货	在役	订货	在役	订货	在役	订货
1793 年	10	20	47	49	34	4	0	0
	30		96		38		0	
1810 年	14	1	151	11	242	4	141	3
	15		162		246		144	
+ / −	−15		+66		+208		+144	
时间	重型巡洋舰		轻型巡洋舰		护航和驱逐舰		武装船舶	
	已建	在建	已建	在建	已建	在建	已建	在建
截至 1914 年 8 月	40	6	62	17	227	23	0	0
	46		79		250		0	
1918 年 11 月 11 日	27	0	82	21	450	108	63	0
	27		103		558		63	
+ / −	−19		+24		+308		+63	

附录 7　艾尔·克劳爵士[①]论海权与政策

　　"英国外交政策的一般特征决定于不可改变的地理位置条件，英国作为一个岛国，位于欧洲的大洋一隅，在海外有广阔的殖民地和附属地，作为一个独立社群而存在和繁衍下去，与拥有优势的海权密不可分。马汉上校的经典著作对这种优势的巨大影响做出了阐述，没有人提出异议。海洋强国比陆上强国更强大，因为其影响无远弗届，其身影无处不在，其活动无边无际。海权这个词汇在字面上就体现出一种令人可畏的特征，可让人更加直接地感受到海上强国通过海洋抵近任何一个国家。因此，有实力称雄于海洋的国家，自然会引起普遍的嫉妒和畏惧，也总是要面对群起而攻之这样一种危险。面对一个阵营庞大的同盟，没有哪个国家能够坚持到底，遑论一个蕞尔岛国，既没有尚武的民众来壮大陆上军事实力，又要依赖海外商业来解决粮食供应。避开这种危险的唯一可行之道——历史表明可以避开这种危险——莫过于这个海岛国家和海军国家的政策，直接与人类的普遍理想和共同愿望协调一致，特别是要充分体现大多数人的首要利益和切身利益，或者尽可能关照其他国家的利益。现在，所有国家最关注的利益就是保持国家的独立。相应地，与任何其他非岛国相比，英格兰要更密切和更主动地关注各国的独立，因而天然地要与任何威胁其他国家独立的政体为敌，天然地要成为弱小民族的保护者。"

　　"历史表明，总会出现对这个或者那个国家的独立构成威胁的危险局面，至少在某些情况下会如此。例如某个邻国因为一时在军事上变得强大，在经济上空前繁荣，野心勃勃地想拓展其疆土或者扩大其影响，为了成就一番霸

---

　　① 译者注：艾尔·克劳爵士（Sir Eyre Crowe, 1864—1924），英国外交家，第一次世界大战前力促实行反德政策，1911 年受封为爵士。

业，危险就会随之出现，并且与其实力和繁荣程度以及'不可避免'地迸发出来的雄心成正比。唯一能够阻止政治主导地位被滥用的事物，永远都是与同样强大的对手站在对立面，或者由若干个国家结成与之对抗的同盟。在若干股力量之间建立起来的平衡被委婉地称为实力均势，有种由来已久的老生常谈认为，英格兰实行的是实用主义的政策，为了维持这种实力均势，有时把砝码放在天平的这一边，有时把砝码放在天平的另一边，但总是选择在特定的时间反对最强大的某个国家或者国家集团取得政治霸权。"

"如果这种对英国政策的看法是正确的，英国一定会反对任何试图建立霸权的国家几乎就成了天经地义之事，真就有一位英国国家政策方面的著名作家，对这种天经地义进行了理论阐述并用历史事实进行了证明。"

附录 8　奥兰和达喀尔　（1940 年 6 月）

是否应该采取预防性措施，以确保法国舰队在 1940 年夏季不会落入德国手中并为其所用，类似这样一个问题在大不列颠进行过的多次海上战争中都以不同形式出现过。这个国家当前处于中立状态，但是其中立的立场或者其保持自身中立立场的能力令人生疑，问题在于是否应该对其采取强制性的行动，如果应该采取行动，又应该在何时以何种方式采取行动，以确保要么能够阻止这样一个国家通过采取特定措施使自己可以方便地投入战争或者对敌人直接提供协助，要么能够阻止这样一个国家被敌人强迫交出自己的兵力为敌所用。乔治·宾在 1718 年做出的选择是对掩护西西里远征部队的西班牙舰队实施打击，尽管当时西班牙并未宣战；1775 年，在关系紧张之际，博斯科恩①被派去阻止法国舰队输送地面部队在加拿大登陆；1761 年，查塔姆相信——并且是正确地相信——当时处于中立的西班牙正准备加入法国的阵营，只是在等待珍宝船队带回战争资金，他向内阁建议通过捕获珍宝船队来瘫痪西班牙进行战争的实力，他在这个建议被否决后选择了辞职；1804 年，他的儿子则在同样的形势下出于同样的理由夺取了西班牙的护卫舰；1807 年，坎宁猜测拿破仑意图夺取丹麦海军，法国陆军正准备进军哥本哈根并染指那里的战舰，于是率先动手俘获了丹麦的战舰；1808 年，英国内阁挫败了拿破仑夺取葡萄牙舰队的企图，将其置于英国的保护之下，从而摆脱了拿破仑的控制。

1940 年 6 月，性质相同的局面又出现了。6 月 16 日，在法国即将与德国达成休战协议之际，英国首相同意了法国政府提出的请求，法国不必再履行不得单独媾和的条约义务，三天之前他曾经拒绝了同样的请求。首相表示，

---

① 译者注：爱德华·博斯科恩（Edward Boscawen，1711—1761），英国海军将领，绰号"老顽童"。

前提条件是法国海军应驶往英国港口并在谈判结束前不得离开，这个条件毫无疑问是合理的。法国政府解体后，取而代之的维希当局没有满足英国提出的条件，而是接受了德国的条件，即舰队应在港内集结并等待在德国或者意大利监督下解除武装。德国政府发表声明，宣称无意让法国舰队为己所用，这场悲剧平添了一抹滑稽的意味，首相对这个声明大加嘲讽："这种声明有什么价值？问问几个国家这种郑重其事的保证有什么用处吧！"

法国舰队拥有 9 艘主力战舰①，其中 2 艘威力最大的战舰停靠在法国港口，4 艘停靠在奥兰，1 艘停靠在亚历山大，2 艘停靠在英国港口；另有 18 艘巡洋舰，10 艘停靠在法国港口，2 艘在英国，4 艘在亚历山大，2 艘在海外殖民地港口。停靠在英国港口和埃及港口的战舰同意解除武装，而在奥兰还有 4 艘主力战舰和 1 艘航空母舰②有待处置。内阁在 7 月 3 日的会议上决定，向在奥兰的法国海军上将传达要求，他要么率领他的战舰同英国并肩作战，要么率领战舰驶向某个英国、西印度群岛或者美国的港口并解除武装，要么自沉这些战舰。为贯彻这一要求，内阁派出了一支强大的分舰队，以保证在执行过程中不出现不体面的结果——避免 1804 年在夺取西班牙护卫舰时犯下的错误再次出现。③ 法国海军上将向前往港内传达英国政策要求的信使声明，他的想法是遵从他本国政府的命令，既不会投降也不会率舰驶离，如有必要他将不惜一战。尽管信使竭力想说服他相信，英国不会放弃使用最极端的手段发起攻击并击沉法国的分舰队，他还是不相信这种事情会发生。英国方面既不怀疑其前盟国的良好愿望，也不怀疑让苏尔海军上将做出的保证，即他不会把战舰原封不动地交给任何一个敌国。英国怀疑的是他是否有实力阻止战舰被交给敌人。因此，双方出现了悲剧性的误解。由于海军上将一再拒绝，英国分舰队开火了，1 艘老式战列舰被击沉，另 1 艘被击伤，1 艘战列巡洋舰搁浅并损毁，另 1 艘被击伤逃回了土伦。2000 名法国海军官兵丧生。如果让苏尔海军上将能够像约克陆军上将在 1814 年那样行事，那么局面将会迥然不同

---

① 即 2 艘 3.5 万吨的新式战列舰，5 艘经过改装的老式战列舰，2 艘新式巡洋战列舰。

② 译者注：实为一艘水上飞机母舰。

③ Ante，pp. 223—224.

并将产生深远影响！①

　　这个令人不快的事件直接带来的战略上的好处，无非是确保了 2 艘老式战列舰（尽管性能良好）没有为敌所用，2 艘战列巡洋舰暂时失去了战斗力。但是这种好处无论有多大，都抵不上由此造成的政治上因此也是战略上的根本不利，即在法国引起了挥之不去而又理所当然的怨恨，法国海军尤其如此。是否有必要采取这种激烈的手段来保证这些战舰不会被用来针对大不列颠，这个问题着实需要探讨。这次针对前盟国的行动令人憎恨，参与其中的许多英国军官都与法国司令部的军官有私交，认为法国军官所说的话可以信赖，也就是他们在任何情况下都不会参与针对英国的作战行动，也不会允许他们的战舰参与这种行动。另一方面，维希政府蓄意释放了 400 名德国飞行员，这些飞行员将会同法国的前盟友作战，这一事实同样令人深感不快，谁也无法预测维希当局将会发出什么样的命令，而这些命令又会以何种方式被贯彻执行。

　　不使敌人得到 2 艘或者 4 艘重型战舰——如果奥兰港内的所有战舰都被歼灭——这种结果是否得不偿失呢？英国在主力战舰方面的兵力优势实在是微乎其微，但是如果法国海军确有可能被用来对付英国，那么这次行动是否有效消除了这种危险呢？抑或是增加了（法国采取）类似行动的风险呢？哪怕是摧毁了全部 4 艘主力战舰，法国的海上力量也并没有被歼灭，因为法国仍然拥有一大堆重型和轻型巡洋舰，驱逐舰数量很多且其中许多威力巨大，法国还有许多潜艇，另外还有空军。英国当时面临的形势则是巡洋舰和驱逐舰都不够用，在保护海上交通线的斗争中面临着威胁，巡洋舰、驱逐舰、潜艇和飞机这四种装备要比战列舰和战列巡洋舰造成的威胁大得多。就事论事地说，在微妙的均衡政治局势中，激起对敌人有利的怨恨情绪实非明智之举。包括拿破仑在内，当时有许多人认为在 1807 年夺取丹麦海军这件事情上，英国的所失大于所得，因为此举令丹麦对英国采取了积极的敌对行动。不过那时实际上得到了整个的丹麦海军，而奥兰事件只涉及法国海军的一小部分。可以肯定，此举符合一些学派的思想，即对海军实力进行的评估完全以战列

---

① Vide ante，p. 313.

舰为依据，极为轻视巡洋舰和小型战舰的重要性，这些战舰的数量被显著低估了。

在这一事件之后，9 月又发生了另外两次事件，同样也都是不幸事件。戴高乐将军让英国内阁相信在塞内加尔的法国人将会起义并拥戴他，提出率领一批追随者前往达喀尔并在那个重要基地建立战时法国当局，他请求英国分舰队予以支援。内阁答应了戴高乐的请求，他们似乎忘记了那些由来已久的教训，从雅典人远征叙拉古①到 18 世纪末流亡者的军队在布列塔尼登陆的教训，似乎忘记了满怀期望地向据信对既有政权存在敌意的群体提供援助通常会以失望告终。他们在答应请求的时候，甚至没有讨论过法国将军做出的估计是不是有充分根据，没有问过他是否准备坚持到底，换言之就是战斗到底。

此次远征正着手进行准备的时候，维希政府也在行动，并采取措施希望确保达喀尔能够与其步调一致。有报告指出，维希政府为此已经集结了一批拥护者去控制达喀尔港，运送这些人的分舰队实力雄厚，拥有 3 艘威力十足的现代化巡洋舰，伴有 3 艘大型驱逐舰。伦敦得到的情报是一支分舰队已经整装待发，可能在三天之内就启航，目的地则不详。内阁没有采取措施，海军部也没有阻止这支分舰队的行动。他们没有发出任何命令，也没有向直布罗陀派出增援兵力，他们用沉默表明对这支兵力通过直布罗陀海峡并不重视。

远征部队从土伦准时启航了，通过海峡的时间正是事先预测的 9 月 11 日。内阁同直布罗陀司令部的通讯，表明政府希望改善受到损害的对法关系，而海峡内的英国巡逻舰艇也因此发出了表示友好的信号。法国分舰队在抵达卡萨布兰卡后稍做停留，接着向南按时抵达达喀尔并实施了接管。

法英远征部队于 9 月 23 日出现在达喀尔外海。戴高乐的友好姿态和登陆企图，当即迎来了海岸炮台、舰炮和守卫港口的潜艇的抵抗。远征部队的行动被放弃了。一份官方声明解释了为什么会做出这种不同寻常的决定。"事实清楚表明，只有采取大规模的战争行动才能确保占领达喀尔，因此决定中止敌对行动，因为同那些以服从维希政府的命令为己任的法国人相比，国王陛下的政府无意与之进入后果严重的战争状态。"声明指出，"戴高乐将军最为

---

① 译者注：叙拉古（Syracuse）在历史上为古希腊的一个城邦，位于今意大利西西里岛东部。

关注的事情是他不能让他的同胞流血"。① 以上语句，根本无法解释针对在奥兰的法国人采取的行动，他们同样"以服从维希政府的命令为己任"。

在整个战争历史上，再也难以找到比这更令人震惊的尴尬结局了。仅仅是估计当地守备部队会态度友好，远征部队就被贸然派往一个重要的军事重镇招降，竟然没有确定这种估计是否有误，是否需要采取强迫手段。直布罗陀的海军司令没有得到明确指令，他应该阻止法国战舰驶往一个未被敌人占领的法国港口。鉴于存在其他疏失，看来可能他并没有被告知即将对达喀尔实施远征行动，或者远征部队已经出发了。此次失败的结果之一是不列颠在世人眼中可笑至极。《纽约时报》（NewYorkTimes）的一位评论员指出，"聪明的指挥员不会在有实力和决心战斗到底之前开始战斗。英国人现在违背了自己进行远征的原则"——这一批评针对的是指挥员的行为，可能更应当指向制定方案和调兵遣将的当权者。

在英国历史上，政府不止一次在作战行动受挫后通过嫁祸给指挥员来逃避谴责。1741 年，由于内阁未能对地中海分舰队提供增援，导致西班牙舰队从巴塞罗那出发时未遇拦截而成功地实施了入侵行动，在给指挥员发出的指令和提供给他的兵力这两个问题上，纽卡斯尔公爵都厚颜无耻地欺骗了他在议会的批评者。② 1755 年，由于这位大臣领导的政府没能及时向地中海派出一支分舰队而导致失去了梅诺卡，他又通过司法审判谋杀了海军上将宾，以平息国内对他的批评。

"英格兰充斥着愤怒的情感，这吓坏了纽卡斯尔和他的朋友们，他们采取的行动与之前的疏失一样有失体面……"公爵要求大法官"立即审判并声讨宾"，首席法官报告了国内的紧张形势，"让纽卡斯尔相信唯一的办法是必须判处宾死刑"。③

1940 年，在达喀尔遇挫之后，议会问起为什么维希当局的分舰队没有被挡住去路时，受到指责的是在直布罗陀的海军上将，议会得到的保证是正在

---

① *The Times*, 26 Sept. 1940.

② Richmond, *The Navy in the War of* 1739—1948, vol. i, pp. 173—175.

③ Corbett, *England in the Seven Year's War*, vol. i, pp. 132—133.

采取"惩戒"措施。① 事实上，内阁和海军部早在 9 月 6 日就已得知土伦分舰队即将启航并载有"最令人不快的铁杆维希分子"，但是二者都没有明确下达不允许其离开地中海的命令，这一点被小心翼翼地隐瞒起来，造成议会认为海军上将没有履行他受命要完成的任务，并且认为他有足够的兵力来完成使命。最终的结果尤其耐人寻味，援引上一场战争中出现过的恶劣先例，海军上将被拒绝由军事法庭进行审判。海军军官在过去一直被认为有权在军事法庭接受审判，而其所作所为在军事法庭上将会得到公平和公正的审视。

政治家们没有就如何行动给海军上将发出明确指示，这与在之前的一次类似形势下政治家们发出了指示的情形形成了鲜明对照。1741 年，不列颠同西班牙进行战争，法国处于中立但是并不友好，有理由相信法国可能会派出一支分舰队与费罗尔的西班牙部队会合，以沃波尔、哈德威克②和海军大臣查尔斯·瓦杰爵士③为代表的内阁内务委员会，就如何应对这种局面给海军上将发出了以下明确指示："陛下无意与法国为敌，除非法国分舰队决心与西班牙舰队会合，决意与国王陛下的军队对抗来保护和守卫英国的敌人，表明敌对行动已经不可避免……一旦从你的巡洋舰那里得到法国分舰队出海前往费罗尔的情报，你应该尽量使自己拦在法国分舰队与港口之间，使用你的分舰队使其难以抵达费罗尔，除非其使用武力来与你对抗，或者你已经在此之前离开了该港口。如果对方要求你这样做，你应予以拒绝，并对法国分舰队司令说明国王陛下决心与信奉基督教的国王保持最亲密的友谊，然而在西班牙分舰队仍然留在费罗尔的情况下，你不能允许任何国家的战舰驶入费罗尔港这个会合点……"

假如这个内阁也发出了类似的指示，同时也派出了类似的增援——如果有必要进行增援的话——从而对法国分舰队拥有绝对的优势，那么这支法国分舰队将会掉头返回，永远也到不了达喀尔。

---

① Hansard, vol. ccclxv, no. 112, col. 299, debate of 8 Oct. 1940.
② 译者注：应是指第一代哈德威克伯爵（1st Earl of Hardwicke）菲利普·约克（Philip Yorke, 1690—1764），英国政治家，曾任大法官。
③ 译者注：查尔斯·瓦杰爵士（Sir Charles Wager, 1666—1743），英国海军将领，曾任海军大臣。